当代世界政治经济概论

（第二版）

王慧媞　韩玉贵　主编

山东大学出版社
SHANDONG UNIVERSITY PRESS
·济南·

图书在版编目(CIP)数据

当代世界政治经济概论/王慧媞，韩玉贵主编．—2版．—济南：山东大学出版社，2008.8(2022.9重印)

ISBN 978-7-5607-2311-2

Ⅰ.①当… Ⅱ.①王…②韩… Ⅲ.①国际政治-概论②经济-概论-世界 Ⅳ.①D5

中国版本图书馆CIP数据核字(2001)第047978号

责任编辑 李艳玲
封面设计 王秋忆

出版发行 山东大学出版社
社　　址 山东省济南市山大南路20号
邮政编码 250100
发行热线 (0531)88363008
经　　销 新华书店
印　　刷 山东和平商务有限公司
规　　格 720毫米×1000毫米 1/16
　　　　 18.5印张 351千字
版　　次 2008年8月第2版
印　　次 2022年9月第15次印刷
定　　价 46.00元

前 言

一、“当代世界政治经济概论”的研究对象与主要内容

“当代世界政治经济概论”是高等师范院校思想政治教育专业学生的专业课。这门课的研究对象是第二次世界大战以来国际社会发展变化的历史进程和一般规律，主要揭示世界经济与政治的相互作用、相互制约及其在国际关系中的地位作用；探索国际社会的主要参与者在政治与经济、和平与发展、建立国际新秩序、解决全球性问题等方面的地位作用；研究国际社会所面临的主要问题及发展趋势。通过这门课的学习，学生能够对国际社会有一个总体的、基本的和正确的认识。研究对象决定了这门课的研究范围，同时也决定了它的主要内容。这门课内容丰富、覆盖面宽，涉及世界政治、经济、军事、文化、外交、战略格局、国际组织等多方面的内容及其相互关系。我们在学习这门课的时候应着重把握以下四个方面。

(一)认识当今国际社会的总体结构及其运行特点

什么是国际社会，这在学术界是一个颇有争议的问题。有的人用类似于共同体的概念来表述它，有的人用一般意义的社会的概念表述它。无论如何，社会是人们交互活动的产物，国际社会是人类社会发展到一定阶段，也就是发展到资本主义阶段后人类社会关系的一种表现形态。

具体来说，国际社会是在一定的历史时期内国家间及国家同非国家角色间在政治、经济、文化等社会生活的各个领域发生经常的联系而形成的一个有秩序的整体。在国际社会的形成和发展过程中，各种动力、诸多因素都在发挥作用，但世界政治、世界经济和国际关系是最基本的因素，是国际社会的基础和核心。国际社会的形成、运转规律，体现为世界政治经济体系和国际政治经济秩序的形成、运转规律。

国际社会并不是人类一产生就存在的，也不是国家产生后就存在的。它是人类社会进入资本主义这一特殊的社会形态之后才逐步形成的。它形成后自始至终都表现为一个矛盾的统一体。二战以后，特别是 20 世纪 80 年代以后，人们越来越认识到国际社会是一个有机整体。它的成员种类、规模、实力各不相同，

有国家的和非国家的、国际的和国内的、政治的和非政治的。国际社会的最主要的和最关键的构成要素是国家，其次是非国家行为主体，包括国际组织、实体、个人等等。具体来说，目前国际社会的主要结构形式是两种制度、三类国家和多种力量并存，即社会主义制度与资本主义制度并存和竞争，发达资本主义国家、社会主义国家与发展中民族主义国家相互联系而又相互制约地发展，其他各种非国家力量也在发挥各自不同的作用。

一般来说，国际社会的运行具有如下特点：(1)主权国家为了各自的利益和权力，也为了全球性、地区性利益而活动，这些利益和权力成为国际社会运行的动力。(2)几个主角在国际社会中发挥主导作用，制约国际社会的各种矛盾和斗争，使国际社会较为平衡地向前发展。(3)国际政治经济秩序是主权国家、国际组织开展政治、经济活动，建立各种政治经济关系的基础。社会制度不同、发展程度各异的国家都在国际秩序中进行各种交往和活动。

(二)认识国际社会行为主体，揭示各类行为主体的地位作用

国际行为主体是国际政治中的法律称谓。它是指能够独立地参与国际事务并发挥影响和作用的一系列实体。按照国际法的要求，构成国际行为主体的实体应当具备一些基本的条件：第一，必须具有一定的行为能力。国际行为主体应能够直接或间接地参与国际事务和国际交往，能够发生对外行为，能够影响其他行为主体的行为和决策，并对世界政治、世界经济发生作用。第二，必须有自己的特殊利益。国际行为主体以各自利益的特殊性为基本特征。国际行为主体之间的相互区别关键在于利益的特殊性和差异性。各自利益的相互差异决定了它们所追求的目标不同，从而构成了国际社会的矛盾、冲突、竞争、合作等一系列国际关系的基本形式。第三，必须具有一定的独立性和自主性。国际行为主体应拥有相对独立的自主权和决策权，即能够排除其他行为主体的操纵和控制，独立自主地制定自己的对外政策及决定对外行为方式，独立地运用其行为能力，发挥其职能作用。第四，必须拥有相对稳定或固定的组织形式。任何国际行为主体只有具备了相对稳定的组织形式，才能被其他行为主体视为发生行为的稳定对象。

从上述四个基本条件可以看出，主权国家是国际社会中最完全、最基本的行为主体，其他的行为主体还有国际组织、政党、民族解放组织等。

1.主权国家。主权国家是国际社会最基本的行为主体，是国际社会权利和义务的主要承担者。本教材对主权国家的研究内容主要有四个方面：第一，研究主权国家的根本属性即主权。第二，研究国家利益。国家利益是主权国家制定对内对外政策的出发点，也是国家对内对外行为的出发点。第三，研究综合国力。综合国力的强弱决定了一个国家在国际社会中地位的高低、作用的大小。

第四，研究一国提高国际地位的手段，包括对外政策的制定、外交活动的开展、国际交往的扩大等。

2.国际组织。国际组织的大量涌现及其作用的日益增强是二战后国际社会的一个重要特点。本教材研究国际组织的形成与发展、特征、分类、作用以及包括联合国在内的一些主要的国际组织。

3.政党。政党在国际社会中的作用和影响主要表现在两个方面：一是许多国家的执政党在制定对外政策中起着决定性作用，社会主义国家的执政党作用尤为突出；二是一些国际性政党组织，如社会党国际在和平与发展问题上发挥举世瞩目的作用，第三国际、欧洲九国共产党和工人党情报局等对世界政治、世界历史都产生了不同程度的影响。

4.民族解放组织。民族解放组织是殖民地半殖民地的民族民主主义组织。在 20 世纪 50～60 年代，它们高举民族独立和自决的旗帜，领导本国人民积极开展反帝、反殖、反霸斗争，在本民族的解放斗争中，在摧毁帝国主义殖民体系的斗争中起到了决定性作用，对二战后的世界政治、经济产生了强烈的冲击和影响。至今这种影响仍在，但声势减弱。

5.个人。个人是国际社会的特殊行为主体。如果严格按国际行为主体的条件来衡量，个人不是规范的行为主体。但是，在一定程度上，主权国家在国际社会中的活动、影响往往是通过个人表现出来的，或者说，个人在国际社会中也能发挥特殊的重大作用，能够加速或延缓历史的发展进程，对重大历史事件甚至起决定性作用，所以我们也可以把个人看作国际社会不可忽视的行为主体。

(三)认识世界格局，把握国际社会运行规律，加深理解国际风云变幻与国际社会主角的关系

关于世界政治格局、经济格局，本教材专门有两章来阐述。复杂而又具体的格局理论是贯穿这门课的理论原则。世界政治格局、经济格局是国际社会中主要政治力量、经济力量的实力对比达到一定均势的产物。由于各种主角力量发展不平衡，在一定时期必然打破“均势”，经过新的调整组合，出现新的格局。我们在研究格局时，必须正确估量各种主角力量。研究当今世界上的几大主要力量，如美、欧、日、俄、中和作为一个整体的第三世界等，是本教材的重点内容之一。

(四)认识和研究影响世界政治经济发展的其他重要问题

随着经济全球化、政治多极化的发展以及新科技革命的不断深化，新科技革命的影响、和平与发展、国际竞争与合作、国际秩序的变革等问题日益成为影响世界政治与经济的重要因素和国际社会亟待解决的重大问题，与人类的前途、世界的未来密切相关。

二、“当代世界政治经济概论”课程的特点

(一)综合性较强

这门课把当代世界看作一个既相互联系、相互制约又相互矛盾和斗争的整体,重点是对政治、经济等方面进行考察和分析,既要从全球的角度来分析考察,又要从地区和国家的角度来分析考察。即使对地区和国家的考察,也是把它们放在全球的视角下,分析其在全球中处于什么地位、有什么影响等。为了弄清国际问题的来龙去脉,在重点讲清政治、经济活动的基础上,必须同时介绍有关国家的内政、外交、军事、科技、文化、民族、宗教、政体及主要代表人物等,这就涉及近现代世界历史、世界地理、国际政治、世界经济、国际关系史、国际共运史、民族解放运动、国别史、中国外交政策与对外关系等多学科的内容。从历史发展的角度来看,这门课不但要着重讲述现实的国际问题,即主要讲述二战后 70 多年的世界发展,而且还要回顾历史,展望未来,这样才能加强时代感。因此,这门课覆盖面广,综合性强。通过这门课的学习,学生可以提高自身的全球意识、整体意识,了解和掌握当代世界政治经济的基本状况和国际关系的基础知识,全面认识和把握其发展规律。

(二)现实性较强

这门课的主要内容是当代世界政治、世界经济与国际关系,学习这些知识是为了更好地了解现实国际社会的发展动向。现实的国际问题是不断变化的,也是大家最关心、最感兴趣的。这就决定了这门课带有很强的现实性,展现在大家面前的是一幅幅非常现实的生动画面,许多内容都是我们可以从网上读到、电视上看到、广播里听到的;而且其中的一些新生事物刚刚显露,它的性质与特点尚未充分暴露,有的正在演变,有的已经白热化,这就给教学过程带来一些现实感和新鲜感。这种现实性一方面让人感觉到一种悬念,另一方面也给教学过程提出了很高的要求,要求我们广泛地搜集资料,多方接触新闻媒体,大量获取最新的信息,以便对不断变化的国际形势作出一个相对正确的判断,从而使这门课始终保持强烈的时代气息。

(三)理论性较强

这门课是马克思主义思想政治理论课,目标和任务是对学生进行马克思主义理论教育,把马克思主义关于世界政治经济的基本观点、中国的外交政策等介绍给大家,使大家能用马克思主义的观点和方法来观察世界、了解世界,理解和把握中国的外交政策和对外关系。因此,这门课不同于一般的时事报告或形势教育,它不是就国际上发生的某个热点问题或国际形势作一下介绍,谈点看法,而是要通过比较完整的教学过程使学生对当代世界政治、经济和国际关系有一

个系统的、整体的认识，使其能对当前和以后的国际形势及国际社会的各种现象与问题有一定的分析和识别能力，学会用理论来说明、解释现实问题。

(四)政策性较强

这门课不仅涉及影响国际社会发展的一些重要问题、主要国家的政治经济与对外关系，还涉及中国的对外政策和对外关系。而各国的外交战略、策略和具体政策都在不断地发展变化，在一定阶段上还具有保密性。这都需要我们有较高的政策水平，正确地分析、总结、评论，做到既不违反我国的政策，更重要的是要为建设中国特色社会主义服务。

三、学习“当代世界政治经济概论”的方法

学习“当代世界政治经济概论”这门课有助于我们开阔视野、借鉴经验，进行爱国主义与国际主义教育。从根本上说，我们要用马克思主义的立场、观点和方法来学习这门课。

(一)要用历史唯物主义的观点来认识和分析当今世界

历史唯物主义的一个基本原理，就是在人类社会的发展过程中，经济发展起决定性作用，经济利益是最根本的，经济决定政治；政治是经济的集中表现，它会反作用于经济。为此，我们应该用经济与政治这种辩证关系的观点来分析研究世界，在分析世界经济时不能脱离世界政治，在分析世界政治时也不能忽略其变化的根本原因在于世界经济。从二战后国际形势的发展、世界格局的演变可以清楚地看到，世界经济与世界政治是紧密地联系在一起的，是相互影响、相互制约的。再者，历史唯物主义强调人类社会的发展和进步不是沿着直线上升的，而是曲折发展的，甚至还包含有某些停滞和倒退。已经建立了社会主义制度的国家，由于国内和国际各种复杂因素的作用，也可能发生向资本主义制度倒退的现象。用这种观点来看待苏联解体、东欧剧变，也就不难理解了。

(二)要用辩证唯物主义的观点来认识和分析当今世界

要把当今世界看成一个既有联系又有矛盾的统一体。随着经济全球化的迅速发展，新科技革命日新月异，世界各国之间的联系更加密切，各国的经济政治生活日益国际化，即使在某一地区或某一国发生的问题，往往也会影响和波及其他国家和地区，甚至会影响到整个世界。1997 年的亚洲金融危机就是典型的例子。为此，我们要从全球的角度来观察和分析问题，要认真研究许多地区所发生问题的国际背景和对世界的影响。同时我们还应该看到，当今世界是个充满着各种矛盾的世界，既有不同社会制度国家之间的矛盾，又有相同社会制度国家之间的矛盾，还有民族矛盾、种族矛盾、宗教矛盾以及文化传统和意识形态之间的矛盾。在国家之间的矛盾中，既有领土争端、边界冲突，又有贸易摩擦、经济竞

争，还有政治对抗、文化差异等等。总之，当今世界存在着各种各样的矛盾，呈现出纷繁复杂的局面。同时，各种矛盾处于不同的状态，有的处于暂时缓和的状态，有的处于潜伏的状态，还有的则处于尖锐对抗激化的状态。各种矛盾处于不同的状态，使矛盾表现为不同的形式。有的较缓和，表现为妥协、谈判、对话；有的较激烈，表现为斗争、对抗直至发生武装冲突。正是由于这种种矛盾的存在和发展，使国际舞台呈现出复杂多变的局面，让人感到眼花缭乱，毫无头绪。但是，只要我们用辩证唯物主义这个锐利的思想武器去分析和研究，就不难对这复杂多变的国际现象作出科学的分析，得出正确的判断。

（三）要用发展的观点来认识和分析当今世界

任何事物和现象都不是静止不动、一成不变的，它们始终处于不断的运动和复杂的变化之中。世界政治、经济和国际关系也是这样，有时变化发展比较缓慢，有时变化比较迅速，有时则会发生突变，常常使人感到捉摸不定，甚至大吃一惊。但是，马克思主义辩证唯物论告诉我们，任何事物、任何社会包括国际社会的发展变化，其根源在于事物和社会中的矛盾。当今世界的各种矛盾及其斗争和发展是国际形势发生变化的根本原因。要始终记住，世界政治与经济、国际关系是动态的，不是静态的。国际政治舞台上的各种力量的分化与组合是经常发生的，因此国际关系也不是一成不变的。在外交上既不会有永久的朋友，也不会有永恒的敌人。只有用发展变化的眼光去观察世界，才不会感到困惑，才能科学地认识世界。

目　录

第一章 当代世界经济

第二次世界大战结束后，世界经济进入了一个迅猛发展的新时期，世界经济格局经历了从一极到多极的演变。尤其是冷战结束以来，多极化趋势继续加速发展，以经济和科技为中心的综合国力竞争日趋激烈，世界经济全球化和区域经济一体化两大趋势继续并行不悖地向纵深发展，世界经济发展不平衡加剧，世界经济与世界政治日趋融合，国际关系更加复杂。世界经济决定了世界政治的基本力量构成和格局的变化。因此，研究当今世界经济的发展及其规律性，有助于从更深层次上把握世界格局的演变和走向。

第一节 当代世界经济概述

一、世界经济的形成及其发展

世界经济是社会生产力发展到一定历史阶段的产物。它是世界各国和各地区在经济相互联系中所形成的一定的国际生产关系的矛盾统一体。它是国际社会各个方面的物质基础，是影响和决定世界一切问题的根源所在。世界经济包括经济制度、经济实力、经济规模以及经济关系。世界经济作为一个整体，不是各国和各地区经济的简单联系或相加，而是通过国际分工、国际金融、国际贸易、技术和劳动力流动等经济活动而形成的一个相互依赖、相互制约的有机整体。作为一个历史范畴，它是资本主义生产方式的产物，是以国际分工、世界市场、世界货币和资本的国际化为基础的。

(一)世界经济的形成

在资本主义生产方式产生之前，人类社会虽然存在商品交换，但由于自然经济占统治地位，受生产力水平、生产规模和社会分工等限制，国家间的相互联系和往来的领域很小，交往规模也不大，因而不可能形成世界经济。15 世纪前后，资本主义首先在欧洲破土而出，形成了早期的欧洲贸易中心。15 世纪末 16 世纪初，随着工场手工业的发展、地理大发现和东西方新航线的开辟、欧洲资本的原始积累以及海外殖民地的开发，商品生产和商品交换有了巨大的发展，国际贸易也随之扩大。这对封建生产方式的解体和资本主义生产方式的产生与确立起了极大的促进作用。从17世纪到19世纪，欧美各主要国家基本上完成了资产阶级革命，建立了资产阶级政权，为资本主义生产的发展创造了有利条件，并不同程度地发生了机器大工业取代工场手工业的第一次产业革命。机器大工业不仅建立起与资本主义生产方式相适应的物质技术基础，而且还使国与国、地区与地区间的经济联系发生了深刻的变化。机器的广泛使用使社会生产力空前提高，一方面使社会各部门和部门内的分工都进一步扩大，并要求社会分工超越民族经济的局限，而先进的交通运输工具又为加强各国经济联系提供了方便的条件；另一方面使资本主义的固有矛盾加深，资本家到全球各处寻找商品销路。资产阶级为巩固经济基础，对内进行资本主义工业化和发展农业中的资本主义，对外把亚洲、美洲、非洲作为工业品销售市场和掠取廉价原料和劳动力的基地。资产阶级用资本主义生产方式逐渐进入那些自给自足和闭关自守的国家和地区，进行强制性的国际分工，扩大了世界市场，建立了压迫和被压迫、剥削和被剥削的关系，资本主义世界经济体系初步形成。

19世纪后期，以电的发明和使用为标志的第二次产业革命推动了社会生产力的发展，更新了工业结构，世界进入了电气时代，第一次产业革命后形成的轻工业在国民经济中占有的主导地位结束。重工业比重的急剧增加，加速了生产的集中，国际分工也向广度和深度扩展，生产的社会化、专业化程度和协作水平也有了很大的提高，从而推动了整个经济的国际化。19世纪末和20世纪初，自由竞争引起生产和资本的集中，使资本主义由自由竞争阶段发展到垄断阶段。工业垄断资本和银行资本的融合，金融资本和金融寡头的出现，使资本输出取代商品输出而成为帝国主义基本经济特征之一。帝国主义国家的资本输出同帝国主义国家瓜分世界的殖民政策是联系在一起的。帝国主义列强用军事的、政治的、经济的和文化的侵略手段，把剥削和奴役的罗网撒向世界各个角落，加快了世界资本主义化的过程，使亚、非、拉绝大多数国家和民族丧失了独立和主权。帝国主义阶段，早已开始的“世界城市”和“世界农村”的分离完成，加深了落后国家对先进国家的依赖。随着国际贸易的急剧增长，世界市场上的商品交换使商品价值由国内价值转为国际价值，商品的国际价值用货币形式表现出来，形成商品的国际价格，促进了货币的国际化。商品的国际化和货币的国际化，既加强了资本主义国家对落后国家的剥削掠夺，也加剧了国际竞争，加快了资本的国际化。世界货币的出现一开始就采取了世界资本的形态。随着资本输出的增加，在垄断基础上，金融资本、国际资本与垄断组织相继出现，最终形成了统一的无所不包的资本主义世界市场。经济生活的国际化，特别是资本的国际化，使帝国主义与殖民地、半殖民地之间以及帝国主义国家之间在经济上日益密切地联系在一起，构成了一个世界范围的经济整体。正如列宁所说的，资本主义已成为极少数"先进国"对地球上大多数居民实行殖民压迫和财政扼制的世界体系。真正的世界经济最终形成了，即在资本主义生产方式下，在国际分工、世界市场、世界货币和世界资本的基础上发展起来的全世界范围的生产关系及与它相适应的交换关系体系形成了。

(二)世界经济的发展阶段

世界经济不是一成不变的。自形成之后，世界经济大致经历了两个大的发展时期。

1.统一的资本主义世界经济时期(自19世纪后期世界经济最终形成到1917年俄国十月革命)。就基本性质而言，这一时期的世界经济是统一的无所不包的资本主义世界经济，由两类国家经济构成：一类是经济上发达的资本主义"先进"国家的经济，一类是殖民地、半殖民地等经济落后国家和地区的经济。这两类国家处于根本对立的状态，前者残酷压迫和剥削后者。这一时期世界经济的发展完全受资本主义经济规律的支配。

2.社会主义和资本主义两种经济体系并存的世界经济时期(从1917年俄国十月革命延续至今)。这一时期的世界经济经历了三个发展阶段。

(1)十月革命至二战结束。随着第一个社会主义国家诞生，出现了苏联社会主义经济同资本主义经济并存并相互斗争的局面。

(2)二战结束至冷战结束。资本主义经济继续保持强劲的发展势头，社会主义经济日益壮大，民族独立国家经济迅猛发展。但由于传统的殖民影响和历史联系，民族独立国家经济大多未能摆脱资本主义经济体系，因而这一阶段呈现出两个平行的市场与两种并行的经济体系同时存在的局面。

(3)冷战结束至今。东欧剧变，苏联解体，社会主义经济力量大为削弱，但是以中国为代表的社会主义国家不断改革开放，积极融入经济全球化浪潮，使社会主义经济逐步与世界经济接轨。整个世界经济成为相互依赖、密不可分的"地球村经济"。在现阶段，虽然发达资本主义国家经济在世界经济中仍占主导地位，但多极化趋势日益明显。

二、二战结束后世界经济的迅速发展及其原因

(一)二战结束后世界经济的迅速发展

第二次世界大战结束后，经过几年的恢复，世界经济在20世纪五六十年代进入了发展的"黄金时代"。其发展速度之快、增长幅度之大、持续时间之长、影响范围之广都超过历史上任何一个时期，世界经济得到了大发展。

据世界银行的统计，1955～1970年，全世界平均国民生产总值的增长率高

达5.1%，而产业革命后发展最快的1900～1913年也只年增4.2%。世界生产总量指数，1929年为100，1949年为127，1969年急增至311；其中工业生产总量指数增长更快，1929年为100，1949为140，1969为457。据《世界发展报告》统计，1948～1973年，世界工业增长353%，年均增长6.1%，而1913～1948年只增长1.73%。在1951～1970年的20年里，发达资本主义国家平均每年的经济增长率达到了5.3%（同期的日本更是高达9.8%），而1913～1945年平均年增长率仅为2.3%，二战后20年的增长速度比战前高出一倍多。发展中国家的经济增长也比较快。据世界银行的材料，1955～1970年，发展中国家（包括中国，但不包括高收入石油出口国）国民生产总值年均增长率为5.4%，西方工业国家为4.7%。社会主义国家在20世纪50～60年代也都经历了一段经济高速增长时期。苏联国民收入年平均增长率50年代为10.6%、60年代为7.9%，大大超过西方资本主义国家。东欧在这一时期经济发展速度也普遍高于绝大多数西方资本主义国家。

（二）二战结束后世界经济迅速发展的原因

二战结束后世界经济大发展，其原因是多方面的，除了战争破坏和战时被抑制的需求迸发出来的暂时性因素外，主要有以下几点。

1.战后相对稳定的国际环境为世界经济发展提供了前提条件

二战后，不同类型的国家和人民共同要求和平的愿望汇成了世界的主流。深受战火之苦的欧洲人民需要持久和平来发展经济，社会主义国家和民族独立国家也迫切需要在和平的国际环境下进行经济建设。二战结束后形成的两极冷战格局在一定程度上压制了许多影响世界和平的不安全因素。核武器的出现也促成核威慑下的和平。这些因素使当代世界一直处于整体和平之中，为全球性的经济稳定、快速发展创造了良好的国际环境。资本主义国家内部40多年里没有发生过一次直接的武装冲突，为其经济的快速发展提供了良好的条件；发展中国家利用这种总体和平的环境以各种方式获得政治独立，大大解放了生产力；社会主义国家也利用这种有利的国际环境，集中人力、物力和财力，发展重点产业，使经济发展上了一个新台阶。

2.第三次科技革命的兴起是促进世界经济发展的重要因素

科学技术是第一生产力。二战后世界经济的迅速增长，在很大程度上得益于科学技术的进步。

二战结束后，人类社会开始经历第三次科技革命，也称作新技术革命。这场新技术革命在20世纪40～50年代开始起步，60年代大规模展开，70～80年代在广度和深度上迅猛发展，90年代以后仍方兴未艾，对世界经济的影响大大超过了前两次科技革命。

新技术革命改造了传统工业，促进了新产业和新产品的大量涌现；改变了国际贸易的结构，使技术贸易比重加大；推动了生产性固定资本的投资，从而加快了产品更新换代，刺激了消费需求；实现了办公自动化，经济管理工作发生了革命性变革；开拓了信息服务业，增加了第三产业在国民经济结构中的比重。同时，科技革命也使生产力诸要素发生了巨大变化，大大改进了劳动工具，节约了更多的劳动力；合成材料、复合材料能源的重大突破扩大了劳动对象的范围，提高了劳动对象的质量和利用效率；机器、电脑、机器人不断将人从体力劳动和简单的脑力劳动中解放出来，使人向更有创造性的方向发展。这些要素的改善使得劳动生产率空前提高，从而提高了生产力。1950～1973 年，西方发达国家劳动生产率年均增长为 4.9%（而 1870～1950 年 80 年间，美、英、德、法、荷、日等 6 国合计劳动生产率年均增长仅为 1.7%）。据估计，这个时期的经济增长中，劳动生产率提高的因素大约占 60%～80%，而劳动生产率的提高又有 80%来自科学技术的贡献。这充分说明了科学技术在二战后世界经济发展中的巨大作用。

3.发达资本主义国家加强对社会经济领域的干预促进了二战后经济的高速发展

二战结束后，发达资本主义国家的国家垄断资本主义迅速发展，国家对社会经济的调节作用日益增大。西方国家盛行凯恩斯主义，制定了一系列法律法规，强化国家对经济发展的干预作用。政府通过财政货币政策、国民经济计划化、国家投资以及社会再分配等手段来调控经济的运转，在克服市场的局限性、减少生产的盲目性和推动科技发展等方面发挥了极为重要的作用。20 世纪 70 年代以后，国家垄断资本主义国际化的趋势进一步发展，表现为政府加强对国际经济领域的直接干预，在推进市场开发、贸易保护和经济协调等方面起到积极作用。

4.世界性和区域性的国际经济组织大量涌现，对世界经济产生积极作用

世界性国际经济组织以联合国所属经济机构为核心，以关税及贸易总协定（现为世界贸易组织）、国际货币基金组织、世界银行为支柱，在国际贸易、国际金融等领域进行协调，为缓和南北关系、调整不合理的国际经济秩序、促进经济发展作出了不懈的努力，为世界经济的全面发展创造了良好的国际经济环境。区域性经济组织以欧共体（现为欧盟）、东盟、安第斯集团、经互会（现已解散）为代表。现在世界各大地区均有不同层次的、综合性的或专业性的区域性经济组织。世界经济领域的国际组织已达数千个，遍及各个领域和各个地区。这些组织在成员国之间联合发展生产、促进内部贸易与市场的一体化、共同研发科技、协调国际经济改革等方面起着重要作用，并取得了明显效果。尤其是以石油输出国组织为代表的发展中国家建立的原材料与能源方面的国际组织，为反对发达国家长期压低原材料、能源价格，消除国际工业制成品与初级产品的价格“剪刀差”

发挥了积极的作用，有力地促进了发展中国家的经济发展。

5.掠夺发展中国家的廉价原材料是资本主义经济发展的重要基础

20 世纪 70 年代以前，发展中国家初级产品的贸易条件呈现不断恶化的趋势。1945～1970 年，中东轻质石油的标准价格每桶从 1.05 美元仅提高到 1.80 美元。石油价格长期偏低，严重损害了发展中国家的利益，发展中国家仅此一项的损失就达千亿美元，而西方国家则从不平等贸易中获得了巨大的利益。二战后 20 年资本主义国家经济发展的“黄金时代”，正是建立在对发展中国家的严重剥削之上。

6.社会主义国家和民族独立国家经济的发展是世界经济发展的重要组成部分

二战结束后建立的一大批社会主义国家从根本上废除了生产资料私有制，有计划地发展生产，从根本上保证了生产力的不断增长和国民经济的不断发展。同时，随着民族解放运动的发展而独立的大批发展中国家不断进行调整与改革，大大解放了生产力。另外，大多数发展中国家处于资本主义的经济体系之中，20 世纪 50～60 年代资本主义经济体系相对稳定，资本主义国家经济的高速发展以及原宗主国为了保持与原殖民地附属国的经济联系，改用经济手段控制发展中国家，增加了对发展中国家的“援助”和资本输出，客观上提供了新兴独立国家发展经济所需资金，为发展中国家发展生产、增加出口提供了有利的条件，从而带动了整个国民经济的较快发展。

总之，在相对稳定的国际环境中，尽管世界各国发展条件和原因各不相同，但国民经济都得到了较快的发展，从而使 20 世纪 50～60 年代成为世界经济发展史上增长速度最快的一个时期。它是二战结束后各种特定因素综合发生作用的结果。由于不同国家经济发展速度有不小的差距，因此世界经济多极化过程从这时就开始酝酿了。

第二节　当代世界经济格局的演变

世界经济格局是指一定历史时期内世界主要国家或国家集团在世界经济领域相互作用而形成的一种结构、态势。其核心内容是大国或国家集团之间经济力量的对比关系和支配世界经济的权力分配状况。决定世界经济格局的主要基础，是世界各个国家社会生产力的发展状况和水平。二战结束以来，世界经济格局经历了从一极到多极的演变过程，大致包括三个发展阶段，即战后初期到20 世纪 60 年代末，美国称霸世界经济领域；70～80 年代，世界经济向多极化方向发展，美、日、欧三足鼎立；90 年代以来，三大经济集团并立与多种经济力量并行发展。

一、二战结束至20世纪60年代末，美国称霸世界经济领域

美国的经济霸权是在第二次世界大战后逐步建立起来的。战后初期，德、意、日三国因战败退出世界经济强国行列；英、法等战胜国经济实力大为削弱，也失去了昔日的风光；而没有遭受战火之灾的美国利用战争期间膨胀起来的经济和军事力量，一跃成为世界第一经济大国。据统计，1948年美国工业生产总值占世界总额的56.4%，对外贸易占世界总额的32.5%，黄金、外汇储备占世界总额的74.6%，美国成为世界上最大的资本输出国和第一债权国。纽约成为世界唯一的金融中心。在科技方面，美国几乎在所有新领域独占鳌头，拥有世界上最庞大的科技队伍，成为第三次科技革命的发源地。可以说，美国掌握着资本主义世界贸易和国际金融、投资市场的支配权。

(一)美国经济霸主地位的确立

凭借强大的经济实力和优势，美国以各种手段确立和加强了其经济霸主地位。

1.在国际金融领域，建立了以美元为中心的国际货币体系

1944年7月，在美国新罕布什尔州布雷顿森林召开了有44个国家参加的国际货币金融会议，通过了《联合国货币金融会议最后协定书》及《国际货币基金组织协定》《国际复兴开发银行协定》两个附件(总称《布雷顿森林协定》)。1945年年底，国际货币基金组织和国际复兴开发银行在华盛顿成立。通过《布雷顿森林协定》建立的以美元为中心的货币体系(也称“布雷顿森林体系”)实际上是一种国际金融汇兑本位制。它包含两个基本要素：一个是美元与黄金直接挂钩，一个是美元与其他货币的固定汇率制。这一体系的建立，意味着美元成为主要的国际储备货币，可以替代黄金作为国际支付手段，从而确立了美元在国际金融领域的中心地位。由于国际货币基金组织和国际复兴开发银行两个组织内部实行的均是按资金份额多少决定各国投票权力大小的原则，而美国分别享有27%和23.8%的投票权，因此保证了美国对两个金融机构的控制权。布雷顿森林体系为美国推行金融霸权提供了有利条件，成为美国操纵国际金融市场的强有力工具，但它在客观上也对二战后经济的稳定和贸易的迅速增长起到了促进的作用。

2.在国际贸易领域，缔结《关税及贸易总协定》

为了实现其经济扩张，美国积极推动国际贸易自由化，于1947年筹组了《关税及贸易总协定》，提出了市场经济原则、对等互利原则、非歧视原则、贸易壁垒递减原则、公平贸易原则和贸易政策统一并具有透明度等原则，主张大幅度削减关税及其他贸易障碍和取消国际贸易中的歧视待遇，目的是大量输出美国商品，迅速占领国际市场。从形式上看，《关税及贸易总协定》只是一个有关关税和贸

易准则的国际性多边协定,但实际上它一直发挥着国际经济组织的作用。作为布雷顿森林体系的补充,《关税及贸易总协定》为美国对外经济扩张提供了便利,但在客观上对推动世界贸易和世界经济的发展也起到了积极作用。《关税及贸易总协定》和《布雷顿森林协定》是以外汇自由化、资本自由化和贸易自由化为主要内容的多边经济体制,也是美国为首的发达国家实现其经济霸权的体制。

3.对西欧和日本等资本主义国家采取扶植的政策

二战后初期,西欧国家经济困难,政局不稳,而美国的全球战略需要一个稳定的强有力的西欧作为盟友。1947 年 6 月,美国国务卿马歇尔提出了“欧洲复兴方案”即“马歇尔计划”。该计划的主要内容是:美国拨款援助西欧各国作为复兴经济之用,但受援国必须购买一定数量的美国货,取消关税壁垒,取消或放松外汇限制;接受美国对使用“美援”的监督,把本国和殖民地出产的战略物资供给美国;设立由美国支配的“对等基金”;保障美国私人投资和开发的权利;削减同社会主义国家的贸易,实施美国所要求的财政政策,把左翼力量排挤出政府等。1948～1951 年,美国向西欧 16 个国家提供了总额为 131.5 亿美元的援助,其中 90%是赠予,10%是贷款。“马歇尔计划”的实施促进了西欧经济的恢复,同时使大量美国资本和商品打入了西欧市场,加强了美国对西欧国家政治和经济的控制,把西欧纳入了对苏联冷战的战略轨道。

对日本,1949 年美国制定了复兴经济的“道奇计划”,在“占领地区救济基金”和“占领地区经济复兴基金”的名义下,向日本提供了 23 亿美元的贷款和“援助”,同时迫使日本在经济上对美国开放,为美国控制日本打下了基础。

4.对亚非拉民族独立国家和其他落后地区实施“第四点计划”

1949 年 1 月 20 日,美国总统杜鲁门在就职演说中提出了“技术援助和开发落后地区计划”即“第四点计划”。1950 年 6 月国会通过《对外经济援助法案》,“第四点计划”正式生效。该计划的实质是在给亚非拉地区不发达国家技术援助和投资的幌子下,加强对外经济扩张,控制不发达的受援国,试图通过对其经济政治渗透,抑制共产主义,打进英、法传统势力范围,扩展美国的势力范围。

5.建立“经济安全网”

通过多边或双边的共同军事安全条约体系,美国在向西欧和日本提供核保护伞的同时,还建立了“经济安全网”,即承担确保自由贸易制度、自由汇兑制度和廉价的石油供应制度的义务,向其他西方国家提供开放的市场,允许其他西方国家暂时不开放自己的市场甚至可以对美国的商品实行某种形式的歧视待遇。这种做法,既增强了西方盟国的经济安全感,又使西方盟国完全接受美国的领导地位。

6.对社会主义国家实行经济和技术封锁

二战结束后，社会主义从一国发展到多国，形成一个以苏联为首的社会主义阵营。美国为了独霸世界，以其经济和技术优势，对社会主义国家采取打击和遏制政策，力图使社会主义国家屈服和就范。1947 年美国宣布对社会主义国家实行战略物资禁运。1949 年 11 月，美国又操纵英、法、意等 15 个西方国家成立了“巴黎统筹委员会”(简称“巴统”)，严格控制向社会主义国家的出口。1951 年美国国会通过了《巴特尔法案》(通称《禁运法案》)，规定“巴统”成员向“共产主义国家”出口战略物资者，均被剥夺接受美国军事、经济和财政援助的权利，迫使其他西方国家完全纳入美国的战略轨道。

总之，二战结束后初期美国依靠迅速发展的经济科技力量，通过一系列战略安排及对外政策，成为资本主义世界经济的霸主。

(二)社会主义经济体系的形成

二战结束后，一系列欧亚国家相继建立了社会主义经济制度，世界经济体系中出现了一种新型的、前所未有的社会主义经济体系。这一体系基于高度集中的计划经济体制，所有制形式单一，生产力相对落后，经济贸易不发达，与西方经济几乎没有往来，而对苏联则有着严重的依赖性。

二战结束初期，社会主义经济体系虽然在力量上无法与资本主义经济体系相抗衡，世界经济格局存在明显的不对称性，然而，苏联和东欧各国以其独特的经济活动方式与资本主义经济体系进行了激烈的较量。

为了阻止苏联和东欧各国国民经济的恢复和发展，美国很快停止了对苏联的经济援助，同时对苏东国家进行拉拢。1946 年 4 月，美国宣布向波兰提供 9000 万美元的贷款。作为条件，波兰必须向美国提供政治、经济情报，并补偿因国有化没收美国财产所造成的损失。同年，美国承诺向捷克斯洛伐克提供 5000 万美元贷款，但前提是捷克斯洛伐克向美国开放市场。1947 年，美国以给苏联提供 10 亿美元贷款为诱饵，企图把苏联、东欧国家纳入马歇尔计划，但由于担心美国借“经济援助”之名干预和破坏苏联与东欧国家的经济主权，苏联拒绝了美国的贷款和马歇尔计划。在分化、拉拢、控制东欧的阴谋未能得逞的情况下，美国转而同西方国家一起对苏东国家进行经济封锁。1948 年 2 月，美国拒绝给捷克斯洛伐克贷款购买棉花。3 月，美国总统杜鲁门宣布严厉管制对苏联的物资输出。1949 年 11 月，在美国的操纵下成立的“巴黎统筹委员会”更是严格控制向社会主义国家的出口。

面对美国为首的西方国家的经济封锁，苏联先后与保加利亚、捷克斯洛伐克、匈牙利、罗马尼亚签订了双边贸易协定，帮助东欧国家恢复和发展经济，并且相互提供所需物资，把以前同西欧国家的贸易转向了东欧社会主义国家。1949

年1月5～8日，苏联、保加利亚、匈牙利、波兰、罗马尼亚和捷克斯洛伐克六国在莫斯科举行会议，成立了经济互助委员会(简称"经互会")。经互会初期的合作活动主要限于流通领域，20世纪50年代中期以后逐步扩大到生产领域，并由双边关系扩大到多边关系。经互会是社会主义经济体系的重要表现形式，在成员国间的国民经济计划协调、国际生产专业化与协调、共同投资建设联合项目、促进相互贸易和科技合作等方面都发挥了积极作用，特别是在抗衡以美国为首的西方国家的封锁和禁运上具有重要的意义。

与此同时，苏联在没有参加国际货币基金组织、世界开发银行和关税及贸易总协定等国际经济组织，以及面临西方国家经济封锁的条件下开始了艰难的国民经济恢复进程，到1950年完成了恢复国民经济的任务。此后，经过4个"五年计划"，苏联经济实力有了很大的增强。据苏联官方统计，苏联国民收入年平均增长率在20世纪50年代为10.6%，60年代为7.9%；工业总产值增长率在20世纪50年代为11.7%，60年代为8.8%。苏联五六十年代的经济发展速度在世界处于领先地位。1960年苏联已有十几种工业品产量超过美国，到70年代，它的钢铁、石油、水泥、化肥等20多种主要工业产品产量超过美国而居世界首位，成为仅次于美国的世界第二经济大国，在社会主义经济体系中起着至关重要的作用。

二、20世纪70～80年代，世界经济格局向多极化方向发展

(一)资本主义世界三大经济力量中心的确立

经济政治发展的不平衡是资本主义的绝对规律。随着西欧、日本经济的恢复和发展，它们不仅在政治上出现了对美国的离心倾向，而且在经济上也与美国展开激烈竞争，成为美国的强劲对手。20世纪70年代以后，美国经济相对衰弱，逐渐丧失了其经济霸主地位，世界经济格局向多极化方向演变，美、日、欧三足鼎立局面日渐形成。20世纪80年代，由于滞胀带来的世界经济长期不稳定和低速增长，世界各国普遍进行了经济调整与改革，世界经济迎来了改革浪潮。发达国家进行产业结构调整并使之高级化，通过经济转型，把二战后初期完成的经济集约化推向一个更高阶段。大多数发展中国家从本国实际出发，在调整宏观经济政策的同时，对经济体制和经济发展战略进行调整，产生了积极效果。中国从1978年开始实行改革开放，取得了举世瞩目的成就。苏联、东欧国家则由于指导思想的偏离，社会主义经济体制改革演化成向资本主义私有化的全面过渡，结果导致经济衰退、社会动荡、国家解体。20世纪80年代的世界经济改革浪潮，使全球经济进入一个调整时期。

1.美国的经济增长速度一直慢于大多数西方国家

美国同西欧各国和日本的经济实力对比发生了不利于美国的变化。1951～1977 年,美国国内生产总值增长率为 3.5%,而日本为 7.9%,西德为 5.2%,法国和意大利均为 4.7%,英国为 2.1%。美国的工业在资本主义世界工业生产中的比重由 1948 年 56.4%下降到 1970 年的 38.7%。西欧各国和日本的经济实力迅速增长。1948 年,英、法、西德的工业生产占资本主义世界工业生产的比重为 19%,而 1970 年英、法、西德和意大利四国的比重已上升到 25.6%。1948 年,日本的工业生产在资本主义世界工业生产中的比重只有 1.6%,1970 年则上升至 9.5%。欧共体的国民生产总值在 20 世纪 50 年代中期只相当于美国的 50%,到 1975 年已达到美国的 90.7%。1950 年日本的国内生产总值相当于美国的 1.8%,1975 年则上升至 32.4%。

2.美国贸易地位大大下降,西欧、日本地位明显上升

20 世纪 70 年代后期,美国逐渐丧失了在贸易领域的优势地位。按贸易量计算,60 年代美国的出口平均增长速度为 5.9%,远远落后于日本的 17.3%和西德的 8.8%。1960 年,美国、欧共体和日本各占世界出口总额的 16.2%、23.6%和 3.2%。到 1978 年,美国下降到 10.9%,欧共体上升为 35.2%,其中西德一国所占份额就达 11%,超过美国;日本则升至 7.5%,居世界第三位。1971 年,美国结束了二战后 20 多年的贸易顺差,首次出现贸易逆差,赤字达 24.4 亿美元。1985 年,美国从最大的债权国变为最大的债务国。而西德和日本的对外贸易收支则由二战后初期的逆差先后转为顺差。70 年代末,西德的外贸顺差每年达 140 亿～150 亿美元。日本则在 1978 年突破外贸顺差 100 亿美元大关,1985 年则成为世界上最大的债权国。

3.对外资本输出发生了不利于美国的变化

1960 年,美国在资本主义世界对外投资总额中占 55.1%,西欧占 32.1%,日本占 0.5%。1978 年,美国下降至 45.2%,西欧上升到 42.5%,日本上升到 7.2%。

4.布雷顿森林体系宣告解体

20 世纪 50～60 年代,美国的巨额军费开支和大规模海外投资致使它的国际收支逆差增大,黄金不断外流。1960 年,美国黄金储备由 1949 年的 245.6 亿美元减至 176 亿美元,开始少于当时所负的短期外债 210 亿美元,美元的国际信用发生动摇,国际上出现了抛售美元、抢购黄金及其他硬通货的浪潮。1960 年 10 月爆发第一次美元危机,1968 年 3 月又爆发了第二次美元危机。美国政府于 1971 年 12 月和 1973 年 3 月两次宣布美元对外汇价正式贬值。各西方国家货币与美元的关系遂由固定汇率制转为浮动汇率制。至此,以美元为中心的资本

主义国际货币体系最终崩溃，国际货币体系向着多元化方向发展。

1975 年举行的第一次西方首脑会议，标志着资本主义世界三大经济力量三足鼎立局面的形成。从此，美、日、欧在贸易、金融、投资等领域的矛盾和斗争日益尖锐，美国面临西欧和日本越来越强劲的挑战。20 世纪 80 年代，三足鼎立的局面得到强化，西欧和日本成了美国越来越难以对付的竞争对手。美、日、欧三方力量之间既合作协调，又竞争对抗。

(二)社会主义国家经济曲折发展

20 世纪 70 年代社会主义国家经济有较大发展。苏联在勃列日涅夫上台后实行了新经济体制，经济有了突破性发展，经济实力不断增强。到 70 年代后半期，苏联、东欧等社会主义国家经济相继出现停滞下滑。中国处于“文化大革命”及此后的徘徊时期，经济发展受到影响。因此，在 70 年代的世界经济中，社会主义国家未能构成影响世界经济全局的力量中心。

(三)发展中国家经济的不平衡发展

发展中国家占世界人口的 3/4，占世界土地面积的 3/5，拥有 150 多个国家和地区，是世界经济中新的因素。特别是新兴工业化国家和地区的兴起，对推动世界经济格局多极化发展起了不可忽视的作用。

据世界银行的统计，1965～1980 年，发展中国家国内生产总值的年均实际增长率约为 6%，不仅高于它历史上任何时期，而且高于发达国家同时期 4.7% 的增长率。发展中国家的出口总额从 1970 年的 565 亿美元增加到 1980 年的 5671 亿美元，在世界出口贸易中的比重也从 1970 年的 17.9%上升到 1980 年的 28.1%。

20 世纪 70 年代，一批新兴工业化国家和地区涌现出来，它们是亚洲的“四小龙”(新加坡、韩国、中国的香港和台湾地区)，拉丁美洲的巴西、阿根廷和墨西哥等。它们的发展程度处于从发展中国家和地区向发达国家和地区水平过渡的阶段。新兴工业化国家和地区的出现，使发展中国家在世界经济中的地位明显上升，成为促进世界经济朝着多极化发展的新生力量。但由于经济发展不平衡，整体实力不强，发展中国家在世界经济发展中总体上还是依附于发达资本主义国家，无法动摇美、日、欧三足鼎立的格局。

三、20 世纪 90 年代以后，三大经济组织并立与多种经济力量并行发展

20 世纪 90 年代以后，世界经济进入了一个新的发展和繁荣时期。各国经济调整和改革的不同结果，促使世界经济格局进一步发生变化。冷战的结束使美、欧、日三大经济力量的较量越来越复杂激烈，直接推动了北美、西欧、亚太地区区域

经济一体化的发展，形成三大区域性经济组织相互依赖、相互竞争的新格局。

(一)欧洲联盟

欧洲联盟(EU，简称“欧盟”)是目前最有成效、一体化程度最高的区域经济组织，从煤钢共同体发展为欧洲共同体，直至目前的欧洲联盟。1993 年 1 月 1 日，欧洲统一大市场正式启动，实现了商品、劳务、资本和人员四大自由流通。1993 年 11 月 1 日，欧洲联盟正式成立。欧盟成立后，经济快速发展，1995～2000 年经济增速达 3%，人均国内生产总值由 1997 年的 1.9 万美元上升到 1999 年的 2.06 万美元。欧盟的经济总量从 1993 年的约 6.7 万亿美元增长到 2002 年的近 10 万亿美元。1999 年 1 月 1 日，欧元正式启动，这是布雷顿森林体系崩溃后国际货币体系中最重大的变革，对国际金融和世界经济产生了重大影响。

2013 年 7 月 1 日克罗地亚正式加入后，欧盟成为一个涵盖 28 个成员国、总人口 5.03 亿、面积 438 万平方公里的当今世界上经济实力最强、一体化程度最高的国家联合体。欧债危机爆发后，欧盟进一步推动相关改革，包括大力推进并建成银行联盟，积极推动资本市场联盟、能源联盟和单一数字市场建设等。英国脱欧给欧盟带来较大的负面影响。

(二)北美自由贸易区

面对来自欧洲的挑战，1988 年 1 月美、加签署了《美加自由贸易协定》(US-CFTA)，逐步取消商品、劳务的关税，建立北美自由贸易区(NAFTA)。1989 年 1 月协定正式生效。1991 年墨西哥加入。1992 年 8 月，美、加、墨三国首脑签署《北美自由贸易协定》，规定三国 15 年内逐步取消货物与服务的进出口关税及投资障碍，实现商品、劳务、资本的自由流通和更高级的知识产权保护。经三国国会批准后，《北美自由贸易协定》于 1994 年 1 月 1 日正式生效。

北美自由贸易区成立后，尽管出现过一些问题，但三国之间已基本实现了商品和劳务的自由流通。美、加、墨三国贸易额从 1994 年的 2910 亿美元，增加到 2016 年的 1.25 万亿美元，其中墨美贸易发展尤为迅速，贸易额从 1993 年的 850 亿美元增加到 2016 年的 5340 亿美元。2005 年，北美自由贸易区的国内生产总值达到 14.3 万亿美元，占世界 GDP 总额的 32%。由于取消贸易壁垒和开放市场，美、加、墨三国实现了经济增长和生产力的提高，尤其是墨西哥的加入，使得北美自由贸易区成为南北区域经济合作的成功范例。

北美自由贸易区的建立，是美国全球经济战略的第一步。美国的进一步设想是把北美洲与南美洲连在一起，建成一个从阿拉斯加到火地岛、世界上面积最大、拥有 8 亿人口的美洲自由贸易区，保住西半球市场，增加西半球国家对美国的依赖，强化美国在世界经济中的主导地位，进而同以欧盟为核心的欧洲经济区抗衡。

但是，在促进三国经济发展的同时，美墨和美加贸易逆差也显著增加。美墨货物贸易从美国约有13亿美元的顺差转变为2016年的640亿美元逆差，2016年美加货物贸易逆差也接近110亿美元。特朗普上台后，启动了北美自由贸易协定重新谈判。2018年8月27日，美国与墨西哥宣布就更新北美自由贸易协定达成初步原则性协议，10月1日，加拿大同意加入美国与墨西哥之间的贸易协定。这个新协定的名称为《美墨加协定》(USMCA)，取代了此前的《北美自由贸易协定》。

(三)亚太经济合作组织

亚太地区的经济集团化较之欧美起步较晚。早在20世纪60年代日本就希望"脱美入亚"，建立以日本为中心的经济势力范围，提出了建立"太平洋共同体"的倡议。但由于这一地区存在不同的社会制度、经济体制、悬殊的经济发展水平以及历史原因和强烈的民族自我意识等因素，区域集团迟迟未能建立起来。70年代以后，东亚经济保持了高速增长率，成为世界经济的"火车头"。随着欧共体的排他性色彩日渐增强，加强地区经济合作成为亚太地区各国的强烈愿望。经澳大利亚提议，1989年11月在堪培拉举行了首次亚太经济合作部长级会议，亚太地区有组织的经济合作正式起步。中国于1991年加入该组织。1993年6月，"亚太经济合作组织"(APEC)名称被正式启用。

亚太地区地域跨度较大，各国经济发展水平不同，社会制度和文化背景各异，亚太经济合作组织在实践中逐渐形成了独具特色的"亚太经合组织方式"：承认成员的多样性；容许灵活性和渐进性；遵循自主自愿和协商一致的原则；共同制定战略目标，各个成员根据自己的国情确定达标进程，有条件的成员率先采取行动和措施，推动贸易便利化和经济技术合作。这种独具特色的合作方式增加了亚太经合组织活动的实质性内容，在协调亚太地区经济关系、促进地区经济合作方面发挥着愈来愈大的作用。1994年11月的印尼茂物会议确立了贸易投资自由化和经济技术合作两个轮子共同前进的方针。1995年11月的大阪会议进一步确认了"多速前进"的原则。各成员国有权结合自己的情况，按照自己的进度和方式逐步实现自由化，不同的领域可以有不同的速度。1997年温哥华会议决定接纳俄罗斯、秘鲁和越南为新成员，使其成员达21个。2014年北京峰会出台了"亚太自贸区路线图"，正式启动亚太自贸区进程。迄今为止，亚太经合组织已经举行了28次领导人非正式会议。

亚太经合组织不同于欧盟或北美自由贸易区是以各国协议或条约为基础的排他性的经济组织，仍未形成有形的区域经济组织，但其合作领域不断拓展和创新，呈现出多渠道、多速度、多机制发展的新特点。东盟与中、日、韩(10+3)机制，东盟与中、日、韩、印度、澳大利亚、新西兰(10+6)机制，全面与进步跨太平洋伙伴关系协定(CPTPP)三种不同的模式,反映出亚太地区不同国家和经济体的利益。亚太经合组织已成为目前最活跃的区域经济组织之一。

三大经济组织的出现,是世界经济全球化和区域经济一体化趋势的体现,同时也是美、欧、日争夺势力范围的结果。美洲是美国传统的势力范围,美洲经济区正在发展形成之中。欧盟在进一步建立全欧经济大厦的同时,跨越地中海,试图利用传统的经济联系建立欧非经济圈。日本也不甘示弱,瞄准整个亚太地区。三大组织都在不断加强合作、增进一体化,彼此之间也在不断加强合作。美欧关系一直比较紧密,美亚关系自亚太经合组织首脑非正式会议后也得到加强,而亚欧会议的成功举行也为建立双方新的平等伙伴关系奠定了基础,以上均使亚、美、欧"不均衡的三边结构"趋向平衡。进入 21 世纪后,三大区域经济组织一体化趋势加快发展,从而推动世界经济格局不断向多极化方向发展。

20 世纪 90 年代以来,主要发达国家的经济增长率不高,出现了相对停滞,但它们依然保持着较强的人力资源培养和科技创新能力。发展中国家经济出现恢复和增长的势头,各国都抓住经济全球化机遇发展经济,增强本国实力。发展中国家作为一个整体在世界经济中的地位越来越重要。其中一些大国,如印度和巴西,其经济正在以比发达国家更快的速度发展。中国继续推行改革开放政策,经受住了 1997 年亚洲金融危机的考验,经济实力和竞争力不断加强。中国加入 WTO 后,经济得到进一步发展,经济体量不断增大,连续超过欧洲几个大国之后于 2010 年超过日本,从而成为世界第二大经济体。2021 年中国 GDP 总量为 17.7 万亿美元,占美国的 77.3%,地区性经济大国地位已经形成,对世界经济的多极化产生积极影响。俄罗斯虽在苏联解体后经济滑坡,但由于继承了苏联 60%的经济实力,加上资源丰富,交通和工业比较发达,科技实力雄厚,因而自 1999 年后经济情况已经好转。1999 年俄罗斯的 GDP 为 1959 亿美元,2021 年 GDP 为 1.77 万亿美元,年均增长率为 10.5%;虽然目前受到西方国家的经济制裁,但是仍是一个极具潜力的经济强国,它的发展会进一步加快世界经济多极化的进程。

第三节　当今世界经济发展趋势

一、世界经济全球化和区域经济一体化并行发展

(一)经济全球化在曲折中前进

所谓经济全球化,是指在不断发展的科技革命和生产国际化的推动下,各国经济相互依赖、相互渗透日益加深,连成牵一发而动全身的有机整体,所有国家、

地区和国家集团的所有经济部门和经济环节都成为这个整体不可分割的组成部分。它包含这样几层含义：第一，经济全球化是一个客观历史进程。第二，经济全球化是世界经济发展的新阶段，是伴随国际分工深化和贸易全球化发展所出现的生产全球化、金融和服务业的全球化，是生产要素和资源在全球范围内的自由流动和合理配置。第三，在经济全球化进程中，一方面是世界范围内各国、各地区的经济相互交织、相互影响，融合成"全球统一市场"，即市场经济全球化；另一方面是在世界范围内建立了规范世界经济行为的规则、制度，并以此为基础建立了经济运行机制，即世界经济趋向于某种程度的一体化。第四，经济全球化进程是由发达国家主导的，是资本主义生产方式在全球范围内的扩张和延伸。第五，经济全球化应该使未来的世界经济成为一个在某种一体化制度安排下的多元自主发展体系，而不可能是一个完全均质或同质的体系。

从根本上说，经济全球化是生产力和国际分工高度发展的产物。作为一个客观历史范畴，经济全球化是随着资本主义产业革命和世界市场的出现而出现的。"资产阶级，由于开拓了世界市场，使一切国家的生产和消费都成为世界性的了……过去那种地方的和民族的自给自足和闭关自守状态，被各民族的各方面的互相往来和各方面的互相依赖所代替了。物质的生产是如此，精神的生产也是如此。"①但是只有到了二战结束后，特别是 20 世纪 80 年代以后，新科技革命才为经济全球化准备好物质技术基础，数以万计的跨国公司编织成全球性网络，各国经济都成为世界经济整体的组成部分。到了 90 年代，真正意义上的统一的世界市场才彻底形成，各国实施了相对更加自由化的贸易和金融政策，生产资本的全球化和国际金融市场联为一体使经济全球化发展所需要的条件得到了进一步的完善。由此，1990 年经济合作与发展组织（OECD）前首席经济学家奥斯特雷（S. Ostry）首次提出"经济全球化"概念，并被广泛接受和使用。

1.经济全球化的主要特征

（1）市场经济全球化。市场经济全球化是经济全球化的本质特征。经济全球化作为经济发展的结果，必然表现在世界范围内的市场充分扩张，是市场经济的全球化。市场经济全球化包括社会主义国家从计划经济向市场经济的转轨，发达资本主义国家现代市场经济的不断完善和修正，发展中国家市场机制的建立和市场体系的完善，这三种类型的国家向市场经济的"统一进发"，构成了市场经济全球化的内容。从根本上讲，没有社会主义国家从计划经济到市场经济的转轨，就没有市场经济全球化的现实趋势。目前绝大多数国家实行市场经济体制，在世界范围内实现资源的优化配置。

---

① 《马克思恩格斯选集》第 1 卷，人民出版社 1995 年版，第 276 页。

(2)生产活动的全球化。生产活动的全球化即全球性生产经营网络的建立，为经济全球化发展奠定了物质基础。生产全球化主要体现为传统的国际分工正演变为世界性的分工，不仅参与国际分工的国家遍及全球，而且国际分工进一步细化，由过去的单一垂直型分工发展为垂直型、水平型和混合型等多种分工形式。新的国际分工使世界性的生产网络形成，各国的生产成为世界生产的一部分，从而使各个国家的生产活动密切联系、相互依赖，在国际范围内结成一个整体。

(3)贸易全球化。贸易全球化主要是指商品和劳务在全球范围内自由流动。二战结束以后，经过关贸总协定框架下的多轮多边贸易谈判，贸易自由化程度不断提高，全球贸易额一直高于全球生产的增长额。对外贸易在各国国民经济中的地位和作用进一步提高，成为许多国家经济增长的"引擎"和最重要的增长源。冷战结束后，国际贸易的规模和速度不断增长，贸易自由化程度提高。货物、劳务、科技、信息、旅游等方面的贸易规模扩大迅猛，增长速度加快。2007 年 8 月 17 日，世贸组织总干事拉米表示，自 1950 年以来，世界贸易已经增长了 30 倍。[①] 据 WTO 统计，2017 年的全球货物贸易量同比增长 4.7%，是 2011 年以来的高水准。其中，2017 年出口额为 17.198 万亿美元，进口额为 17.572 万亿美元，分别增长约 11%。[②]

(4)资本全球化。冷战结束后，资本流动的全球化趋势日益明显，国际直接投资正日益取代国际贸易，成为世界经济增长和经济全球化的重要动力之源。技术进步降低了运输、通信、金融交易成本，贸易壁垒的消除使投资者更容易在全球范围内寻找低成本或靠近当地市场的生产基地。据联合国贸发会议统计，2004 年，全球外国直接投资总量为 7303 亿美元，较上一年增长 2%。其中，流入发展中国家的外资达到 2330 亿美元，同比激增 40%，占全球外国直接投资总量的 32%。根据联合国贸易和发展组织发布的《2016 年世界投资报告》，2015 年全球外国直接投资达到 1.76 万亿美元，较上一年增长了 38%。《2008 年世界投资报告》显示，2016 年全球外国直接投资为 1.87 万亿美元；2017 年全球外国直接投资流量开始下降，为 1.43 万亿美元。

(5)金融全球化。金融全球化是指各国各地区在金融业务、金融政策等方面相互交流和协调、相互渗透和扩张、相互竞争和制约，从而使全球金融市场日趋开放、金融体系日趋融合、金融交易更加自由的过程。随着信息技术在金融领域的广泛使用，世界各大金融中心和金融市场已成为一个有机的整体，金融交易的

① 参见李雯:《世界贸易 50 多年来增长 30 倍》,《人民日报》2007 年 8 月 18 日。

② 参见《WTO:中国 2017 年贸易额反超美国》,新浪网,2018 年 4 月 13 日。

时空差异、货币差异已被降到最低限度，制度障碍、政策障碍也越来越少，大规模的资金流动可以在瞬间完成，这使得国际金融资本可以在全球范围大规模快速流动，国际金融市场上的“热钱”像雪球一样越滚越大，几乎达到天文数字。世界银行发布的《1997 年世界经济发展报告》指出，1991～1997 年排列在全世界前 200 家的大银行进行合并、兼并的有 30 起之多。1972～1995 年，按当年生产价格计算的世界生产增长了 7 倍，世界出口扩大了 12 倍，而国际金融市场则膨胀了 43 倍。1993 年达成协议、1994 年签署《最后文件》的乌拉圭回合谈判使全球 90%的金融市场获得开放，国际金融市场进一步迈向全球化。美国期货业协会(FIA)发布的最新数据显示，金融衍生品 2016 年全球交易量达到 252 亿手，比上年增加 2%，自 2011 年以来时隔 5 年创出历史新高。①

(6)跨国公司是经济全球化的微观基础。经济全球化的上述特征并不是没有主体的“自然过程”，其主要载体是跨国公司，特别是发达资本主义国家的跨国公司。跨国公司在经济全球化过程中成为最为活跃、最具影响的因素和力量。2000 年全球跨国直接投资达到创纪录的 1.318 万亿美元，其中 90%是属于跨国公司的投资。发达国家既是对外投资最多的国家，也是引进外资最多的国家。2001 年流向发达国家的直接投资占全球跨国直接投资的 69.6%，流向发展中国家的占 30.4%，其共同点基本上都是跨国公司的投资。据联合国贸发会议统计，2001 年全球 6.3 万多家跨国公司的年销售额超过 14 万亿美元，控制了全球产出的近 50%、贸易的 60%和技术转让的 70%。2008 年国际金融危机爆发后，全球国际投资扩张速度放缓，投资环境正在发生重要变化，但国际直接投资的主体依然是跨国公司。值得一提的是，发展中国家跨国公司异军突起，特别是在国际直接投资领域。跨国公司凭借其特定优势(垄断优势、技术优势、产品差异优势)、内部化市场优势和对外直接投资区位选择优势，开展全球化经营，改变了各国间生产、交换、流通、消费、技术与产品研究开发等方面的协作关系，扩大和加强了东道国与母国间的经济联系，强化了经济全球化、区域化发展趋势。

2.经济全球化的作用

经济全球化是社会化大生产发展的必然，代表了最先进的生产力，对所有国家都是机遇和挑战。

(1)经济全球化加强了各国经济相互依存的局面，为世界经济的发展带来新的历史机遇。在经济全球化的背景下，各国的经济资源得以在全球范围内实现有效配置，发达国家的资金、技术、管理经验和发展中国家的资源、廉价劳动力、广阔市场能够实现最佳组合，使各国有可能在世界经济中实现优势互补，促进各

① 参见《日媒：全球证券交易所掀金融衍生品霸权争夺》，环球网，2017 年 4 月 25 日。

国和世界经济的发展与经济效益的提高；各国都面向统一的全球大市场，根据世界市场竞争的要求，改进企业经营，降低生产成本，提高生产效率，从而促进全球产业结构的新一轮调整；有利于科技成果在全球范围内快速传播。直接投资和科技贸易的不断扩大，客观上促使科技成果不仅仅在发达国家扩散，而且加快了在发展中国家的传播。

(2)对发达国家与发展中国家的影响不同。发达国家在全球化中处于主导地位，掌握了世界最先进的生产力、大量的资本和高新技术，在全球分工体系中处于优势地位，是经济全球化的最大受益者。对于发展中国家来说，经济全球化是一把“双刃剑”。一方面，经济全球化将发达国家与发展中国家更紧密地联系在一起，发展中国家有机会吸收更多的外资、技术和管理经验，进行经济调整与改革，从而提高本国的国际竞争力。一些具有潜力的发展中国家由此获得“后发优势”，能够在经济实力上赶上甚至超过某些发达国家。另一方面，经济全球化加剧了发展中国家的竞争压力和经济风险。总体上，发展中国家在与发达国家的竞争中处于不利的地位。发展中国家必须学会在经济全球化浪潮中抓住机遇，迎接挑战。

(二)区域经济一体化迅速发展

区域经济一体化是当今世界经济的又一发展趋势。经济全球化在各地区间发展不平衡，从而推动了区域经济一体化的蓬勃发展。

区域经济一体化指那些地理上接近，经济水平、经济体制、经济政策趋同的国家在平等的基础上通过协定，制定共同的行为准则，甚至让渡国家的部分经济主权，建立超国家机构，实现经济上的联合。其目的是实现成员国间的资源优化配置，经济上互补、互利、互惠，共同促进经济增长。中外经济学家按水平高低将区域经济一体化分为六个阶段，即特惠关税区、自由贸易区、关税同盟、共同市场、经济同盟和完全的政治经济一体化。

最早的区域经济一体化组织是 1949 年由苏联、东欧国家建立的经济互助委员会。20 世纪 50 年代欧洲煤钢共同体建立，60 年代发展中国家建立起各种经济集团，70 年代国际经济组织的活动十分活跃，80 年代区域经济一体化进入较高层次，90 年代区域经济一体化进一步扩大。进入 21 世纪，又产生了许多新的区域经济组织。目前，全世界各种大大小小的区域性、次区域性集团组织已有 110 多个，其中2/3是 1990 年以后建立的。它们的层次和规模不同，遍及欧洲、北美、拉美、非洲和亚洲，其合作内容除国际贸易外，还涉及资本、技术、劳务、人员流动以及财政、信贷政策的协调等。欧盟、北美自由贸易区和亚太经济合作组织是影响最大的区域性经济组织。

区域经济一体化对世界经济发展具有多方面的影响：首先，有助于生产要素的自由流通，使资金、技术、资源、劳动力在内的各种生产要素得到合理配置；有助于市场迅速扩大，发挥规模经济效应，促进区域经济增长。其次，由于组织内部废除关税和非关税壁垒，区域经济集团化产生的贸易创造效应和贸易转换效应大大促进了区内国际贸易和区外的国际贸易。再次，由于各区域经济组织采取内外有别的政策，因而经济集团和组织之间的经济竞争更加激烈、更加尖锐，区域组织之间的竞争规模和层次空前提高。最后，区域经济一体化有利于世界经济格局向多极化发展。

（三）经济全球化与区域经济一体化的关系

经济全球化和区域经济一体化是世界经济发展中的两种不同趋势，二者并不矛盾，而是相互促进、并行不悖的。尽管区域经济一体化多多少少具有排他性，集团内外存在差异待遇，在一定程度上使经济全球化和全球自由贸易受到阻碍，但所有的区域经济组织同时也具有开放性，各区域经济组织的产品、技术、原料、能源不同程度上都依赖于区域外的经济技术交往。20 世纪 90 年代以来，区域经济组织在内部一体化程度不断提高的同时，也由封闭型向开放型转变，如亚太经济合作组织奉行“开放的区域主义”，不在贸易和投资方面对非成员构成歧视。开放型的区域经济一体化与多边贸易自由化原则相一致，将会推动经济全球化的发展。因此，有人将经济全球化与区域经济一体化的关系形象地形容为“排而有限，封而不闭”。另外，发达国家和发展中国家在区域经济一体化方面正开始寻求积极合作，如亚欧经济会议。

事实上，各区域经济组织都是你中有我，我中有你。经济全球化的主要载体——跨国公司进行的是大量的跨集团、跨地区的业务活动。因此，区域经济一体化客观上成为经济全球化的重要组成部分和表现形式，从大趋势来看，区域经济一体化推动了经济全球化，为全球化和一体化提供了可供选择的范例和模式。发展中国家为争取维护自身利益，应着眼于建立区域经济一体化组织，这是发展中国家在经济全球化过程中加强国际经济联系更实际、更容易实现的一种选择。

二、世界经济发展不平衡加剧

发展不平衡是世界经济的基本规律。“不平衡”既指发展速度上的差距，又指发展水平以及由此引起的各国经济实力的差距。当代世界各类国家之间以及同类国家之间，发展都是不平衡的。

（一）发达国家之间发展的不平衡

在经济全球化条件下，发达国家经济发展不平衡状况超过二战后的任何一个时期。也可以说，发达国家之间的经济发展不平衡进入一个全面不平衡阶段，而且发展不平衡表现得非常复杂，起伏也非常大。

发达国家经济发展不平衡主要表现为美国、日本和西欧国家之间在不同时期的发展不平衡以及在不同经济领域的发展不平衡。

二战结束后初期，美国在资本主义世界经济中处于绝对优势地位，它的国民生产总值曾占世界国民生产总值的45%。但随着西欧、日本经济实力的不断增强，美国的经济实力相对减弱，美、欧、日之间差距逐渐缩小。到20世纪60年代末70年代初，日本、西德已是资本主义世界中仅次于美国的第二和第三经济大国。80年代，美国经济增长率明显慢于日本，劳动生产率增长速度相对下降，财政赤字和贸易逆差大量增加，对外投资能力一度减弱，从而使它在世界经济中所占的比重和经济地位相对下降，日本的经济地位相对上升。这一时期欧洲共同体内各国的经济继续保持了低速增长。1970～1990年，日本国民生产总值占世界国民生产总值的比重从7.7%上升为14.1%，欧共体从23%上升为25.5%，而美国则从38%下降为24.5%。1975年日本国民生产总值居世界第二，1988年成为世界最大的资本输出国。1982年西德国民生产总值平均增长率达5.2%，仅次于日本，人均国民生产总值达10690美元，仅次于美国。日本、欧共体和美国的国民生产总值之比，1970年为1∶3∶5，到1991年则变为1∶2∶1.8。70年代以来出现的三足鼎立的发展趋势进一步得以巩固。

20世纪90年代以来，发达国家经济发展不平衡在经济增长率上有明显表现，并在经济增长的时间上有明显反差。1991～1999年，就年均GDP增长率而言，美国为3.5%，欧盟为2.2%，日本仅为1.3%。具体来看，1991年在美国经济陷入衰退、出现1.2%的负增长时，日本经济和德国经济却继续分别以4.24%和4.58%的较高速度增长；而1993年和1994年美国经济已走出衰退，先后出现2.9%和3.4%的增长率，同时期的日本经济增长率却是－0.1%和0.5%，德国经济1993年甚至出现2.4%的负增长；1997年和1998年，美国经济分别增长3.7%、3.9%，欧盟经济分别增长2.6%和2.8%，而日本经济却分别下降0.7%和2.2%。这表明西方发达国家之间的经济发展不平衡问题日益复杂化，经济发展出现了严重的反差现象，失去了以往的同步性。整体而言，1991～2012年，美国经济增长率相对较高，年均为2.42%；英国年均为2.11%，最高的1994年达到4.58%；德国和法国的经济增速相对美、英来说较为缓慢，年均增长率约为1.48%；日本年均仅增长0.26%。①

但是，发达国家的贸易发展不平衡却没有出现像经济增长不平衡那样大的起伏变化。尽管美国的经济竞争力强劲，但在国际市场竞争中，其仍然落后于日本和欧盟国家。20世纪80年代初，日本一直保持着长期的对外贸易巨额顺差，

① 参见梁军：《简论日本经济持续萧条的原因与影响》，《日本学刊》2013年第6期。

而美国一直是巨额逆差。1985～1989 年，日本对外贸易年平均顺差额为 701 亿美元，美国对外贸易的年平均逆差额是 1359.6 亿美元。90 年代，美国经济发展明显好于日本，日本经济逐渐陷入困境。可是，在 1990～1996 年的 7 年间，美国对外贸易的年平均逆差额仍达 1330 亿美元，日本的年平均顺差额升为 970 亿美元。尤其是 1998 年，美国经济增长率高达 3.9％，但贸易逆差额也达到创纪录的 2300 亿美元；而日本经济尽管下滑了 2.2％，但贸易顺差额仍维持在 1000 亿美元左右。进入 21 世纪后，美国依然是贸易逆差大国，2017 年美国贸易逆差为 8628 亿美元。[①] 欧元区依然保持了贸易顺差，欧元区 12 国 2005 年贸易顺差为 234 亿欧元，而日本在 2008 年首次出现了贸易逆差。

在经济全球化条件下，发达国家之间出现经济发展不平衡与贸易发展不平衡的反差错位，经济发展快的美国在国际贸易竞争上却处于劣势，而在很长一段时间里经济发展陷入困境的日本却在国际贸易竞争中处于优势。这反映了西方发达国家经济发展不平衡问题的复杂性。

（二）发达国家与发展中国家之间发展的不平衡

世界经济发展不平衡的另一重要方面，是发达国家与发展中国家之间经济差距的拉大。

20 世纪 50～70 年代，发展中国家的经济发展速度大大快于发达国家。1961～1970 年，发展中国家工业生产的年平均增长率为 7％，而当时处于所谓“黄金时期”的发达资本主义国家工业生产的年平均增长率只有 5.8％。1971～1975 年，发展中国家的工业生产年平均增长率为 6.2％，大大高于发达资本主义国家 3.2％的水平。发展中国家 GDP 占资本主义世界 GDP 的比重亦从 1960 年的 16.3％上升到 1978 年的 18.7％。然而在 20 世纪 80 年代，由于国际经济形势的恶化和不少发展中国家发展战略的失误，发展中国家的经济发展遇到严重的困难，增长速度下降，贸易条件恶化，初级产品出口价格下跌，大量资金外流，债务问题严重，国内通货膨胀恶性发展。即便如此，1980～1989 年，发展中国家 GDP 年平均增长率仍达到 4.3％，而发达资本主义国家只有 3.0％，发展中国家经济增长率仍然高于发达资本主义国家。

90 年代以后，一些发展中国家的经济形势开始好转，东亚和拉美地区的一些新兴工业化国家和地区以及部分发展中国家的经济增长率大大高于发达国家。1991～2000 年，发展中国家 GDP 增长率为 4.2％，高于同期发达国家的 2.8％。2000 年以来，发展中国家的整体年均经济增长速度为 4.8％，超过高收入经济体年均 2.0％的增长率。2003～2007 年，发展中国家人均 GDP 增长了近

① 参见梅新育：《靠贸易战无法解决美国贸易逆差问题》，《经济日报》2018 年 7 月 15 日。

30%,同期以七国集团为代表的工业化发达国家人均GDP仅增长10%。

虽然在经济增长速度上发展中国家高于发达资本主义国家,但在经济发展水平即人均国民收入增长上,发达资本主义国家仍快于发展中国家。大多数发展中国家经济发展面临瓶颈,大都循着一定的路径陷入了“贫困陷阱”和“中等收入陷阱”,与发达国家之间的收入差距持续扩大。以低收入国家为例,1985~2018年,其人均GDP仅从550美元增长到732美元,年均增长率仅为0.6%,而同期世界所有经济体的年均增长率为1.56%。中等收入国家的经济增长也面临着同样的问题,1980~2018年,中等收入国家人均GDP仅从1900美元增长到了5200美元,年均增长2.6%,而高收入国家实际人均GDP则从23000美元增长到了43000美元。到2018年,高收入国家的人均GDP与中等收入国家人均GDP的差距已达38000美元。高收入国家与低收入国家的差距也同样如此,1983年高收入国家人均GDP是低收入国家的49倍,到了2018年高收入国家与低收入国家的收入差距已经达到71倍。①

发展中国家与发达资本主义国家在经济结构方面同样存在不平衡。与发达资本主义国家相比,发展中国家的农业占国民生产总值的比重要大得多,工业占国民生产总值的比重则小得多。许多发展中国家的单一经济结构没有从根本上得到改变,仍以出口几种初级产品为国家经济的主要支柱,技术水平落后,资金短缺,外债严重,人口增长速度高于农业发展速度,国内收入分配极端不均衡。由于科学技术落后,许多发展中国家的经济增长方式仍然是以粗放型为主,技术含量较少。随着技术对经济增长作用的不断增强,发达资本主义国家与发展中国家之间经济发展不平衡状况将会进一步加剧。

(三)发展中国家之间发展的不平衡

冷战结束后,发展中国家的经济形势开始好转,东亚和拉美地区的一些新兴工业化国家和地区以及部分发展中国家的经济增长率明显高于发达国家,但是,由于经济发展不平衡,发展中国家内部分化加剧,地区之间差距拉大。

经济增长最快的地区是亚洲,它一直处于发展中国家的领先地位,进入20世纪70年代以后,这种趋势更加明显。80~90年代,该地区保持了7.4%~8%的经济高增长,其速度不仅高于其他地区的发展中国家,而且还高于发达资本主义国家。1995年,亚洲新兴工业化国家和地区的实际国内生产总值之和超过美国的水平。1997年,泰国、新加坡、马来西亚、印尼以及韩国发生金融危机,其经济增长速度受到不同程度的影响。但从总体上看,新兴工业化国家和地区在整

① 参见周文:《发展中国家如何缩小与发达国家的收入差距?——基于跨越低收入均衡和中等收入均衡视角》,《云南财经大学学报》2020年第4期。

个发展中国家中仍然保持了较高的增长速度。进入21世纪后,亚洲更是成为世界经济发展的重要增长极。经过几十年的发展,亚洲生产总值、外国直接投资和贸易在全球所占的份额均明显上升,2012年分别达到34.15%、39.65%和37.42%;2008年全球金融危机以后,亚洲经济的高速增长及其调整转型,在抵御全球金融危机、实现经济复苏增长过程中发挥了重要的作用。世界经济增长的重心逐渐向亚洲地区转移,以中国、印度等为代表的经济体已经成为世界经济增长的新动力。①

而亚、非、拉地区的低收入国家和最不发达国家,尤其是撒哈拉以南非洲地区、南亚地区和加勒比海地区的发展中国家,经济形势愈发严峻。它们的经济基础薄弱、技术落后,长期处于停滞和半停滞的状态,加之天灾人祸频繁,人口增长率居高不下,人均国民生产总值的增长速度远低于发达国家和发展中国家的平均水平。这些国家所面临的任务依然是争取经济独立,尽快改变经济落后面貌。

三、世界经济与世界政治日渐融合

世界经济与世界政治相互作用是世界经济发展中一直起作用的一条规律。它们之间的关系在一般意义上反映了经济是政治的基础,政治是经济的集中体现,经济决定政治,政治对经济具有反作用的历史唯物主义基本原理。不仅如此,由于世界经济和世界政治的内涵和外延都比国内意义上的经济和政治更为宽泛,因此,世界经济与世界政治之间的关系就显得更为复杂。

冷战结束后,世界经济全球化、区域经济一体化、经济体制市场化、经济格局多极化均标志着世界经济已发展到一个崭新的阶段。世界经济的政治效能空前强化,世界经济与世界政治日益紧密地融合在一起,呈现出政治经济化、经济政治化的趋势。

(一)各国更加重视经济利益,经济安全成为各国安全首先考虑的重要内容

冷战结束后,国际关系已不再是单纯的政治对抗和军事攻守关系,而是政治、经济、军事、科技、文化等多层次关系构筑而成的相互依存的网络。随着经济全球化的迅速发展,经济因素走出国际关系的幕后,成为直接影响安全的独立力量。能否在世界经济格局中占有一席之地直接决定了国家的命运和民族的前途。所以,各国特别是大国越来越重视经济利益,经济安全成为各国首先考虑的安全内容。特别是当前世界正处于百年未有之大变局,在经济全球化、新冠肺炎疫情等因素影响下,主要国家都在强化经济安全战略。

① 参见权衡:《迎接亚洲经济的新世纪》,《国际展望》2015年第5期。

(二)经济手段已成为各国实现政治目的的重要方式

冷战结束后,和平与发展成为时代主题,国际社会出现主权国家之间既竞争又合作、相互依存的局面。一些西方大国经常利用经济制裁或经济援助来推行其对外战略,例如,海湾战争后西方国家对伊拉克进行经济制裁,西方国家以经援为手段向苏联、东欧国家进行政治渗透,美国对华最惠国待遇与人权问题挂钩等。这些手段都带有一定的政治目的,或是为了推行西方国家的“民主、自由、人权”,或是企图干涉别国内政,颠覆别国政权。再如,日本频繁使用“日元外交”向政治大国迈进,也是世界经济政治化的重要表现。经济手段的常态化使得世界政治关系变得更加复杂。

(三)经济问题日益成为国际政治关系的主要内容

在经济全球化、区域经济一体化加速发展的今天,各国政府都把占领世界市场、获得最大经济利益作为首要任务。国家间的经济合作和经济纠纷往往成为其政治关系的重要内容。

经济全球化、区域经济一体化等现象与各国间的政治交往密不可分,是各国对外政治活动的结果和国家间政治关系协调的产物。各国外交活动的一大特色就是经济外交。各种层次的经济外交空前活跃,不少国家政府首脑出访时都带着庞大的经贸代表团,其主要任务就是与被访国家洽谈经贸问题、签订经贸协议等。经济利益最大化已成为各国外交的重要目标。

(四)经济全球化和区域经济一体化削弱了传统的国家主权,增强了国际组织等非国家行为主体的政治协调功能

经济全球化是以生产、交换、分配及消费的全球化为表征的。全球性及区域性经济组织的运营是以参与国若干主权的让渡和转移为条件的,在特定的领域内主权国家必须服从于国际组织。这势必在某种程度上对传统的国家主权构成挑战,与之相伴的则是国际组织在重大国际问题上政治干预能力的增强。1997 年,国际货币基金组织在亚洲金融危机中要求东亚国家进行改革就是有力的佐证。

(五)经济力量的多元化是推动世界政治格局转型的主导因素

冷战结束后,以经济和科技为主导的国际竞争具有高层次性、残酷性、复杂性和难以逃避性等特点,它所导致的经济力量多元化是推动世界政治格局向多极转化的深刻动力。苏联的解体,美国的相对式微,德、日向政治大国的迈进,中国改革开放后国际地位的提高,新兴工业化国家和地区国际影响力的增强以及与之相适应的世界政治格局多极化的发展,其根源就在于经济力量的对比态势发生了深刻变化。多种经济力量的竞争将成为构筑世界政治格局的基础。

第二章　当代世界政治

二战结束后，随着社会主义国家、民族主义国家的大量出现及国际组织的不断涌现，世界政治行为主体呈多元化发展的趋势，但主权国家仍是最基本的行为体。虽然这一时期世界政治舞台风云变幻，但有一条主线清晰可辨，即世界政治格局的演变。从雅尔塔体制的形成，到两大阵营的对峙及各自的分化组合，再到两极格局的解体、多极化趋势的发展，世界政治异彩纷呈。当前，大国关系经历着重大调整，世界在总体缓和与局部动荡中发展。

第一节　当代世界政治概述

一、当代世界政治及其影响因素

世界政治，是主权国家和国际组织等各种国际政治行为体间相互关系的总和，是世界范围内战争与和平、强权与民主、动乱与秩序等政治现象的总称。

世界政治是一个历史范畴，是在国家出现后并随着国家间相互交往范围的不断扩大而产生的。资本主义生产方式的形成、确立和发展，为现代民族国家的建立奠定了基础；国际分工的发展和世界市场的形成，把世界各国通过经济纽带联结为一体，使得彼此间的联系日益密切，依存关系不断加深，从而出现了现代意义上的世界政治。19 世纪末 20 世纪初，帝国主义完成对全球的瓜分，将整个世界资本主义化，全球范围内的世界政治出现。国际政治行为体围绕权力和利益相互竞争，发生冲突，抑或相互协调与合作，最终形成结盟与不结盟、霸权控制与和平共处、集团与非集团等形式的种种双边与多边关系，并由此导致战争与和平、强权与民主、动乱与秩序等纷繁复杂的政治现象。

世界政治处在不断发展变化中。影响世界政治发展变化的因素多种多样，其中，经济和科技、军事、意识形态是影响世界政治的基本因素，同时自然环境的影响也不可忽视。

(一)经济与科技因素

政治与经济历来紧密相连、密不可分。一方面，世界政治是伴随着世界经济的出现而出现和发展的，所有的政治关系和政治现象都可以从世界经济中发现其动因；另一方面，在世界政治中，经济实力的强弱直接决定了一国政治地位的高低。衡量国家实力有多项指标，其中经济实力是最重要的指标。经济实力越强，国家实力越强，其国际影响就越大，对国际事务的参与度就越高，国际地位也就越高。因此，政治大国一般也是经济大国。正是基于这一点，在激烈的国际竞争中，各国都把经济发展放在首位。经济实力对比的变化还导致世界政治格局的变化。世界政治格局的演变往往以经济格局的变化为先导，而经济格局的变化则是各主要国际经济力量的重新排列组合，是大国经济实力消长变化的结果。20 世纪 70 年代以后，世界政治格局呈现两极多元局面，归根结底就是由于西欧、日本的经济实力迅速膨胀，导致美、日、欧三足鼎立格局的出现。20 世纪 90 年代以后，许多国家的经济实力迅速增强，使世界格局多极化趋势更加明显。

科技对世界政治的发展有着极为重要的推动作用。三次科技革命的发展给人类提供了先进的交通工具和通信手段，使国家间的交往摆脱距离和其他自然条件的限制，国际关系由地区性向全球性跃进。科技加快了各国间实力消长的变化。有些国家抓住了科技革命的机遇，迅速提升国家实力和自己在世界政治格局中的地位。而另一些国家由于没有及时利用科技发展经济，导致国际地位下降，在世界政治格局中的作用弱化。

此外，科技还引起军事领域的深刻变化，影响人们对战争与和平问题的认识。随着科技的发展，武器系统的更新换代正以加速度进行。新武器系统的变革尤其是核武器的出现使战争日益丧失其作为国家政策工具的作用。各国都意识到，在国家利益相互渗透的时代，战争的结果不是“零和”，更不是“双赢”，而是“双输”，因此各国都极力避免新的世界大战的爆发，以求得较为安定的国际环境，把注意力集中于经济的发展。

（二）军事力量因素

军事力量是国家实力的重要组成部分，对世界政治产生直接的影响。由于国际社会的无政府状态，冲突是国际关系的主要形式之一，因而军事力量成为政治斗争的直接物质手段，它对国家综合实力的影响也是显而易见的。综观世界，我们经常可以看到一些在经济上相对落后的国家，凭借其强大的军事力量，在世界政治中保持强大的影响。二战后长期存在美苏两极对峙，就经济实力而言，苏联与美国有着相当大的差距，但苏联之所以成为唯一与美国相抗衡的一极，主要是因为它有强大的军事力量。

由于一国军事力量是其国际地位的有力支撑，因而各国在发展经济的同时，对军事力量也给予了充分关注。在世界政治中，大国通常制定对外军事战略以谋求在国际上的权力地位，以最大限度地实现本国国家利益。众所周知，历届美国政府都要制定完整的军事战略，冷战期间如此，冷战结束后依然如此。军事战略已成为国家对外战略的重要组成部分。

（三）意识形态因素

作为一种政治思想体系，意识形态是政治、法律、道德、哲学、艺术、宗教等各种形式社会意识的总称。意识形态对世界政治的重大影响是不可否认的。

意识形态作为一种无形的因素，能够令意识形态相同或相近的国家之间产生某种“亲近感”。这种亲近感能够加强彼此之间的关系，甚至导致政治同盟和国际政治组织的出现，促进国际政治力量的分化组合，并对世界政治格局的形成或演变产生重大影响。例如，在冷战期间，美国、苏联分别组建了帝国主义阵营和社会主义阵营，两大阵营的对峙与斗争实质就是资本主义和社会主义两大意识形态的对峙与斗争。20 世纪 60 年代以后，虽然两大阵营或分化，或解体，世界政治领域主要是美苏争霸，但意识形态的斗争一直贯穿其中。在整个冷战期间，大多数国家都以意识形态和社会制度为准则来决定自己的“敌友”。冷战结束后，经济因素在世界政治中的地位上升，但意识形态领域的分歧和斗争并没有消失，而是更加尖锐和复杂。其中比较突出的是所谓的“人权问题”。美国等西方国家长期以来不断指责中国等发展中国家的人权状况，其实质主要是意识形态因素在起作用。

（四）自然环境因素

自然环境是人类社会存在和发展的物质基础，也是国际关系和世界政治赖以产生和发展的基本条件。自然环境包括一国所处的地理位置、资源状况、人口状况、气候条件等内容，其对世界政治的影响主要体现在两个方面。

首先，自然环境是综合国力的构成要素，影响着国家实力和国际力量的对比。作为综合国力最基本的构成部分，自然环境的影响是显而易见的。地理位置优越、自然资源丰富、人口数量适度且素质较高的国家，综合国力一般较强，因而该国较易成为强国；相反，自然环境较差的国家要想成为强国，需要克服许多障碍，要付出比其他国家多得多的努力。

其次，自然环境制约着国家的国际行为能力，影响着国家的对外政策。对于一国来说，自然环境是相对稳定的因素，不以国家的意志为转移。各国只能根据既定的自然环境，扬长避短，正确评价自己的国际行为能力，充分利用现有的自然条件，从而使自己在获取权力与和平的国际政治斗争中处于比较有利的地位。例如，濒海国家一般都把发展海上力量置于重要位置，以便在海洋竞争中取胜，为本国获得更大的战略空间。与两个或多个大国、强国为邻的小国，较易受到大国、强国的控制和影响，而其所处的地理环境是不可改变的，因而这些国家往往采取中立和不结盟政策。

二、当代世界政治的基本行为体——主权国家

世界政治行为体，指的是国际社会中拥有自己特殊的利益，能够参与国际政治事务并发挥作用的实体。世界政治从来不是单一行为体的活动，也不是单个行为体活动的简单相加，而是多种行为体相互作用形成的一种“合力”的表现。活跃于世界政治舞台上的行为体形形色色，纷繁复杂，主权国家是最基本的行为主体。

（一）主权国家的构成要素

主权国家是世界政治的基本行为体，是世界政治形成和发展的关键。主权国家的诞生及相互间交往范围的不断扩大是世界政治形成的前提，主权国家的兴衰及其相互关系的发展促成了世界政治的不断演变。没有国家间关系，就不会有世界政治，国家间关系是世界政治的主要内容和基本形式。虽然随着世界政治经济的发展，非国家行为体大量出现并积极参与世界政治经济和国际关系建设，但一般来讲，它们也是以主权国家为基础的，受主权国家的制约。不仅许多非国家行为体由国家组成并直接服务于国家利益，而且其参与国际事务的范围及参与程度也受到不同程度的制约。

1.主权国家的构成要素

从国际法的角度，作为世界政治基本行为体的国家应具备四大要素：

（1）固定的领土。这是国家赖以存在并在世界舞台上发挥作用的物质基础。在领土范围内，一国政府拥有全部的、排他的管辖权，即领土主权。

（2）定居的居民。任何国家都具有一定的政治结构和经济结构，而政治经济结构的形成又离不开居民的政治经济活动。从这个意义上说，国家是由它的人民组成的。

（3）一定形式的政府。这是执行国家职能的机构，对内实施管辖并满足人民的基本需要，对外发展同其他国家的交往与合作，承担国际义务，维护国家权益。

（4）完整的主权。主权是一国独立自主地处理对内对外事务的最高权力，是国家的根本属性。在世界政治中，国家成为重要的行为体，关键在于拥有主权。

在上述四个要素中，主权是最基本、最根本的要素，是一个国家最根本的属性，是国家成为基本的世界政治行为体的最根本缘由。

2.国家主权面临的挑战

主权是一个国家独立自主地处理内外事务的最高权力。主权具有对内和对外双重属性：对内表现为国家拥有对本国疆界以内一切事务的最高统治权（或管辖权），对外表现为独立权、平等权和自卫权。

从理论上讲，国家作为世界政治的行为体，是以主权平等为原则的。但在世

界政治现实中，国家间从来都未真正完全平等过，争取主权完整和平等参与国际事务一直是国家间关系的重要内容。随着世界经济全球化进程的加快，国家主权这一象征或体现国家独立存在和发展的最高权益受到了前所未有的冲击和挑战。

（1）经济依存度的日益提高对国家主权的弱化。国家间经济依存度的日益提高改变了国家主权至高无上的传统观念，经济上的相互依赖制约着国家的经济主权。当前，各国为适应经济全球化发展的需要不断加强国际经济合作，区域经济集团化、一体化方兴未艾。为了确保这种合作的有效性，需要各国让渡部分经济主权，建立超国家机构，实现经济上的共同发展。在各国经济发展水平、经济体制、经济政策趋同的情况下，通过让渡部分主权实现共同经济利益，相对来讲较易实现。但若经济状况相差较大，则主权让渡很难做到平等，尤其是发展中国家往往成为受害方。

（2）非国家行为体对国家主权的侵蚀。随着世界经济政治的发展，越来越多的非国家行为体登上世界舞台，并对国家主权形成掣肘。这些非国家行为体大体分为两类：一是国际组织。如联合国派遣的维和部队不仅执行着传统的维和使命，而且在某些发展中国家有时直接行使主权。例如，在柬埔寨的联合国维和机构就直接掌握着当地的军事、外交、财政、治安、情报等大权。而在处理1997年始于泰国的东亚金融危机时，国际货币基金组织给部分亚洲国家提供的经济援助的附加条件中，有许多条件就直接干预了受援国的经济主权，甚至是政治主权。二是跨国公司。大型跨国公司尤其是发达国家的跨国公司经常通过对资金和技术的垄断，控制发展中国家的许多经济部门甚至经济命脉，从而在经济上影响东道国政府的政策。许多跨国公司还直接支持某些政党及其候选人，对东道国政治产生重大影响。

（3）全球性问题对国家主权的冲击。随着经济全球化进程的加快，世界各国面临的共同问题日益严峻，如难民问题、人口问题、环境问题、核扩散问题、毒品问题、能源问题、粮食问题等。对于这些全球性问题，任何国家都不能单独解决，需要各国政府都作出努力，各国之间的合作与协调意味着部分主权的让渡与交换。

此外，少数发达国家凭借其政治、经济地位，或以民主、人权、人道主义为借口干涉他国内政，或通过经济制裁控制一些发展中国家，或以军控、安全为借口威胁、侵犯他国主权，这些都加重了国家主权事实上的不平等。

由上可见，主权作为国家的固有属性，在新的条件下受到来自各方面的挑战，内涵已发生变化，如何维护国家主权已成为世界各国尤其是发展中国家需要考虑的严肃问题。

(二)国家利益是一国对内对外行为的根本动因

在国际关系中,利益关系是影响国际行为的根本因素,而国家利益则是在世界政治中发挥作用最持久、影响力最大的因素,是国家对内或对外行为的根本动因。主权国家之间为追求本国利益或竞争、或合作,从而展开了一幅纷繁复杂的世界政治图景。

国家利益是指一个国家内部有利于绝大多数居民共同生存与进一步发展的诸因素的综合。从内容上看,国家利益可分为安全利益、经济利益、政治利益和文化利益四个层次。

(1)安全利益。安全利益是一国生存和发展的基本条件,是最核心的利益。国家安全利益包括两个方面:第一,保卫本国国土不受外来侵犯,维护国家主权独立和领土完整,保证国内政治、经济、科学和文化的和平发展,保证人民和平、安宁地生活。第二,维护国家的战略安全,防止卷入军事冲突或战争,防止出现对自身不利的周边环境或国际环境。

(2)经济利益。经济是一国生存和发展的物质力量。国家的经济利益是国家利益的基本内容,也是维护国家利益的重要方面。经济利益的范围很广,但主要包括内外两个方面:一方面,对内维护独立自主、发展民族经济的主权,维护本国资源和能源主权,保障国内经济发展的必要条件,推动社会经济的发展和人民生活水平的提高,实现国富民强;另一方面,在对外经济交往中,维护国家在世界经济中的相应地位,保障对外贸易、投资、货币金融关系的稳定发展。随着国际经济关系的加强,进出口贸易、吸引国际资金、海外投资、技术进出口等日益成为国家经济利益的重要内容。

(3)政治利益。国家的政治利益是国家利益不可缺少的组成部分,其主要内容是维护国家现有的社会制度和占统治地位的意识形态,并力争使其影响扩大到更大的范围。包括维护主权独立和完整,防止任何外来的控制和干涉;维护国家在国际社会中的应有地位,在国际事务中发挥应有的作用等。

(4)文化利益。文化与利益虽然不属于同一范畴,但是文化利益却是国家利益的重要组成部分。文化利益包括意识形态的维护、历史文化传统的保持、民族认同感的确立和维系,以及与安全、经济、政治密切相关的各种文化现象等等。

国家的安全利益、经济利益、政治利益、文化利益是互相联系、互相影响的有机整体。安全利益关系着国家的生存,是最根本的国家利益,只有国家安全得到保障,才能谈得上国家的其他利益。经济利益关系到国家生存和发展的物质基础,维护经济利益,促进经济的繁荣发展,不仅有利于保障国家安全,维护政局稳定,而且也为国家安全、政治、文化利益的实现提供了强大的物质保障。国家的政治利益既是统治阶级利益的体现,也是全民利益的保障,作为国家上层建筑的组成部分，政治利益对其他的利益关系具有重要影响。文化利益表现为次级利益，一方面它受到国家安全、经济、政治利益的制约，另一方面又体现着前述利益，并为国家安全、经济发展和政治稳定服务。

（三）国家力量决定一国在国际社会中的地位和作用

国家的对外行为以国家利益为目标和动力，但国家在国际社会中的地位和作用却取决于国家力量。

国家力量是指一国所拥有的实力及其在国际上的影响力。国家力量由物质要素和非物质要素两方面构成。物质力量是可见的、可计量的力量，非物质力量是无形的、不可见的，难以用量化的方式体现出来。国家力量就是在物质因素和非物质因素的综合作用和相互联系中产生并发挥影响作用的。

1.构成国家力量的物质要素

(1)地理条件。一定的地理方位和地理环境是国家存在的基础。地理因素包括国土规模、地理位置、气候、地形、地势、地质、地貌等等。国土辽阔，一般可以使国家在对外关系中处于相对优势的地位，特别是在战争状态下意味着拥有更大的战略活动空间，但是在现代，国土质量则越来越显示出其重要地位。

(2)人口。人口是构成国家的基本要素之一，包括人口数量、人口密度、生产性人口的比重和分布、人口的素质(如识字率)和整个人口的分布状况。一般而言，人口规模与国家实力成正比，但是，如果人口数量过多，则会给国家的经济与社会发展造成沉重负担，从而变成消极因素。而当今人口的素质也越来越成为衡量国家实力的重要标准。

(3)自然资源。资源是一个国家赖以生存和发展的物质基础，包括能源和其他资源。自然资源丰富的国家，资源自给率高，对他国依赖性就小，独立自主地运用国家力量实现国家利益的可能性就大。但是资源丰富并不等于国家的实力强大，问题的关键在于拥有支配、开采和使用资源的主权和能力。

(4)经济实力。经济实力是国家实力中最基本的要素，制约和影响着国家实力中的其他要素。在经济实力中，国家的工业生产能力最为重要，它决定了资源能否得到充分的开发和利用，关系着军事力量的强弱，关系着农业生产能力和科学技术水平的应用。农业生产能力特别是粮食的生产不仅影响着国家的社会稳定，而且对于国家在国际社会中的自主地位关系重大。衡量一个国家经济实力的指标，通常为国民生产总值、工农业总产值、国民收入、经济发展速度、外贸和对外投资的数额等。

(5)军事实力。军事实力是国家防御外来侵略和安全自卫的能力，是国家实力构成的一个核心要素，也是国力强弱的最直接的反映。军事实力的特殊性在于，它是由诸多要素聚合而成的，一旦形成就具有相对的独立性。军事实力包括武装部队的数量、军队人员的素质、武器的质量、军事部署、战略打击能力、军备状况、指挥艺术、通信能力、后勤保障能力等等。军事实力与国家实力中的其他部分相辅相成、相互作用。军事实力必须建立在强大的经济实力基础之上，只有强大的经济做后盾才能保证强大的国防。但是军事实力的发展不能超出经济实力的承载能力，否则就会影响经济实力的发展。

(6)科技实力。科学技术是生产力，而且是生产力中最积极最活跃的要素。科学技术的发展直接影响着一个国家经济、军事实力的发展，日益成为国家实力构成中越来越引人瞩目的要素。科技实力包括国家的经济技术水平，对尖端技术的研制、开发和应用能力，也包括科学技术人员的数量和质量。

2.构成国家力量的非物质要素

(1)社会制度。社会制度是一个国家社会、经济、政治、法律等制度的总称。社会制度的基础是经济制度，即一定的生产关系的总和，其中主要是生产资料的所有制形式。社会制度作为国家实力构成中的无形要素，其核心并不在于确立什么样的制度，而在于这种制度是否符合该国社会生产力发展的客观要求，是否代表着社会前进的趋势。

(2)政治体制。政治体制是指一个国家的政党和政府体制，如一党制、多党制、一党领导下的多党合作制、共和制、君主立宪制、人民代表大会制等等。与政治体制相联系的，还有政府素质或政府效能。一个国家的政策、在世界政治中的行为主要是通过政府来实现的，一个国家的政党和政府能否充分、合理地调动本国的各种资源，能否对国际事件作出正确的反应，能否准确、及时地贯彻国家的战略意图，是影响一个国家国际地位的重要因素。同样，对某种政治体制的评价，也要看其是否符合该国的实际，是推动还是阻碍该国政治经济的发展。

(3)政治局势。政局稳定与否对于任何一个国家都至关重要。它直接关系到国家所拥有的各种物质要素能否发挥作用。没有稳定的政治局势，就不可能有经济和科学技术的正常发展。政局还关系到一个国家在国际上的形象和地位以及对外关系，特别是对外经济关系的发展。同时，政治局势的状况也直接反映了国家内部的人心向背，即国家凝聚力的强弱。

(4)与外部世界的关系。一个国家与外部世界的关系，包括国家对外政策的取向、外交能力、对外部世界的依赖程度、在国际上的威望与信誉等等。一个对外封闭或闭关锁国的国家，受外部世界的影响会比一个开放性的国家小得多，但同时它对外部世界的影响力也就小得多，因而难以在国际上发挥作用，或不具有明确的国际地位。一个开放性的国家因对外紧密的政治经济联系，会形成对外政治上及经济上的依赖性，在一定程度上影响其国际作用的发挥；但是如果该国拥有比较强大的综合国力，它在受外部世界影响的同时，也会对其他国家以至整个世界产生影响，形成其他国家对它的依赖。

综上所述，国家力量是由物质力量和非物质力量综合而成的统一体，因此我们又把国家力量称为“综合国力”。在国际社会中，国家力量的大小直接决定了一国的行为能力和国际地位。冷战结束后，美国之所以成为唯一的超级大国，是由其强大的国家力量决定的。相反，国家力量较弱的国家，其国际地位很难得到提高，也就无力发挥出较大的国际影响力。

第二节　当代世界政治格局的演变

一、二战结束后世界政治格局的形成

（一）世界政治格局及其演变动因

世界政治格局是指活跃于世界政治舞台的主要政治力量在一定时期内相互作用而形成的一种相对稳定的结构、态势。首先，世界政治格局的构成要素是活跃于世界政治舞台上的主要政治力量，即充当主角的国家和国际组织，而不是所有世界政治行为体。主要政治力量不仅要具备强大的实力作为其发挥主角作用的基础，还要奉行独立的外交政策，并对国际形势的发展具有一定的影响。其次，世界政治格局的变化是带有规律性的现象，即任何一种世界政治格局都不是永恒的，都在不断演变之中，是一定历史时期的产物。最后，世界政治格局是主要政治力量相互作用的结果。主角间的相互关系是国际关系中最重要的组成部分，主角间相互作用表现为相互制约、相互依存、相互渗透。世界政治格局反映了主角国家之间的力量对比关系。

世界政治格局自近代以来就处于不断演变之中，先后经历了以欧洲为中心的威斯特伐利亚格局、维也纳格局、一战结束后的凡尔赛格局、二战结束后的两极格局和当今的一超多强格局。这表明，世界政治格局的均衡稳定是相对的，失衡更迭是绝对的。世界政治格局发展演变的动因有以下几方面。

1.国家力量的变化

国家力量的消长变化是导致世界政治格局更迭的根本原因。如前所述，世界政治格局实质上是世界政治舞台上主要政治力量的实力对比状态，进一步讲，是各国综合国力的对比状态。在某一时期，主角国家的实力变化不会太大，但随着时间的推移，最初实力较强的国家可能会由于种种原因而发展速度放慢，从而在力量对比中落后，甚至被挤出主角国家的行列；而原先实力相对较弱的国家可能因抓住机遇、政策适当而发生跳跃式发展，以致在主角力量对比中居有利地

位。一旦主角力量消长及力量对比发生变化，原有的均势状态就会被打破，就会形成新的均势、新的格局。

2.外交政策的变化

外交政策是导致世界政治格局演变的直接原因。对外政策是国家为谋求本国国家利益，根据所处的国际环境、国际地位所制定的对外关系原则和方针政策。当一国所处国际环境发生变化、国际力量对比有所变化时，一国的对外政策也将作出适当调整。各国外交政策的变化必然导致相互作用和相互制约关系发生变化，由此带动世界政治格局的更迭。尤其是一些世界大国对外政策的变化，往往直接影响着世界政治格局的演变。

3.意识形态的影响

意识形态是影响世界政治格局演变的一个重要因素。综观近代以来世界政治格局的变化，都与主要国家社会制度和意识形态间的斗争相联系。其中，封建专制和资产阶级的斗争贯穿整个19世纪世界政治的发展过程，而资本主义制度和社会主义制度的斗争则是20世纪世界政治格局变化的一条主线。二战结束后初期两大阵营的对峙实质上是两种制度间的公开对抗。20世纪60年代以后形成的美苏两极争霸，同样具有两种制度斗争的特点。冷战结束后，虽然东西方的集团对抗不复存在，但两种制度间的对抗与斗争仍是主角国家之间关系的一个重要内容。

(二)二战结束后初期的国际形势与雅尔塔体制的确立

第二次世界大战带来的一个最直接的结果，就是世界政治力量的对比发生了深刻的变化。

第一，欧洲中心地位丧失。第二次世界大战以德、意、日法西斯国家彻底失败告终，英、法两国实力也受到严重削弱。英、德、法、意四大国的衰落，标志着历时几个世纪的欧洲中心时代的终结，世界政治格局掀开了新的一页。

第二，美国一跃而成为资本主义世界的头号强国。凭借其他国家无可比拟的政治、经济、军事力量，美国政府抛弃了传统的孤立主义政策，制定了称霸世界的蓝图，从而使美国全面涉足世界事务。

第三，社会主义苏联成为仅次于美国的大国。苏联在反法西斯战争中经受住了考验，显示了社会主义制度的生命力和优越性，其国际地位也迅速上升。二战后遭到严重破坏的经济很快得到恢复与发展，苏联成为欧亚大陆的头号强国。

第四，一大批民族独立国家先后建立。这些新独立的国家形成一股合力，使世界政治力量的对比发生了根本性变化，对战后世界政治格局产生深远影响。

总之，二战后期及战后初期，美、苏基于强大的实力成为世界舞台上的主角。

在此背景下，美、苏、英等大国规划并确立了对战后具有深远影响的“雅尔塔体制”。

雅尔塔体制是德黑兰会议、雅尔塔会议、波茨坦会议等一系列国际会议所达成的协定的总称。在这三次会议上，美、苏、英三大国首脑从各自的国家利益出发，经过激烈的讨价还价，达成了对战后世界的安排：(1)德国由美、英、法、苏四国分区占领。以此为基础，德国被一分为二。(2)成立波兰政府。苏联支持并承认由波兰工人党组成的临时政府执掌政权；划分波兰疆界，东部基本上以寇松线为准，西部以奥德—尼斯河为界，据此苏联势力范围进一步西推。(3)建立联合国。在联合国问题上，确立了安理会常任理事国的否决权及否决权的使用范围，乌克兰和白俄罗斯成为联合国创始会员国。(4)苏联对日作战。在远东地区，英美同意对苏联利益进一步界定与强化，苏联同意参加对日作战。

雅尔塔体制是主要盟国之间军事、政治妥协的结果，反映了二战末期国际力量的对比状况。通过协商，解决了一些影响盟国团结的尖锐而棘手的问题，这对于加快结束战争、争取和平起了积极的推动作用，也表明不同社会制度的国家可以实现合作、和平相处。但同时，雅尔塔体制也反映了大国的强权政治行为，侵犯了中国和其他一些国家的主权和合法利益，严重违背了国际关系的基本准则。雅尔塔体制的实质是美苏两国主宰世界、大国划分势力范围。雅尔塔体制所形成的以美苏两极对立为基本特征的世界政治结构，对战后国际关系产生了极为深远的影响，成为战后世界政治格局的核心和主要标志。

(三)两大阵营的形成和尖锐对峙

随着法西斯力量的崩溃、美国经济实力和军事实力的急剧膨胀，战时美苏同盟逐渐失去存在的基础，美苏在战后一系列国际问题上的利益矛盾和冲突日益尖锐化和表面化。面对变化了的国际形势，美国调整了对苏战略和策略，将苏联视作战后美国称霸世界的严重障碍和主要对手，强调对苏实行强硬政策。

1946 年 2 月，美国驻苏联代办乔治·凯南提出一整套“遏制”苏联的理论和主张。同年 3 月，丘吉尔在杜鲁门总统的陪同下，在美国富尔顿发表“铁幕”演说，揭开了美苏冷战的序幕，并为美国组建帝国主义阵营作了舆论准备。自此，美国在政治、经济、军事等各方面实施冷战政策，展开了对苏联的全面遏制。

(1)抛出杜鲁门主义。1947 年 3 月 12 日，杜鲁门向国会提出咨文，要求国会拨款援助希腊、土耳其，以抵制和全面遏制苏联共产主义的扩张。后来，这一政策被称为“杜鲁门主义”。它的出笼，是美国对外政策的转折点，标志着美苏战时同盟的正式破裂，美苏冷战全面展开。

(2)提出并实施马歇尔计划。1947 年 6 月，美国国务卿马歇尔提出美国援助欧洲的“欧洲复兴计划”。1948～1952 年，美国向西欧各国提供了 131.5 亿美元的援助。通过经济手段，美国达到了控制西欧和遏制苏联的双重目的。

(3)建立“北大西洋公约组织”。1949 年 4 月，在美国的推动下，美国、英国、法国、荷兰、比利时、卢森堡、加拿大、丹麦、挪威、冰岛、葡萄牙、意大利 12 国在华盛顿签订了《北大西洋公约》，并确立了美国在北约的领导地位。通过北约，美国进一步加强了对西欧的控制，并在欧洲大陆组成了一个遏制苏联的弧形包围圈。

面对以美国为首的帝国主义阵营的建立及其对社会主义国家的全球性战略包围，苏联和欧亚各人民民主国家从经济、政治、军事等各方面加强了联系，形成了一个以苏联为首的社会主义阵营。

(1)建立欧洲九国共产党和工人党情报局。苏联一方面帮助东欧人民民主国家改组政府，稳定政局，另一方面帮助东欧各国进行社会主义改造。针对杜鲁门主义的出台，1947 年 9 月，苏、南、波、罗、保、捷、匈和法(共)、意(共)等成立了欧洲九国共产党和工人党情报局，使各国在政治、外交上保持协调一致。朝鲜、中国和越南等国建立后立即得到苏东国家的承认和支持。1950 年 2 月，中苏还签订了《中苏友好同盟互助条约》。

(2)成立经济互助委员会。针对美国的“马歇尔计划”，社会主义国家相互间签订了双边或多边合作条约。1949 年 1 月，苏、波、罗、保、捷、匈成立了经济互助委员会(简称“经互会”)，从经济上将社会主义国家紧密地联系在一起，为社会主义阵营的形成作了重要准备。

(3)建立华沙条约组织。1955 年 5 月，苏联和阿、保、捷、罗、波、民主德国等东欧国家签订了《友好合作互助条约》，成立了华沙条约组织(简称“华约”)，与北约抗衡，标志着社会主义阵营正式形成。

社会主义阵营和帝国主义阵营的形成，标志着二战结束后两极格局的最终确立。随着两大阵营的形成和发展，世界舞台上出现了两大阵营的尖锐对峙。政治上，帝国主义阵营打着反苏、反共的旗号，在全世界推行侵略和战争政策，社会主义阵营则高举和平、民主的旗帜，反对帝国主义的侵略扩张。经济上，帝国主义国家对社会主义国家实施封锁、禁运，社会主义国家则加强相互间的经济合作，反封锁、反禁运。军事上，两大阵营在欧洲尖锐对立，在亚洲通过朝鲜战争、越南战争进行了直接较量。意识形态上，西方提出了和平演变战略，社会主义国家则采取各种措施反对和防止和平演变。

总之，两大阵营的对峙与斗争贯穿于整个 20 世纪 50 年代。这一时期，意识形态和社会制度成了观察国际形势、处理国际关系的界标。尽管在这个时期世界上出现了一批民族独立国家，但其并没有成为世界政治的“第三种力量”，因而无法动摇两极格局存在的基础。

二、世界政治格局的演变与多极化趋势的发展

(一)20世纪60年代国际力量的分化与改组

1.帝国主义阵营的分化

帝国主义阵营的分化主要源于阵营内三大力量对比发生巨大变化,进一步加深了帝国主义阵营内部的矛盾。

(1)美国力量相对削弱。20世纪60年代后,由于到处侵略扩张,消耗了大量人力、财力,延缓了经济发展的速度,美国的经济霸主地位受到后起的日本和西欧国家的挑战。政治上,美国也因在朝鲜战争、越南战争中失败而威望大跌,美国国际地位相对下降。

(2)日本迅速崛起。二战结束后日本仅用了20多年的时间便在经济上成为资本主义世界的"三大中心"之一。经济上的膨胀带来对外政策的改变。日本不再甘心做美日关系中的"小伙伴",而是要求获得更大的自主权、发言权,日美矛盾随之加深。尤其是在经济领域,美国采取许多反倾销措施,逼迫日本开放国内市场;而日本一方面百般抵制,另一方面更加积极地打入美国市场。日美经济摩擦随日本经济实力的不断增强而加剧,并直接影响了两国关系。

(3)西欧国家离心倾向明显。1951年4月,以法、西德为核心的西欧6国签订了《欧洲煤钢联营条约》,揭开了西欧联合自强的序幕。尤其是戴高乐重新上台后,奉行独立的外交政策,公开与美国叫板,是欧洲各国试图摆脱美国控制的心态的反映。戴高乐坚决拒绝美国的"多边核力量计划",主张发展法国的独立核力量,并于1966年3月宣布退出北约一体化组织。戴高乐还改善了同苏联的关系,并与中国建交。联邦德国则改变了一贯推行的"哈尔斯坦主义",于1969年正式提出"新东方政策",与包括民主德国在内的东欧国家和解。就连与美国有"特殊关系"的英国也认识到,只有在欧洲站稳脚跟,才能恢复自己的大国地位。1973年1月英国加入欧共体,使以美为首的西方阵营内部的矛盾更趋复杂。

2.社会主义阵营的解体

社会主义阵营的解体,主要是核心国家苏联推行大国沙文主义、大党主义和霸权主义政策而导致的。作为世界上第一个社会主义国家,苏联在支持和帮助其他社会主义国家的建立和建设方面发挥过重要作用,但苏联没有在和平共处五项原则的基础上正确处理与其他社会主义国家的关系,导致社会主义阵营内部出现了一系列的矛盾和冲突。

早在社会主义阵营形成初期,苏联就把南斯拉夫开除出情报局。随着冷战的进一步展开,苏联的民族利己主义、大国沙文主义显露出来。为了加强与美国

抗衡，苏联加紧了对社会主义国家的控制，把本国建设社会主义的模式强加于别国，甚至粗暴干涉他国内政，从而导致了东欧各国不同程度的不满。“波兹南事件”和“匈牙利事件”就是苏东矛盾的表面化，反映了社会主义阵营内部的分歧与矛盾。在苏共第20次代表大会上，赫鲁晓夫的秘密报告引起了国际共产主义运动内部的分歧和思想混乱，并导致中苏两党、两国关系的恶化。随后，苏联单方面撕毁经济技术合同，对中国采取限制和敌视政策，中苏关系彻底破裂。中苏两个社会主义大国关系的破裂，标志着社会主义阵营的解体。

3.第三世界的兴起

二战结束后，出现了世界范围的民族解放运动高潮，新兴民族独立国家大批涌现。“第三世界”是亚、非、拉及其他地区新独立国家的总称。新独立的国家为了巩固政治独立，发展民族经济，反对帝国主义、霸权主义和殖民主义的干涉、控制，纷纷联合起来，形成一种合力登上世界舞台。

亚非会议的召开是第三世界兴起的标志。1955年4月，亚非会议在印尼的万隆召开因而得名“万隆会议”。亚非会议是第一次没有西方国家参加的大型国际会议，提高了亚非民族独立国家的国际地位，促进了彼此间的了解和尊重。

不结盟运动倡导“和平、中立、不结盟”政策，以“独立自主、不结盟、非集团”为基本原则和宗旨。不结盟运动兴起以后，不断发展扩大，目前已遍及亚、非、拉广大发展中国家，在反帝、反殖、反霸斗争中发挥了独特的作用。

七十七国集团是第三世界在国际经济领域中反帝、反霸、改造国际经济旧秩序、谋求自身经济发展而进行的经济联合。1964年在日内瓦召开的联合国第一次贸发会议上，七十七个发展中国家和地区发表了《七十七国联合宣言》，由此形成七十七国集团。七十七国集团主要是在经济领域代表发展中国家的利益，并为建立公平合理的国际经济新秩序而斗争，成为国际经济领域反帝、反霸斗争的重要组成部分。

总之，整个20世纪60年代，由于两大阵营的分化解体，发展中国家的崛起，世界政治格局处于一种剧烈变动之中。第三世界虽联合起来登上世界舞台，但影响还不够大。因此，60年代的世界政治格局还是以两极为典型特征。

(二)20世纪70年代的两极多元格局

20世纪70年代以后，世界政治格局由两极向多极化方向发展的趋势日渐明晰：一方面，美苏两个超级大国竞争激烈，两极仍发挥重要作用；另一方面，各种政治力量竞相发展，发挥着越来越重大的作用。世界政治格局处于两极与多元并存的状态。

1.美苏两个超级大国激烈争夺世界霸权

20世纪60年代末，美国陷入越南战争泥潭，国内经济持续不景气，全球战略由进攻转为防守。“尼克松主义”的出台就是美国霸权地位衰落的产物。而苏联不失时机地加快发展，尽可能缩小与美国的差距，并在“缓和”的旗号下在世界各地大肆扩张。美苏争霸成为20世纪70年代世界政治的突出特点，美苏关系也因此成为国际事务的中心问题。

总体来看，这一时期美国实力虽大大下降，但它仍是世界头号强国，仍是西方联盟的“盟主”，对国际事务具有重大影响，而苏联无论从哪个方面讲都是美国最强有力的竞争对手。同时，社会主义阵营虽然解体，但苏联对东欧盟国的控制却未放松。从这个意义上说，两极依旧存在，只不过由两大阵营之间的对峙演变为两个超级大国间的激烈竞争。

2.多极化力量中心开始形成

在美苏两个超级大国激烈争霸的同时，世界政治中的其他几种力量在迅速发展。

发展中国家的联合斗争进入新阶段。20世纪70年代，第三世界国家进入以经济独立巩固政治独立的新时期，明确提出了自己的政治经济纲领，确立了建立国际经济新秩序的目标，并为维护发展中国家的权益进行了不懈努力。尤其是1973年的“石油斗争”表明第三世界已成为反帝、反殖、反霸主力军。

西欧联合自强的趋势进一步加强。1973年，欧共体接纳英国、丹麦、爱尔兰为正式成员，实现了第一次扩员。欧共体实行了完全统一的关税政策和农业政策，并着手创立欧洲货币体系，有力促进了欧共体经济一体化进程。在加强经济联合的同时，欧共体还加快了政治联合的步伐。1973年通过的《哥本哈根报告》标志着欧洲政治合作制度的正式建立，欧共体各国力争在国际事务中“用一个声音说话”。西欧各国谋求“欧洲同一性”的做法表明，西欧的独立倾向越来越明显，使其成为世界舞台上一股不可忽视的力量。

日本经济实力不断增强，国际地位显著提高。20世纪70年代，日本经济稳定增长，经济实力不断增强，国际竞争力进一步提高。经济实力的迅速增强必然导致对外政策的变化。从70年代初起，日本外交政策转变为以日美关系为基轴的“多边自主外交”。在奉行自主外交的同时，日本扩大了以亚洲为重点的对外经济援助，扩大了日本在亚洲地区的影响。另外，作为“三足鼎立”经济格局之一“足”，日本跻身于西方七国首脑会议，这说明日本已与西方大国平起平坐，积极参与国际事务。

中国作为新兴大国，国际地位不断提高。20世纪70年代以后，中国恢复了在联合国的合法席位，加快了融入国际社会的步伐。中国与美、日建交，与西欧各国关系有了很大发展，与发展中国家的关系更加密切。在国际上，中国坚持独立自主的和平外交政策，成为制约美苏争霸、维护世界和平的主要力量。

综上所述，在 20 世纪 70 年代的世界舞台上，一方面，美苏激烈争夺世界霸权；另一方面，西欧、日本、发展中国家特别是中国力量不断壮大，对美苏争霸形成牵制。两极与多元并存是 70 年代世界政治格局的突出特点。

三、20 世纪 80 年代后两极格局的终结

20 世纪 80 年代，国际形势发生深刻变化。美苏争夺出现新态势，西欧联合步伐加快，日本从经济大国走向政治大国，中国国际地位进一步提高。80 年代末 90 年代初，东欧剧变、苏联解体，两极格局终结，世界进入新旧格局转换时期，世界多极化趋势进一步发展。

（一）美苏关系由紧张趋向缓和

1981 年，里根就任美国总统，提出要“扩军备战，重振国威”，恢复了对苏强硬政策。而苏联则由于 20 世纪 70 年代的对外扩张背上了沉重包袱，实力大降。因而 20 世纪 80 年代前半期，美苏战略竞争态势呈现美攻苏守局面。80 年代中期，苏联领导人戈尔巴乔夫上台后，提出了外交新思维，放弃同美国的对抗政策。美苏两国领导人频频会晤，裁军谈判不断取得进展，美苏关系从对抗走向竞争与合作，战后几十年来的国际紧张局势趋于缓和。

（二）西欧、日本实力继续增强，美、日、欧关系发生新变化

20 世纪 80 年代后，日本经济增长速度放慢，但其在世界经济中的地位仍不断上升。到 80 年代中期，日本取代美国成为世界上最大的债权国，人均国民生产总值甚至超过美国 10%。在此背景下，日本努力向政治大国迈进。

20 世纪 80 年代，西欧联合步伐进一步加快。1986 年签署的《欧洲单一文件》使欧共体有了新的奋斗目标，获得了新的动力；希腊、西班牙、葡萄牙的先后加入使欧共体成为世界上最大的经济共同体。这一时期亦是二战后西欧防务联合进展最快的时期。西欧意在通过各种形式的防务联合，巩固北约组织中的欧洲支柱，使欧洲真正成为“欧洲人的欧洲”。

正是由于西欧、日本实力地位的攀升，离心倾向的明显，美日、美欧矛盾日益尖锐。在经济科技领域，经济摩擦不断，科技竞争加剧。在政治领域，美日对亚太主导权的争夺、美欧对欧洲主导权的争夺也日益激烈。

（三）发展中国家在曲折中团结前进

对大多数发展中国家而言，20 世纪 80 年代是“倒退的 10 年”。由于资金短缺，债务负担沉重，贸易条件恶化，许多发展中国家遇到了巨大的困难和挫折，与发达国家间的差距不仅没有缩小，反而进一步扩大。此外，随着美苏关系的改善、苏联对第三世界国家政策的调整，第三世界国家间的经济、宗教、民族、种族矛盾也日益突出，甚至发生冲突和战争。这些都使发展中国家作为一个整体在

国际事务中的作用减弱。面对困难，发展中国家加强南南合作，推动南北对话，以期促进自身发展，提高国际影响力。

（四）中国成为世界舞台上不可忽视的力量

改革开放以来，中国成为经济增长速度最快的国家，综合国力不断提高。在国际事务中，中国奉行独立自主的和平外交政策，成为维护世界和平与地区稳定的重要力量。特别是东欧剧变、苏联解体后，中国仍坚持社会主义道路，积极发展同各国的友好合作关系，在世界政治舞台上的地位空前提高。

（五）东欧剧变，苏联解体

戈尔巴乔夫就任苏共总书记后，对外奉行“新思维”，对内标榜“公开性”“民主化”，实行政治和经济改革。戈尔巴乔夫的政策导致两个效应的出现：一是其政治、经济改革不仅没有解决问题，反而加重了社会危机，使国内掀起反共浪潮，民族分裂势力猖獗，最终导致苏联解体。二是“新思维”在东欧引起思想混乱，而西方国家趁机加紧推行和平演变战略，最终导致东欧国家政权相继易手。东欧剧变后，随着经互会、华约的相继解散和苏联解体，两极格局瓦解，世界进入新旧格局转换的过渡时期。

第三节　冷战后世界政治发展的特点

一、世界政治格局多极化加速发展

20 世纪 80 年代末 90 年代初，以苏东剧变为标志，第二次世界大战后形成的两极格局宣告结束。两极格局的终结对整个世界形成了巨大冲击，但历史发展并没有按照西方国家所希望的那样，朝着资本主义一统天下迈进，而是向着多极化的大方向加速演变。

多极格局是指在特定的历史时期内世界主要政治力量相互作用形成的结构态势。多极化指的是多极格局形成之前一个相当长的过渡期。早在 20 世纪 60～70 年代，多极化现象便从美苏所控制的两个体系内同时出现。冷战结束后，世界政治格局属于“一超多强”的格局。“一超”是指美国是世界上唯一的政治经济军事大国，“多强”是指欧、日、中、俄构成世界主要力量中心。“一超多强”的出现不是多极化进程的开始，也不是多极化进程的结束，而是多极化进程的深化。目前，发达国家在应对各种国内问题和挑战的同时，仍试图继续维持符合自己利益的世界秩序。美欧关系以及欧盟内部的关系都发生了相应变化，美国政府奉行“美国优先”政策，使美国与欧盟在经济、政治、外交和安全等领域的矛盾和分歧加深；英国“脱欧”和欧洲一些国家右翼政党的“反移民”“反全球化”声浪，对欧盟传统政治关系造成冲击。德国、日本等国谋求政治大国地位的步伐加快，但由于种种原因而阻力重重。原苏东地区的一些国家虽陆续加入欧盟，但各自的利益诉求和政治主张各不相同。冷战时期的一些边缘国家或被认为无法影响国际关系发展的国家拥有了更多的自主权。特别是以中国为代表的金砖国家快速崛起，在推动多极化进程中扮演越来越重要的角色。中国作为最大的发展中国家日益走近世界舞台中央，既是世界格局多极化的一种表现，又推动着世界格局多极化的均衡发展。与冷战时期的两极格局相比，世界政治格局多极化主要呈现以下三方面的新特征。

一是多极化中"极"的内涵发生新变化。在旧的两极格局中，"极"的基本内涵是控制力和支配力，美国和苏联两个超级大国形成各自势力范围，相互封闭和对抗；在各自阵营内部则实行经济、政治和军事的高度控制，保障超级大国的意志在本阵营内部得到贯彻实施。多极化格局中"极"的内涵，不仅是数量的增加，更重要的是体现在权力结构和关系层面的变化上。在多极化格局中，各"极"之间以开放代替封闭，以对话代替对抗；而某些由多国构成的"极"也不再有一个明显的权力中心，而是更多地强调国家的自主性，根据自身优势和特点在不同层面上发展与"极"的关系，展开竞争与合作。

二是作为"极"的要件发生了变化。多极化格局中的一极，既要具备较强的经济、军事、科技实力和文化吸引力，又要拥有国际影响力，在国际事务中有话语权，发挥重要作用，同时还要求战略运用得当，能得到其他国家的支持，具备凝聚力和吸引力。

三是多极化格局以"去中心化"为核心。在多极化格局中，"极"的调整和变化的速度在加快，其趋势不再是形成类似冷战时期美国、苏联那样的超级强国和北约、华约那样的军事政治集团，而是要变革由少数国家主导的局面，在现有国际秩序基础上，建立完善平等互利互信和更加公正合理的政治秩序。

总之，世界多极化与经济全球化相互促进，使各国之间的联系和依存越来越紧密。各国利益诉求越来越多元化，各极力量都要维护自己的利益，必然要求一种多极均衡的格局。由一个国家主宰世界事务不符合世界多极化的发展趋势，全球反对单极、主张多极的力量会越来越强大。

二、大国关系经历着深刻调整

在世界政治中，大国关系的走向举足轻重，影响到整个国际社会的和平与稳定。冷战结束后，各大国都在积极调整相互之间的关系，大国关系发生了全面而深刻的变化。

(一)冷战结束后的大国关系

随着两极格局的解体,美国、俄罗斯、中国力量对比发生变化,大国关系进入深刻调整阶段。如果说两极格局解体之初,由于世界政治出现敌、我、友关系混乱的局面,大国间的交往都带有试探的性质,那么随着国际形势的逐渐明朗,各国对外策略也逐步走向务实和成熟,大国关系的调整步伐在加快,程度在加深,大国关系呈现出稳中有变的特点。

1.俄罗斯与美国、日本、西欧各国关系由稳定到恶化

(1)俄美关系"重启"困难。俄美关系在经历了围绕北约东扩的激烈交锋之后,形成了在政治、经济、安全上既互有需求又彼此防范的关系。2014 年克里米亚危机爆发后,奥巴马与特朗普两任政府均对俄罗斯采取了相对强硬的措施,包括经济制裁与反制裁、发动混合战争、开展外交战等,俄美关系持续紧张。2022 年俄乌冲突后,俄美矛盾加剧、关系恶化,加强了美欧、美日之间整体性关系,欧俄关系和日俄关系随之降温。

(2)俄日关系曲折发展。北方四岛的归属问题是俄日关系实现突破的最大障碍,但双方改善两国关系的努力一直没有停止。俄日两国已经在最高层面形成了比较稳定的沟通渠道。如俄罗斯总统普京与日本前首相安倍晋三会面达 27 次之多。但美日同盟的强化以及不断加强的美国"印太战略",阻碍了俄日战略互信的构建,使俄日关系受到巨大影响。俄乌冲突爆发后,日本与美欧一道对俄罗斯进行了制裁。与 2014 年日本对俄的"蜻蜓点水"式的温和制裁相比,日本这次制裁与美欧同步,更具进攻性,而俄罗斯的反制裁措施也力度空前。俄日相互制裁级别达到最高领导人层次,意味着双方官方高级别外交对话交流窗口暂时关闭,是国家关系恶化的体现。

(3)俄欧关系日益紧张。1994 年《伙伴关系与合作协议》的签订,标志着俄欧关系进入一个新的发展阶段。此后,双边关系不断升温。2004 年 5 月,双方在莫斯科峰会上签署了欧盟支持俄罗斯加入世界贸易组织的议定书。2005 年 5 月,俄欧峰会通过了关于建立俄欧四个统一空间(统一经济空间,统一自由、安全和司法空间,统一外部安全空间,统一科教文化空间)"路线图"的一揽子文件,双方关系得到进一步提升和发展。乌克兰危机发生后,俄欧关系一路下滑,虽然俄欧之间存在改善关系的基础与意愿,但因为在对全球秩序的看法、身份认同及地缘争夺等一系列问题上存在根本性的分歧,所以俄欧关系没有取得任何进展。俄乌冲突的爆发更是造成俄欧关系彻底恶化,使欧洲谋求战略自主的努力受挫,在安全、能源上更加依赖美国。

2.中国与美、日、俄、欧各国关系在动荡中发展

(1)中美关系在曲折中发展。20 世纪 90 年代中期后,对共同利益的关注以

及两国高层的密切接触与沟通，使中美关系得以改善。进入 21 世纪以后，中国以国家民族复兴为目标，在提升自身实力的同时更加积极参与国际事务，推动国际秩序的改革调整。美国为了继续维持世界霸主地位，延续其世界领导权和话语权，不遗余力地对中国开展零和博弈式的“激烈竞争”，不断在涉及中方核心利益的问题上攻击挑事，接连在国际上拼凑打压中国的“小圈子”，不仅伤害两国关系大局，也冲击和损害了国际和平稳定。中美围绕遏制与反遏制之间的博弈会在较长一个时期内存在，中美关系走向仍然面临不确定性。

(2)中日关系下滑。1998 年 11 月，中日双方表示要致力于建立“和平与发展的友好合作伙伴关系”，推动了两国关系的发展。1993～2002 年，日本连续 11 年成为中国第一大贸易伙伴。进入新世纪，两国关系开始下滑。日美同盟关系强化后，钓鱼岛领土争端再度升温。中日关系下滑的同时，出现了经济互利与政治互信之间“恶性互动”的发展态势。要打破这种格局，形成经济互利与政治互信的良性循环，双方就要恪守四个政治文件[①]确立的各项原则，切实践行“互为合作伙伴、互不构成威胁”的政治共识。

(3)中俄关系健康发展。中俄关系经历了由中苏关系向中俄关系平稳过渡、中俄建立“面向 21 世纪的建设性伙伴关系”“面向 21 世纪的战略协作伙伴关系”“中俄全面战略协作伙伴关系”和“新时代中俄全面战略协作伙伴关系”几个阶段。中俄关系的发展比较顺利，在各个领域的合作与交往都得到较大发展。政治上，高层往来频繁，会晤机制健全；经济上，经贸互利互补，合作势头良好；军事上，双方交流和合作关系密切。中俄伙伴关系是世界政治格局多极化发展的结果，符合两国根本利益，有助于维护世界的和平与稳定。

(4)中欧关系发展顺利。中国与西欧国家的关系在经历了 20 世纪 90 年代初短暂的波折后保持良好的发展势头。中欧政治关系发展顺利。1994 年，中欧签署政治对话协议。1998 年，中欧领导人在第二届亚欧首脑会议期间举行会晤，决定建立领导人年度会晤机制。此后，中欧双方高层互访频繁，政治互信不断加强。2003 年，双方决定建立全面战略伙伴关系。中欧双边经贸关系也得到了全面、持续、快速的发展。目前，欧盟已成为中国第二大贸易伙伴，中国是欧盟第一大贸易伙伴。此外，中欧在科技、教育、财政金融及社会保障等各领域开展了富有成效的合作，在新型疾病防控、能源、气候变化等全球性问题上的交流与合作也得到了加强。虽然欧盟将中国定位为经济上的竞争者和制度上的对手，但中欧关系总体上仍将是一种良性的竞合关系。

---

① 四个政治文件分别为 1972 年的《中日联合声明》、1978 年的《中日和平友好条约》、1998 年的《中日联合宣言》和 2008 年的《中日关于全面推进战略互惠关系的联合声明》。

3.美国与欧、日之间的关系仍以相互协调配合为主，但控制与反控制的矛盾加剧

由于共同敌人苏联的消失，美欧同盟基础不复存在。欧洲摆脱美国控制的愿望不断增强，从而使传统的盟友关系受到挑战。20 世纪 90 年代以来，美欧不仅在经济领域的利益冲突越来越多，而且在争夺欧洲主导权问题上矛盾尖锐。在处理国际事务中，欧洲从自身利益出发，采取相应的策略，美欧分歧不断扩大。当然，美欧之间仍然存在着共同的战略利益，如在共同推行西方价值观念、建立由西方大国主宰的国际秩序问题上，美欧立场是一致的。美欧有相似的价值观，历史、文化甚至血脉的纽带紧密。美欧在经济上相互依存，特别是在安全问题上，欧洲仍然依赖美国等等，这些都决定了美欧联盟关系仍将继续保持。美日关系与美欧关系相似：一方面，日本对美国离心倾向日益明显；另一方面，双方还存在共同利益，使得美日同盟关系在冷战后得以继续保持和强化。因此，美欧、美日关系的基调是：同盟尚在，分歧犹存；合作与竞争同在，协调与摩擦交织，合作与协调将是主导方面。

（二）大国关系调整的特点

大国关系的调整表明，各国都在构筑有利于自身发展的国际环境，抢占制高点。大国关系的调整呈现下列特点。

1.国家利益成为大国之间处理相互关系的出发点和归宿

冷战期间，两大集团尖锐对立，国际关系以意识形态和社会制度划线，国家利益受到压抑，处于从属地位。冷战结束后，意识形态因素影响减弱，国家利益因素影响增强，各国纷纷采取务实外交，最大限度地谋取本国利益。可以说，冷战后大国关系调整的原动力归根结底是各国的国家利益。

2.大国关系的调整具有全方位性

综观大国关系的调整可以看到：大国关系的调整虽然不是均等的，存在着亲疏、倾斜，有的甚至还出现了加强军事同盟的倾向，但从总体上看，各国都非常注重开展全方位外交，构筑有利于自己的多边平衡关系，以扩大本国在国际上生存与发展的战略空间，由此编织出复杂的大国关系网。在这张网中，各国利益重叠交织、相互制衡。

3.中国在大国关系中的分量大大增加

冷战后，中国以不同于以往的姿态活跃在世界舞台上，与俄、美、日、欧盟宣布发展或建立不同类型的伙伴关系，已成为大国关系网的中心角色之一。中国特色大国外交对新型大国关系的形成起着示范和推动的作用。当然，是中国实力的增强改变了自身在国际上的地位。当前，中国开展积极外交，借助可联合的一切力量，维护和谋求自己的正当利益，同时也为世界的和平与发展作出积极贡献。

三、以联合国为代表的国际组织的作用不断增强

冷战结束后，作为国际社会规范化、民主化的纽带和桥梁，国际组织发挥着越来越大的作用。国际组织是反对战争、维护和平的重要力量，是促进发展、推动合作的积极因素，也是推进世界政治民主化的有力手段。

在众多的国际组织中，联合国的作用不断增强，在维护世界和平和地区稳定、解决国际争端方面发挥了冷战时期未曾发挥过的作用。20 世纪 90 年代，联合国在原南斯拉夫地区、柬埔寨、索马里、纳米比亚进行了多次维和行动。为和平解决一些国家内部的冲突，它先后向纳米比亚、尼加拉瓜、安哥拉、柬埔寨、南非、海地、科索沃、阿富汗和伊拉克等国家或地区派出了观察团、核查团和特派团。在核军控和核裁军方面，联合国在 1992 年通过了《禁止化学武器条约》，1995 年决定无限期延长《不扩散核武器条约》。1996 年 9 月 10 日，第 50 届联大以压倒多数通过了《全面禁止核试验条约》，所有缔约国承诺不进行任何核武器试验爆炸或其他核爆炸，在其管辖或控制下的任何地方禁止和防止核爆炸，不以任何方式参与任何核武器试验爆炸。该条约不仅限制有核国家发展新型核武器，而且将防止更多的国家研制和发展核武器。2017 年 7 月，联合国通过了《禁止核武器条约》，2021 年 1 月正式生效。2021 年 11 月 4 日，第 76 届联合国大会裁军与国际安全委员会表决通过了中国提交的“在国际安全领域促进和平利用国际合作”决议草案。

在促进经济和社会发展、保护生态环境方面，联合国也做了大量的工作，成为各国、各地区、各国际组织的协调中心。联合国环境与发展大会、可持续发展世界首脑会议、巴厘岛会议、联合国可持续发展峰会等会议及其成果都对全球气候治理产生了重要影响。2016 年签署的《巴黎协定》是《京都议定书》之后第二个具有法律约束力的国际气候协议，为 2020 年后全球应对气候变化的行动作出了重要安排。根据《巴黎协定》的内容，各国达成了“把全球平均气温升幅控制在工业化前水平以上低于 2℃之内，并努力将气温升幅限制在工业化前水平以上 1.5℃之内”的共识，一个多层次、全方位的全球气候治理机制逐步形成。

四、世界在总体缓和与局部动荡中发展

和平发展是不可逆转的历史潮流，但当今世界仍面临严重的“和平赤字”。在维持总体稳定的背景下，局部动荡频繁发生，冷战阴魂不散，国际安全形势暗流涌动。

(一)冷战思维远未根除

冷战思维是指冷战时期形成的以传统国际政治中的权力政治为基点，以意

识形态为载体，以缔结军事同盟为手段，以对抗为核心来认识处理国际事务的思维方式和行为准则。冷战结束以后，西方国家并没有摒弃冷战思维，反而更加突出意识形态的对立，提出所谓“历史终结论”等观点，更加强调对外输出西方民主和价值观，动用经济制裁、打贸易战等手段维护本国经济政治利益，更加重视战略优势和军事力量的威慑。

（二）霸权主义、强权政治有新的表现

冷战后国际形势的动荡是由多种原因导致的，西方大国推行霸权主义和强权政治政策是主要根源。面对多极化趋势的加速发展，西方大国竭力维护其主导地位，加紧推行霸权主义和强权政治，把自己的社会制度、价值观念、意识形态强加于发展中国家，甚至不惜武力干涉其他国家内政从而造成紧张局势，甚至爆发战争。

1.新干涉主义盛行

西方大国任意干涉别国内政，其借口从国家利益、国家安全、“人权”到民族问题无所不包，其手段更是从经济制裁到直接出兵干涉无所不用。干涉的范围包含政治、经济、文化多个领域。其鼓吹“人权高于主权”，利用它所控制的军事集团或政治军事同盟，绕开联合国，任意干涉他国内政，甚至对一个主权国家直接进行军事打击，推翻该国的合法政府。1999 年 3 月，以美国为首的北约绕开联合国，肆意大规模轰炸南联盟，造成人员严重伤亡。2003 年 3 月，美国更是绕开联合国出兵伊拉克。由于西方国家插手干预，2010 年年底发端于突尼斯的动荡影响到整个西亚、北非地区的稳定。2011 年叙利亚冲突爆发后，其国内真正存在的问题久拖不决，人民饱受战乱之苦，原因就在于介入叙利亚问题的国际势力坚持传统地缘政治思维，对反恐政策实行双重标准，使中东地区战乱一直不能平息。可见，霸权主义仍然是当代威胁全球战略稳定的主要因素。

2.利用人权、民主等问题干涉他国内政

美国的“人权外交”早在 20 世纪 70 年代卡特总统时期就已确立，冷战后变本加厉。正如美国前国务卿奥尔布赖特所宣称的：人权问题现在是、将来仍然是美国对外政策的重要组成部分。美国多次利用“人权报告”干涉中国和其他国家内政。所谓“民主化”，就是通过多种方式（经济援助、经济制裁、外交施压等）迫使或诱使“非民主”国家实行西方式的议会民主或多党制。克林顿政府时期，美国把人权和民主化问题同贸易挂钩，不仅恶化了中美政治关系，而且严重干扰、破坏了两国间正常的贸易往来，损害了两国的经济利益。至今美国依然就人权、民主等问题指责包括中国、俄罗斯在内的一系列国家，向这些国家施加压力，为国家间关系的稳定发展制造障碍。

（三）传统安全威胁和非传统安全威胁相互交织，恐怖主义危害上升

传统安全威胁主要是指传统意义上的政治安全问题，是国家面临的军事威胁及威胁国际安全的军事因素。按照威胁程度的大小，可以将传统安全威胁划分为军备竞赛、军事威慑和战争三类。战争又有世界大战、全面战争与局部战争、国际战争与国内战争、常规战争与核战争等等。传统安全威胁由来已久。自从有了国家，就有了国家间的军事威胁。

非传统安全威胁是相对传统安全威胁因素而言的，指传统安全之外的其他对主权国家及人类整体生存与发展构成威胁的问题，主要包括能源、人口、环境、粮食以及毒品、核扩散、裁军、恐怖主义等问题。非传统安全威胁具有跨国性、综合性、突发性和传播迅速等特点，因此，它的破坏性极大，从多方面对国家安全造成严重威胁。首先，非传统安全问题直接对国家安全构成威胁。非传统安全问题对领土状况、边界特征、人口规模、资源多寡、经济技术的发展、民族同质性、社会结构程度、政治稳定性和国民士气等国家诸要素的安全构成威胁。其次，非传统安全问题引发传统的军事、政治和外交冲突，从而威胁国家安全。严格地说，非传统安全与传统安全没有绝对的界限，两者相互渗透。国与国之间因资源、疾病防治、民族宗教等非传统安全问题而导致的政治、外交乃至军事冲突并危及一国安全的例子举不胜举。

在非传统安全威胁中，恐怖主义尤其值得关注和警惕。恐怖主义由来已久，冷战结束后其发展呈上升趋势。尽管从全局上看，它并不能对世界安全构成重大挑战，但已经是造成国际形势不稳定的主要根源之一。在中东地区，频繁的恐怖爆炸事件成了影响地区稳定的一个重要因素。在非洲，一些国家因争夺权力而进行的恐怖残杀令人触目惊心。在南亚，宗教问题引起的恐怖案件使长期的民族、宗教矛盾更加激化。在特定的条件下，恐怖主义者制造的流血恐怖事件就其规模和影响力而言，不亚于一些局部冲突甚至低烈度战争。

在当今世界各国相互依存程度越来越高、利益交织越来越复杂的情况下，恐怖活动所造成的危害也是全球性的。因为恐怖主义破坏了国际社会的安全与稳定，对国际关系的正常发展构成威胁，并能引起国际冲突和国际战争，所以各国都认识到，对日益猖獗的恐怖活动，任何妥协、姑息、袒护都意味着软弱，只会助长恐怖分子的嚣张气焰，只有依靠国际社会的共同努力，坚决予以打击，才能有效遏制恐怖活动的蔓延。从当前恐怖活动所表现出来的特点可以看出，全球恐怖活动的势头仍在发展，未来的国际反恐怖斗争形势将非常严峻。

（四）民族、宗教矛盾和边界、领土争端导致的局部冲突时起时伏

第二次世界大战结束以来，虽然全球没有再爆发大规模的世界性战争，但局部战争和武装冲突此起彼伏，许多国家的民众依然生活在战火硝烟之中。

与冷战时期相比，当今地区冲突战乱呈现出新的特点：一是数量和发生频率显著上升，远远高于冷战时期；二是平均持续时间相对缩短；三是主要以国内战争和地区冲突为主，内部冲突主要由宗教、种族、贫困和分配不公等问题引发，地区国家间冲突主要源于领土和边界争端。这些地区冲突和战乱的背后，常常可以看到西方国家所谓“颜色革命”的推波助澜。“颜色革命”脱胎于冷战期间西方国家推行的“和平演变”。一些西方国家虽然披着“颜色革命”漂亮的外衣，但在处理国际关系上的所作所为却处处暴露着霸权性和自私性，给他国带去的不是和平，而是动荡不安。

民族问题的存在和不断发展是导致国际局势动荡的重要原因，特别是因国界划分、民族分布地域属于不同国家而形成的跨国界民族问题，更是引发地区冲突和局部战争的诱因之一。以非洲为例，该区域是由多民族、多部落组成的，由于历史的纠葛和现实利益的冲突，政治上的分歧和文化传统的差异，特别是殖民主义的后遗症，一些民族、部族之间经常发生冲突，这些冲突又常常升级为内战。前宗主国或一些西方大国为各自的利益纷纷插手，从中渔利，致使内战往往持续几年、十几年，既害国害民，又破坏了地区的稳定。有些战火至今未熄，有的战争虽已平息，但矛盾和危机随时都有可能重新激化。尤其是民族问题往往同政治、宗教、经济、社会等一系列问题纠缠在一起，更增加了局势的复杂性和解决冲突的难度。如发生在非洲大湖地区的武装冲突，一方面使刚果民主共和国陷入战火之中，另一方面也使其与邻国乌干达、卢旺达处于紧张的敌对状态中。由民族问题引发的地区冲突构成冷战后最突出的现象。

领土争端也成为国际社会不稳定的主要因素之一。一方面，有些地区因殖民主义统治划界混乱而争端不断，这在非洲表现得最为突出；另一方面，一些国家的解体又导致新独立国家间领土、边界纠纷，如苏联解体后获得独立的部分独联体国家之间的领土争端。由此而引起的战争或战争危机已然不少，并且许多潜在的危机还可能成为日后引起动荡的祸根。近几年亚美尼亚与阿塞拜疆的冲突就是一例。此外，随着经济的发展，人们对资源更加关注，许多领土、领海因新发现储有大量资源而成为新的地区冲突的诱因，如西方大国在里海地区的石油之争。显然，在冷战后的世界政治中，地缘政治和地缘经济的分量在逐步增加，由此而引起的矛盾冲突或战争危机已不在少数。

第三章　当今时代主题

当今世界正处于社会主义与资本主义并存的历史时代。和平与发展体现着世界各国人民的利益和愿望，关系着整个人类的前途和命运，是当代世界主题。维护世界和平，促进人类共同发展，是当今时代的历史潮流。

第一节　时代主题的转换

不同的时代有不同的时代主题。时代主题是指较长时期内世界范围内具有全局性、战略性的根本问题，是国际社会共同面临的主要任务和主要课题。

一、和平与发展成为时代主题

历史时代的变迁赋予不同时代主题不同的内涵。自19世纪末20世纪初至今，人类社会历史发展经历了两个时代：帝国主义和无产阶级革命时代、社会主义与资本主义并存时代。与时代的发展演变相适应，时代主题也由20世纪上半期的战争与革命转变为当今时代的和平与发展。

从19世纪末20世纪初到20世纪中叶，世界处在帝国主义和无产阶级革命的时代。资本主义由自由资本主义发展到最高阶段即帝国主义阶段，各种矛盾空前尖锐。帝国主义国家之间由于经济政治发展不平衡和争夺殖民地、半殖民地与势力范围而矛盾重重，但却缺乏有效的矛盾冲突调解机制，矛盾加剧引发了世界战争。与此同时，帝国主义国家同殖民地、半殖民地人民的矛盾也不断加深，殖民地、半殖民地人民掀起反对帝国主义的民族民主革命运动的高潮。第一次世界大战后，俄国无产阶级革命首先取得胜利，建立了人类历史上第一个社会主义国家，对世界革命产生了极大的鼓舞作用。从此，资本主义制度与社会主义制度便相互对立，资本主义国家与社会主义国家的斗争从来没有停止过。正是基于对当时世界基本矛盾的正确分析，列宁提出了帝国主义和无产阶级革命时代的理论，认为当时的时代主题是帝国主义战争和无产阶级革命。20世纪上半期爆发的两次世界大战以及一大批社会主义国家的诞生，是这一主题最充分的说明。

二战结束以后，国际形势发生了巨大而深刻的变化，人类社会进入一个新的历史时代，即社会主义与资本主义对立并存、竞争发展的时代。这个时代是由资本主义向社会主义逐渐过渡的大时代中的一个阶段。“对立并存”指的是社会主义制度与资本主义制度在性质上是截然不同的两种制度，在政治上和理论上是相互对立的。当前，资本主义的基本矛盾还未达到严重激化而导致资本主义制度崩溃的程度，资本主义所能容纳的生产力还没有完全发挥出来；而经济基础相对薄弱的社会主义国家经历了重大挫折，正在调整、改革，大力发展生产力，并进一步发展壮大。这种客观条件决定了在较长的历史时期内，这两种制度谁也无法消灭对方，只能长期并存。“竞争发展”是指社会主义国家和资本主义国家都在致力于发展自己，在经济、科技等方面进行竞争，以促进本国经济社会的综合协调发展。

当代世界发生了巨大而深刻的变化，决定了和平与发展成为时代主题。

（一）经济全球化趋势日益加强使帝国主义国家间的关系发生了深刻变化

二战结束后，帝国主义国家之间的贸易、投资、信贷等方面仍存在着激烈竞争，但它们之间的联系也在不断加强。世界范围内的分工体系日益扩大，生产国际化和资本国际化空前发展，世界市场正在形成一个有机整体，各国之间的相互依存关系大大加强，国家利益息息相通，荣损与共。垄断资本主义国家间的共同利益和协调一致面正逐渐扩大。尽管帝国主义经济政治发展不平衡依然存在并在加剧，但由于当代世界各国相互依存的加深和经济因素的突出，这种发展不平衡所引起的矛盾和斗争不再表现在军事领域，而是集中在经济领域，各国都把重点放在以经济、科技为核心的综合国力的竞争上。因此，帝国主义战争不是不可以避免。

（二）发展中国家的崛起和发展成为制约战争、维护世界和平的重要力量

一方面，广大殖民地、半殖民地国家赢得民族独立，使帝国主义的殖民体系最终瓦解，限制了帝国主义国家对世界的瓜分，因瓜分不均而发动世界性战争的可能性减少；另一方面，殖民地、半殖民地同帝国主义国家之间的矛盾也演变为发展中国家同发达国家间的矛盾即南北矛盾，核心就是发展中国家的发展问题，即发展中国家反对垄断资本主义国家的掠夺和剥削，争取在国际经济领域中的平等地位，发展本国经济，逐步缩小同发达资本主义国家的贫富差距。为此，它们必须争取一个和平的国际环境。当前，发展中国家致力于发展民族经济，坚持反帝、反殖、反霸，是维护世界和平的主力军。

（三）核武器成为遏制世界大战的重要因素

新科技革命带来的军事武器的巨大变化也成为遏制世界大战的重要因素。科学技术的历次发展创新，都带来战争武器的更新换代，从而使战争的强度和烈度不断升级。然而，当代以核武器为代表的高技术武器的出现和发展，使人类第一次有可能走出“科技越进步战争越残酷”的历史循环，它们足以毁灭全人类的巨大破坏力使任何一个国家都不敢贸然发动世界大战。现代高技术武器尤其是核武器在客观上成为制约世界战争的因素。

世界基本矛盾和国际形势的这些重大变化说明，世界大战可以避免，人类社会要求和平和谋求发展的愿望越来越强烈，时代主题已不再是战争与革命，而是和平与发展。正如邓小平同志所指出的：“现在世界上真正大的问题，带全球性的战略问题，一个是和平问题，一个是经济问题或者说发展问题。”①进入新世纪以后，国际形势发生了“深刻复杂变化”，正经历着“大变革大调整”，世界“面临百年未有之大变局”，但从总体和大的趋势看，邓小平同志的判断没有过时。

当前，“新冠肺炎疫情全球大流行和世界百年未有之大变局相互影响，但和平与发展的时代主题没有变，各国人民和平发展合作共赢的期待更加强烈”②。

二、和平与发展两大主题的关系

和平是相对于战争而言的，是国家间的非战争状态，即除战争之外的一切合作、竞争状态。当代世界由于经济全球化迅猛发展，各国间相互依存进一步加深，大国关系深刻调整，世界大战的可能性日益减少，“大和平”局面将继续保持。但同时，局部战争和武装冲突频频爆发，军备竞赛尤其是核军备竞赛加剧，和平问题始终是当代世界共同关注的一个重要问题。制止战争、维护世界和平与稳定是人类生存、发展和进步的必要前提，是当今时代的根本问题。

发展是人类生存的基本目的，在内涵上是指经济、政治、科技、文化等社会各个领域的综合协调发展；在外延上是指世界各国、各地区的发展和再发展。发展问题是二战结束以后世界各国共同面临的具有战略意义的重大问题，是指怎样促进世界各国的经济社会协调发展，实现世界的共同发展与繁荣的问题。当前，经济发展越来越成为世界各国的战略性问题。发展中国家的经济发展问题尤为严重，突出的表现就是发展中国家同发达国家的经济差距日益扩大，南北矛盾加剧，成为世界共同发展的重大障碍。因此，发展问题是当今时代的核心问题。发展问题的核心就是发展中国家的发展问题。

和平与发展作为时代的两大主题，彼此之间并不是孤立的，和平与繁荣，战乱和贫困，从来就是一个问题的两个方面。和平与发展既各有特点，又相互联系、相互制约、互为因果。和平是发展的基本前提和必要条件，没有和平稳定就不会有发展；发展是和平的重要基础和有力保障，没有经济社会的发展，和平也

---

① 《邓小平文选》第 3 卷，人民出版社 1993 年版，第 105 页。

② 《习近平在第七十五届联合国大会一般性辩论上发表重要讲话》，《人民日报》2020 年 9 月 23 日。

就无从保障。

(一)维护和平是促进发展的基本前提和必要条件

1.只有维护世界和平,才能为发展创造良好的国际环境

世界的发展与繁荣是以各国的发展尤其是经济发展为基础的。在当代世界,科技发展突飞猛进,经济全球化和区域经济一体化趋势锐不可当,国家间在经济等各个领域的相互联系越来越密切,相互依存日益加强。这使得各国只有在相互协作的基础上才能实现经济的顺利发展。一旦爆发战争,不管是世界大战,还是局部战争,都会破坏和平安定的国际环境,割断各国间的相互联系,严重阻碍发展所必需的相互合作关系,给各国经济社会发展带来不利影响,甚至会造成经济衰退。这必然会给世界的共同发展与繁荣带来诸多负面影响。

2.只有维护世界和平,各国才能将一切人力、物力和财力用于经济社会发展

世界各国都面临着发展问题,尤其是发展中国家的发展问题尤为突出,人力、物力和财力都严重缺乏。但是,军备竞赛却消耗了巨大的社会财富,浪费了大量的社会资源,使有限的资源更加短缺。广大发展中国家为了应对内乱外祸,更是付出了巨额代价,使本来就十分落后的社会经济发展雪上加霜,从而影响整个世界的发展。

3.维护和平与稳定能够保证各国集中精力发展经济

战争不仅使参战国遭受巨大的物质财富损失和惨重的人员伤亡,而且还会干扰国内建设的正常秩序,迫使它们将战略重心从经济建设、社会发展转移到战争上来,打乱经济社会发展的战略部署,从而影响社会经济的发展。要保证各国制定的发展战略顺利实施,就必须要维持世界的和平与稳定。

实践证明,只有在和平稳定的国际国内环境中,才能进行经济建设并获得发展,而战争只会严重阻碍发展,使经济停步不前甚至出现倒退。二战后没有发生世界性的战争,人类社会经历了长达半个多世纪的总体和平环境,世界经济发展和社会进步取得了前所未有的成就。局部战争、武装冲突接连不断的国家和地区的经济建设和社会发展则受到了严重冲击,如两伊战争,八年战火使两国的经济水平出现了几十年的大幅度倒退。当今世界上凡是战火不断、动乱不止的国家和地区,无一不处在贫困落后之中。

(二)促进发展是维护和平的重要基础和有力保障

1.经济发展是制约战争的有利因素

当代世界经济发展的最突出特征就是经济全球化和区域经济一体化。各国经济联系不断加强,交往更为广泛,逐渐联合成为一个有机整体,相互促进,相互制约。国家间的共同利益逐渐增多,一荣俱荣,一损俱损。发动战争在给对方造

成破坏时，也会影响本国的发展。这促使世界各国积极为国际纠纷和冲突寻找非武力的解决方式。当前，世界政治中经济等非军事因素的作用日益突出，和平解决国际争端正为世界上越来越多的国家所认同，由此减少了战争尤其是世界大战爆发的可能性。此外，促进发展尤其是促进发展中国家的经济发展，可以推进世界政治格局多极化发展，削弱超级大国在国际上的霸权地位。

2.经济的发展与繁荣有助于消除世界不稳定因素，减少武装冲突的诱因

虽然导致战争与冲突的因素是多方面的，但经济落后、生活贫困始终是社会动荡乃至战争爆发的深刻原因。南北矛盾加剧，特别是发达国家向发展中国家转嫁经济危机导致许多发展中国家经济恶化、贫困加剧和社会动荡，这往往是发展中国家爆发国内或国际战争的重要诱因。因而，促进发展，特别是加快发展中国家的经济发展，有助于消除不稳定因素，维护世界的持久和平。

3.发展中国家的发展和强大有助于壮大世界和平力量，为维护世界和平提供可靠的保证

发展中国家一贯坚持反帝、反殖、反霸，是维护和平的主力军。当前，由于广大发展中国家经济落后，在实力上远远不如发达国家，因此限制了它们反霸和维护世界和平作用的发挥。因此，只有大力促进发展中国家的发展，推动世界和平力量不断发展壮大，才能为制止战争、维护世界和平提供可靠保证。

从根本上说，时代主题包含两层含义：一是反映世界需要解决的主要战略问题，二是反映世界潮流和时代主旋律。在人类遭遇新冠肺炎疫情大流行与世界经历百年未有之大变局交织重叠的今天，和平与发展时代主题的内涵、外延等都在发生着变化。

第二节　维护和平是当今世界的根本问题

和平问题是当代世界的两大主题之一。所谓和平问题，就是指争取在较长时间内维持世界和平，它包含两个层面的含义：一是防止新的世界大战的爆发，二是反对局部战争和常规战争。维护世界和平，制止战争，需要对当代战争进行科学的分析。

一、当代战争的根源与特点

二战结束以后，一方面，美、苏两个超级大国在军事上形成了势均力敌的对峙局面，谁也不敢贸然发动战争，因此，爆发世界大战的可能性减小。但另一方面，美、苏为了争夺世界霸权，四处出击，世界部分地区的“热战”频频发生。冷战结束后，世界上的各种力量进行新的分化组合，在两极格局下被掩盖起来的矛

盾也更加突出地表现了出来，世界形势变得更加复杂和多变，局部战争和冲突不断发生。

（一）当代战争的根源

当代战争的根源复杂多样，世界和平面临着多元化的威胁与挑战。

1.霸权主义和强权政治是当代战争的主要根源

霸权主义和强权政治是帝国主义和殖民主义在新的历史条件下的延续和发展，是当代战争的主要根源。

二战结束后，美、苏两个超级大国争夺世界霸权，直接或间接导致世界上多次战争，如苏联曾直接入侵捷克斯洛伐克和阿富汗，美国发动了朝鲜战争、越南战争；另外，中东战争、安哥拉内战、尼加拉瓜与萨尔瓦多内战及边界冲突中也都有美国和苏联的影子。这些都是推行霸权主义和强权政治的直接恶果和典型表现。

冷战结束后，霸权主义和强权政治有了新的发展。美国作为世界唯一的超级大国，为了追求在全球的绝对霸权地位，凭借其在各个方面的雄厚实力，采取种种手段限制对手、打压异己、为所欲为。美国打着“民主、人权和自由”的旗号，置国际法和国际关系基本准则于不顾，强行采取了对科索沃、阿富汗、伊拉克、利比亚的军事行动，并在一些国家制造“颜色革命”，建立亲美政权。特朗普上台以后，经济上大搞贸易保护主义；政治上以美国为中心，动辄就以退圈、发动冷战相威胁；军事上搞扩张主义，对别的国家进行孤立、封锁，以军事打击相威胁搞军事讹诈。美国的霸权主义行径，是造成当前世界局势紧张、地区动荡、局部地区热战频发的重要原因。只要霸权主义和强权政治依然存在，发生战争的根源就不能消除，战争危险就依然存在，世界就不可能太平。

2.民族问题及宗教纷争

不同民族在文化传统、民族习惯和宗教信仰方面有很大差别，民族问题若处理不好，就极易造成民族矛盾，引发冲突和战争。民族问题的不断发展和加剧，尤其是那些具有跨国性质的民族矛盾和问题，成为引发国内动荡、地区冲突和局部战争的突出原因。

宗教是社会意识形态的一种表现形式。作为一种特殊的文化形态，宗教可以在国内或国际上起到加深和促进民族宗教文化交流与融合的纽带作用，但宗教分歧和教派争端是造成国内乃至国家间冲突和战争的一个重要原因。由于历史上宗教纷争和地区政治经济发展不平衡，一些宗教及教派之间的矛盾十分尖锐，容易酿成武装冲突和战争。

宗教纷争一旦和民族问题联系在一起，就会变得更加复杂。这类问题在发展中国家十分突出。例如，在印度这个素有“宗教博物馆”之称的国家里，印度教、伊斯兰教、锡克教和基督教等各宗教间的宗教矛盾与种族矛盾、民族矛盾纠缠在一起，导致宗教骚乱和民族种族冲突不断。

当前，世界上民族问题日益普遍化、扩大化和国际化，宗教矛盾也更加尖锐和公开，这已成为现在及未来一系列战争和冲突的重要诱因之一。

3.领土争端和边界纠纷

领土是一国国民生存和发展的基本场所，一国领土是神圣不可侵犯的。由于历史和自然的原因，相邻国家间往往或多或少都有一些领土和边界问题，领土争端和边界纠纷在所难免，进而成为引发地区性战争和武装冲突的动因之一。两伊战争爆发的原因之一就是伊朗和伊拉克对阿拉伯河及其附属岛屿的主权争议。1995 年 1 月拉丁美洲的厄瓜多尔与秘鲁之间的冲突，是因为对塞内帕河口地区领土归属有争议。冷战后阿塞拜疆和亚美尼亚因为纳卡地区发生了多次冲突。这类问题在非洲最为突出。历史上帝国主义根据自己的实力在非洲划分各自的势力范围，丝毫不顾及当地民族和部族的自然分布状况，导致非洲各国独立后领土边界问题以及民族矛盾日益突出。据统计，在非洲现有的边界中，将近 75％是殖民者用几何方法或按经纬线划定的，只有很小比例的边界是按照自然分界确定的。[①] 这种出于私利争夺势力范围的划界方式是导致非洲战乱不断的一个主要原因。

4.资源争夺

当前发展问题的战略地位进一步提高，世界各国更加注重以经济科技为中心的综合国力的竞争，对资源的需求日益增加，人口剧增、城市化使人类的资源消耗越来越多。但是，绝大多数自然资源是不可再生的，在一定历史时期内的数量是有限的，并且由于人类对环境的污染和资源的浪费十分严重，使得地球上本来十分有限的资源日益面临枯竭的危险。这种状况加剧了各国对资源的争夺，从而导致战争和冲突。此外，一些西方大国凭借自己的实力参与远离本土的地区资源和能源的争夺，加剧了该地区的矛盾和冲突，甚至引发局部战争和武装冲突。

此外，国际犯罪、国际恐怖主义及环境恶化等全球性问题日益突出，也都隐含着战争和冲突的因子，处理不好，极易引发战争。

（二）当代战争的特点

当代的世界政治现状、社会科技和生产力发展水平以及军事力量的变化等具体历史条件，决定了当代战争的特点。主要表现在以下几个方面。

---

① 参见[埃及]布特罗斯·加利：《非洲边界争端》，仓友衡译，商务印书馆 1979 年版，第 5 页。

1.世界大战爆发的可能性减小，局部战争和武装冲突是当代世界和平与稳定的主要威胁

自二战结束至今，虽然战乱不断，世界大战的危险也一直存在，但没有爆发世界大战，整个世界维持了半个多世纪相对和平的局面，这是当代多种因素综合作用的结果。

在没有爆发世界大战的同时，局部战争和武装冲突频频爆发。冷战后这一问题更加突出，局部战争明显增多，呈不断蔓延之势。冷战期间，世界上共发生过 182 场次局部战争或武装冲突，年均 4 场次；而 1991～1997 年的 7 年间，世界上各种规模的局部战争和武装冲突共计 245 场次，年均 35 场次。1999 年发生了 40 次地区冲突。迄今为止，全球三大热点地区——中东、南亚、朝鲜半岛等地的地区冲突仍没有得到根本性的缓解。中东局势一直紧张，伊拉克战争后，暴力事件始终未断。巴以关系几乎成为中东“死结”，血腥冲突从未停止。朝鲜半岛的紧张局势呈螺旋式升级。局部战争和武装冲突成为世界和平的主要威胁。

2.当代战争具有高技术战争的特征

人类战争史表明，武器是战争形态的决定性因素。当代高新技术武器的开发和应用，表明战争已初步具备高技术战争的特征并逐步向高技术战争发展。高技术战争是指交战双方至少有一方大量使用高技术武器和相应的战略战术的战争。海湾战争、科索沃战争及伊拉克战争目前都被看作高技术战争的基本模式，其特点是战争中使用大量高技术武器装备；作战时间短，危害时间长。精确化、智能化、信息化的高技术武器已成为衡量各国军事力量强弱和先进程度的根本标志。高技术武器装备的变革使战争形态发生根本性的变化，战争的准备程序、打击目标、手段、过程及后果与传统战争相比都将发生质的变化，降低了战争的人力成本，战争的门槛被大幅拉低。海湾战争、科索沃战争、阿富汗战争及 2022 年 2 月爆发的俄乌冲突都充分展示了当代战争的高技术性。在这些战争中，大量精确制导武器(PGM)和信息化技术的采用以及指挥控制的自动化使作战效率得到大大提高。

3.当代战争具有很大的不确定性

军事学家克劳塞维茨曾说：“战争是不确定性的王国。”随着高新战略武器的发展，战争的不确定性更加突出。(1)突发性。战争的发生具有随机性，即战争是否发生以及何时发生都具有不确定性。1990 年 8 月，伊拉克突然入侵科威特，并且不顾国际社会的反对，拒不撤军，引发了一场大规模的海湾战争。随着战略进攻性武器的发展和恐怖主义的泛滥，战争的突发性会有进一步发展，如叙利亚战争。(2)战争进程和结局的不确定性。信息化、数字化的全面渗透使战争从爆发到结束更加迅疾和隐蔽，居于优势地位的作战方在战略、战术的部署上更

加机动和灵活,从而使战争发生的空间、形式、规模等都更加具有不确定性。随着美国太空司令部的成立,太空军事化步伐加快,激光武器和超高音速飞行器等先进装备的运用打破了本已摇摇欲坠的核战略平衡体系,人类正面临新的大规模杀伤性武器的威胁。因此,战争的进程和结局更加难以预测和确定。

4.当代战争后果严重、破坏性大

当代战争不仅给战争当事国造成巨大损失,而且也给国际社会带来严重影响,甚至给人类造成深重灾难。(1)人员伤亡惨重。据有关研究机构统计,冷战期间世界约有 2000 万人死于战争和武装冲突。冷战后战争人员伤亡有所减少,但有些战争伤亡依然十分惨重。波黑内战中交战各方死亡人数总计约为 20 万人,卢旺达内战中双方死亡人数高达数十万。在 2001 年至 2020 年 4 月的阿富汗战争中,至少有 47245 名阿富汗平民死亡,6.6 万～6.9 万阿富汗士兵死亡。[①] (2)对经济的破坏极为严重。先进武器装备毁伤力大,使当代战争的破坏力空前加大,给交战国的经济社会发展带来巨大灾难,人民饱尝战乱之苦。海湾战争使伊拉克近 9000 幢楼房被摧毁,80%～90%的工业、石油、电力设施遭破坏,直接经济损失超过 2000 亿美元;而科威特油田全部被毁,重建费高达 700 亿～1000 亿美元。在科索沃战争中,北约对南联盟的狂轰滥炸使南国民经济发展水平和人民生活水平倒退了 10～20 年。伊拉克战争使中东地区阿拉伯国家的经济损失达 1 万亿美元。俄乌冲突一个多月,乌克兰已经损失 5649 亿美元。[②] (3)当代战争造成了生态破坏,贻害无穷。战争使用的大量武器中含有对生命和生态环境有害的物质,危害着参战人员的生命,破坏了战争发生地的生态环境,损害着当地人民的身体健康。1999 年 3 月 24 日,北约在没有得到联合国安理会授权的情况下开始对当时的南联盟进行轰炸。长达 78 天的轰炸致使超过 3500 人遇难、约 1.25 万人受伤,其间北约共使用了 3.1 万枚贫铀弹。这导致该地区癌症和白血病发病率激增,并对当地和整个欧洲的生态环境产生长期的灾难性影响。如果听凭这种趋势发展,战争造成的生态环境恶化将使人类生存面临危机。此外,战争使成千上万的人流离失所,沦为难民,而一些国家拒绝这些难民入境,有的甚至引起冲突,危害了社会稳定。阿富汗战争导致 400 万阿富汗人流离失所,270 万阿富汗人逃亡海外,而阿富汗总人口也不过 3600 万。伊拉克战争则造成超过 20 万伊拉克平民死亡,约 250 万人沦为难民。[③]

---

① 参见贾平凡:《发动两场战争,美国毁了两个国家》,《人民日报》(海外版)2021 年 8 月 12 日。

② 参见《乌克兰经济部长:俄乌冲突已给乌造成 5649 亿美元损失》,环球网,2022 年 3 月 29 日。

③ 参见贾平凡:《发动两场战争,美国毁了两个国家》,《人民日报》(海外版)2021 年 8 月 12 日。

5.当代战争耗资巨大

当代战争总的物资消耗和日均物资消耗都大大提高。历时 42 天的海湾战争中多国部队耗资高达 600 多亿美元,平均每天耗资 11 亿美元。①

美国更是战争耗资大国。从 2001 年"9・11"事件到 2008 年年底,美国国会为伊拉克和阿富汗战争批准拨款近 7000 亿美元,其中仅在伊拉克就耗资 4400 亿美元。据"战争成本核算"项目称,美国的阿富汗战争开支令人眼花缭乱,总计达到惊人的 2.26 万亿美元。与美国过去发动的其他战争不同,美国因为阿富汗战争而债台高筑,光利息就支付了大约 5300 亿美元,还向退伍老兵支付了 2960 亿美元的医疗等护理资金。未来很多年,美国还要继续支付这两笔开支。②

二、制止战争、维护和平的途径与前景

战争和动乱给人类社会发展造成了深重灾难,消除战争、实现世界永久和平是全世界人民的共同愿望。二战结束后虽未再次爆发世界大战,但世界和平安宁仍受到局部战争和武装冲突的威胁,世界大战的危险尚未完全消除。要制止战争,争取世界持久和平,仍需要世界各国作出长期努力。

(一)反对霸权主义和强权政治,促进国际关系民主化,建立国际新秩序

长期以来,发达国家凭借在国际旧秩序中的主导地位对发展中国家进行经济上的掠夺和剥削,政治上强权干涉,直至军事上的武力威胁,因而国际社会各行为体之间严重不平等,国际关系极端不民主,世界财富分配不均,贫富差距越拉越大,发展环境和生态环境日益恶化。所以,解决和平问题的根本出路在于反对霸权主义和强权政治,反对一切侵略、扩张、颠覆、干涉行径,促进国际关系民主化,在和平共处五项原则的基础上建立和平、稳定、公正、合理的国际政治经济新秩序,为持久和平打下坚实的基础。

(二)停止军备竞赛,实行彻底有效的裁军

军备竞赛严重威胁着世界和平和各国安全。冷战期间,美苏两个超级大国为争夺世界霸权不断进行军备竞赛,严重危害了世界和平与稳定。

冷战结束后,各主要大国纷纷裁军,军备竞赛大大降温,世界和平与安全也因此得到了有力保障。但进入 21 世纪后,基于恐怖活动日渐猖獗、一些地区争端不断激化、大国确保自身军事优势的需要,全球新一轮军备竞赛开始抬头。主要表现在以下几个方面。

1.军费开支普遍增加

主要大国的军费开支迅速增长,有的军费开支甚至超过冷战时期的最高经

---

① 参见张万年主编:《当代世界军事与中国国防》,军事科学出版社 1999 年版,第 46 页。

② 参见贾平凡:《发动两场战争,美国毁了两个国家》,《人民日报》(海外版)2021 年 8 月 12 日。

费额度。美国 2020 年的军费高达创纪录的 7780 亿美元，同时美国逼迫所有盟国增加军费开支。日本已经连续 6 年增加军费开支，2023 财年防卫费预算预计将超过 7700 亿美元。①

2.太空成为军备竞赛的重要领域

太空军备就是敌对双方为夺取军事胜利对太空目标进行打击，以及从太空打击其他目标的武器或能力。太空军备不仅仅包括天基武器（天对天武器、天对地武器）、地基武器（地对天武器、空/海对天武器）、网基武器（网络/反卫星武器），也包括电子反卫星武器和电磁脉冲反卫星武器，还包括动能武器与非动能武器（包括激光和微波等定向能武器、射频武器、粒子束武器）。冷战结束后，为谋求太空霸权，美国政府继续研发太空军备，诸如 X-37B 和 XS-1 空天飞机以及反导系统等。为巩固其全球霸权，美国成立了太空军，全面提升反导系统能力，并打算部署天基反导系统。同时，美国政府反对任何形式的太空军备控制。一些国家为了保障本国安全、维护国际战略平衡，不得不研发太空武器、提升太空作战能力，这又进一步刺激了美国的太空军备研发计划。太空军备竞赛容易引发太空战，导致灾难性后果。

3.导弹防御系统建设加速进行

美国的反导系统本身就是强大的太空武器。目前，美国拥有强大的陆基反导系统和海基反导系统。为了卸下制约发展反导系统（尤其是天基反导系统）的包袱，美国 2001 年退出《限制反弹道导弹系统条约》，全力推动反导系统的发展。奥巴马政府在阿拉斯加新部署了 44 枚陆基反导拦截弹，同时提升海基“标准-3”（SM-3）的反导能力。特朗普政府则全面提升反导能力，不仅增加了陆基反导系统的数量，而且扩充反导拦截弹，部署天基拦截器，还全面整合地区反导能力。2007 年 3 月，日本开始部署本国导弹防御系统，与美国联手建立“战区导弹防御系统”。2011 年 4 月，韩国国防部表示，要在 2015 年前自主建成导弹防御系统。2017 年 9 月，“萨德”导弹防御系统正式在韩国完成部署。2012 年 5 月 20 日，北约秘书长拉斯穆森表示，北约的欧洲导弹防御系统已成为“事实”，从而正式对外宣布了该系统的存在并开始部署。2018 年该系统将覆盖北约的所有成员国，可以投入使用，2022 年北约的整个反导系统有望全面建成。

军备竞赛的进行使人类再一次笼罩在紧张与不安中，地区及世界和平进程大大受阻。实践证明，军备竞赛不仅不能解决恐怖主义问题、宗教和民族矛盾问题以及意识形态上的分歧，反而会使国家、民族之间产生对立和对抗，给人类带来灾难。

---

① 参见伊文、郑璇：《美国国防预算被爆将再创新高》，《环球时报》2022 年 2 月 18 日。

世界和平与安全同裁军和军控是不可分的。要制止战争、维护和平，就必须根据公正、合理、全面、均衡的原则实行有效的裁军和军控，真正停止军备竞赛，实现彻底裁军。

(三)和平解决矛盾和争端

国际关系中或国家内部存在矛盾争端是不可避免的，在短期内得到根本解决也是不现实的。但是这并不意味着只有采用激烈对抗的战争方式才能解决这些矛盾和争端。实践证明，战争手段只会严重破坏社会经济发展，往往使问题更加复杂化，甚至还会给他国干涉内政提供机会。只有通过政治方式、采用和平的手段，才能使矛盾争端得到合理妥善的解决。和平解决争端的原则最早是由1899年海牙会议通过，并于1907年修订的《海牙国际争端和平解决公约》(即《海牙第一公约》)提出的。二战结束后，这一原则在对德、日战犯的审判和制定《联合国宪章》的过程中得到完全确立，并在随后的许多重要国际文件中得到确认。现在，越来越多的国家认识到使用政治手段进行和平谈判是彻底解决争端、制止战争的有效途径。柬埔寨问题、安哥拉问题、中美洲问题等最终都是用政治方式加以解决的。相反，巴以问题等通过冲突的方式并没有得到彻底解决，反而使双方之间的仇恨更深、关系更恶化，最好的解决方式还是回到和平谈判上来。

(四)充分发挥联合国等国际组织及世界大国调解矛盾冲突、维护和平的作用

对于世界上发生的局部战争和冲突，国际社会有义务也有能力进行协调干预，这就要充分发挥国际组织和世界大国的调解作用。联合国是世界上最大、最权威的国际组织，在解决争端、制止战争方面起着重要作用。虽然冷战期间联合国曾一度沦为美苏争霸的工具，限制了其作用的发挥，但冷战结束后联合国解决地区冲突、维护世界和平的作用明显增强。联合国在解决地区冲突、维护国际和平方面的责任和作用是任何国家和国家集团都不可能替代的。

除联合国外，世界大国在调解战争和冲突方面的作用也是不容忽视的。世界大国因其强大的综合国力在国际事务中影响较大，只要出于解决冲突、结束战争的良好愿望，采取有效的手段进行协调，就会产生明显效果。但是国际社会的调解干预又极易导致某些大国假借联合国等国际组织的名义，以“人道主义干预”为名，行干涉他国内政之实。对此，应予以充分认识和高度警惕。

(五)发展壮大发展中国家的力量

只有发展中国家的社会经济加快发展，才能消除贫困，减少战争与冲突爆发的诱因。二战结束后，广大发展中国家频频爆发战争和武装冲突，虽然是由各种复杂因素共同导致的，但贫困落后始终是深层原因。只有通过发展，才能消除这一隐患。

发展中国家的社会经济加快发展有助于增强世界和平力量，推进世界和平运动，形成抑制战争的有利条件。发展中国家是维护世界和平的主力军。自独立之日起，它们便强烈反霸反战，要求和平。但由于长期以来经济社会发展缓慢，发展中国家与发达国家经济差距很大，面对强大的霸权国家，其力量明显薄弱。只有加快发展，早日强大，才能使世界和平的力量更快地超过战争力量的增长，形成抑制战争的有利条件。

人类离普遍、稳定、持久的和平仍很遥远。从全球范围来看，局部战争仍连绵不断，军备竞赛尚未真正停止，核武器这把"达摩克利斯之剑"仍悬挂在人类头上，变异性的战争暴力(如国际恐怖主义)仍在扩散，霸权主义仍在肆虐，世界大战危险犹存。但与此同时，随着多极化趋势日益加强和经济全球化的深入发展，和平与发展已成为时代的主流。在今后相当长的时期内，争取总体和平稳定的国际环境、避免世界大战的爆发是大有可能的。

第三节　促进发展是当今世界的核心问题

发展问题是二战结束以后世界各国共同面临的具有战略意义的重大问题。就世界范围而言，发展既包括发达国家的进一步发展，也包括发展中国家改变贫困落后的状况，尽快缩小南北差距，提高在国际社会的地位。因此，发展问题是世界各国共同面临的问题，它既是经济问题，又是政治问题，但首先是一个经济问题，并且关键是落后的发展中国家的经济发展及改善与发达国家的经济政治关系问题。

一、共同发展是当今世界的核心问题

二战结束后，世界经济发展取得了重大成果，但各国的经济发展问题远未解决。冷战结束后，经济全球化日益发展，在给各国发展带来机遇的同时，更提出了严峻的挑战，各国尤其是发展中国家面临在新形势下如何继续发展的课题。

(一)发达国家和发展中国家的经济发展都面临困难

1.发达资本主义国家继续发展仍有障碍

当代发达资本主义国家经历了战后生产力的大发展，出现了美国、日本和欧盟三大资本主义经济中心。在经过了长期"滞胀"和危机之后，资本主义世界的经济发展逐渐由美国的"一枝独秀"到全面增速。2008 年由美国次贷危机引发的金融和经济危机，不但给美国带来沉重的打击，而且通过全球化的链条传导到世界各地，引发了包括当代主要发达资本主义国家在内的自 20 世纪 30 年代大萧条以来的最大的经济危机，表现为经济增长乏力、失业率增加、经济结构失

衡、债务高筑、两极分化严重、阶级阶层固化、政局动荡等等。根据经合组织(OECD)2019年4月发布的报告,发达国家2007～2016年中产阶层收入几乎没有增长,中位数增长为0.3%,而此前10年中位数增长1.6%。皮尤研究中心的成果显示,美国中产阶层占其人口比例2015年为49.4%,而1971～2008年的中位数是61%。①

为了摆脱经济危机,发达国家纷纷调整发展战略,出台各项政策措施,把"再发展"作为头等大事。

(1)发达资本主义国家经济发展不平衡问题突出,资本主义经济的发展周期并未消失。二战结束后,西方发达国家的经济发展经历了繁荣期、通胀期、滞胀期三个阶段,完成了一个经济周期。随着20世纪80年代滞胀问题的解决,美国经济进入新一轮增长期。美国从1991年4月到2000年12月出现连续117个月的经济持续增长,创二战结束以来经济持续增长时间最长的纪录,被称为美国的"新经济"。金融危机爆发后美国经济由增长走向衰退,2011年美国的GDP占世界GDP的比重由2007年的24.9%降至21.1%的最低点,但到2020年又恢复到24.9%。② 2008～2018年,发达经济体的经济年均增幅不到2%,美国、欧洲和日本经济发展不平衡的问题长期存在。

(2)西方各国间经济竞争加剧,摩擦不断。冷战结束后,美国为维持其"一超"的霸权地位,同其他国家的冲突增多。美日间因美对日贸易逆差而摩擦不断,特朗普上台后多次要求削减对日贸易逆差。2021年,美国与欧盟国家的贸易逆差为2196亿美元,比2020年增加19.1%。③ 美国与法国、加拿大在知识产权保护方面纠纷争执不断。美国经济中存在的股市泡沫、贸易逆差及日本经济的不确定性加上欧盟内部的矛盾等因素,都是发达国家经济危机的隐患。

2.发展中国家发展问题更加突出

绝大多数的发展中国家都是二战结束后在帝国主义殖民体系瓦解过程中获得独立的。发展中国家几乎都是落后的农业国,科技落后,生产力水平低,经济结构不合理,民族工业相当稚嫩,经济运行机制极为脆弱。虽然独立后发展中国家经过不断发展,贫困落后的状况有所改变,但是,同发达国家的经济差距不仅没有缩小,反而在拉大。在当前经济全球化趋势不断加强,各国间以经济、科技为核心的综合国力竞争日趋激烈的情况下,发展中国家的发展形势更加严峻。经济全球化带给发展中国家的是畸形的、依附性的、不均衡的发展,大部分发展

---

① 参见季志业:《世界的和平与发展遭遇前所未有的挑战》,《现代国际关系》2020年第1期。

② 参见《美国内政外交演变的表现与动因——王缉思教授专访》,《当代美国评论》2022年第1期。

③ 参见《8591亿,美贸易逆差又创历史》,《环球时报》2022年2月10日。

中国家深陷低水平收入陷阱而不能自拔。脆弱的金融体系、收入差距拉大、社会保障水平不高、各种社会矛盾突出、生态环境变得更加糟糕等等，都是当前大部分发展中国家面临的问题；再加上受金融危机、经济危机和新冠肺炎疫情的影响，使得本身基础比较脆弱的发展中国家的发展更是雪上加霜，从而在国际竞争中处于更加不利的地位。此外，发展中国家还普遍存在着各种严重的社会经济问题，如生态恶化问题、人口问题、粮食问题、疾病蔓延问题等等，严重阻碍着发展中国家的发展。

(二)共同发展是各国发展的切实保证和根本出路

当今世界，经济全球化和区域经济一体化并行发展，推动全球范围内的劳动力、技术、资本、商品、服务、信息等生产要素跨国流动，实现全世界资源的最优化配置，使世界经济逐渐形成一个相互渗透、相互制约的有机整体。各国之间的经济联系不断加强，形成了经济上相互联系和依存、相互渗透和扩张、相互竞争和制约的关系。这种利益交错、荣损与共的相互依存关系使各国间的共同利益范围扩大，深度加强。这意味着一个国家的经济运行会受到其他国家经济政策和行为的影响，其所采取的经济政策和行为在一定程度上也会受到其他国家的经济政策和行为的制约和影响。在这种情况下，一个国家既不能脱离世界环境而孤立发展，也不能在多数国家仍十分贫困的状况下长久地维持自身的发展与繁荣。因此，只有在全球共同发展的条件下，各国的发展才有切实的保证，共同发展是各国经济发展的根本出路。发展问题不仅是一个国家的战略任务，更是一个国际性的问题。

二、发展问题的核心是发展中国家的发展问题

随着世界各国相互依存的不断加深，发展中国家的发展问题已不仅仅是发展中国家自身的问题，更是关系到发达国家的发展和世界共同发展能否顺利实现的关键问题。因此，促进发展中国家的发展尤其是加快其经济发展是当今发展问题的核心。

(一)发展中国家的发展形势更加严峻

20世纪80年代世界经济普遍不景气，成为发展中国家“失去的十年”，发展中国家同发达国家间的经济差距开始拉大。经济全球化带来的诸多挑战，使发展中国家发展经济和科技的紧迫感和危机感不断加剧，发展问题更加突出，发展形势总体上比过去更加严峻了。

1.发展中国家发展问题突出的主要表现

(1)发展中国家同发达国家的经济差距继续拉大，贫富悬殊，南北矛盾加剧。发展中国家与发达国家的经济发展原本就存在很大的差距，而各自从经济全球

化中获益又极不平等，这加剧了全球发展的失衡。经济全球化的一个严酷现实是：受益者永远是那些主宰世界经济的发达国家，而广大发展中国家尤其是最不发达国家却被甩到世界经济的边缘，贫困程度不断加深，与发达国家的经济差距不断拉大。经济差距的拉大导致了南北矛盾更加尖锐。发展中国家把自己的贫穷落后归因于发达国家的资源掠夺和经济剥削，要求发达国家承担起援助发展中国家发展的责任和义务，并对其不仅不履行义务反而向发展中国家转嫁经济危机和生态环境危机的做法强烈不满。而发达国家却寻找种种借口推卸自己的责任，对发展中国家贫困和战乱引发的移民潮和难民潮极为不满，拒绝其入境，严重时甚至发生冲突。

(2)债务负担沉重，发展资金短缺。20世纪70年代后，许多发展中国家为加速工业化，大举借债，债务负担不断增加。冷战结束以来，发展中国家的债务问题不仅没有得到有效缓解，反而进一步恶化。2005年，发展中国家的总体债务已经高达2.2万亿美元。根据国际货币基金组织的数据，中等收入发展中国家的偿债负担已经处于30年来的最高水平。另外，在69个低收入国家当中，截至2022年3月底已经有8个国家陷入债务困境、30个国家处于高风险状态，占全部低收入国家的55%。[①] 沉重的债务负担成为发展中国家经济发展的重大障碍，更是引发金融动荡的重要因素之一，使本来就很脆弱的发展中国家经济更易遭受金融危机的冲击。债务危机的加剧使许多发展中国家获得新的贷款数额大幅度减少，甚至出现了资金从发展中国家向发达国家倒流的现象，这使得发展中国家资金短缺问题更加严重。

(3)发展中国家在国际分工中的地位和贸易条件进一步恶化。发达国家凭借自身雄厚的经济实力和科技优势高度垄断尖端科技。而发展中国家科技力量薄弱、资金有限，加上人才外流，与发达国家的技术和经济差距进一步拉大，对发达国家的技术依赖加深。通过技术更新和产业升级，发达国家调整经济结构，对发展中国家的原材料和初级产品的需求不断减少，削弱了发展中国家在资源和劳动力方面的比较优势，这对以原材料和初级产品出口为主的发展中国家极为不利。发展中国家在国际分工中处于更加不利的地位，贸易条件日益恶化。

(4)发展中国家国内经济问题和社会问题严重。许多发展中国家自然环境恶劣，自然灾害不断，加重了经济发展的困难；人口增长过快，甚至超过粮食的增长速度，食品缺乏，贫困化问题严重，出现生存危机；国内政局长期不稳定、战乱频发，政府更迭频繁、社会不稳定。这些问题都严重阻碍了发展中国家的经济增长与发展。

---

① 参见徐奇渊：《发展中国家债务危机如何应对》，新浪网，2022年4月14日。

2.发展中国家发展问题突出的原因

当前发展中国家发展形势严峻，发展问题突出，有国际环境的不利影响，也有发展中国家自身的原因。主要有以下几个方面。

(1)国际经济旧秩序是造成发展中国家贫困落后和经济困难的主要根源，也是南北矛盾的核心。长期以来，发达资本主义国家操纵国际市场，压低初级产品价格，提高工业制成品价格，促使发展中国家和发达国家在对外贸易中存在严重的"剪刀差"，发达国家以此从广大发展中国家人民身上榨取高额利润，贫富差距越来越大。随着经济全球化的不断加快，非洲、拉美一些发展中国家相继陷入对外债务危机，不得不依赖国际货币基金组织贷款，经济发展失衡问题越来越严重。

(2)霸权主义和强权政治是阻碍发展中国家发展的重要因素。冷战期间，美苏为争霸世界而进行冷战对峙，使东西方经济长期处于一种割裂状态。冷战结束后，西方国家将其政治制度、经济模式和价值观强加给国情不同的发展中国家，并把所谓的"多党民主""市场经济"和"西方人权观"作为对发展中国家进行援助和合作的条件，实行所谓的"挂钩"政策。霸权主义国家直接出兵干涉、插手他国内部事务，造成一些发展中国家政局动荡、战乱不断，严重危害了这些国家的经济发展。

(3)战争冲突不断和社会动荡不安给发展中国家的发展造成巨大破坏。当今世界上发生战争冲突的国家几乎都是发展中国家。一些发展中国家虽然未发生大的政治动乱，但腐败、体制僵化、效率低下、管理混乱等社会问题突出。这不仅构成发展中国家经济发展的巨大障碍，更干扰了国内经济发展秩序，阻碍了经济社会发展的顺利进行。

(4)许多发达国家不仅不积极改善南北关系，反而为发展中国家的发展设置种种障碍。一些发达国家利用操纵国际经济、金融组织的特权，制定不合理的国际"游戏规则"来限制发展中国家的比较优势，如在国际贸易规则中塞进环境和劳工条款，借口"人权"和知识产权向发展中国家施压，使发展中国家在国际贸易中处于更加不利的地位。发达国家还持续掀起贸易保护主义浪潮，使对外贸易的2/3都集中于发达国家，发展中国家的对外贸易放缓或停滞，生产锐减，企业破产，引发经济衰退。2008 年国际金融危机爆发后，发达国家经济发展受到较大冲击，国内就业压力越来越大，贸易保护主义加剧，且表现出对传统贸易保护框架的突破，覆盖和渗透到经济的各个领域，严重制约着全球经济增长和国际贸易开展。

(5)发展中国家自身发展战略和经济政策失误。有些发展中国家因经验不足，盲目搬用他国的发展模式，实施脱离本国国情的发展战略和错误的经济政策，造成了经济社会发展长期严重失衡。例如，不少国家没有正确处理工业与农业的关系，盲目追求高投入、高增长，忽视了农业发展，导致了粮食危机，制约了经济增长。

(二)发展中国家的发展是发达国家发展的重要基础，更是世界共同发展的关键

在相互依存的条件之下，数量众多、拥有丰富资源和广阔市场的发展中国家对发达国家和世界经济发展有着重要作用。

1.广大发展中国家的发展是发达国家发展的重要基础

历史上，殖民地、半殖民地国家曾经是其宗主国重要的原料供应地。二战结束后，发展中国家的政治独立并没有从根本上改变殖民体系之下的经济依赖关系，发展中国家仍旧是发达国家的原料供应地、商品销售市场和投资场所。发展中国家和发达国家间在经济上互补的传统使这两类国家在全球化不断发展的情况下具有更为密切的相互依存关系。发展中国家需要发达国家的经济援助和技术援助，发达国家也需要发展中国家经济健康的发展。毕竟发达国家的经济持续发展与繁荣不可能长期建立在发展中国家经济普遍停滞、衰退和落后的基础上。

2.发展中国家的发展是世界经济发展的重要组成部分

只有发展中国家获得真正的发展，世界共同发展才能最终实现。世界上发展中国家总数占全球国家总数的3/4，其人口占世界人口的3/4还多，土地面积占全球总数的60%。如果发展中国家的经济长期不发展，贫困问题不解决，世界的发展与繁荣就只能是一句空话，发展问题就不会得到彻底解决。此外，发展中国家的发展问题关系到世界的和平与稳定。长期以来，发展中国家的贫穷落后是社会动荡的重要根源和世界和平与稳定的一大隐患。促进发展中国家的发展，解决其贫困问题，是世界和平的有利条件。所以，发展中国家的发展问题尤其是经济发展，对发达国家和世界发展繁荣与稳定都具有重大影响。

三、谋求共同发展的途径

(一)建立国际经济新秩序

二战结束后建立的以美国为核心、由发达国家操纵的不合理的国际经济秩序是发展中国家长期贫穷落后的症结所在，是南北矛盾的核心。发展中国家争取建立新秩序的斗争早在20世纪50～60年代就开始了，但由于发达国家对旧秩序的极力维护，这一斗争至今仍未取得实质性进展。当前，发展中国家更加注意斗争的灵活性，在追求建立国际经济新秩序这一长远目标的同时，也注重解决一些当前的紧迫问题，如债务问题、贸易保护主义问题、国际援助问题等等，把两者有机地结合起来。

(二)推动南北合作

邓小平指出:"南北问题不解决,就会对世界经济的发展带来障碍。解决这个问题当然要靠南北对话,我们主张南北对话。"[①]南北对话是发展中国家围绕改革不平等的国际经济关系,加强南北之间的经济合作,促进共同发展进行谈判和斗争的重要形式。20 世纪 80 年代,发达国家经济陷入困境,向发展中国家转嫁危机,南北矛盾进一步激化,南北对话陷入僵局。90 年代以后,随着世界经济相互依赖的加深,发达国家加强了同发展中国家的合作。而发展中国家要在世界经济中占领一席之地,也需要借助发达国家的经济实力和传统影响。目前有些南方国家与北方国家共处于一个经济组织,如北美自由贸易区;还有一些南方国家的国际组织正与发达国家的国际组织建立合作关系,如拉共体与欧盟建立了合作对话机制,定期召开拉共体—欧盟国家首脑会议。这些都为促进南北合作和国际社会的和平与发展创造了有利条件。

(三)加强南南合作

邓小平讲过:"单靠南北对话还不行,还要加强第三世界国家之间的合作,也就是南南合作。"[②]南南合作是发展中国家之间的经济技术合作,是战后发展中国家在争取建立国际经济新秩序的斗争中发展起来的一种新型经济合作关系。南南合作自 20 世纪 60 年代兴起以来迅速发展,已成为改革国际经济旧秩序斗争的重要组成部分。现在,不同层次、不同范围的南南合作组织遍布亚非拉,合作的规模不断扩大,内容日益丰富。这些组织在原料生产与出口、贸易、金融和技术等方面的合作取得了重大进展。南南合作实质上就是发展中国家的共同发展。在当今区域经济一体化不断发展的条件下,加强南南合作,走集体自力更生道路,能够促进发展中国家的民族经济发展、增强经济实力。同时,南南合作也可以把发展中国家分散而有限的力量集中起来,形成巨大的整体力量,改变南北关系中南弱北强的不利形势,提高南方国家在南北对话中的地位,推动建立国际经济新秩序的斗争深入发展。

(四)发展中国家要走符合本国国情的发展道路

世界共同发展的关键在于发展中国家的发展能否顺利实现。促进发展中国家的发展,改善国际经济环境固然重要,但独立自主地采取恰当的发展模式才是其根本出路。发展中国家一定要根据本国国情,研究制定符合本国经济、社会发展特点的发展战略和各项经济政策,在自力更生的基础上积极争取外援,实现经济发展,为世界的共同发展与繁荣打下坚实的基础。

---

① 《邓小平文选》第 3 卷,人民出版社 1993 年版,第 56 页。

② 《邓小平文选》第 3 卷,人民出版社 1993 年版,第 56 页。

（五）维护国际和平环境

霸权主义和强权政治是世界和平与稳定的重大威胁，严重阻碍着人类社会的共同发展和繁荣。军备竞赛和战争冲突既破坏了经济发展所必需的国际和平环境，又直接破坏了经济发展。必须反对霸权主义和强权政治，切实裁减军备，和平解决各种矛盾和争端，维护国际和平环境，才能保证共同发展目标的顺利实现。

第四章　当今国际竞争与合作

国际竞争与国际合作是国际关系的两种基本状态。处于国际社会里的任何行为主体,无不与其他行为主体发生着这样或那样的相互依存关系。它们若不参与国际合作,就无法生存;若不参与国际竞争,就无法发展。当今世界全球性问题日益严重,全球变暖、能源危机、粮食短缺等问题的解决为国际合作开辟了更为广泛的领域。

第一节　国际竞争

国际竞争是指各个国际行为主体(主要是国家和国际组织)为了达到自己的目标、实现自己的利益与价值,在国际社会及诸领域相互攀比、相互争胜、相互追赶、相互超越的状态。它是当今国际关系中最基本、最普遍的一种状态和相互作用方式。任何一个国家,为了在国际社会占有一席之位,获取自己进一步发展的有利条件,提高国际地位,都必须同其他国家进行一定的竞争。

一、国际竞争的实质

当今世界,国际竞争的规模和范围日益扩大,不仅涉及了所有国家和地区,也覆盖了国际关系的所有领域,综合了政治、经济、文化、军事等各个方面。为提高在国际社会的自由度和影响力,最大限度地实现国家利益,各国不断增强综合国力,并以其作为在国际竞争中确立战略优势、提升国际地位的有力保障。因此,当今国际竞争的实质乃是各国综合国力的竞争。

如前所述,综合国力是指一国所拥有的全部实力及其在国际上的影响力的有机综合,是一个国家在国际社会中地位高低和作用强弱的主要标志,是维护国家利益的物质基础和实现国家对外政策目标的手段和能力。在当今世界激烈的综合国力竞争中,美国的国力优势比较全面。辽阔的国土、丰富的资源及强大的经济、科技、军事力量将使美国在相当长时间内处于国际竞争的领先地位。但从现实情况看,一国要在国力各领域都占尽优势,这种概率很小。一般情况是,一国在某些方面占优势,而在其他方面又处于相对劣势。例如,日本凭借其经济、科技实力及文化教育、人口素质等奠定了在国际竞争中的大国地位，而俄罗斯则以其丰富的资源、强大的军事和政治影响保证了在世界舞台上的有利位置。

二、国际竞争的重心

在综合国力的构成中，军事力量一直是国际较量的重要筹码。以往世界强国地位的转换乃至世界文明中心的迁移，无不与军事优势的转移或军事实力的对比变化相关联。但随着高科技作用的日益突出，综合国力对比的重心已开始从军事领域迅速转向经济领域，以科技为制高点的经济实力成为当代国际竞争的重心。

(一)国际竞争重心转变的原因

经济竞争替代军事竞争成为国际关系的重心，是当今世界政治经济发展的重大转变。形成这一转变的原因有以下几点。

1.时代主题的凸显使得军事竞争受到抑制

冷战期间美苏两国的军备竞赛使得双方都拥有足以毁灭地球成千上万次的核武器。核战争的结果已不是你死我活，而是共同毁灭。冷战结束后，南北问题的重要性上升，和平与发展问题表现得更加明显和突出。国家发展，社会进步，经济繁荣成为世界各国人民的强烈愿望。和平力量的增长与核武器的威胁，使军备竞赛受到极大抑制。

2.国家利益的重点从安全利益转向经济利益

以往人们总认为，对国家安全的威胁主要来自外部的军事进攻，用以维护本国安全的手段只能是军事力量。冷战结束后，来自政治、军事领域的威胁大大减弱，多极化的发展，和平力量的壮大，也使依靠武力谋求国家利益的企图受到了极大限制。与此同时，经济全球化与区域经济一体化的快速发展，使各国经济相互依存不断加深，一国的经济发展和安全利益日益受到外部经济力量的制约和影响。国家安全已远远超出使用军事力量抵御入侵的范围，经济实力的强弱关系到一国的兴衰和安危存亡。因此，各国普遍意识到振兴经济的紧迫性，纷纷把发展经济作为本国的战略重点。这也在很大程度上推动了以经济为重心的国际竞争的深化。

3.经济手段取代军事手段成为影响国际关系的主要手段

在国际竞争中，一国的军事手段往往要遭到他国军事手段的对抗。军事竞争不仅造成国际关系紧张，而且耗费大量人力、物力、财力，影响经济发展和人民生活水平的提高。长期的国际竞争实践表明，以军事手段来实现国家利益不仅受到极大的制约，还很有可能搬起石头砸自己的脚。为此，20 世纪 80 年代中期以后，各国在处理国际事务、追求国家利益时更多地采用经济手段，这样既可以减少军事手段本身的风险，又可以实现军事手段所实现不了的目的。冷战期间美苏军备竞赛与20世纪80年代后期美国以经济手段为主对苏联进行和平演变的结果对比就是典型的例子。

另外，在经济全球化时代，随着世界市场的日趋完善，各国之间经济要素的流动已达到很高的水平，军事行动在打击对方的同时，也必然会伤及自己的切身利益。而运用经济手段不仅可以降低成本，还更容易达到目的，取得实效。在现代国际关系中，单靠军事实力来炫耀国威已经越来越不符合世界政治经济发展的客观要求，国际力量较量的重心已经明显地表现为以高新科技为核心的经济竞争。

（二）经济竞争的表现

20世纪80年代末至90年代初是世界主战场从军事角逐向经济竞争的重要转折时期。无论发达国家还是发展中国家，为提高经济竞争力，增强在全球较量中的内功与应变性，同时也为有效促进综合国力的增长，都在进行经济调整和改革。为强化本国优势，各国纷纷投入激烈的经济竞争，从而使世界经济的发展呈现出更新、更复杂的景象。

1.新贸易保护主义的兴起

贸易保护是指国家采取各种措施干预对外贸易，对进口商品进行限制以保护本国市场免受外来商品竞争，对本国出口商品则给予优惠，以增强其在国际市场上的竞争力。二战结束后初期，美国以其雄厚的经济实力和绝对的主导地位积极倡导自由贸易。但20世纪70年代以来，经济、贸易发展不平衡的加剧和市场争夺的尖锐化使国际贸易中的非自由化趋势有所抬头。时值西欧、日本迅速崛起，美国却日渐衰弱，强大的反差驱使美国转而带头推行贸易保护主义，贸易保护的范围扩大，程度提高，非关税壁垒明显加强，贸易保护措施日益多样化。美国的做法引起其他西方国家纷纷效仿。欧盟实行集体保护主义，日本更将其国内市场保护得固若金汤。虽然贸易保护主义可以在一定程度上保护本国商品在国内市场免遭来自外国商品的竞争，增强本国商品的竞争力，保护本国经济的持续发展，但它易招致贸易伙伴的报复，所以当今世界的贸易战也是愈演愈烈，给各方利益都带来很大伤害。特朗普上台后美国对华贸易摩擦就是一例。

2.国际市场的争夺

20世纪90年代以来，东欧剧变及中国等发展中国家的改革使世界市场的规模不断扩大。西方国家在加强对本国市场保护的同时，也加大了对国际市场尤其是发展中国家市场的争夺。低价倾销、对外直接投资、创设跨国公司及其海外分支机构是国际市场争夺战的主要方式。西方国家不仅在投资国创设厂家，建立无所不及的销售网络，还通过跨国兼并、收购来增强企业活力，以在国际市场上抢占有利地位。

3.货币战

国际货币汇率是反映世界经济发展和实力的"晴雨表"。二战结束后，美国以其雄厚的经济实力奠定了美元在国际货币体系中的核心地位。但随着世界经济格局的多元化和美国经济地位的相对衰弱，美元的重要性已经下降。首先，美元对日元不断贬值，日元的国际地位显著提高。其次，欧元对美元形成有力冲击。国际货币基金组织的官方外汇储备货币构成(COFER)调查显示，美元在各国政府的国际储备货币构成中的比例呈下降态势。1999～2021年，各国央行的美元储备占比从71%下降到59%，下降了12个百分点。在美元份额下降的同时，美元、欧元、英镑和日元之外的非传统储备货币份额则从21世纪初几乎可以忽略不计上升到2021年的10%(价值约1.2万亿美元)。美元下降的份额中，1/4转为人民币，3/4转为其他非传统储备货币。①

4.战略资源的争夺

战略资源指对战争起重要作用的人力和物力资源，如人口、粮食、原料和能源等。由于战略资源的有限性及分布不均衡，而需求却不断增大，许多国家都面临着严峻的挑战。为了保证本国战略资源的稳定供应，许多国家积极采取措施，或派驻军事力量，或从经济上支持某些资源丰富的地区。1990年8月2日，伊拉克侵占科威特引发海湾危机，除历史原因外，谋求对石油的支配权这一经济利益显然居于十分重要的地位。1991年美国发动海湾战争，其主要战略目的也是控制海湾的石油。尼克松总统明确地说，海湾战争"不为民主、自由，而是为了石油"。2008年、2022年石油价格的大幅波动引起世界各国的密切关注也说明石油对国际关系的巨大影响。另外，水资源也是未来争夺的战略资源之一。中东、北非、南亚等地区因水资源纠纷已发生过军事冲突，日本、西欧也都面临程度不同的资源短缺问题。随着人类资源被消耗、破坏和污染，资源争夺也会变得愈加激烈。

5.科学技术的竞争

科技是第一生产力，它不仅是综合国力的一项基本要素，而且对综合国力的其他构成要素亦具有很强的辐射和影响力。科技实力是衡量国家综合国力的主要因素。面对世界百年未有之大变局，科技创新能力的竞争在国际竞争与博弈中的地位日益突出。当今世界各国都把科技放到国家利益的全局来考虑，经济竞争的基础和核心实质是科技之争。

(1)高科技产业优势之争。冷战结束后，信息技术、生物技术、新材料技术、

---

① 参见周密:《滥用金融霸权降低全球美元需求》，中国经济网，2022年5月20日。

新能源技术、空间技术、海洋技术成为高科技的六大前沿领域。各国都选择这些高科技项目作为战略突破口，制定各种各样的科学计划及产业发展规划，以带动科技和国民经济的全面发展。例如：美国从1991年即着手实施“大科学计划”，尖端课题和设施有几十项之多；1993年美国率先提出的“信息高速公路计划”引起强烈反响，“信息高速公路”正在成为21世纪高科技产业发展的战略要冲。日本政府为改变多年存在的“重应用、轻基础”的科技战略，提出了“科研创新立国”的口号，并通过《科学技术基本法》和“科学技术基本计划”，全力发展信息技术产业，追求在世界高科技领域的优势。西欧国家于1985年提出“尤里卡计划”后，1993年再度提出1994～1998年的第四个科研计划，1997年发表的《2000年议程》又明确提出将“建设知识化欧洲”放在最优先地位。此外，韩国的“先进国家计划”，印度的“新技术政策声明”，中国的“863计划”和“火炬计划”，也都属于国家重大攻关课题。当前，在人工智能、智能制造、大数据、云计算、互联网等技术革命的推动下，科技创新和产业创新同步推进，全球新一轮科技革命和产业革命方兴未艾，引发了生产方式、组织结构、商业模式的重大变革。各国都把大量人力、物力、财力投入最具潜在经济价值和产业应用前途的“热门”高科技领域中，建立各种高科技产业区，创立高新技术产业群，力争实现产业结构的科学化、高级化。数字空间已成为国家利益的交汇点和国家冲突新的策源地，大国围绕信息和网络安全的博弈迅速升温。

(2)科技人才之争。人才是科技进步和经济社会发展最重要的资源。在当今世界，一些具有竞争优势的国家，依靠的不是物质资源优势，而是拥有人才的优势。美国之所以形成“一代霸业”，最重要的一条经验可以说是不停地抢夺世界人才资源为其服务。随着人口老龄化加剧，新冠肺炎疫情下全球人员流动受阻、人才全球供给链被打断，导致全球人才供给日益趋紧。无论是发达国家还是发展中国家，人才资源都是各国最稀缺、最宝贵的资源。为此，世界各国都把争夺人才尤其是高科技人才置于重要的战略地位，调整人才政策，采取有效措施吸引优秀人才，培养优秀人才。当今世界围绕科技制高点的人才竞争不断加剧，呈现出供需矛盾突出、竞争重心上移、空间集聚加速、跨国流动高频等鲜明特征。谁在人才竞争中占据优势，谁就能赢得未来发展主动权。

科技人才的跨国流动成为一股世界性潮流，很重要的一个特征是人才从发展中国家流向较发达的国家。长期以来，美国等发达国家把吸引集聚全球优秀人才作为一项国家战略，运用资助留学、增加移民指标等手段及提供比其他国家更好的薪资待遇和更好的科研、工作环境，引进大量高水平科技人才和留学生，为创造和保持本国科技与经济竞争优势提供了重要人才资源。与此同时，美国等发达国家还在科技和人才引进方面不断加大对发展中国家的遏制和打压力度。发展中国家由于技术环境相对落后，无法有效抗衡发达国家对人才的吸引力，从而造成本国的人才流失。1961～1990年，从发展中国家流向发达国家的科技人才在100万以上，并且以每年10万人的速度增长。其中受益最大的是美国，每年加入美国籍的外籍人才就高达1万多人。2000年，经合组织国家接受的每10名受过高等教育的移民中就有6名来自发展中国家。非洲、拉美国家甚至有超过30%的受过高等教育的人才移居经合组织国家。中国和印度是世界最大人才流失国。① 以近一个半世纪为例，在美国高校获得高等教育学位的中国和印度留学生中，有超过80%的人都留在了美国。② 发展中国家由此造成的损失每年高达数千亿美元。而人才外流又使这些国家出现"人才断层"，科技水平与先进国家的差距越拉越大，国力的发展状况也必然受到极大影响。

三、国际竞争的特点

经济竞争替代军事竞争成为当代国际竞争的重心只是国际竞争侧重点的改变，并没有因此减弱国际竞争本身的激烈程度。而且由于经济利益的相互渗透及经济因素在世界政治中的凸显，当今国际竞争呈现出更为复杂的态势。

（一）参与的主动性

冷战时期美苏的两极对峙局面严重阻碍了国际竞争的发展。美苏通过严格控制盟国的对外政策、扩大政治影响等方式，达到增强相对优势的目标。许多国家是被胁迫着参与冷战对峙的。冷战结束后，各国从本国实际情况出发，积极主动地参与到以经济为重心的国际竞争中。各国都希冀在竞争中壮大发展自己，争取自己同其他主权国家的实力对比中的有利地位。

（二）结果的双赢性

在以军事安全为核心的国际竞争中，一国的安全往往等于或意味着其他国家的不安全。"零和"的竞争结果容易导致国家陷入安全困境，出现与它们所追求的安全目标背道而驰的局面。而在以经济竞争为主要目标的国际竞争中，双赢的结果增强了各国在利益、目标追求上较大的相容性。各国加强以经济竞争为重心的国际竞争不但容易为他国所接受，还可以促进竞争各方的经济发展。

（三）内容的复杂性

在军事竞争中，相对落后的武力可以与相对先进的武力相抗衡，并可以取得胜利。但在经济竞争中却明显存在着马太效应——已经得到的将得到更多，没有得到的还将失去。也就是说，由于各国国力不同，经济发展水平有高有低，参

---

① 参见赵芸颖：《发展中国家发展的源动力——人才》，《辽宁经济》2015年第6期。

② 参见乌云其其格：《全球人才竞赛——发展中国家遭受人才掠夺》，《中国人才》2014年第6期。

与国际竞争的出发点不同，竞争结果也就大不一样。借助于历史上所积累起来的经济发展优势，西方发达国家往往以各种经济手段阻挠发展中国家在经济发展中获得平等地位。不公平的国际经济规则、歧视性的贸易条款，严重制约着发展中国家的经济竞争力。不但如此，西方国家还把经济手段作为政治斗争的工具，动辄采用经济封锁、经济制裁、取消最惠国待遇等方式来解决世界政治中的纷争和冲突。美国政府在20世纪90年代将中国的人权状况同最惠国待遇相挂钩便是例证。随着政治经济化与经济政治化趋势的加强，国际竞争的内容也越来越多、越来越复杂。

(四)国际竞争的超意识形态性

冷战时期美苏两大集团在政治上的对立与军事上的对抗，很大程度上受到意识形态的支配和影响。冷战结束后，意识形态虽在国家政治利益中仍占重要地位，但已不是影响一国外交政策的决定性因素。因为拥有强大国家力量的国家一般拥有众多影响国际关系的强有力的手段，在国际关系中往往居于重要的地位并能发挥重大的作用，因此，当今国家间的经济关系已超越意识形态的差别成为国际竞争中的更重要影响因素。亚太经合组织的发展、美日欧经济上的互不相让，都说明一国的国家利益已替代意识形态成为各国相互竞争的最根本动力。

第二节　国际合作

国际合作是指两个或两个以上的国际行为主体(主要是主权国家和国际组织)基于利益和目标的接近或一致，在对外政策与对外行动上相互支持，进行不同程度的协调、联合的一种相互作用状态。利益一致的范围和程度决定了合作的范围和水平。由于各行为主体的利益是不断调整变化的，所以国际合作具有稳定性与不稳定性的双重特征。也就是说，国际合作的各参与方在一定时间内必须求同存异，使彼此之间的合作相对稳定，才有希望达到共同的既定目标。而各种内外因素所导致的利益关系的调整则使国际合作随时有可能发生破裂，甚至演变为国际冲突。稳定性与不稳定性的交互变动表明，国际合作是一个极其复杂的矛盾过程。

一、国际合作的基础和条件

国际合作作为国际社会存在的前提虽然早已出现，但成为一种全球现象并得到充分发展则是始于二战结束之后。二战后，随着经济全球化的发展，国际社会逐渐联系成为一个密不可分的整体，国家之间的交往和联系频繁而稳定，从而使国际合作成为国际关系最重要的内容之一。

(一)经济全球化使各国间的关联性与依存性不断加强

随着全球化的发展,国家对外开放的水平不断提高,国家间相互依赖的关系日益深化,从而使任何国家都无法避免与外部世界在经济、政治、军事、文化诸领域发生广泛而深刻的相互联系和作用。商品、资本、劳动和信息等要素大规模的跨国流动使多数国家的利益范围已经冲破了传统地域的限制,国家间利益的冲突性、兼容性和互补性增强,共同利益范围有所扩大,外交政策的目标与对象、国家对外行为的互动影响日益具有全球性意义,从而使国际合作获得了强大的生命力和强劲的发展势头,开创了全球性多边合作的新时代。

(二)现代科学技术增强了国家间相互影响的程度

科学技术的发展与应用,导致各国之间政治经济联系日益密切,为国际合作的实现和加深提供了重要条件。国际合作发展的规模和程度是由科技发展水平决定的。二战结束后的新科技革命把国际合作扩展到每一个国家,赋予它全球的性质。现代科技改进了交通与通信系统,克服了地理条件对人类往来的限制与阻碍,改变了过去国家发展的狭小区域,拓展了国家利益的范围,从而密切了相关国家的联系与合作。另外,科技进步的不断深化也使某些超大型科研合作项目无法由一国完成,而必须依靠多国共同合作。

(三)民族国家的独立和国际组织的蓬勃兴起

国家是国际合作的主角,但二战前那种宗主国强迫殖民地进行的所谓分工合作并不是一种严格意义上的国际合作,而只能是一种剥削和掠夺方式。真正的发达国家和发展中国家的合作,只有在后者获得民族独立后,才有可能在平等的基础上实现。二战结束后民族独立国家为了发展民族经济,扩大了南南合作和南北合作,国际合作呈现出崭新的局面。

二战结束后迅速兴起的林林总总的国际组织,不论大小,都具有一定的协调国际关系、解决国际争端、影响国际局势的作用。它一旦成立,其参与者就必须恪守有关规定,彼此在一定程度上作出妥协退让,以便协调行动。所以,国际组织的指导、平衡、协调和斡旋作用也推动了国际合作的深化。

(四)全球性问题的促进作用

二战结束后,在世界政治经济不断发展变化的同时,一些新的问题也逐渐介入国际关系和国际安全领域,包括越来越庞大的核武库及核技术不断为越来越多的国家所掌握;持续不断的地区性武装冲突;逐渐严重的能源危机、环境污染、人口爆炸、粮食短缺;庞大的难民和移民潮;民族冲突、吸毒贩毒、国际主义恐怖活动;等等。所有这些问题已经直接威胁到全人类的生存利益,显然不能仅仅依靠一个或少数几个国家来解决,必须在相互合作、包容的基础上,各国共同努力加以解决。

二、国际合作的类型和特点

(一)国际合作的类型

作为国家间互动的结果,国际合作具有不同的类型。二战结束以来,国际合作发展十分迅速,无论在深度还是广度上都急剧扩展,国际合作的形式日趋多样化。按照不同的分类方法,可以将国际合作划分为不同的类型。[①]

1.根据政策协调的基础,国际合作可以分为基于规则的合作和酌情展开的合作

(1)基于规则的合作是指由长期起作用的国际规则来决定政策协调的方式。首先,通过签订条约、协议,形成共同遵守的行为准则来协调各方行动,这是一种最广泛的合作方式,各行为主体均可参加。其次,通过国际组织进行政策协调与合作,主要也是在国家间进行。这种政策协调依据规则自动进行,而不需要政府就是否与另一国家进行合作不断作出选择。换言之,规则的存在就可以确保这些合作的进行。全球性合作中世界贸易组织对规则的依赖程度最高,区域性合作中欧盟对规则的依赖程度最高。

(2)酌情展开的合作指的是具体地针对特定问题而进行的政策协调。一些国家主动作出政策协调或让步,以换取其他国家也这样做。此类政策协调机制包括七国集团、二十国集团、七十七国集团等。2008 年国际金融危机爆发后,二十国集团取代七国集团成为全球经济治理的主要平台。作为非正式论坛,二十国集团旨在促进工业化国家和新兴市场国家就国际经济、货币政策和金融体系等重要问题开展富有建设性和开放性的对话,并通过对话为有关实质问题的讨论和协商奠定广泛基础,为处于不同发展阶段的国家提供了一个共商当前国际经济问题的平台。

2.根据合作的规模或范围,国际合作可以分为双边合作、多边合作、区域性合作及全球性合作

(1)双边合作是指两个国家之间在政治、经济、军事、文化领域的协调和联合,以两国结盟为最高合作形式。20 世纪 50 年代的中苏关系、现在的美日关系都是双边合作的典型表现形式。二战结束后经济领域的双边合作非常普遍,自由贸易协定是两个国家间常见的贸易合作形式。20 世纪最后 20 年,双边投资协定签订数量迅猛增长,由 1979 年年末的 165 份到 1989 年年末的 385 份,增长了 133.3%;20 世纪 90 年代较 80 年代更是增长了 382.3%,于 1999 年年末达到

---

① 参见陈岳主编:《国际政治学》,高等教育出版社 2019 年版,第 160～164 页。

1857份。[1] 目前中国已经和东盟、智利、巴基斯坦、新西兰、新加坡、瑞士等国际组织和国家签订了双边自由贸易协定，相互之间取消了绝大部分货物的关税和非关税壁垒，取消了绝大多数服务部门的市场准入限制，以促进生产要素的自由流动。

(2)多边合作是指不同地域范围三个及以上国家之间协调政策、共同实施的合作行为。二战结束后多边合作开始成为普遍的国际合作方式。联合国、国际货币基金组织、世界银行和关税及贸易总协定构建了多边合作的基本框架。目前，多边合作已经成为多数国家进行国际合作的重要方式，如上海合作组织、“金砖国家”、世界贸易组织等等。

(3)区域性合作是指同一地区范围内的许多国家为谋求共同利益而采取的集体行动。当代在世界舞台上拥有重要地位的欧盟、北美自由贸易区、亚太经合组织、东盟、非盟等都是区域性合作的典型和重大成就。由于同一区域国家相对来说同质性较高，行为体数量也有限，国际合作相对容易达成，因此区域性合作在过去、当下以及未来都是非常重要的合作方式。

(4)全球性合作是指全球范围内的国家为谋求共同目标而形成的集体行动。为了解决日益增多的全球性问题、提供全球公共物品，世界各国亟须在经济、安全、环境、人权等领域展开全球性合作。联合国是最大的综合性国际组织，兼有促进政治、安全、经济和社会发展，科技文化合作以及人权保护等广泛职能。专门性的国际组织有国际货币基金组织、世界卫生组织等。虽然由于各国经济发展水平的悬殊和社会政治文化条件的差异，真正意义上的全球合作还有赖于人们的努力和奋斗，但联合国、国际货币基金组织、世贸组织已经在促进全球性合作过程中发挥了重要作用。

3.根据合作的领域，国际合作可以分为国际政治合作、国际经济合作、国际军事合作、国际文化合作及混合型国际合作等形式

(1)国际政治合作是为一定的政治目的而进行的政策协调。其常见的具体形式有领导人会见或会谈、召开国际会议、缔结条约或协定、组建政治集团和国际组织、针对某一政治问题进行磋商或采取国际共同行动等等。

(2)国际经济合作是当代最基本、最常见的国际合作形式，它既表现为众多的国际经济组织，也表现为广泛的经济合作行为。

(3)国际军事合作的形式主要有建立军事集团、签订军事条约、进行军事协商、举行联合军事演习、进行军事友好往来和军火贸易等。冷战后联合国的维和行动也是国际军事合作的新表现。

---

① 参见陈岳主编:《国际政治学》，高等教育出版社 2019 年版，第 160 页。

(4)国际文化合作包括的内容十分广泛,各国间教育、科技、体育、卫生等社会性方面的合作均属此类。作为当代最常见的合作形式,它对促进各国人民的相互理解和各民族的相互沟通有着不可替代的作用。

(5)混合型国际合作是当今国际合作发展的一大趋势,是指同一合作组织或行为中涵盖了政治、经济、军事、文化等多方面的内容。它一般以经济合作为起点,然后在各方努力下将合作范围不断扩大。

国际合作的具体类型并不局限于上述几种。根据国际合作的性质和程度,国际合作可分为一般性合作、战略协同、战略同盟等类型。根据合作的对象可分为同类型国家的合作、不同类型国家的合作以及国家与非国家角色的交叉合作。根据合作的时间可以分为临时的、长期的、永久的国际合作。国际合作的类型是从不同角度进行划分的。应该看到,不同类型国际合作之间的区分并不是绝对的,而是始终处于互有交叉、相互配合、相互转化的过程中。一种合作类型可以包含其他类型的部分内容,也可以转为其他合作类型。例如:欧盟既是一种区域性合作,又是一种混合型合作和战略协调的较高级形式。

(二)国际合作的特点

国际合作是在世界经济发展和国际联系增强的基础上形成和发展起来的。与生产力水平的高低和国际联系的强弱相联系,国际合作的深度和广度也会有所不同。当今国际合作具有如下基本特点。

1.国际合作的全球性

国际合作规模的大小是以世界政治经济联系的密切程度为前提的。二战前,国际合作没有得到充分发展,不在于当时缺乏合作的物质基础,而是由于世界经济的发展还不充分,各国还没有达到离开国际市场就无法发展的程度。资本主义国家之间的相互交往虽然较多,但真正的互助性合作较少,与不发达国家与地区的合作更是带有明显的强制性和不平等性,全球性合作无论在数量上还是质量上都极其有限。二战结束后,特别是 20 世纪 90 年代以来,各国之间经济联系日益紧密,共同利益领域不断扩大,全球性问题日益突出,要求不断扩大与深化全球性国际合作。国际组织和跨国公司的迅猛发展,俄罗斯和东欧国家的市场化改革、中国建立社会主义市场经济体制,也为全球性国际合作的扩大提供了重要的客观条件,使当代国际合作呈现出与过去不同的崭新面貌。

2.国际合作的普遍性

当今国际合作日益成为世界各国最重要的生存和发展方式。在政治、经济、军事、文化等领域,国际合作都得到空前发展,无论是合作方式还是各种合作方式的交互作用和相互渗透的程度,都达到了从未有过的深度。特别是在经济领域,国际合作不仅涉及生产、流通、金融等传统领域,还深入科研、技术、劳务、资源开发、生态保护等诸多领域，合作的深度和广度同时加深和拓展。国际经济组织的完善和国际经济行为的规范以及世界政治经济的良性互动，也为国际经济合作广泛、深入的发展创造了良好的条件。发达国家与发展中国家的合作也由以初级产品为内容的单一合作扩展为各种形式，劳务、贸易、投资、技术等合作不断发展。经济合作的强化带动了政治、军事、文化合作的加速，世界进入一个合作与竞争并存的时代。

3.国际合作的民主性与互动性

二战结束后，亚、非、拉新独立的发展中国家以平等身份参与国际事务，进行了全方位的国际合作。它们不仅在政治上进行内部磋商和外部协调，在经济上互通有无、共同发展，突破了与西方国家间强制性和对抗性的合作，开创了南南合作这种中小国家间平等互利合作的新范例，还积极参与联合国、不结盟运动、七十七国集团、世贸组织等多边合作组织，以追求和维护国家利益。由于这些国际合作多是有益于成员国主权平等和国家利益的，所以往往体现出国际合作的民主精神。另外，由于国际合作日益成为生存与发展的重要途径，所以各国参与国际合作并不是一时的权宜之计或在外部压力下被迫为之，而是主动行动，积极协调，促使国际合作得以实现。各国普遍具有合作的主观愿望，使国际合作呈现出良好的互动势头。

4.国际合作的相对稳定性

国家利益是国际合作的依据和动力。虽然由于行为主体的利益经常变动而使国际合作处于变动之中，但当今的国际合作已达到相当的程度和规模，涉及所有领域，以求同存异为基础，以双赢为结果，表现出相对稳定的发展特点。国际合作的深入发展使各国利益相互渗透。集团化与一体化的发展使合作各方处境相同，利害关系相近，目标大体一致，能够在大范围、多领域内统一行动，并以协调与合作作为谋求自身利益的一种手段。国际组织和国际条约确立了国际合作各方共同遵守的行为准则，从一定意义上制约着某些国家的行为。国际组织也在一定程度上平衡各方利益，以便协调行动。这种比较稳定的国际机制保证了国际合作的稳定发展。

5.超越意识形态性

冷战的主要历史教训之一是意识形态的僵硬对峙。实际上，意识形态相同的国家并不必然友好相处，意识形态不同的国家也未必交恶。国家利益的相同、相似或互补成为国际合作的客观基础和主要动力。20 世纪 80 年代，中国明确提出处理国际关系不以社会制度和意识形态划线，为国际合作超越社会制度差异提供了有力的理论依据，中国与西方国家的合作因此得到加强。20 世纪 90 年代以来，为适应和平与发展的时代主题，超越意识形态和社会制度的国际合作以前所未有的规模和速度向前发展，反映了多数国家的共同愿望。

虽然当今国际合作已成为国际关系最重要的表现形式之一，但其发展并不是一帆风顺的。世界各国的社会、经济发展水平存在着巨大差异，发达国家与发展中国家在政治经济上的不平等继续存在，霸权主义和强权政治仍然发挥作用，这一切都使得国际合作总是与国际冲突相伴，在冲突与合作的矛盾交织中曲折前进。

第三节　当今全球性问题

当今世界，随着经济全球化程度的加深，各国、各地区在经济、文化、科技、生活方式乃至政治、军事、安全、意识形态、价值观等诸多领域相互联系、相互影响、彼此竞争甚至爆发冲突。全球化在给人类社会带来进步和繁荣的同时，也带来一系列急需解决的重大问题，如人口爆炸、粮食短缺、能源危机、环境污染、贩毒、恐怖活动、传染疾病及产品安全等等。所谓全球性问题，主要指这些问题或现象涉及全球大多数国家，事关国际社会未来的发展前景，单靠某一个或少数几个国家根本不能妥善解决，而需世界各国通力合作才能缓解或根除。

一、人口与粮食问题

（一）人口问题

二战结束后，世界人口以年平均2%的高速度递增，人口问题逐步成为严重的社会问题。

据考古学的判断，公元前100万年世界人口为1万～2万人，到公元前10万年达到300万人。这一时期，世界人口增长速度非常缓慢。公元1000年，世界人口约为3.4亿，1830年达到10亿；再过一个世纪后人口翻了一番，1930年达到20亿，人口的年平均增长率达到0.7%；再增加10亿人口只花了30年的时间，1960年世界人口达到30亿，人口的年平均增长率达到1.4%；增加第3个10亿人口只花了15年的时间，1975年世界人口超过40亿；1987年世界人口达到50亿；1999年世界人口已经超过60亿。2002年年底，世界人口达到了61.5亿；2005年6月，世界人口已达64.77亿。根据联合国发布的2019年《世界人口展望》报告，全球人口预计在未来30年将再增加20亿人，从2019年的77亿增加至2050年的97亿；到21世纪末，全球人口将继续增长至110亿左右。未来30年，印度、尼日利亚、巴基斯坦、刚果、埃塞俄比亚、坦桑尼亚、印度尼西亚、埃及和美国将贡献50%的人口增长。1950年，人口超过1亿的国家只有中国、印度、美国和苏联四国；而现在人口超过1亿的国家增加到10个，印度尼西亚、巴西、巴基斯坦、孟加拉国、日本和尼日利亚加入了这一行列。

二战结束后世界人口的急剧膨胀，主要是由于发展中国家人口迅速增加所造成的。1950～1980年，发展中国家和地区人口由16.23亿上升至32.83亿，年增长2.3%，比发达国家高出一倍以上。人口增长速度的加快，使发展中国家和地区在世界人口中所占比重日益增大，1950年占60%，1975年占72%，1979年占74.5%，1990年已接近80%。1995年世界人口为57.15亿，发达国家有11.66亿，占20.4%；发展中国家有45.49亿，占79.6%。预计到2050年，发达国家人口所占比例将降至12.3%，发展中国家将上升至87.7%。造成发展中国家人口膨胀的原因主要是20世纪下半叶各发展中国家纷纷走上独立道路，战乱锐减，社会稳定，经济发展，生活水平提高，医疗卫生条件改善，人口死亡率大幅度下降，而同时期出生率却仍保持着较高水平。

"人口爆炸"酿成的严重人口问题构成当今世界最大的全球性问题。(1)全球人口持续激增对生态环境构成严重威胁。人类过去和现在所享受的物质文明大多是以消耗各种资源环境为前提的。人类利用各种自然资源进行生产，以维持自身的生存和发展。随着人口的不断增长和生产活动的持续扩大，全球对各种资源的消费激增，淡水、耕地、石油、森林等重要资源日益紧缺。生态环境遭到毁灭性的开发和掠夺，人类正在把自身推向生存与发展的悬崖。(2)发展中国家"人口爆炸"，导致贫困人口猛增，南北经济鸿沟扩大。一方面，人口增长过快影响了发展中国家按人均计算的国内生产总值的提高，给国民经济的发展和人民生活水平的提高带来了一定困难。以20世纪60年代和70年代为例，两个10年中，发展中国家GDP年均分别增长5.9%和5.2%，超过同期发达国家的4.9%和3.4%。但由于人口增长幅度的不同，按人均增长速度计算，发展中国家分别降为3.4%和2.8%，低于或接近发达国家的3.8%和2.7%。另一方面，发展中国家的农村人口比例大，就业问题突出。据国际劳工组织估计，20世纪90年代，亚、非、拉发展中国家失业和半失业人口已达6亿以上，其中2/3在农村。1996年，发达国家的公开失业率为3.1%，发展中国家则高达10.7%，其中斯里兰卡为15%，玻利维亚为19%。联合国专门机构估计，发展中国家补充劳动大军增长过快，将肩负给2/3新增劳动力提供工作岗位的艰巨任务。(3)人口老龄化构成了主要人口问题。老龄化，顾名思义，指的是在社会总人口中老年人的比例越来越高。国际上评判老龄化最简单的两条标准是：60岁以上的人口数占总人口数的比例超过了10%或65岁以上的人口数占总人口数的比例超过了7%。二战结束以后，西方发达国家人口的自然增长率较低，而人口平均寿命延长，最早出现人口老龄化的问题。目前，发达国家普遍进入老龄化社会。2020年日本65岁以上老年人口占比为28%，欧盟27国为20%，美国为16%。发达国家人口老龄化已产生一系列负面影响:劳动力供给减少,创新能力下降,社保和医保相关的财政支出增加,消费需求减少。未来数十年,全球人口还将持续增加,但低生育率和寿命增长将进一步推动全球迈向老龄化。2018年,全球65岁以上人口数量首次超过5岁以下儿童数量;预计2050年,65岁以上人口数量将达到5岁以下儿童数量的两倍,并且超过15~24岁青少年人口数量。① 人口的老龄化问题不断发展成为当今世界的一个突出的社会问题,将给各国社会经济发展带来种种影响。

严重的人口问题已经引起了国际社会的高度重视。为了缓解人口爆炸问题,联合国从1954年起专门召开了多次世界人口会议,成立了人口委员会和人口司等机构探讨解决人口问题的出路。但除中国等少数国家采取了切实有效的措施外,大多数国家的人口膨胀仍在继续。进行有效的国际合作,切实控制人口规模,这是摆在全人类面前的紧迫问题。

(二)粮食问题

“民以食为天。”从古至今,粮食一直是人类赖以生存的基本生活资料,粮食安全是关系人类生存的一件大事。1974年,联合国粮农组织(FAO)指出,粮食安全从根本上讲是人类目前的一种基本生活权利,即“应该保证任何人在任何地方都能够得到未来生存和健康所需要的足够食品”。这从供给角度对粮食安全进行了界定,揭示了粮食安全的目标,强调获取足够的粮食是人类基本生活权利。1983年4月,联合国粮农组织提出,“粮食安全是确保所有人在任何时候既能买得到又能买得起他们所需要的基本食品”。2002年,第二次世界粮食首脑会议对粮食安全作出新表述,对粮食质量也提出新要求:“只有当所有人在任何时候都能在物质上和经济上获得足够、安全和富有营养的粮食,来满足其积极和健康生活的膳食需求及食物爱好时,才实现了粮食安全。”二战结束以后,随着科学技术的进步和在农业生产上的持续应用,世界粮食产量增长很快,但从20世纪80年代中期以来增长速度放缓。据统计,1950年世界粮食总产量为77600万吨,1985年增至184308万吨,年增2.5%,而1995年世界粮食仅增至188364万吨,1985~1995年粮食年均增长率只有0.22%。同期人均粮食占有量从1985年的389公斤跌至330公斤,恢复至1950年的水平,下降了15.2%,粮食安全问题日益突出。

1.粮食供求关系紧张

1994~1995年,联合国粮农组织规定了17%~18%的最低粮食库存安全

① 参见中国社会科学院世界经济与政治研究所、中国社会科学院国家全球战略智库:《2022年全球十大趋势展望》,《光明日报》2022年1月14日。

线。2006年，全球粮食总储备量为3.75亿吨，比上年下降16.2%；粮食库存只占当年总产量的17.1%，占当年总消费量的16.5%，低于联合国粮农组织确定的18%世界粮食安全线。进入2008年，世界粮食库存储备只有57天，和1962年历史最高水平81天相比下跌30%，全球粮食储备量已减少到30年来的最低水平，给世界粮食安全笼罩上一层阴影。据全球应对粮食危机网络发布的《2021年全球粮食危机报告》称，2020年全球至少1.55亿人面临重度粮食不安全问题（重度粮食不安全是指生命或生计因无法摄入足够的食物而面临直接危险），达到过去五年最高水平。2022年5月，联合国粮农组织等机构联合发布了《2022年全球粮食危机报告》（以下简称《报告》），该报告的数据收集工作在俄乌冲突前已经完成。《报告》警示，人类或将面临二战后最大的一次粮食危机，多达17亿人正在承受着贫困和饥饿问题。根据《报告》，按照1～5级的严重程度划分，2021年，全球有53个国家和地区的约1.93亿人经历了3级以上的粮食不安全状况，比2020年的创纪录人数又增长了近4000万人。埃塞俄比亚、马达加斯加南部、南苏丹和也门50多万人的处境达到了最高级别的"灾难"状态。《报告》还指出，面临危机或更严重的粮食不安全状况的人数在2016～2021年几乎翻了一番，自2018年以来每年都有增无减。联合国粮食计划署预测，由于俄乌冲突，全球严重饥饿人口数量将从2.76亿增至3.23亿。

2.世界粮食市场价格上涨

目前世界粮食交易由以往的买方市场转为卖方市场。俄乌冲突发生后，全球粮价在近年来大幅上涨的基础上继续攀升。联合国粮农组织最新发布的数据显示，2022年3月份以来，国际粮食价格同比上涨高达12%以上，创下10年来新高。全球粮价上涨使得数以亿计的人口陷入贫穷和饥饿的境地。世纪疫情叠加地缘政治冲突，是引发此轮全球粮价上涨的直接原因。俄罗斯和乌克兰是世界两大粮仓，是全球粮食市场的重要参与力量，两国粮食出口在全球粮食贸易中占比较大。从联合国粮农组织的数据看，两国小麦出口量约占全球出口量的30%、玉米出口占20%、葵花籽油出口约占63%。近50个国家依赖这两个国家满足自身至少30%的小麦进口需求，其中26个国家逾半数的小麦进口来自俄乌两国。俄乌冲突发生以来，俄乌两国粮食和化肥出口受阻，对全球粮食稳定供应产生重要影响。从深层次看，世界粮食生产和布局很不平衡，粮食生产和出口国高度集中，而消费和进口国呈分散状态，粮食供需区域性矛盾突出，容易受疫情、地区冲突、国家政策变动、物流受阻等因素影响。经济全球化促进全球粮食市场深度融合，推动了全球粮食贸易的繁荣，促进了全球粮食供需平衡。然而，近年来某些国家出现了"逆全球化"趋势，贸易保护主义抬头，扰乱了全球粮食贸易秩序，加剧了全球粮食危机。①

虽然粮食问题日益凸显，但它却并不具有普遍性，几乎所有的发达国家的粮食供应还是很有保障的，在美国、加拿大、澳大利亚、新西兰这些国家，耕地面积辽阔，人口压力小，农业实现高度现代化。而日本虽国土狭窄、人口众多，但依靠精耕细作和政府的关税保护，也成功地解决了吃饭问题。因此，当今世界的粮食问题主要是发展中国家缺粮的问题。发展中国家粮食问题日渐严重的主要原因是：(1)粮食需求增长迅速。产生这一情况的首要原因是人口增长过快。据统计，目前发展中国家每年增加的粮食需求大约有70%是由人口增长引起的。(2)人均需粮增长旺盛。联合国粮农组织通过研究表明，低收入国家中人均收入每增长10%，每人用于粮食的消费将增长7%～8%；食品结构的变化也拉动了对粮食需求的迅猛增长。(3)粮食产量增长缓慢。发展中国家农业物质技术基础薄弱，农业科学落后，导致这些国家的农业基本上是靠天吃饭，抵御自然灾害的能力很差。而耕地的减少及生产能力的下降更使发展中国家粮食生产面临严峻挑战。粮食供给同人口生产、生命延续不可分割地联系在一起，在需要的时候就可以成为一种特殊的战略物资。如果发展中国家的粮食供给安全线建立在依靠进口的基础上，出口国一旦采取"断粮"手段相威胁，需求国就会陷入任人摆布的困境。从这个意义上说，将粮食供给建立在自己力量的基点上，确保粮食供给安全线，是关系一国政治、军事、社会发展全局的大问题。

二、能源、资源与环境问题

能源和资源与人口、环境、经济、社会等问题紧密地联系在一起并构成当代全球性问题的基础。二战结束后，人口剧增和经济发展的压力，导致自然资源迅速耗减，能源生产下降，越来越多的物种面临灭绝，淡水资源不足，森林资源锐减，水土流失严重，气候变化异常，各类灾害加剧，人类所处的已是一个不堪重负的星球。

(一)能源问题

一个多世纪以来，特别是二战以来，人类对矿物能源的消耗量迅猛增长。1901～1997年的97年间，全世界采出的矿物原料价值增长了近10倍，其中后20年为前60年的1.6倍。据资料统计，人均GNP与人均能耗成正比关系。人均GNP不到1000美元时，人均能耗在100公斤标准煤以下；人均GNP达4000美元时，人均能耗在10000公斤标准煤以上。经济发展水平的提高使矿物能源尤其是石油储量日趋枯竭。根据美国《油气杂志》发布的《2019年全球石油产量

① 参见刘慧：《"逆全球化"加剧全球粮食危机》，《经济日报》2022年4月28日。

和油气储量报告》,2019 年全球石油剩余探明可采储量为 2305.8 亿吨,可供人类开采使用 46.8 年左右。由于现在人类所需能源的 97%来自不可再生的矿物能源,所以能源危机将直接影响到人类的生存与发展。1999 年的国际石油价格为 17.97 美元/桶,2008 年上涨至 97.26 美元/桶,金融危机后的 2010 年降低至 79.5 美元/桶。乌克兰危机后,国际石油价格急剧下跌,2014 年年底至 2015 年年初跌破每桶 50 美元,重创俄罗斯、伊朗、委内瑞拉等石油出口国。新冠肺炎疫情发生后,2020 年石油价格为 42.03 美元/桶,同比下跌 34.6%。2021 年,石油价格上涨 50%左右;2021 年 10 月为 84 美元/桶,为 2014 年 10 月以来的最高价格。2022 年俄乌冲突后国际油价震荡起伏,从每桶 100 美元左右的价位一路上涨至 6 月初的每桶 120 美元左右,创 3 月以来的新高。石油危机——一个令全球痛彻心扉的老话题,重新摆上了桌面。

(二)土地资源问题

土地是万物之源,陆地上几乎所有动植物的生存都离不开土地。土地是人类生活和生产活动的主要空间场所,人类 95%的食物来源于土壤。然而,半个多世纪以来,由于人类乱砍滥伐、过度放牧,不科学的农业耕作方式以及无节制的污染排放,土地资源面临有史以来最严峻的形势。

1.水土流失

水土流失是指在水力、重力、风力等外力作用下,水土资源和土地生产力的破坏和损失,包括土地表层侵蚀和水土损失,亦称水土损失。水土流失的成因复杂,但往往与人类不合理、不科学的自然开发行为联系紧密,比如人类过度放牧、乱砍滥伐导致土壤地表植被遭到破坏,在风力、水力、降水、地形等多种因素共同作用下,就容易出现水土流失问题。2020 年,世界粮食奖获得者拉坦·拉尔教授指出,自工业革命以来,已有约 1350 亿吨土壤流失。我国是世界上水土流失最为严重的国家之一,每年因此导致的土壤流失总量将近 50 亿吨。目前,我国水土流失最为严重的地区主要集中在黄土高原地区。土壤过度流失的直接后果是土层变薄,土地的生产能力下降。

2.土地沙化

土地沙化是指由于土壤遭受侵蚀,导致土壤表层中的细腻黏粒流失而逐渐沙质化的过程和现象,一般发生在干旱、半干旱等生态环境脆弱地区,或者邻近大型沙漠地区。统计资料显示,全球每年增加 5 万～7 万平方公里的沙化土地,主要分布在中东、非洲和亚洲地区。据估算,世界 30%的灌溉农地、47%的雨养农地和 73%的牧场都发生了不同程度的沙化现象。土地沙化每年给全球造成至少 420 亿美元的经济损失。沙化后的土壤几乎失去农业生产功能,同时也是沙尘暴、雾霾等自然灾害发生的直接诱因。根据第五次全国荒漠化和沙化监测结果，截至 2014 年，我国沙化土地 172.12 万平方公里[①]，主要分布在我国西北、华北和东北等地区。

3.酸化和盐碱化

土地酸化是指土壤吸收性复合体接受了一定数量交换性氢离子或铝离子，导致土壤中的碱性离子流失的现象。联合国的统计数据显示，目前全球酸性土壤的面积为 39.5 亿公顷，主要分布在气温较高、降雨丰沛的热带、亚热带和温带地区。酸性土壤多呈现砖红、赤红。土壤酸化有多种危害，一方面加重土壤板结，使得土壤中的植被根系无法正常伸展，从而导致植被或农作物生长缓慢；另一方面，土壤酸化还会导致土壤中的大部分营养成分和微量元素流失，降低人工化肥的吸收利用率。

土地盐碱化也被称为土地盐渍化，是指土壤底层中的盐分随毛管水上升至地表，在蒸发作用下，导致盐分在表层土壤长期积累的过程和现象。盐碱土地在全球分布较为广泛，根据联合国粮农组织的不完全统计，目前全球盐碱土地的面积为 9.5438 亿公顷，其中我国为 9913 万公顷。[②]

（三）森林资源问题

和其他自然资源一样，世界各地的森林资源也在遭受不同程度的破坏。据联合国粮农组织统计，地球上每分钟有 20000 平方米森林被毁掉。1950 年以来，全世界森林已损失了一半。联合国粮农组织 2001 年世界森林报告指出，全球林业面积为 39 亿平方公里，由于乱砍滥伐，每年正在以 0.4％的速度锐减，而热带雨林减少速度比这一数字高出 1 倍。过去 10 年间，全球热带雨林每年损失 1520 万平方公里，其中 1420 万平方公里毁于乱砍滥伐。非洲森林覆盖率从 20 世纪初的 60％减少到目前的 10％，南美洲 2/3 的热带雨林已经消失，亚马孙河流域的世界最大的原始森林一半以上已被砍伐，东南亚的热带雨林也正在迅速消失。[③] 2015～2018 年，被誉为“自然天堂”“人类宝库”的拥有全球近一半的热带雨林的亚马孙森林面积从 80％下降到 58％；英国茂密的原始森林迄今只残留了 5％；比利时、法国、西班牙、意大利、希腊等国的原始森林仅剩 10％～20％；1620～1940 年 300 多年的时间里，美国的原始林由 3.3 亿公顷减少到不足 4000 万公顷。[④]

---

① 参见屠志方、李梦先、孙涛：《第五次全国荒漠化和沙化监测结果及分析》，《林业资源管理》2016 年第 1 期。

② 参见黄慧琼：《遏止全球土壤退化刻不容缓》，《生态经济》2021 年第 2 期。

③ 参见方嘉禾：《世界生物资源概况》，《植物遗传资源学报》2010 年第 2 期。

④ 参见《世界森林资源》，《林业勘察设计》2017 年第 1 期。

(四)生物资源问题

当代世界,生物资源面临的灾难主要是指物种灭绝问题。由于野生生物生存环境的变化,世界范围内的生物物种正以前所未有的速度消失,估计每年有数千种动植物灭绝。国际自然资源同盟发表的调查材料指出,从 100 万年前到现在,平均每 50 年才有一种鸟类灭绝,而最近 100 年来,平均每年就灭绝一种鸟类。哺乳动物灭绝速度更快,在热带森林,平均每天至少灭绝一个物种。据粗略统计,近 2000 年来已有 100 种哺乳动物和 139 种鸟类从地球上消失,其中1/3是在近 50 年灭绝的。物种灭绝是一个不可逆转的过程。随着越来越多的物种消失,人类的生存和发展也将受到威胁。导致物种灭绝的原因有很多,但主要是人为造成的。空气污染、气候变暖、森林砍伐、湿地减少等因素也是许多动植物灭绝的原因。物种的消失使人类的未来更孤独,也更危险。

(五)水资源问题

水是生命之源,是最为宝贵和不可替代的自然资源,而淡水资源更是水资源中十分有限的一部分。在全球水资源中,陆地淡水仅占 6%,其余 94%为海洋水。而在陆地淡水中,又有 77.2%分布在南北极,22.4%分布在很难开发的地下深处,仅有 0.4%的淡水可以为人所利用。全球的淡水资源不仅短缺,而且地区分布极不均衡,使贫水地区和城市缺水的问题日益严重。国际上将年人均淡水占有量 1000 立方米定为“水警戒线”。实际上,许多国家的人均淡水占有量远远低于这一警戒线。阿尔及利亚、布隆迪、坦桑尼亚、肯尼亚等国的人均淡水量在 600～700 立方米,以色列、突尼斯等国为 400～500 立方米,而叙利亚、沙特阿拉伯、约旦、也门等国人均淡水量仅为 100～200 立方米。在中国,500 个城市中有 300 个缺水,其中 100 个严重缺水。而且,稀缺的淡水资源也面临日益紧缺和水质污染的威胁,后者又使全世界能得到安全饮用水的人数变得越来越少。由于人口的增加,工业化、城市化以及农业灌溉等对水的需求日趋增长,未来人类面临淡水资源匮乏的挑战将超过其他方面的挑战。能源不足只是迫使人们改变生活方式和生活习惯,土地、生物、森林资源危机将使地球变得更加单一和暗淡,但全球性的淡水危机则直接影响到人类的生存。

(六)大气污染问题

工业革命后,各行各业迅速发展,但人类没有给予环境保护问题以足够的重视,致使人类的生活环境越来越恶化。大量有害的废气、废烟污染了空气,破坏了大气层。现在,维持人类生存的空气正变得越来越不适宜人类呼吸。煤、石油、天然气燃烧后的排放物形成了酸雨,严重地威胁着人类和环境。而应用于空调、冰箱等电器中的氟利昂则引起了高空大气层中臭氧层的破坏,使地球受太阳紫外线照射增强,农作物受到危害,一些物种遭到损害。自 20 世纪 70 年代以来，地球上除赤道上空以外，臭氧总量已经减少了近 10%。废气的排放和臭氧层的破坏还导致了温室效应，地球表面气温开始升高。在 1992 年以前的 11 年中，有 7 年的地球平均气温打破了有气候纪录以来的最高水平。根据气象学研究，在过去的 1 万年中，地球气温的变异范围在 1℃～2℃，而 20 世纪 80 年代比 19 世纪 80 年代平均气温高 0.5℃，1998 年全球平均气温超过长期平均气温近 0.6℃，创下历史之最。联合国政府间气候变化问题研究小组在 2006 年发布的评估报告草案中认为，到 2050 年，全球气温可能会比现在升高 3℃，届时将可能有 4 亿人因此遭受干旱和饥荒，野生动植物也可能遭受毁灭性破坏。为了人类免受气候变暖的威胁，1997 年 12 月，在日本京都召开的《联合国气候变化框架公约》缔约方第三次会议通过了旨在限制发达国家温室气体排放量以抑制全球变暖的《京都议定书》。《京都议定书》规定，到 2010 年，所有发达国家二氧化碳等 6 种温室气体的排放量，要比 1990 年减少 5.2%。2005 年 2 月 16 日，《京都议定书》正式生效。这是人类历史上首次以法规的形式限制温室气体排放。全球已有 170 多个国家签订了该协定，世界主要工业发达国家中只有美国没有签署《京都议定书》。2016 年签署的《巴黎协定》规定，国际社会应在 21 世纪内把全球平均气温较工业化前水平升高幅度控制在 2℃之内，同时努力将升温幅度控制在 1.5℃之内。但 2022 年 5 月 9 日世界气象组织发布的最新气候通报显示，未来 5 年全球年平均气温较工业化前水平升高 1.5℃的可能性为 50%，而且这一概率将随着时间推移而增加。也就是说，根本不需要等到 21 世纪末，人类在 2026 年前就有可能面临全球气温比工业化时代前升高 1.5℃的限值。与世界气象组织合作预测的英国气象中心表示，2016 年和 2020 年是有史以来全球最热的年份，且 2022～2026 年会有突破全球气温新高的年份出现，2022～2026 年的全球气温平均值高于过去 5 年的概率高达 93%。

三、人权问题

人权是指一个人作为人所享有或应享有的基本权利，表现了人作为社会存在物所获得的社会承认。从最基本的意义上说，人权是一种客观存在的社会现象，是一个历史发展的过程，它一方面反映了人类通过社会实践改造客观世界过程中人的行为自由的扩展，是人们在社会中实际获得的行为自由的观念化；另一方面，人权也反映了一定社会意识对人们行为自由的价值判断和选择。

由于社会制度、价值观念、历史和文化背景的差异，国际社会对人权概念的认识和理解程度以及对人权保护采取的措施相差甚远，从而形成西方发达国家和广大发展中国家两种截然不同的人权观。半个多世纪以来，这两种人权理论和实践的斗争愈演愈烈，并已成为当今世界国际国内政治斗争和意识形态领域斗争的焦点之一。

(一)关于人权的概念

发展中国家认为,人权既包括个人权利,也包括集体权利,人权概念的内涵应随社会的进步而不断拓展。其中,个人人权是政治、经济、社会与文化等多方面权利的统一体,而集体人权则包括民族独立、民族自决、民族发展等。集体人权是个人人权得以实现的基本保障,而个人人权则是集体人权的充分发展。西方发达国家则以西方资产阶级价值观念为基础,认为天赋人权,而且人权的社会主体只能是个人,在人权概念上绝不应包括非个体的集体权利。

(二)关于人权的内容

发展中国家认为,人权同经济及社会权利是互相依赖、互相支持的,充分的经济权利和经济保障是实现人权的物质基础。一个国家如果不能取得主权独立、经济发展,保护人权就是一句空话。生存权、发展权是人权的首要内容。发达国家则强调人权永恒不变,人权主要是政治自由和政治权利,人权的经济、社会、文化内容被一再贬低。

(三)关于人权的国际保护,即人权与主权的关系

发展中国家认为,人权是具体而非抽象的,其内容、享有程度及方式是受一定社会状况、经济发展水平和文化历史传统所制约的,因而人权保护也应在尊重客观条件的前提下进行。虽然当代国际法文件大量涉及人权保护问题,但其具体操作则需要由参与国际人权保护的各国按照公认的国际法原则通过在本国范围内有效的、具体的人权保护立法来履行自身的义务。所以,人权问题虽然有其国际性的一面,但在本质上是一国内部管辖的问题。人权保护的实施只有在国家主权的基础上才能得以保障。但西方国家则强调,人权原则已被列入《联合国宪章》,并成为国际法原则,因而人权问题已经不再仅仅是一个国家内部的事情,应该把对人权的保护从一个国家转移到国际社会,进行"人道主义"干预。为借人权问题干涉他国内政,西方国家还认为主权原则是阻碍人权保护的障碍,大肆宣称"主权过时论""人权高于主权""主权无国界"等,并借机以"人权卫士"自居,对他国人权状况指手画脚,妄加评论。

美国是西方国家中进行人权外交的典型代表。1977 年 1 月,美国总统卡特在其就职演说中明确提出"人权外交"口号,称"人权是美国对外政策的核心和灵魂",公开支持萨哈罗夫在苏联发起的人权运动;里根政府每年向国会提交人权报告;克林顿政府将"人权外交看作美国外交政策的基石"。冷战结束后,以美国为首的西方国家为维护其全球利益,推行新的全球霸权主义。尽管国内长期存在大量失业、贫困、无家可归、枪支泛滥、暴力犯罪、种族歧视、移民人权等系统性人权问题,但美国在其每年的国别人权报告中却对这些视而不见、避而不谈,一味趾高气扬地指责别国的所谓“人权”问题。美国一方面推行“双重标准”，垄断对人权的解释权，把发展中国家的人权问题任意扩大化、政治化和国际化，在世界人权大会上随意点名攻击发展中国家；另一方面又强行向发展中国家推行西方价值观和社会发展模式。面对美国为首的西方国家在人权领域的霸权行径，广大发展中国家团结起来进行了不懈的斗争，不仅维护了《联合国宪章》基本原则和国家的主权与尊严，而且为发展人权理论作出了重要贡献。《德黑兰宣言》《关于人权新概念的决议》及1993年世界人权大会把发展权列为人权基本内容等成果都表明发展中国家在人权斗争中所取得的巨大成就。长期以来，中国在人权事业上取得历史性成就、为国际人权事业发展提供重要经验，同时积极推动全球人权治理，为国际人权事业进步贡献智慧和力量。中国坚持把生存权、发展权作为首要的基本人权，为各国特别是广大发展中国家人权事业发展提供了重要经验。近年来，联合国人权理事会决议写入“构建人类命运共同体”，联合国人权理事会多次通过中国提出的“发展对享有所有人权的贡献”“在人权领域促进合作共赢”等决议，中国多次代表发展中国家就“落实发展权”“减贫促人权”“促进全球疫苗公平分配”等作共同发言，为维护广大发展中国家的基本人权贡献力量。针对全球发展赤字，中国提出全球发展倡议，将增进人民福祉、实现人的全面发展作为出发点和落脚点，推动各国加快落实联合国2030年可持续发展议程，促进国际人权事业发展，获得100多个国家和联合国等多个国际组织的响应支持。

四、贩毒与国际恐怖主义问题

（一）贩毒问题

毒品是指鸦片、海洛因、冰毒、吗啡、大麻、可卡因以及其他能够使人形成瘾癖的麻醉药品和精神药品。毒品的泛滥不仅直接危害人们的身心健康，而且给许多国家和地区的经济发展和社会进步带来巨大威胁。吸毒和贩毒极易诱发诈骗、暴力犯罪、卖淫、艾滋病传播等一系列危害国家稳定发展的社会问题。毒品问题还经常与恐怖主义、洗钱和贩卖人口等跨国有组织犯罪相互交织。当前，世界非法毒品活动极其猖獗，成为全球普遍关注的社会问题。

冷战结束后，遍及全球的毒品市场日趋活跃，非法毒品需求量持续增加。欧美国家的毒品消费尤为突出。据联合国《2021年世界毒品报告》称，2020年全球约2.75亿人使用毒品，比2010年增加22%。报告显示，2010～2019年，全球吸毒人数增加了22%，部分原因是人口增长。仅根据人口变化，目前的预测表明，到2030年全球吸毒人数将增加11%，非洲将显著增加40%，原因是非洲人口迅速增长且年轻。美国的毒品问题呈现加剧趋势。美国疾控中心公布的数据显示，美国因过量吸食毒品而死亡的人数正在迅速增长。2020 年 9 月至 2021 年 9 月期间，约有 10.4 万美国人死于吸毒，而 2015 年这一数字为 5.2 万。医学期刊《柳叶刀》最新发表的一项研究预计，未来 10 年，美国可能将有 120 万人死于吸食毒品过量。①

非法毒品需求的急增极大地刺激了毒品的生产与走私活动。当今毒品的生产主要集中在亚洲和美洲。根据《2021 年世界毒品报告》，2020 年全球罂粟种植面积增加了 24%，达到约 29.4 万公顷。“金三角”“金新月”“银三角”是世界三大毒品产地。“金三角”位于缅甸、老挝和泰国交界处，几十年来一直是全球主要的毒品中心，缅甸和老挝的罂粟非法种植、缅甸的海洛因及化学合成类毒品的生产、金三角毒品的走私贩运、互联网毒品犯罪等问题都是全球高度关注的毒品热点问题。“金新月”地处阿富汗、伊朗、巴基斯坦三国边境交界地区一块类似于“月亮”形状的丛林地带。民族冲突、环境恶劣、经济落后等因素使得“金新月”已取代“金三角”，成为世界上最大的毒品生产地。近年来，“金新月”地区的毒品持续向世界各地渗透。“基地组织”等恐怖组织将毒品走私作为其融资的方式之一，“金新月”一带“以毒养恐”的现象极为严重。南美洲素有毒品犯罪“银三角”之称，哥伦比亚、秘鲁、玻利维亚和巴西所在的安第斯山和亚马孙地区，总占地面积在 20 万平方公里以上，以盛产可卡因、大麻等毒品而闻名。由于合适的海拔、气温和湿度，安第斯山脉成为种植古柯的理想产地。《2016 年国际麻醉品管制局报告》相关数据显示，哥伦比亚、秘鲁和玻利维亚等可卡因主要产地的年产量高达 900 吨，其中 90%的毒品通过中美洲运往北美和欧洲。全球每年贩毒活动涉及的资金高达 3000 亿美元。联合国毒品和犯罪问题办公室的报告显示，世界上年均生产 785 吨可卡因，其中多数来自南美的哥伦比亚、秘鲁和玻利维亚。

此外，“黑三角”是非洲新崛起的一个毒品基地，包括尼日利亚、加纳、肯尼亚、苏丹和南非等五国接壤的边境地带。它的“拳头产品”是大麻。仅南非的大麻种植面积就超过了 82 万公顷。非洲还是世界毒品贩运活动的主要中转站，摩洛哥则是从非洲将大麻运往欧洲毒品市场的主要集散地。无论是来自非洲“黑三角”的大麻，还是来自亚洲“金三角”的鸦片、海洛因等毒品，多数是经过非洲国家的海港、机场和公路而运往欧洲和世界其他地区的。冷战结束后，俄罗斯和吉尔吉斯斯坦、哈萨克斯坦、乌兹别克斯坦等中亚国家也成了世人关注的新兴非法毒品产地，每年至少可提炼出 5000 吨毒品。

暴利是毒品交易的主要诱因。20 世纪 80 年代末，全球毒品交易额就高达 5000 亿美元，1996 年全球毒品交易额逾 7000 亿美元，利润额高达 4000 亿美元，

① 参见李志伟：《毒品泛滥，难以根治的“美国病”》，《人民日报》2022 年 4 月 6 日。

是仅次于军火的世界第二大贸易。联合国毒品和犯罪问题办公室 2021 年 6 月发表的《2021 年世界毒品报告》显示，暗网的毒品交易市场大约在 10 年前才出现，但目前的年销售额已经超过了 3.15 亿美元，2011～2020 年就增长了 4 倍。

冷战结束后，为保证毒品走私和交易的“安全”，毒品犯罪集团更趋组织化、现代化、国际化，并加紧渗透、腐蚀政权机构。美国、意大利的黑手党，哥伦比亚的麦德林集团、卡利集团，墨西哥的海湾集团等都是或曾是贩卖毒品的大规模组织势力。为开辟、控制更多的毒品基地及消费市场，贩毒集团还拥有先进的电脑数据化管理和现代通信联络系统。飞机、舰艇等大型走私工具，先进的武器装备，对付警方缉毒行动的多功能信号扫描装置，卫星全球定位系统等为它们建立起触角广泛的犯罪网络。不仅如此，贩毒集团还相互勾结，进行跨国犯罪。1993 年，意、美、俄等国黑手党为控制东欧地区毒品市场，在布拉格召开“高级会议”，决定建立“行动联盟”——意、美负责组织和技术，俄提供人力和毒品来源。

毒品的泛滥使与其相关的犯罪行为成为世界上最严重的社会问题之一，严重危害了国际社会的安定和正常的经济秩序。为有效遏制非法毒品活动，国际社会和各国加大打击力度、强化禁毒法令、完善各种必需的防范措施，并取得了突破性的成果。1994 年以来，哥伦比亚、墨西哥、秘鲁、缅甸等国毒品集团的重要头目相继被各地警方缉捕；相关国家还多次剿毁毒品种植园，仅玻利维亚和哥伦比亚就在 1995 年分别铲除了 5500 公顷和 2.5 万公顷的古柯种植地；2006 年南美洲种植古柯的面积为 15.69 万公顷，比 2000 年减少了 29%；哥伦比亚政府 2006 年没收了 171.1 吨可卡因和可卡因膏，沉重打击了非法毒品活动。2021 年 10 月，哥伦比亚执法部门发起“冥王行动”，出动特种部队在内的 500 多名士兵、22 架直升机，在西北部安蒂奥基亚省丛林中抓获“海湾帮”头目代罗·安东尼奥·乌苏加，重挫该贩毒集团。2022 年 6 月，哥伦比亚、美国、意大利、克罗地亚等多国警方联手打击哥伦比亚最大的贩毒集团“海湾帮”，缴获 4.3 吨可卡因，案值高达 2.4 亿欧元。“海湾帮”是哥伦比亚最大的贩毒集团，最猖獗时据称有 3000 多名成员，目前有大约 1200 名成员，在哥伦比亚近 1/3 的省份活动。这一犯罪团伙主要向欧洲、美洲等地走私毒品，贩毒网络蔓延到 28 个国家和地区，据称哥伦比亚 30%～60%的可卡因经该团伙之手走私到海外。虽然国际社会的禁毒斗争取得了不小进展，但毒品生产和贩毒活动由来已久，随着古柯种植技术和可卡因生产技术的提高、贩毒集团跨国化程度的加强以及贩毒中转站国家日益增多，毒品买卖活动的隐蔽性和广泛性也不断增强，国际禁毒斗争依然任重而道远。

(二)恐怖主义问题

恐怖主义是以非正常的暴力手段或以暴力相威胁,造成恐怖效果,以达到某种政治或社会要求的行为。冷战结束后,恐怖主义活动爆发频繁,危害增强,对国际秩序提出了严峻的挑战。从美国俄克拉何马城政府大楼爆炸到日本东京地铁的沙林毒气案,从车臣恐怖分子的大规模人质绑架案到斯里兰卡泰米尔猛虎组织的自杀性爆炸,从以色列总理拉宾遇刺到美国驻坦桑尼亚和肯尼亚大使馆被炸,从"9·11"恐怖袭击事件到"3·11"马德里列车连环爆炸事件,恐怖主义事件层出不穷。

1.恐怖主义的分类

目前世界上究竟有多少个恐怖主义组织,有多少种恐怖主义,国际社会以什么标准区分恐怖主义组织和恐怖主义类型,联合国的有关机构、各个国家的权威部门以及世界上的各种媒体至今说法不一。尽管如此,对恐怖主义的基本类型的划分大致为以下三类。

(1)极端民族、种族、宗教类恐怖主义。这类恐怖主义有两种情况。一类恐怖主义的目的是谋求本民族、种族以及本民族、种族所在地区的政治独立,建立民族或种族自治的国家。目前比较典型的有英国的"爱尔兰共和军"、西班牙的"埃塔"、巴勒斯坦的"哈马斯"、法国的"科西嘉民族解放阵线"、美国的"波多黎各民族武装解放力量"、加拿大的"魁北克解放阵线"、斯里兰卡的"泰米尔猛虎解放组织"、土耳其的"亚美尼亚民族解放军"、印度的"锡克教激进组织"等。[①] 另一类恐怖主义的目的是建立哈里发国家,如"基地"组织、"伊斯兰国"等。本·拉登把自己的恐怖活动视为建立哈里发国家的前奏。"基地"组织灵活性强,由分散在各地联成网络的自治小组构成。而"伊斯兰国"要求拥有疆域以维持其合法性,统治国家的是一个自上而下的结构。它的行政机构分为行政和军事两部分,疆域也分为不同省份。

(2)极左、极右型恐怖主义。这类恐怖主义在西方发达国家和拉美国家中比较活跃。极左类型的恐怖主义组织主要有德国的"红军派"、意大利的"红色旅"、法国的"直接行动"、日本的"赤军"、秘鲁的"光辉道路"等;极右类型的恐怖主义组织主要有美国的"三K党""雅利安民族党""秩序党""亚利桑那爱国者",意大利的"新秩序""黑秩序""墨索里尼行动队""光头党",德国的"霍夫曼军体小组""日耳曼民盟""自由德国工人党""纳粹党小组""光头党""德国东部替代者",英国的"八八纵队""圣乔治同盟""民族阵线""C18""白色闪电""白狐",法国的"欧洲民族行动联合会""欧洲民族主义同盟""维护法兰西运动",俄罗斯的"俄罗斯

① 参见于俊平:《现代国外恐怖主义及组织的基本类型》,《辽宁警专学报》2003年第5期。

民族统一运动”“民族主义联盟”“人民社会党”“光头党”等。在上述的两类恐怖主义组织中，极左类型的恐怖主义组织带有浓厚的政治色彩，一般表现为对资本主义制度怀有刻骨的仇恨意识，从事恐怖主义的目的就是要摧毁资本主义统治，建立新型的国家政权；极右类型的恐怖主义组织主张白人至上，排斥有色人种和外来移民，而且将矛头直指左派政党和社会团体，滥杀无辜，手段残忍，如意大利的黑手党已成为国际性的犯罪组织，并演变为一个渗透到政界，大搞暗杀的政治、经济团体。

(3)其他类型的恐怖主义。该类中典型的是邪教型恐怖主义。国外一些属于“末日论”教派的邪教组织也被国际社会认为是恐怖主义组织。如美国的“大卫教”购买了大量的武器弹药，每天组织教徒进行军事训练，将据点建成一个军事堡垒；当美国政府出动军队和直升机前来围剿时，甚至公然武装对抗，打死打伤多名政府人员。日本的“奥姆真理教”不但研制被国际公约早已禁止使用的沙林化学毒剂，而且制造了轰动世界的东京地铁沙林毒气事件，使几千名平民百姓受害。这一事件成为第二次世界大战以来世界上发生的最大的一起毒气恐怖主义事件。①

2.恐怖主义活动的特征

(1)恐怖主义活动的发生日益频繁。据统计，1968 年世界发生恐怖主义事件为 120 起左右，1978 年发生 340 起左右，1988 年增加到 800 多起，1990 年则为 3900 多起。2001 年以来，全球恐怖袭击次数下降了 45%。2003 年发生了 190 起国际恐怖主义事件，比 2002 年的 198 起略有下降，也是继 1969 年以来恐怖袭击发生最少的一年。根据国际著名智库经济与和平研究所 2014 年 11 月发布的全球恐怖主义指数报告，2013 年全球 87 个国家发生了 9814 起恐怖袭击案件，比 2012 年增长了 44%。2015 年全球范围内的恐怖袭击事件为 11774 起，共造成 28300 人死亡，35300 人受伤，另有 12100 人被绑架或劫持为人质。2013～2017 年，恐怖事件年均在 10000 起以上，其中 2014 年最高，达 16960 起。② 据不完全统计，2019 年全球恐怖袭击近 8500 起，导致 20300 多人死亡，其中包括 14840 名受害者和 5460 名袭击者。③

(2)恐怖主义活动的范围更为广泛。冷战时期，恐怖主义主要集中在中东地区和亚、非、拉一些不发达国家。冷战结束后，由于恐怖主义的动因常常是国际矛盾的激化，恐怖主义的活动范围日益扩大，遭受恐怖主义袭击的国家和地区不

---

① 参见于俊平:《现代国外恐怖主义及组织的基本类型》,《辽宁警专学报》2003 年第 5 期。

② 参见王权:《“伊斯兰国”恐袭不减反增》,《中国国防报》2020 年 5 月 8 日。

③ 参见范娟荣、李伟:《当前国际恐怖主义与反恐态势分析》,《中国人民公安大学学报》(社会科学版)2021 年第 2 期。

断增多，中东、美国、西欧、拉美、东南亚和俄罗斯、中亚等地区都成为恐怖主义活动的热点地区。据统计，整个20世纪90年代，将近40%的国际恐怖主义活动是针对美国和美国人的。2018年，最为危险的4个恐怖活动组织是塔利班、"伊斯兰国"、"博科圣地"、"伊斯兰国"呼罗珊分支，103个国家发生至少一起恐怖事件，71个国家至少有1人死于恐怖主义。另外，在伊拉克和叙利亚的"伊斯兰国"人员还有约18000人（高峰时期约70000人），除在反恐行动中被消灭的人员外，其余大量人员回流至母国或世界各地。恐怖人员回流给未来恐怖主义全球治理带来极大的潜在威胁。[①] 在新冠肺炎疫情暴发的大背景下，国际恐怖组织并没有销声匿迹，反而不断增加活动频次，实施了更多恐怖袭击。据美国"军事时报"网站报道，"伊斯兰国"借助疫情扩散的"机遇"，在伊拉克和叙利亚发动大规模的恐怖袭击活动。伊拉克高级情报官称："疫情暴发前，恐怖袭击每周至多一次，如今增长至少5倍，月均约达20次。"伊拉克情报部门认为，目前该国境内的"伊斯兰国"武装分子达2500人至3000人，"还有约500名恐怖分子和越狱者近期从叙利亚来到伊拉克参与当地的恐怖活动"。[②]

(3)恐怖袭击方式日益多样化，网络恐怖主义泛滥。冷战结束后，恐怖主义使用汽车炸弹和人体炸弹进行自杀式爆炸袭击案件不断增多，连环爆炸作案突出。特别是利用自杀式袭击和针对无辜平民的袭击方式越来越盛行。恐怖主义活动手段的高科技化、网络化及人类生活的国际化、全球化，使恐怖主义的危害性与破坏性更加严重。网络为恐怖主义犯罪提供信息交流、思想传播、人员招募、组织动员、资金流转等的平台，成为恐怖主义犯罪的"造血机"和"输氧器"。恐怖分子不仅以极端残忍的手段让更多的人死亡，而且还要让更多的人看到这种血腥场面，以达到其最大的政治或极端意识形态宣传的效果。震惊世人的"9·11"事件中，有近3000人死亡，包括美国纽约地标性建筑世界贸易中心双塔在内的6座建筑被完全摧毁，其他23座高层建筑遭到破坏，美国国防部总部所在地五角大楼也受到袭击，美国直接和间接经济损失达数千亿美元。"9·11"事件之后，由宗教极端分子所发起的恐怖活动日益增多，"基地"组织、塔利班、哈马斯等极端组织所制造的恐怖袭击已造成无法估量的人员和财产损失。"基地"组织在发动"9·11"袭击前，已经雇用了一批网络恐怖分子。比起网络攻击，网络恐怖主义利用网络美化极端思想和丑化正义，对民众产生深远的影响。新冠肺炎疫情期间，恐怖组织在互联网上加大了激进思想的宣传，仅乌兹别克斯坦就有

---

① 参见张波：《恐怖主义全球治理失灵的国际制度根源》，《中国刑警学院学报》2021年第5期。

② 参见王权：《"伊斯兰国"恐袭不减反增》，《中国国防报》2020年5月8日。

约 8000 名年轻人被国际恐怖组织招募为成员。[①] 值得注意的是,“伊斯兰国”在疫情期间数次提及中国。2020 年 1 月,其媒体“纳巴”报道称,“一种新病毒正在中国传播死亡与恐惧”。支持“伊斯兰国”的媒体古莱什(Quraysh Media)制作海报声称,“中国:冠状病毒,我们承诺不会忘记”。印尼效忠“伊斯兰国”的本土恐怖组织“神权游击队”还借疫情将中国作为其新的袭击目标。[②]

(4)恐怖分子职业化、年轻化。冷战后,一些对社会不满者、民族分裂分子、宗教极端分子陆续成为职业恐怖主义者。他们接受专业的恐怖训练,能够熟练使用各种武器,甚至能驾驶飞机、坦克、轮船。其策划、组织、指挥、联络、实施、协助、支持等行动经常分别在不同的国家完成或同时进行。相关研究表明,西方国家的恐怖主义群体常常是由社会上经济更富有和教育程度更高的人所组成,他们尤其喜欢学习医学、机械工程等各种实用专业技术,甚至有专业医生和科学家加入极端主义组织中。[③] 而且,随着时间的推移,恐怖分子的年龄正逐渐走向低龄化,恐怖活动直接实施者的年龄趋向年轻化。相关研究表明,全球恐怖分子的平均年龄不到 30 岁,恐怖组织中基层恐怖分子的平均年龄为 22～25 岁。在欧洲,西班牙“埃塔”恐怖分子的平均年龄只有 23.2 岁;在拉美,乌拉圭“图帕马洛斯”恐怖分子平均年龄只有 26 岁,阿根廷的恐怖分子平均年龄为 24 岁,巴西的恐怖分子平均年龄为 23 岁;在亚洲,泰米尔猛虎组织的军队构成主要为年轻妇女和学生,年龄大多在 16～22 岁,日本“赤军”恐怖分子平均年龄为 28 岁,巴勒斯坦的恐怖分子年龄往往在 25 岁左右。在恐怖主义泛滥、极端事件频发的 21 世纪,恐怖分子的年轻化对全人类而言都是一个严峻的问题。[④]

恐怖主义活动形形色色,其动机和背景也十分复杂,但总体来看,恐怖主义活动是人类社会各种矛盾冲突的结果。冷战时期,两极对立的东西方矛盾掩盖和简化了民族(种族)和宗教矛盾,整个世界在冷战的阴影下保持着压抑的和平。东欧剧变、苏联解体后,许多国家内部和国家间的民族和种族矛盾得以释放,并泛化为狭隘的民族主义。中东地区的阿以矛盾、东欧南欧及巴尔干地区遗留下来的历史问题在冷战终结后更加激化,成为恐怖主义活动的导火索。与此同时,宗教矛盾也日益凸显。世界主要宗教间的文化分歧和意识形态差异,成为孕育恐怖主义的大背景。不平等的国际政治经济秩序和一些宗教势力内部的派别纷

---

① 参见祝晓燕、张吉军:《新冠疫情下的国际恐怖主义及其应对》,《南亚东南亚研究》2021 年第 5 期。

② 参见范娟荣、李伟:《当前国际恐怖主义与反恐态势分析》,《中国人民公安大学学报》(社会科学版)2021 年第 2 期。

③ 参见郭才华:《西方国家面临的本土恐怖主义威胁:特征、成因与防范》,《公安学刊(浙江警察学院学报)》2019 年第 3 期。

④ 参见储斌、陈丹宁:《论恐怖分子年轻化的历史、现状与成因》,《云南警官学院学报》2016 年第 4 期。

争,使这一冲突更加复杂化。

恐怖主义没有国界之分。冷战后恐怖主义的泛滥破坏了国际社会的稳定与发展,严重危害着人类和国家的安全,并引发了全球性的危机和地区冲突,受到国际社会的普遍谴责。“2018 年,恐怖主义在全球造成的经济损失比 2017 年下降了 38%,但仍高达 330 亿美元……这个数字还是比较保守的估计,因为还没有包括恐怖主义对商业、投资及维护反恐安全机关成本等造成的间接损失。”① “9·11”事件后,越来越多的国家加入了打击恐怖主义的行列,联合国等国际组织也在国际反恐怖斗争中发挥了重要作用。2006 年,联合国大会一致通过了有关在全球范围内打击恐怖主义的《联合国全球反恐战略》,以协调和加强联合国各个成员国在打击恐怖主义方面的努力。这是联合国 192 个成员国第一次就打击恐怖主义的全球战略达成一致意见。联合国安理会通过多项决议,要求国际社会关注并采取相关措施加强打击恐怖主义犯罪。例如,联合国 2005 年、2010 年、2013 年和 2014 年在相关决议中均强调,各国需协力防止恐怖分子利用先进技术、通信手段和各种资源煽动支持犯罪行为,并遵守其他国际法义务。2014 年 4 月 14 日,第 68 届联合国大会通过《联合国全球反恐战略》,在全球反恐战略框架中纳入了打击网络恐怖主义活动的相关倡议,要求各国对恐怖分子利用互联网从事恐怖活动的行为予以关注,这些行为包括煽动、招募、资助或策划恐怖活动等。

由于国际反恐只能针对已发生或可能发生的恐怖活动,而没有触及产生恐怖活动的根源,因此不能有效制止恐怖活动的发生。西方国家尤其是美国在反恐中推行双重标准,呈现出强烈的功利主义色彩。其不仅将反恐工具化,甚至借反恐肆意干涉他国内政,导致国际社会无法建立完善的国际反恐合作机制,使恐怖主义难以彻底根除。新冠肺炎疫情的发生重塑了国家安全的优先顺序,给国际反恐带来了严峻挑战。美国进一步收缩反恐战线,欧洲更加聚焦本土反恐,发展中国家面临防疫与反恐的双重挑战,国际反恐形成合力困难重重。要真正杜绝恐怖活动,需要国际社会共同努力,各国政府采取相应行动,缓解引发恐怖活动的民族矛盾、社会矛盾,从而为世界各国的发展创造一个稳定的环境。

① 张波:《恐怖主义全球治理失灵的国际制度根源》,《中国刑警学院学报》2021 年第 5 期。

第五章　当代国际关系基本准则与变革国际政治经济新秩序

国际社会是一个极其错综复杂的国际行为系统，在这个系统中，国际行为主体基本处于各自为政的状态，不存在超越主权国家之上的国际权威。但各个行为主体之间的相互制衡和国际社会所公认的行为规范的制约，以及在此基础上形成的相对稳定的国际秩序，使国际社会保持着相对有序的状态。

第一节　当代国际关系基本准则

一、国际关系基本准则的形成和发展

国际关系准则是各个国际行为主体在实施其对外行为、处理其对外关系时所应遵循的基本行为规范，是各类行为体有形和无形的普遍共识、认可和自觉遵循的规章和规则。它或者是通过国家间、国际组织内或其他国际行为主体间的规章、协议、宣言、条约、声明等形式表现出来，或者以各国际行为主体的普遍共识、习惯等形式而存在。国际关系准则属于长期适用和被普遍承认的原则，既是行为体权利和义务关系以及能做什么和不能做什么的行为规范，又是行为体之间相互关系的道德规范。

国际关系基本准则不是从来就有的，如同世界上其他事物一样，也经历了一个产生、发展和完善的过程。国际关系是伴随着主权国家的出现而产生的。随着主权国家间交往的不断增多，国际关系不断发展，需要一定的规则来调整和约束各个主权国家的行为。国际关系准则正是为满足国家关系的发展而产生的。早在奴隶社会时期，国际关系准则就已经出现。在古代埃及、印度、希腊、罗马及中国，都有过涉及国际关系准则的社会历史现象，出现了最初的国际关系准则，如使节不受侵犯原则（我国古代为“两国交战，不斩来使”），守约和信誓原则，战争中保护妇女、儿童、学者、商人原则等。早期的国际关系准则只是在个别国家之间适用，或只适用于某些国家，并不存在普遍的、为世界主要国家所共同承认或遵从的行为规范。

资本主义的出现和发展使国际交往成为普遍现象。与这一时期的国际关系相适应,国际关系准则得到迅速的发展,形成了比较完整的体系。正如荷兰国际法学家格劳秀斯(H. Grotius)所指出的那样,由于人类对于共同生活的自然要求和各主权国家利益的需要,使各国遵守共同的国际行为规范不仅是可能的,而且是必要的。在资本主义条件下形成最早、最完备的国际关系准则是主权原则。法国哲学家让·博丹(J. Bodin)第一次系统论述了国家主权原则,格劳秀斯则把主权理论应用于国家之间的关系。在主权原则的基础上,一系列古代社会已有的国际准则,如使节不受侵犯、守约等原则先后得到国际社会的确认,一些新的原则如民族自决原则、互不侵犯原则等也相继出现。这些原则得以确认的标志是 1625 年格劳秀斯所著《战争与和平法》的出版和 1648 年《威斯特伐利亚和约》的签订。

19 世纪末 20 世纪初,资本主义进入垄断阶段,帝国主义殖民体系最终建立,全球性的国际关系体系得以形成。一方面,帝国主义国家为了重新瓜分世界而不断进行帝国主义战争,公然无视国际法和国际关系准则;另一方面,帝国主义国家间利益冲突和矛盾的加剧,要求它们彼此协调相互间的关系,争取“和平”地分割势力范围,避免战争对自身利益的损害。与此同时,俄国十月革命的胜利和世界被压迫民族不断高涨的民族独立斗争,给当时的国际关系体系带来巨大的冲击。苏维埃俄国在《和平法令》中,论述了民族自决的必要性,严厉谴责各帝国主义国家为瓜分弱小国家和民族而进行的战争是反人类的莫大罪行。后来,列宁还进一步提出了和平共处、民主和平等一系列的国家对外关系准则。但是,在帝国主义主导的世界体系下,那些符合世界大多数国家和人民利益的国际关系准则,是不可能得到真正的贯彻和执行的。

第一次世界大战结束后建立的国际联盟将已有的国际关系准则以法律的形式固定下来。《国际联盟盟约》明确规定了领土完整、政治独立、防御外来侵略以及和平解决国际争端等原则。1928 年 8 月 27 日,英、美、法、德等 15 个国家在法国巴黎举行会议,签署了著名的《关于废弃战争作为国家政策工具的普遍公约》,亦称《巴黎非战公约》。该公约明确规定,“废弃战争作为实行国家政策的工具”,国家间“可能发生的一切争端或冲突,不论其性质和起因如何,只能用和平方式加以处理和解决”。虽然该公约未能制定实施公约的办法和制裁违约国的措施,未能制止第二次世界大战的发生,但它终究是第一次宣布在国家相互关系中不再诉诸战争,确立了互不侵犯原则的基础。

第二次世界大战结束后,随着国际关系的不断发展变化,国际关系准则日益走向民主化、普遍化和法规化。1945 年 4～6 月,50 个国家在美国旧金山举行会议,制定并通过了《联合国宪章》。这是战后第一个全面论及国际关系准则的国际文献。《联合国宪章》给联合国及其会员国规定了法律义务、行动方针和必须遵守的原则。它一方面是二战前散载于各种国际文献或用于实际的国际惯例的系统综合与归纳,另一方面是国际关系中的某些原则的新发展。联合国宗旨和原则反映了世界上绝大多数国家和人民的良好愿望。1954 年 4 月 29 日,中印两国签订了《关于中国西藏地方和印度之间的通商和交通协定》,相互尊重领土主权、互不侵犯、互不干涉内政、平等互惠、和平共处五项原则首次以文字形式见诸国际条约,高度概括了国际关系准则中的最核心内容,为许多国家所接受,并且在以后的诸多国际文献中得到了具体反映。1955 年 4 月在印度尼西亚召开的亚非会议上,通过了处理国家间相互关系的和平相处十项原则,包含了和平共处五项原则最基本、最本质的内容。亚非会议后,接受和平共处五项原则的国家和国际文献越来越多,如 1970 年联合国大会通过的《关于各国依〈联合国宪章〉建立友好关系及合作之国际法原则之宣言》(以下简称《国际法原则之宣言》)中的 6 项原则和义务,1974 年联合国大会通过的《各国经济权利和义务宪章》中的 15 项原则等。20 世纪 80 年代以后的许多双边和多边条约、宣言、公报等,也都从不同的方面肯定、阐述和发展了和平共处五项原则。国际关系准则的不断发展,推动了二战后国际立法的日益完善;国际立法的发展,也使国际关系准则进一步确立了其法律地位并获得普遍的国际承认。国际关系准则已经成为当今国际社会中各种行为主体确定其对外政策、处理相互关系的重要依据。

国际关系准则从最初的萌芽到形成为国家间签署的法律文件,再到成为国际社会所普遍遵守的行为规范,经历了一个漫长的历史发展过程。在国际关系实践中,越来越多的国家遵循国际社会公认的国际准则,这些国际准则也为国际关系的稳定发展起着重要的促进作用。但是,国际关系准则从出现的那一天起,从来没有得到国际社会中所有国家的严格遵守。一些国家凭借自己的各种优势无视国际准则的存在而公然违反和践踏国际准则的事情经常发生。这是与国际关系准则本身的特点和局限性分不开的。国际关系准则在其长期的历史发展过程中,反映了国际社会各个时代的现实状况,受所处历史时代的制约,并被深深打上了时代的烙印。国际关系准则是国际社会自发形成的一种国家间相互关系的规范。这种规范本身没有法律约束力,不存在一种超越国家主权之上的绝对权力来保证其贯彻执行,仅仅依靠国家间的共识和自觉性来使其得以实现。国际社会的复杂性决定了这种国际共识不是绝对的和全面的,不能保证所有成员都遵守。各主权国家都是根据自身的利益需要来决定自己的行为,所以至今仍有一些国家不时违反国际关系基本准则。而且,国际社会是不断发展变化的,国际关系准则在今后还将随国际社会的发展变化而变化,处于一个不断发展完善和不断更新的过程之中。

二、当代国际关系基本准则的内容

国际关系准则从最初的发展到最后形成并被国际社会普遍接受，经历了一个漫长的发展过程。在当今国际关系实践中，国际关系准则得到越来越多国家的承认和遵循，在国际事务中起着越来越大的作用。它主要包含以下主要内容。

（一）主权平等与民族自决原则

主权，即国家主权，是国家固有的本质属性。主权原则是国际关系中最古老的基本原则，它的核心是国家拥有独立自主地处理对内和对外事务的最高权力。国家不分大小、强弱、贫富等平等地参与国际事务，国际法上的地位完全平等。

主权原则与领土完整是密不可分的。因为领土是国家的基本构成要素之一，是国家赖以生存的物质条件。国家主权对内所表现的最高管辖权的主要内容之一，就是对其领土的管辖；国家主权对外所表现出的独立权的重要内容，也包括领土完整的神圣不可侵犯和保护领土完整的自卫权。任何对国家领土的侵犯，包括侵入、占领、分割或肢解，都是对国家主权的侵犯。

主权是同民族自决权紧密地联系在一起的，民族自决权包括以下三种具体权利：(1)政治独立和建立民族独立国家的权利，(2)自由选择社会制度的权利，(3)反对兼并和侵略干涉的权利。无论是马克思列宁主义的民族观，还是联合国宪章和国际法文件的规定，均承认这些权利。二战结束后，民族解放运动的蓬勃发展和帝国主义殖民体系的土崩瓦解，使民族自决权与主权得以结合，民族自决原则得到普遍承认和应用。1952 年联合国大会通过的《关于人民与民族自决权的决议》和 1970 年通过的《国际法原则之宣言》，都明确了民族自决的原则。

主权与民族自决原则，不仅包括政治上的独立自主，而且包括经济上的独立。经济独立对广大中小国家特别是第三世界国家尤为重要。虽然帝国主义殖民体系土崩瓦解，但是旧有的国际经济结构并没有因广大民族国家的独立而被打破，而是继续损害新独立国家的主权和独立。经济主权和经济独立，是维护政治主权和独立的重要保障，成为主权原则的一个重要组成部分。国家经济主权的核心内容就是每个国家对其全部财富、自然资源和经济活动享有充分的永久主权，包括拥有权、使用权和处置权，并且必须自由地行使这些权利。在广大发展中国家的推动下，联合国通过许多文件，如 1962 年的《关于天然资源之永久主权宣言》、1966 年的《经济、社会、文化权利国际盟约》、1974 年的《各国经济权利和义务宪章》、1982 年的《海洋法公约》等等，都对国家经济主权作了详细规定。在经济全球化不断发展的今天，保护各个国家特别是广大发展中国家的经济主权不受侵犯更具有特别重要的意义。

(二)互不侵犯与和平解决国际争端原则

互不侵犯原则是主权原则的自然延伸,是保障国家主权完整的必然要求。互不侵犯原则的根本目的,就在于保护国家的独立与领土完整。1970 年联合国大会通过的《国际法原则之宣言》,将互不侵犯原则列为诸原则之首。《国际法原则之宣言》规定,每一国皆有义务在其国际关系上,避免为侵害任何国家领土完整或政治独立之目的,或以与联合国宗旨不符之任何其他方式使用或威胁使用武力。1974 年 12 月联合国大会通过了"侵略定义特别委员会"提交的草案,规定了侵略的定义,使互不侵犯原则更加具体化。根据该定义,侵略是指一个国家使用武力侵犯另一国家的主权、领土完整或政治独立,或以定义所宣示的与联合国宪章不符的任何其他方式使用武力。但是,这一定义仅仅把侵略局限于武力行为,而忽视了经济侵略和思想文化侵略,给某些国家找到一些借口,为自己的经济、政治、文化侵略行为辩解。

互不侵犯原则是与和平解决国际争端原则紧密联系在一起的。国家间存在着不可避免的利益冲突、矛盾和争端,和平解决国际争端是保证在不损害双方主权和独立的条件下妥善解决彼此矛盾与冲突的基本前提。以暴力作为解决国际争端的手段由来已久。古代和近代的国际法理论都把战争权作为国家主权的重要组成部分。尽管很早就出现了以和平方式解决争端的种种设想,并产生了调停仲裁等方式,但战争始终未断。直到第二次世界大战后,随着主权原则和民族自决原则的普遍确立,强权政治受到极大的限制,和平解决国际争端才真正成为公认的国际关系准则。联合国宪章明确规定了和平解决争端的原则、程序、渠道及对威胁和破坏和平行为的应付办法。1949 年的《和平解决国际争端修订总议定书》、1958 年的《仲裁程序示范条例》、1970 年的《国际法原则之宣言》等文件对此作了进一步的说明和规定。目前,国际司法判决、国际仲裁、谈判、调停、斡旋等和平解决国际争端的办法已被国际社会普遍接受,但仍有一些国家把战争作为解决国际争端的手段。

(三)互不干涉内政原则

互不干涉内政原则与互不侵犯原则有着密切的联系,二者均为主权原则的延伸。根据联合国《关于各国内政不容干涉及其独立与主权之保护宣言》和《国际法原则之宣言》等国际文件的规定,互不干涉原则是指任何国家或国家集团均无权以任何理由直接或间接地干涉任何其他国家的内政或外交事务。从一定意义上讲,侵犯也是一种干涉,而且是最直接、最露骨、最粗暴的干涉,但干涉并不仅限于武力侵犯,其形式或手段更加多样化,有时甚至更隐蔽。它包括政治、经济、思想、文化观念等各种手段。特别是那些打着"维护人类共同利益"旗号的否定或限制主权的理论,使得干涉行为变得更加复杂化了。但是,无论是武力干涉还是对国家主权或其政治、经济及其文化要素的一切其他形式的干预或威胁企图，均违反国际法。任何国家均不得使用或鼓励使用经济、政治或任何其他措施强迫另一个国家屈从自己，并从该国获取任何种类的利益。内政是一个国家在其疆域内行使主权的表现，任何国家均有选择其政治、经济、社会及文化制度和自由地处理其内政外交事务的权力，不受他国任何形式的干涉。一个国家随意按自己的标准去干涉别国内政事务，既侵犯了对方国家主权的完整性，也将引起国际关系的极大混乱。

(四)平等互利原则

平等互利原则也是从主权原则派生出来的，它的核心是主权平等。既然国家都是主权国家，那么国家间就不该有相互管辖的权力，不应有领导和被领导的区别，不应有高低贵贱之分。根据《国际法原则之宣言》的规定，主权平等即各国不论经济、社会、政治或其他性质有何不同，均有平等权利与责任，并为国际社会之平等国家。根据这一原则，所有国家不论大小强弱，不论是社会主义国家还是资本主义国家，均享有平等的权利并承担义务，在相互关系中应平等相待，互相尊重，不得以大欺小，以强凌弱，发号施令，谋求特权。这种平等的权利义务关系，不仅表现为法律上的平等，而且还表现在实际上的平等；不仅表现为政治上的平等，而且还表现为经济上的平等。

第二次世界大战结束后，中国政府提出了平等互利原则，把平等与互利紧密地联系在一起。所谓互利，即任何国家不能以损害他国利益来满足自己的要求，更不能以牺牲他国的权利来达到自己的对外目标，而应在平等的基础上，谋求双方的共同发展。因此，平等与互利是密不可分的。只有在平等的基础上才能做到互利，只有实现互利才能有真正的平等。传统的主权平等原则主要侧重于政治上的平等。20 世纪 70 年代以后，捍卫发展中国家经济主权，争取国家间经济地位的平等成为国际社会面临的重要课题。经济平等与互利原则的关系也更密切，互利主要指经济利益的互利。平等互利已成为当今国际社会中经济交往最普遍的原则。

(五)和平共处原则

和平共处原则是上述四项基本原则的总结，是前四项原则发展的必然结果，五项原则是密切相关的。和平共处是指各个国家，无论其政治、经济制度和发展水平如何，都应相互尊重、友好相处，以和平方式解决一切矛盾和争端，反对诉诸武力或以武力相威胁。

和平共处的思想最早是由列宁提出来的，指的是社会主义国家应同社会制度不同的国家和平共处。二战结束后，这一思想得到越来越多国家的承认和支持。1945 年制定的《联合国宪章》要求各国和睦相处。20 世纪 50 年代中国政府倡导的和平共处五项原则逐步为世界大多数国家所接受，成为处理国家间相互关系的基本准则。现在，世界已进入 21 世纪，经济全球化已成为不可逆转的世界潮流，一个国家离开世界其他国家很难生存和发展，与其他国家友好合作、和平共处是每个国家最明智的选择。

第二节　当代国际政治经济秩序的内容及其实质

一、国际政治经济秩序及其内容

秩序，即序列、稳定，与无序、混乱相对。国际秩序是指国际社会中各行为主体围绕某种目标和依据一定规则相互作用形成的运行机制。国际政治经济秩序，是指在一定时期内世界上的主权国家和国家组织等行为主体，按照一定的政治经济规范、原则、目标规范自己的行为，处理相互关系所形成的国际政治经济运行机制。国际秩序与世界格局是密不可分的，国际秩序随着国际格局的变动而变更。一定时期的国际秩序是以这一时期的世界格局为基础的。20 世纪末，世界格局处于剧烈的变动之中，旧的格局已经解体，新的格局尚未建立。与之相适应，国际秩序也处在新旧秩序的交替过程中。旧的国际政治经济秩序尚未最终打破，新的国际政治经济秩序正在构建。

旧的国际政治经济秩序是资本主义时代的产物。它是指以少数殖民主义、帝国主义、霸权主义国家为主体的西方国家依靠其强大的政治、经济、军事实力，推行强权政策，制定不合理的国际政治、经济规则所形成的一种国际运行机制。这种国际秩序导致国际社会长期动荡不安，世界绝大多数发展中国家政治独立、经济发展难以保证。二战结束后该秩序虽有所变化，但实质未变。旧的国际政治经济秩序主要包括国际政治旧秩序和国际经济旧秩序。

（一）当代国际政治秩序

当代世界，和平、发展、合作、共赢是时代潮流，但在国际政治现实中，零和博弈、丛林法则依然盛行，和平赤字仍在扩大。二战结束后，以雅尔塔体制为基础形成的国际政治秩序仍然以霸权主义和强权政治为依托。其表现有以下几点。

1.争夺世界霸权，划分势力范围，建立军事集团，严重危害世界和平

二战结束后，美国和苏联先后成为超级大国，并长期争夺世界霸权。1949 年，美国操纵组建了北大西洋公约组织，作为其推行全球战略的工具。美国控制西欧，独占日本，并以此为基础，不断在大西洋和太平洋地区扩展自己的势力，在地中海、中东、远东、东南亚、非洲许多地区建立大量军事基地，将整个资本主义世界置于自己的控制之下。美国以军备竞赛为主要手段，以世界重要战略地区

为依托，采用政治、军事、外交相互结合的方法，遏制苏联，从而称霸全球。苏联于1955年成立华沙条约组织，通过“军事一体化”和“协调”缔约国军事外交等方式，加强了对东欧国家的政治军事控制，并在南亚、东南亚、非洲乃至美洲不断扩展自己的势力。苏联以武力做后盾，抢占战略要地，力争通过除全面战争以外的一切手段击败美国，从而称霸全球。美、苏两国长期争霸，使二战后世界热点问题此起彼伏，霸权主义和强权政治达到空前的程度。

2.少数几个大国长期控制联合国，垄断国际事务，以联合国名义任意干涉成员国内政

根据《联合国宪章》，安理会是联合国唯一有权采取强制行动以维护国际和平与安全的机构，它的决议对会员国具有法律约束力。少数大国利用这一点，操纵国际事务。例如，美国在朝鲜战争中组织“联合国军”干涉朝鲜事务；它扶植一些地区霸权主义势力为自己称霸世界服务，使联合国在一些地区热点问题上无能为力；它还以联合国名义长期维持对利比亚、伊拉克等国家的制裁，使联合国成为其推行霸权战略的工具。

3.肆意践踏国际法和国际关系准则，侵犯别国主权

美、苏和其他一些西方大国不顾各国政治、经济、意识形态、文化的差异性，极力向全世界推行自己的价值观念、道德准则和民主模式，将自己的标准强加于其他国家，稍有不从，或施以经济制裁、技术封锁，或颠覆合法政府，扶植傀儡政权，甚至武装入侵。美国先后于1961年入侵古巴、1965年进犯多米尼加、1983年进攻格林纳达、1986年空袭利比亚、1991年入侵巴拿马、1998年轰炸南联盟、2003年攻占伊拉克，苏联也先后于1968年入侵捷克斯洛伐克、1979年入侵阿富汗。这些行为遭到了国际社会的强烈谴责。

4.局部战争不断，国际社会动荡不安

在世界整体趋向和平的同时，局部战争却不时爆发，这是二战后国际政治旧秩序的又一重要特征。这些局部战争性质复杂、原因各异，其中有不少是美、苏为扩张势力范围而插手的结果，有些是西方殖民主义遗留的恶果，还有相当一部分是西方国家利用历史、现实的矛盾有意制造和挑起的。非洲是局部战争爆发最多的地区，许多国家至今战乱不止，人民流离失所；南非、以色列、伊拉克、越南等曾长期奉行地区霸权主义政策，不断挑起战争，危害所在地区的和平与安全。现在，西非和中东一些地区战事仍在继续破坏着和平与稳定的环境，造成地区局势的动荡不安。

（二）当代国际经济秩序

当代国际经济秩序是在广大发展中国家处于无权地位的情况下，依照西方发达资本主义国家的意志和需要建立起来的。西方国家长期利用旧的国际经济

秩序剥削和掠夺发展中国家。

1.国际生产体系以不合理的国际分工为基础

二战结束后，发达国家凭借它们对资本、技术和市场的垄断，极力保持对发展中国家原料生产和销售的控制，在世界范围内形成了“发展中国家原料产地—发达国家工业中心”的国际生产格局。同时，发达国家极力向发展中国家工业进行渗透，把发展中国家的工业发展纳入它们的分工体系之中。发达国家通过低水平技术转让和跨国公司的分支机构，使发展中国家永远处于国际生产体系的下游。这种不合理的国际生产体系严重阻碍了发展中国家经济的发展，使它们在国际竞争中处于不利地位。

2.国际贸易体系以不等价交换为基础

发达国家凭借其强大经济实力垄断世界市场，不断提高工业制成品价格，压低初级产品和原材料的价格，通过这种不等价交换残酷剥削广大发展中国家，恶化发展中国家的贸易条件。仅1981～1982年，发展中国家因不合理的价格就至少蒙受了210亿美元的损失。除了利用不等价交换，发达国家还奉行新贸易保护主义，制定各种非关税贸易壁垒，抑制发展中国家产品的销量和市场竞争能力，使发展中国家的贸易条件日益恶化。在国际贸易中发达国家总是利用其垄断地位和不平等贸易规则，对发展中国家进行剥削，限制其发展，获取高额利润。

3.发达国家在国际金融领域居绝对支配地位

在国际货币基金组织、世界银行等国际金融机构中，少数发达国家拥有大多数的表决权。发达国家利用自己在国际金融组织中的垄断地位，制定有利于发达国家而不利于发展中国家的章程和规定。它们还垄断国际通行货币，在国际金融市场上兴风作浪，高利盘剥发展中国家，使发展中国家外汇储备受到严重损失，债务负担骤增。受发达国家控制的国际金融机构向发展中国家提供贷款和援助，大都附有十分苛刻的政治经济条件，如要求审查受援国计划，监督贷款使用，购买援助国商品和劳务，为私人资本输出提供优惠和安全的环境，按其要求进行政治经济改革等等。这些苛刻的条件影响了发展中国家主权的完整性。

4.国际资本流通领域呈现出“发达国家资本输出—发展中国家资本输入”格局

发达国家的跨国公司在发展中国家进行大量投资，控制发展中国家经济，获得高额利润。1971～1980年的10年间，发达国家的跨国公司在发展中国家的投资从450亿美元增加到1190亿美元，获得的利润是其国内投资的几倍。同时，通过投资，发达国家的跨国公司还直接或间接控制了许多国家重要的生产部门。发达国家还通过政府或跨国银行向发展中国家提供贷款进行重利盘剥，致使发展中国家外债年年增加，1998年外债总额超过1.7万亿美元。这些贷款大多条件苛刻，期限短，利率高，最高利率达32%。债务危机成为困扰发展中国家经济发展的一个重要因素。

5.发达国家在世界经济决策权方面居绝对控制地位

作为世界经济体系的重要组成部分，二战结束后建立起来的全球性国际经济组织一直在发达国家的操纵之下。如关贸总协定（现为世界贸易组织）、世界银行、国际货币基金组织等国际经济组织，虽然有发展中国家参加，但广大发展中国家处于无权的地位，或者只有形式上的参与权。发达国家拥有对一切重大问题的决定权，根本不能体现广大发展中国家的意志和要求。而由世界最发达国家组成的“七国集团”每年召开会议，作出对世界经济有着重要影响的决定。

二、变革国际政治经济旧秩序日益成为普遍共识

综上所述，尽管西方国家不再采用直接的殖民统治和赤裸裸的军事侵略，统治和剥削方式不断翻新，但现有的国际政治经济秩序仍是二战前国际秩序的延伸和发展，政治上仍以霸权主义和强权政治为基本特征，经济上的不平等性、不公正性、不合理性依然存在，难以体现世界多极的发展要求和时代需要，是导致当代世界出现种种问题、难以有效应对挑战的重要原因。

在政治领域，少数大国垄断国际事务，随意安排和处理涉及全球利益的各种问题，从不尊重和听取其他中小国家的要求和意见，对其他国家指手画脚，肆意干涉别国内政，以大欺小，以强凌弱，对一些国家动辄实施军事制裁甚至直接出兵占领，肆意践踏国际关系准则，严重威胁世界和平与安全。在经济领域，发达国家实行新殖民主义，利用不合理的国际分工、不平等的国际贸易体系和垄断性的国际货币金融体系使广大发展中国家的经济发展困难重重，南北差距逐步拉大，贫富分化日趋严重。

当今国际力量对比发生深刻变化，新兴市场国家和一大批发展中国家快速发展，国际影响力不断增强。很多问题不再局限于一国内部，很多挑战也不再是一国之力所能应对的，全球性挑战越来越需要各国的通力合作。西方国家主导下的国际政治经济旧秩序已无法有效应对层出不穷、日益多样的全球性挑战。在坚持国际社会公认的国际关系基本原则基础上，推动国际政治经济旧秩序向着更加适应时代要求、更加公正合理的方向发展，越来越成为世界各国的共识。

第三节　当代国际政治经济新秩序的变革

当今世界上的事情越来越需要各国共同协商，建立国际机制、遵守国际规则、追求国际正义成为多数国家的共识，变革现有国际政治经济秩序是大势所

趋。但是，各国对变革国际政治经济秩序有着不同的主张，存在坚持与变革的分野。中国主张对国际秩序进行必要的改革完善，推动国际政治经济秩序向着更加公正合理的正确方向发展。

一、国际政治经济秩序变革的方向之争

二战结束后，最早提出打破国际旧秩序、建立国际新秩序思想的是阿根廷的经济学家劳尔·普雷维什(Raúl Prebisch)。他认为，世界旧秩序是由发达资本主义国家这个“中心”和发展中国家这个“外围”构成的。“中心”剥削“外围”是造成发展中国家贫困落后的总根源。采取各种措施使“中心”与“外围”相互平等是当务之急。1949年该理论公之于世后，在世界引起较大影响，这一理论虽没有明确提出建立国际新秩序的概念，但思想内容已很明确具体。

从20世纪50年代初期开始，一些新独立的国家就提出一切民族平等、大小国家平等、以和平方式解决国际争端、努力消除殖民主义造成的经济不平衡状态等建立国际新秩序的主张。和平共处五项原则和万隆会议十项原则的基本内容得到越来越多国家的认可和支持。1964年在日内瓦召开的联合国第一届贸易和发展会议上，七十七国集团首先提出了在全世界范围内建立国际经济新秩序的目标。同年10月，第二次不结盟国家首脑会议通过的宣言指出，所有国家都有责任为迅速建立一种新的和公正的经济秩序贡献力量。1973年，第四次不结盟国家首脑会议通过的《经济宣言》第一次明确提出“国际经济新秩序”这个概念。1974年4月，联合国大会第六届特别会议通过了关于建立国际经济新秩序的《宣言》和《行动纲领》。同年12月，在第29届联大会议上通过了《各国经济权利和义务宪章》。这些文件为改变不合理的国际经济旧秩序进一步确立了原则方向。此后，发展中国家不断斗争，要求改变不合理的国际经济关系、建立合理公正的国际经济新秩序的呼声日益高涨，并取得了一定的成果。

20世纪80年代末90年代初，国际局势剧变，两极格局瓦解。世界各国纷纷提出自己关于国际新秩序的主张，少数发达国家与广大发展中国家之间围绕国际新秩序问题展开了激烈斗争。

(一)西方国家关于国际新秩序的主张

发达国家对现有政治秩序的态度相对一致，就是要维持由发达国家领导的，以其社会制度、发展模式和价值观为基础的国际政治经济秩序。但发达国家内部也存在矛盾和分歧：美国希望建立符合自身利益的单极秩序，而欧盟则反对一国独霸，不认同美国打造以单极格局为基础的国际政治经济秩序，主张联合国应该在未来的国际秩序中发挥更大的作用。日本与欧盟的主张较为接近，但也有各自的利益诉求。

1.美国关于国际新秩序的主张

美国认为,冷战的结束为建立美国领导下的新秩序提供了契机。美国的国际新秩序构想中有许多漂亮的言辞,如"和平""安全""民主""自由""人权"等等,但也从不掩饰美国独霸世界的目的。其主张主要有以下几点。

(1)美国是世界当然的领导者和"灯塔"。美国总统老布什认为,德国的统一、欧洲成为完整的自由的欧洲之所以成为可能,是"美国的领导起了推动作用",而海湾事件又证明"没有人能代替美国的领导地位"。老布什在 1992 年 1 月发表的《国情咨文》中直言不讳地说:"美国已从西方的领袖变成世界的领袖。"时任美国国防部长切尼强调,只有美国可以"为走向世界新秩序引路"。克林顿政府及以后的各届政府包括现在的拜登政府也始终从各个方面加强美国的"领导"地位,在国际事务中发号施令。

(2)用美国的价值观改造世界。主张全世界都要以美国为榜样,使西方资本主义的意识形态和政治经济模式一统天下,变成美国式的"一球一制"的世界。美国把接受西方价值观和政治经济模式作为提供对外援助、贷款的先决条件,大搞"人权外交""价值观外交",利用各种途径推销西方价值观念,认为这是国际新秩序的"指南"和"基础"。

(3)以武力推动建立国际新秩序。以军事实力为后盾,建立以美国军事力量为保障的国际安全结构,用武力建立和维持国际新秩序。美国政府强调以"北约"为核心建立欧洲安全结构,积极推行北约东扩,在印太地区进一步加强与日本的军事合作,扩大了"联合防卫指针"的范围,巩固与澳大利亚的军事联盟,在亚洲布置战区导弹防御系统(TMD),加紧在本土布署国家导弹防御系统(NMD),并把它扩展到一些东欧国家;对一些不服从其"领导秩序"的国家则进行军事打击。

(4)调整与西方盟国的关系。美国认识到,要继续扮演"世界领导角色",单靠自己有些力不从心,需要其盟国"公平地分担责任和义务"。为此,美国不断加强同英、德、日等同盟国的关系,在维护自己支配地位的同时,要求盟国发挥应有的"领导作用"。

(5)利用联合国等国际组织的作用。美国力图按自己的意志改造联合国,以便为自己的"领导"地位披上合法的外衣;利用各种手段对一些国际组织的决策施加影响,使之按自己的意愿行事。

2.欧盟和日本关于国际新秩序的主张

从自身的利益出发,欧盟和日本也提出了建立国际新秩序的主张。在关于国际新秩序的总目标上,欧盟、日本与美国的根本观点是一致的,就是要建立一个以西方社会制度、政治和经济模式、意识形态和价值观念为基础的新秩序。但是，在具体目标上，欧盟和日本又有与美国不同的观点和主张。

欧盟坚决反对美国独霸的单极世界，主张欧盟应与美国分享世界的领导权。欧盟主张把西方的“自由”“民主”“人权”“多党制”“市场经济”等价值观作为未来国际秩序中采纳的普遍原则；以欧安会的《新欧洲巴黎宪章》和欧共体的《马斯特里赫特条约》为指导建立欧洲新秩序，并向世界推广。欧盟希望成为新秩序中平衡或支配的力量，主张充分发挥联合国在国际新秩序中的作用。

日本建立国际新秩序的主张包括以下内容：建立一个以西方价值观为基础，美、欧、日起主导作用的三极世界，确立日本在国际新秩序中的“国际大国”地位；强调经济科技力量在建立国际新秩序中的决定作用；把“自由民主”、资本主义式的市场经济作为国际新秩序的重要目标；主张联合国应发挥更大作用，但日本必须成为安理会常任理事国之一。

发达国家关于国际新秩序的主张虽然在具体内容上有所不同，但其实质是相同的，都是要建立一个以维护西方国家的利益为基础，由西方国家领导的，以在全世界确立西方模式为目标的“国际新秩序”，是旧秩序的变种，因此遭到了广大发展中国家的反对。至于它们之间的分歧，实际上就是主导权的争夺。

(二)发展中国家关于国际新秩序的构想

在现行国际政治经济秩序中，占世界大多数的发展中国家处于“国弱言轻”的弱势地位，长期被排斥在重大国际事务之外，强烈要求变革国际政治经济秩序，主张大小国家一律平等，使发展中国家能够更充分、有效地参与国际事务的决策过程。

1.发展中国家关于国际新秩序的主张

对于广大发展中国家来说，最紧迫的任务是求生存、求发展，改变不合理的国际经济关系。正如第三世界经济南方委员会主席尼雷尔(J. K. Nyerere)所指出的，发展中国家面临的最主要任务是发展自身经济、实行南南合作和争取建立国际经济新秩序。发展中国家反对各种形式的霸权行为和强权政治；主张尊重国际法，尊重一切国家的主权和领土完整，大小国家一律平等，不得以侵略、威胁或使用武力来侵犯任何国家的领土完整或政治独立；主张发挥联合国的中心作用，提高发展中国家在联合国的地位，发挥联合国在维持和平、促进发展方面的作用，遵守《联合国宪章》原则，秉持团结、互信、互利、平等与合作的精神，推动形成更加公平、民主、多极化的国际秩序。

2.中国是变革国际秩序的建设性力量

从20世纪50年代初，中国就为改变不合理的国际旧秩序进行不懈的斗争。20世纪80年代末以来，随着国际形势的变化，中国逐步提出了关于建立国际新秩序的构想。1988年，邓小平同志在会见外国领导人时，曾多次论及关于国际政治经济新秩序的问题。1991年，中国总理在《政府工作报告》中全面阐述了中国关于“国际新秩序”的构想。同年，在第46届联大会议上，中国外长表明了中国政府关于建立国际新秩序的主张和立场。中国主张：(1)国际新秩序应符合《联合国宪章》的宗旨和原则，在和平共处五项原则基础上，国家与国家之间建立新型的国际关系。(2)国际新秩序中各国不论大小、强弱、贫富都是平等的，都有权参与协商解决世界事务，摒弃以大欺小、以强凌弱、以富压贫和由一两个大国或几个大国垄断国际事务。(3)各国都有权根据本国国情，选择自己的社会制度、意识形态、经济模式和发展道路，任何国家不得干涉别国内政，不得把某种特定模式强加给别的国家。(4)国际新秩序应包括政治新秩序和经济新秩序两个方面。必须改变不公正和不平等的国际经济旧秩序。(5)国际新秩序的建立应充分发挥联合国的重要作用，使联合国成为未来国际新秩序有效的控制机制。要切实遵守联合国的宗旨和原则，避免个别超级大国操纵联合国。

中国始终主张，要推动国际秩序朝着更加公正合理的方向发展，更好维护广大发展中国家的共同利益，促进世界和平与发展。对国际秩序进行必要的改革完善，不是推倒重来，也不是另起炉灶，而是要在维护联合国权威和作用的前提下强化多边机制，实现世界公平、共赢和稳定。习近平强调：“无论中国发展到什么程度，我们都不会威胁谁，都不会颠覆现行国际体系，都不会谋求建立势力范围。中国始终是世界和平的建设者、全球发展的贡献者、国际秩序的维护者。”①现行国际秩序并不合理，但只要它以规则为基础，以公平为导向，以共赢为目标，就不能随意被舍弃，更容不得推倒重来。在国际政治经济秩序变革进程中，中国坚定捍卫《联合国宪章》宗旨和原则，维护以联合国为核心的国际体系，维护以国际法为基础的国际秩序。少数国家所谓“以规则为基础的国际秩序”，反映的是少数国家的规则，并不代表国际社会的意志。中国要维护的是普遍认可的国际法，主张国际规则应该是世界各国共同认可的规则，而不应是少数国家制定的规则。

综上所述，以美国为首的西方发达国家关于国际新秩序的主张，实质是继续维护旧秩序，坚持霸权主义和强权政治，必然遭到世界绝大多数国家的反对。广大发展中国家尤其是中国的主张，得到世界大多数国家人民的认可和支持，为变革国际政治经济新秩序提出了明确目标。

二、国际政治经济秩序变革是一个长期的过程

20世纪是国家秩序和国际秩序变动极为频繁的世纪，围绕秩序问题的斗争

① 《习近平谈治国理政》第3卷，外文出版社2020年版，第194页。

从未停歇过。两极格局解体后,围绕国际政治经济新秩序的斗争更加激烈。国际新秩序的变革将是一个长期的斗争过程。

(一)国际政治经济秩序变革是一项十分庞大的、极其复杂的系统工程

当今世界面临着日益增多的新问题,国际政治经济秩序所涵盖的领域也日益扩大,这决定了国际秩序的变革是一项十分庞大的、极其复杂的系统工程,不可能在短时间内形成。随着科学技术的迅猛发展,国家间联系和交往日益紧密,世界日益成为一个整体,全球化已成为不可逆转的历史潮流,全球性问题日益增多,需要世界各国共同努力,建立解决这些问题的国际机制。国际秩序既包括国际政治秩序和国际经济秩序,又可分为国际性秩序和地区性秩序等各种范围和层次。世界各国要在日益广泛的领域和众多的国际问题上达成一致,制定各国都接受的运行规则十分困难,需要一个长期的过程。

(二)各国对国际新秩序主张的不同将延缓国际政治经济秩序变革的进程

世界各国关于国际政治经济新秩序的主张存在很大差异甚至根本对立,这种利益的不同、行动的摩擦与对立将大大延缓国际政治经济秩序变革的进程。各国的社会制度、意识形态、价值观念、历史背景、文化传统、宗教信仰和民族特性千差万别,决定了它们的利益诉求不可能相同。各国都希望国际政治经济秩序的变革有利于本国的发展。西方发达国家希望新秩序继续维持它们在国际政治经济领域的统治地位,这当然地遭到广大发展中国家的坚决反对;即使在发达国家内部,美国主张的单极世界下的新秩序也遭到德、日、法、英等国的反对。发展中国家包括 100 多个国家和地区,由于各国情况不同,对未来的国际新秩序也有许多分歧。要推动国际政治经济秩序朝着更加公正合理的方向发展是一项艰巨的任务,需要各国长期不懈的努力。

(三)发达国家在国际政治经济秩序中的优势地位决定了国际政治经济秩序的变革不可能一帆风顺

尽管经过半个多世纪的奋斗,发展中国家的整体力量有所增强,发达国家的力量相对削弱,但是从总体上看发达国家在各个领域仍占有优势地位。当前国际政治经济秩序的主要受益者是发达国家,而发展中国家是在比较低的起点上与之进行不平等的竞争。发达国家为了维护自己的既得利益,依然在国际社会推行霸权主义与强权政治,为国际政治经济秩序的变革设置种种障碍。在发展中国家力量还没有从根本上动摇其优势地位的时候,发达国家绝不会轻易让步。发展中国家要想在总体力量上占据上风,还有很长的路要走。

(四)联合国改革的复杂性也决定了国际政治经济秩序变革的长期性

联合国在国际社会中应发挥什么样的作用与国际政治经济秩序的变革密切相关,直接关系到新的国际机制的建立。所以,随着建立国际新秩序问题的提出，联合国的改革问题也提上议事日程。联合国在维护世界和平、促进世界经济发展方面起过很大的作用。冷战结束后，各国对如何发挥和加强联合国在日益复杂的国际社会中的作用提出了各自的观点。美国企图利用其地理和经济优势继续操纵联合国，使其成为为美国服务的工具，所以极力鼓吹扩大联合国权力，扩展对成员国干预的领域，强化干涉的手段。欧盟和日本等国则希望通过联合国制约美国，避免美国在国际事务中一统天下，并想通过联合国提高自己在国际社会中的地位。广大发展中国家希望通过联合国获得更多平等参与国际事务的权力和机会，希望联合国在促进发展中国家经济发展中发挥更大的作用。各国在联合国改革问题上的立场和观点的分歧与对立，表明它们对联合国在未来国际秩序中应发挥什么样的作用持不同的态度。发达国家和广大发展中国家在联合国改革问题上的立场很难调和，围绕这一问题的斗争将是长期和复杂的。

由此可见，发达国家和广大发展中国家围绕国际政治经济秩序变革的斗争将是长期的和曲折的。要建立公正、合理、和平、稳定的国际新秩序，需要作出艰苦的努力。

第六章　当代国际组织

国际组织是跨越国界的一种多国联合机构，是由两个以上政府、政党、团体或个人基于特定目的，以一定的条约形式而成立的常设性国际合作机构。从19世纪产生到今天已经形成规模宏大、较为完备的体系，国际组织的产生和发展是同国际社会的发展密切相关的，是人类历史发展的必然结果。二战结束后，随着国际社会的日益组织化和集团化，国际组织得到了迅猛发展，对国际关系的发展产生了越来越重要的影响。

第一节　当代国际组织的发展

一、国际组织的形成和发展

现代意义上的国际组织产生于19世纪，经历了从民间交往到正式的政府间交往、从国际会议到国际组织、从专门性国际组织到普遍性国际组织的发展过程。国际组织是在以国家为中心的国际关系的基础上产生的，并且随着国家间关系的日益密切而不断发展。

在人类历史上一个很长时期里，由于商品经济不发达，各国基本上处于封闭隔离状态，彼此之间的联系仅限于偶然性的、区域性的和民间性的交往，不具备产生国际组织的条件。随着资本主义生产方式的确立和发展，资本主义商品生产飞速发展，逐步形成统一的世界市场，国家之间的关系和利益冲突日益复杂。单靠临时接触以及一般的民间交往已经不能适应形势发展的要求，于是国际会议便应运而生。1648年欧洲三十年战争结束后召开的威斯特伐利亚会议签署了《威斯特伐利亚和约》，开创了国家间通过国际会议的形式解决重大国际问题的先例。此后，国际会议召开逐渐频繁，范围不断扩大，成为解决国家间紧迫问题的经常的重要的方式。

国际组织不同于国际会议。国际会议是国际组织或两个以上国家的政府、政党、团体和个人为解决共同关心的国际问题而召集的会议。同常设的稳定的国际组织相比，国际会议只是一种临时性的会议，既定任务完成，会议即宣布结束，缺乏稳定性和持续性，构不成国际社会的行为主体。从历史的发展顺序上看，国际会议是国际组织的先驱，为国际组织的产生奠定了基础。

19 世纪 70 年代，资本主义由自由竞争阶段向垄断阶段发展。科学技术的进步和社会经济的发展使国家间关系更加紧密。资本主义国家之间临时的双边和多边协调会议已不能满足国际社会发展的需要，国际会议由频繁逐渐固定化、制度化和组织化，从而形成国际组织。早期的国际组织主要是解决专门性技术性问题的行政事务机构，如国际电信联盟、国际邮政公约（后改为万国邮政联盟）等。这些行政性机构为后来的国际组织提供了组织体系的范例。20 世纪以后，政治性国际组织开始出现。第一次世界大战后成立的国际联盟，是世界上第一个普遍性的国际组织。第二次世界大战末期，建立了一个远比国际联盟更为广泛的全球性国际组织——联合国。从此国际组织进入一个新的发展阶段，在国际关系中的地位得到巩固，作用也得到加强。

二战结束以后，国家间相互交往的范围更加广泛，内容更丰富，国际组织的发展异常迅速和广泛。目前世界上各种国际组织已达到 30000 多个，影响较大的有 4000 多个。国际组织的进一步发展，一方面使国际社会相互依赖程度加深，另一方面也推动世界经济全球化和政治民主化的发展。

二、当代国际组织发展的特点

以联合国的成立为发端，二战结束后国际组织蓬勃发展，在数量、规模、机制等方面呈现出以下特点。

（一）国际组织的数量呈爆炸性的增长趋势

一方面，二战结束以后通过民族解放运动而新独立的发展中国家，出于生存和发展的需要纷纷成立国际组织，特别是区域经济合作组织大量增加；另一方面，由于科学技术的巨大进步，二战结束后交往领域的技术，如信息通信、快速空中交通、空间技术等得到迅速发展，使各国联系日益密切。经济全球化导致各国利益互相依赖和渗透，国际关系行为主体间多渠道、多形式的联系日益频繁。同时，人口、环境、能源等全球性问题的出现，迫切需要加强各国间合作协调，从而使各种国际组织尤其是国际经济组织大量涌现。二战前的国际组织有 500 多个，战后增至 2 万多个。目前世界上影响较大的 4000 多个国际组织中，90％以上是在二战后建立起来的。

（二）国际组织成员的普遍性、组织的严密性和权威性大大加强

在数量迅速增加的同时，二战结束后国际组织成员的覆盖面显著增大。各类国际组织的成员基本上涉及各大洲的所有国家，这就使得国际组织更具有代表性，在协调各国行为时更有普遍效力。如联合国成员国已从 1945 年成立时的

51 个发展到 2011 年 7 月南苏丹加入后的 193 个。国际奥林匹克运动委员会成员更是高达 200 多个。

国际组织的自身运行机制也不断地发展完善，在组织上凸现出高度严密性特点。各类国际组织大都有较完备的章程、公约等纲领性文件，有明确的宗旨、原则、会员国的权利和义务等内容的规定，建立了会员大会、理事会等权力机构及秘书处、执行委员会等常设性行政机关，健全了相应的会议制度、表决制度和活动程序。国际组织的组织化程度空前提高。

另外，二战结束后国际组织的实际权力和权威性也出现了不断增强的趋势。随着成员国让渡给各类国际组织的实际权力的不断增多以及各类国际组织的章程、条例等规定的“硬化”，使得国际组织的权威性及其实际行使的权力得到了切实的提高。如：欧盟通过成员国的主权让渡和相互的多边协定获得了以前主权国家才具有的权力，可以对外签订协定、制定统一关税、发行统一货币等。

（三）国际组织的活动范围涉及国际社会各个领域

在联合国广泛而普遍地开展工作的同时，国际社会诸如政治、军事、经济、文化、环境、教育等各个领域均有各类组织在进行活动。二战结束后的国际组织名目繁多，包罗万象，上至外层空间，下至海床洋底，从邮电、气象到贸易、金融，从环境、卫生到打击贩毒、犯罪，无不与国际组织有密切关系。

（四）国际组织向多层次发展

除了世界性国际组织的发展外，二战结束后还出现了众多区域性国际组织。同一地区的国家为了和平解决争端，维持本地区的和平发展与安全，发展相互间的政治、经济、文化和社会关系而建立区域性的、次区域性的国际组织，如欧洲联盟（欧洲共同体）、非洲联盟（非洲统一组织）、美洲国家组织、东南亚国家联盟等等。区域性的、次区域性的国际组织的形成，表明国际合作在不同的层次实现广泛而深入的发展，也说明现代国际关系的发展已进入一个新的发展阶段。

（五）国际组织间的相互协调日益加强

国际组织的大量增加要求其必须加强彼此之间的协调。《联合国宪章》对国际组织间的协调作了专门规定。例如：《联合国宪章》第 1 条规定，联合国应成为协调各国行动的中心；第 57 条、第 63 条、第 64 条和第 70 条则规定，各政府间专门机构应与联合国发生关系。根据有关协议，联合国承认世界上诸如国际劳工组织、世界银行等专门机构的职权范围，专门机构也承认联合国提出的建议并协调其行动。此外，联合国还协调与区域性国际组织和非政府间国际组织的关系。其他各类国际组织在其基本文件中大都对互相协调问题有相应的规定，并通过各种方式加强彼此间的合作。这样，就形成了一个联合国为中心的相互联系的国际组织网。国际组织之间相互联系、相互协调、相互合作，推动国际社会日益组织化、秩序化。

三、国际组织的分类

当今国际社会存在着数量众多、各种各样的国际组织。它们的宗旨、目的不一，组织形式和活动程序也不尽相同。依据不同的分类标准，可以对它们进行多种分类。

（一）根据主体构成，国际组织可以划分为政府间国际组织和非政府间国际组织

政府间国际组织是由若干主权国家的政府及其官方机构为达到一定的共同目标而创立的跨国机构，如联合国、世界贸易组织、国际原子能机构、欧盟等。这类国际组织具有相对的独立性，不受任何一个国家权力的管辖，而且可以对成员国作出具有约束力的决定。政府间国际组织拥有独立参与国际事务和直接承受国际法权利和义务的能力，享有主权国家在国际社会和外交场合拥有的相同特权，因而它在一定范围内具有建立和维持国际关系的能力，从而对世界政治经济产生重大影响。

非政府间国际组织是非官方的、民间的国际性组织，是由不同国家的民间团体、政党或个人组成的跨国机构。它涉及的领域极为广泛，政治、经济、科技等一系列的领域均有它的活动。

非政府间国际组织大致包括下面几种类型：一是国际政党组织，即由不同国家的政党根据共同的宗旨和原则而组成的跨国机构，是对世界政治生活影响较大的非政府间国际组织。如：由世界各国工党、社会党和社会民主党组成的社会党国际，在 1951 年成立时只有 25 个政党参加，基本上是一个“欧洲社会党的俱乐部”。经过半个多世纪的努力，截至 2017 年，社会党国际拥有各类成员党 150 个，是当今世界上规模与影响力最大的国际性政党联盟。二是国际教会组织，即不同国家的教会之间建立的国际性组织。如：世界基督教协会、世界穆斯林大会和世界佛教徒联谊会。它们在教徒众多的国家具有超出政府之外的影响力和号召力，从而直接形成一种民间压力，对政府的决策行为产生影响，特别是在一些政教合一的伊斯兰国家，这种影响更为明显。而且，随着国际教会组织直接卷入国际政治，它对国际关系的影响越来越大。三是国际民间团体和个人组织，即由不同国家的非官方的民间团体和个人组成的跨国机构。如：国际红十字会组织、国际妇女同盟、绿色和平组织等。这类国际组织通过其成员的积极活动，推动了各国在特定领域的联系与交流，对于国家间关系的发展起到促进作用。

此外，还有一种特殊的非政府组织——国际恐怖组织，即在国际范围内使用战争以外特殊暴力手段，如暗杀、绑架、劫机、爆炸等来达到特定目的的跨国机构。它是一种动机目的复杂、行为独特的国际组织，如“基地”组织、“伊斯兰国”等。国际恐怖组织着重强调活动范围的跨国性，严重威胁着人类的和平与安全，成为国际社会的毒瘤。

(二)根据成员的来源是否受地域限制，国际组织可分为世界性国际组织和区域性国际组织

世界性国际组织不受社会性质、地理位置等限制，对全世界所有国家开放，例如联合国、世界贸易组织等。

区域性国际组织的成员构成和活动范围限于一定区域，如欧盟、东盟等。这类组织通过在区域性事务中发挥重要作用，对全球事务产生影响。在世界性国际组织出现之前，区域性国际组织就已经存在了，1890 年美洲共和国国际联盟成立，后来更名为泛美联盟，是今天美洲国家组织的前身。阿拉伯国家联盟也于联合国产生之前成立。二战结束之后，区域组织迅速建立和发展起来，成为世界性国际组织的必要补充，在和平解决争端，维护本地区和平与安全，发展本地区各国之间的政治、经济、文化和社会关系方面发挥着重要作用。冷战结束以来，经济全球化和一体化趋势日益加快，大量新的区域性国际组织不断涌现，在本地区的国际事务和全球国际关系中的地位不断提高。

区域性国际组织具有如下特征：(1)区域性国际组织的成员国位于同一地理位置，疆域彼此毗连。区域性国际组织的活动带有明显的地域性质，但不一定包括该地区的所有国家，如加拿大、圭亚那就不是美洲国家组织的成员国。(2)区域性国际组织的成员国在民族、历史、语言、文化、习俗和价值观念上存在着相似的背景基础，彼此之间有较强的认同感，因此在政治、经济和社会发展问题上较易沟通并达成共识，形成某种相互依赖关系。显然，区域组织不仅以客观的地理区划为限，更强调拥有思想、历史、文化等软性资源的一致性。如，北约和华约(已解散)的形成更多的是着眼于意识形态。(3)基于上述原因，组织成员国之间存在着广泛的共同利益和加强交流与合作的迫切需要。它可能是一般性的(综合性的)国际组织，如美洲国家组织、欧盟；也有可能是专门性的国际组织，如经济合作与发展组织。换言之，区域性国际组织不仅具有政治方面的普遍性职能，也具有促进和调整本区域社会、经济等方面的职能。因此，它的存在有利于本地区局势的稳定，促进了本地区的社会经济发展。

(三)根据活动的目的、任务和职能不同，国际组织可分为一般政治性的国际组织和专门性的国际组织

一般政治性国际组织的宗旨、活动和职权均较广泛，可涉及政治、经济、社会、文化等各个方面，像联合国、欧盟等，这类国际组织有时也被称作综合性国际组织。

专门性国际组织是相对于一般性或综合性的国际组织而言的。它具有专门的职能，是以某种专门技术活动为主的组织。它形成于19世纪后半期，早于一般性国际组织。进入20世纪后，专门性国际组织随着国际合作需求的不断扩大而迅速增加，成为现代国际组织体系中的重要组成部分。一般性国际组织活动的内容广泛，而专门性国际组织的活动则限定于某一特定领域，主要从事经济、社会、文化等某一方面的行政或技术上的单一活动。就成员国的范围而言，专门性国际组织可以分为世界性国际组织和区域性国际组织，如联合国教科文组织和欧洲投资银行等。

专门性国际组织数量繁多，宗旨各异。其中，与联合国签订特别协定、建立关系的有18个，包括《联合国宪章》中16个“专门机构”以及国际原子能机构和关税及贸易总协定。

按《联合国宪章》规定，在特别协定下同联合国建立关系的或根据联合国决定而创设的对某一特定业务领域负有国际责任的政府间专门性国际组织，可称为联合国专门机构。这些机构由联合国经社理事会负责与之签署协定，实施合作，每年向经社理事会提交报告。联合国专门机构具有这样三个主要特点：(1)属于政府间国际组织，既不是超国家组织，也不是非政府的民间组织；(2)具有较强的专业性，在经济、社会、文化等的行政或技术领域负有广泛的国际责任；(3)与联合国具有法律关系。

联合国专门机构的组织结构一般由大会、理事会和秘书处三级机构组成，通常采取一国一票的表决制。在成员国的吸收问题上，专门机构大都采取普遍性原则，一般只有主权国家才能成为专门机构的成员，如国际货币基金组织、世界银行、国际劳工组织等；也有专门机构接纳一些非自治领土或地区为准成员，但其权利受到相应限制，如世界卫生组织、世界气象组织、万国邮政联盟、国际电信联盟等。

(四)根据在国际关系总体运行中的地位和作用，国际组织大致可划分为三类

第一类是主导政治协调和社会发展的国际组织。担负这一使命的国际组织主要有四种：(1)全球性协调发展组织，如联合国；(2)地区性协调发展组织，如东盟、阿拉伯国家联盟等；(3)以发展中国家为主体，代表它们的要求的国际协调组织，如不结盟运动、七十七国集团等；(4)为调解某一国际争端，协调处理国际危机的国际组织与集团，如孔塔多拉集团等。

第二类是主导力量制衡的国际组织，最典型的代表是二战结束后的北约和华约组织。

第三类是主导世界经济运转的组织。这类组织主要包括三种：(1)全球性国际经济组织，如世界银行、世界贸易组织等；(2)区域性合作组织，如欧盟、亚太经济合作组织等地区合作组织;(3)各种专业性经济组织,指从事生产、贸易、金融和技术交流等专业经济活动的组织,特别是原料生产国和输出国组织,如石油输出国组织、国际可可组织等。

总之,由于依据的标准不同,国际组织的分类也不同,但无论哪一类国际组织,均具有如下特征:(1)所有的国际组织都是由两个以上的政府或政党、团体等组成的,其活动内容和范围是超国界的,成员之间依一定法律程序,通过协议或规程规范各自的权利和义务。(2)国际组织的权力均来源于成员国的授予和让渡,它不受任何一个国家权力的管辖。它虽然能作出对成员国具有约束力的决定,但不能凌驾于国家之上。(3)所有国际组织都不具有保障其决策得以执行的物质手段,即不能像主权国家那样通过政权机关强制推行既定决策,而只能通过协议、舆论及各国的共同压力对某国施加影响。

第二节 国际组织的地位及作用

二战结束后,为适应不断发展的国际形势,国际组织在数量、种类、活动范围、相互协调、运行机制等方面均得到了巨大的发展和完善。也正因如此,国际组织在国际关系中的地位日益提高,并逐渐具备一定的国际法律地位,在调节国家间关系的过程中起着越来越重要的作用。

一、国际组织在国际关系中的地位

主权国家是国际社会中权利和义务的主要承受者,成为当代国际社会的基本行为主体已是不争的事实。随着时代的发展,国际组织特别是政府间国际组织被确认为仅次于主权国家的国际行为主体,程度不同地发挥着相应的作用。

(一)国际组织是国际社会的重要行为主体

政府间国际组织作为一个组织实体,具有相对的独立性,不受某一个国家权力的管辖,拥有独立参与国际事务和直接承受国际法权利义务的能力,享有主权国家在国际社会和外交场合所拥有的相同特权。这表明政府间国际组织可在共同目标的基础上制定共同政策,采取共同行动。这正符合国际法主体的基本特征。

从国际法关于享有权利和承担义务的角度看,非政府间国际组织不具备国际法主体资格,但基于其有组织形式、行为能力和特定的职能等条件,也能够参与国际事务并有一定的发言权,对国际社会的发展具有重要的影响力。如国际政党组织,它是不同国家性质基本相同的政党依其共同的宗旨、原则和信仰结成的相互支持及协调政策或行动的世界政党组织。历史上的第三国际、欧洲九国共产党和工人党情报局，对当时的国际形势和世界政治都产生过重大影响。社会党国际作为目前最大的世界政党组织，对欧洲的政治经济发展的作用也是非常明显的。一般来说，如果组织内的政党在许多国家属于执政党，其原则与主张不仅强烈地影响到这些国家的外交政策，还会影响这些国家间的相互作用关系的状态。如果是在野党，则会对政府的内外政策施加强大的压力。国际政党组织还能够在世界传播其政治思潮，在意识形态上影响世界政治。

(二)国际组织发挥作用的方式不同于主权国家

国际组织与主权国家之间存在着明显的差异：第一，作为非国家行为主体的国际组织不拥有固定的领土和居民，因而没有特殊的国家利益和民族利益。第二，作为不同主权国家、社会集团和党派的联合体，国际组织也不拥有集中统一的政权机关和暴力工具(军队)。由各成员国共同协商而作出的决议、规定，对各成员国一般没有强制性约束力，个别特殊的武装力量(如联合国维和部队)也不具备主权国家武装力量所具有的基本职能。第三，作为不同主权国家、社会集团或党派的联合体，国际组织不受某个国家或某个阶级意志的支配，因而具有超国家、超阶级的、超意识形态的特征，如联合国。这些特征决定了国际组织在国际体系中发挥作用的方式不同于主权国家。

由于国际组织不拥有贯彻其政策的直接物质手段，因而不能像主权国家那样，通过政权机关强制推行其政策或采取极端手段实现其既定目标。国际组织主要是通过对主权国家政府施加影响来间接地参与国际事务。其主要方式是通过召开国际会议，通过会议的决议及制定的规则，通过动员世界舆论或是依靠成员在国内的活动，对各国政府的决策施加影响。这种影响和作用尽管是间接的，然而却是重要的。国际组织，就其成员的构成来讲，是多国家、多党派的；就其活动区域来看，是跨国界或跨地区的，因而国际组织不代表任何单个国家利益，具有相对独立性。它虽有可能受到某些国家的影响，但一般不为某一个国家政府所直接控制或操纵，这就使国际组织能够代表多个国家、多个集团的共同利益。它们所涉及的主要是地区性的或世界性的多边问题。由于形成的决议是大多数成员赞同或支持的，故执行起来也较为容易。

正是因为国际组织是一种不同政治、经济实体间自愿结合而成的跨国机构，它对于协调国家间的关系、促进国家间相互了解与合作有着不同于主权国家的独特作用。然而尽管国际组织具有相对独立性，具有不同于主权国家的地位和职能，但它毕竟不能与国家政权或政府的外交机构相提并论。在主权国家仍居支配地位的国际社会中，国际组织仍不可避免地要受到某些国家特别是超级大国国家战略的影响和制约，仍旧是国家间关系的一种补充形式，在很多场合和很大程度上仍旧是主权国家推行其对外政策的工具。

二、国际组织是国际法的特殊行为主体

国际法主体和国际行为主体并不是同一个概念。前者强调的是某实体在国际法上的法律地位，后者则注重于某实体在国际关系中的行为职能、作用和影响。国际法是以法律形式体现出来的国际关系，是在一定政治、经济力量对比下，各国相互冲突的利益、政治原则和价值观念达成妥协的产物。长期以来，国际关系中承认的国际法主体仅有主权国家一种。随着二战结束后国际组织的蓬勃兴起，特别是具有广泛职能的联合国作用的日益显著，国际组织已深入参与了国际关系的运行和演变，成为国际法的特殊行为主体。国际法研究的国际组织特指政府间国际组织。

国际组织在国际法中主体地位的取得，在客观上要求国际组织必须具有缔约权，有取得、处置动产和不动产以及从事诉讼的行为能力。它本身及其代表享有外交特权和豁免。同时国际组织由各主权国家政府所组成，是主权国家集体的组织。它依据主权国家所签订的国际条约而成立，享有和承担该国际条约所规定的权利和义务，并可以据之进行独立的国际交往活动。显然，各国都同意而且也接受国际组织作为国际法的主体。所以，经过二战后的迅速发展，国际组织具备了国际法主体的法律资格。

总体来说，作为国际法主体的国际组织一般具有下述几项显示其法律地位的具体权利：第一，国际组织能够直接参与国际关系。它能在各国派驻常设机构或代表，与各国或其他国际组织进行谈判和协商等。第二，国际组织可以与各国、其他国际组织缔结协议。这种协议通常是国际条约，是国际法的重要组成部分。第三，国际组织的总部及其他常驻机构的建筑物不受侵犯，并同外国使馆一样在驻在国享有特权或豁免。第四，国际组织享有通信权，有权使用密码电报，其外交邮袋不得随意开拆。第五，在其建筑物及其交通工具上，国际组织有权使用本组织的徽章、标记，悬挂本组织的旗帜。第六，国际组织的各成员国代表团因参加组织的活动、出席组织的会议，在国际组织所在国或会议召开地所在国享有其工作范围内的特权或豁免；其工作人员或雇员在上述国家内，在其职务需要的范围内享有特权或豁免。第七，当国际组织的财产及其他权利受到侵害时，国际组织有权向加害国政府或加害者所属国政府提出交涉，保护自己的权利，并要求予以赔偿。国际组织成员国代表及其官员、工作人员及雇员享有特权或豁免，或其人身及其他权利受到侵害时，国际组织有权出面交涉，对上述人员提出保护并要求加害者所属国道歉、惩罚加害人并作出赔偿。

联合国是国际组织具备国际法主体的法律资格的典型例子。《联合国宪章》为世界各国所普遍承认，虽然它形式上是基于一般国际法而制定的一个国际组

织的组织章程，只对成员国有约束力，但就其实质来说，它却是一项对全球一切国家产生普遍影响的最大公约，也是现代国际法最重要的渊源。《联合国宪章》所规定的各项宗旨、原则及其相关规定，是世界各国公认的国际法基本原则。事实也表明，联合国是一个具有相当法律行为能力的国际组织，它在国际法律关系中享有许多国际权利。

尽管二战结束后国际组织通过自身发展和不断参与国际关系实践，其法律人格资格逐步确立，但是，国际组织的法律地位与主权国家的法律地位还是有很大区别的。国际组织只能被认为是一定程度上具备法律人格的国际法特殊主体。原因有二：一方面，国际组织和主权国家作为国际法主体的来源不同。国家具有主权，这是其自然属性之一，是理所当然的国际法主体。而国际组织的国际法主体来自创建国际组织的各主权国家订立的协议。它们享有的国际权利是参加该组织的主权国家赋予的，是派生的。因此，它们的职权范围和享有的权利、承担的义务都要受这类协议的限制。虽然目前在欧盟等区域一体化组织中出现了某些“超国家”的因素，但归根结底，仍没有哪一个国际组织完全凌驾于主权国家之上，成为“超国家政府”，其法律地位依然不能与主权国家相提并论。另一方面，国际组织和主权国家作为国际法主体所享有的国际权利的范围不同。国家因为有主权，其享有的国际权利是全部的，具有完全的权利能力。而国际组织只能在成员国所赋予的权利范围内享有部分权利，它的活动只限于该组织的章程规定的范围内进行，不能超越。由此可见，国际组织所享有的国际权利只能是部分的、有限的。

由此可以得出结论：国际组织尚不能与主权国家在法律地位上相提并论。国际组织与各国及其他国际组织的交往仅限于执行其职责的范围内，不可能建立和发展国家间的那种全面的政治、经济、军事等关系。国际组织驻地所占用土地的法律地位是由国际组织与驻在国政府达成协议加以确定的，并且国际组织要依靠驻在国对其占用土地及拥有的建筑加以保护，以避免受到侵害和骚扰。由于国际组织是设在某一国家内，因此各国驻国际组织的常驻代表、参加活动的代表、国际组织的官员、工作人员及雇员的特权和豁免，实际上是要求国际组织驻在国政府加以确认和同意给予的。国际组织所承担的义务也是有限的。如果国际组织的官员、工作人员或雇员，在其担任国际组织职务期间，在非其国籍所属国领土上从事了不法行为或犯有罪行，国际组织会因此而承担责任。但是，国际组织所能承担的这类责任是有限的。除了道歉和物质赔偿外，在惩罚犯有上述行为的官员、工作人员和雇员方面，国际组织所能采取的最严厉的措施仅仅是依照组织的行政法规将此类人解雇或开除。这类人应负的刑事或民事责任有赖于其国籍所属国政府依照本国法律加以制裁。

因此，无论从理论上还是从实践上，都不能因为二战后国际组织的勃兴而在法律地位上把它与主权国家一视同仁。国际组织的确是国际法主体，但只是特殊的主体形式。当然，国际组织具备国际法主体地位，大大推动了国际法本身的发展，也使得国际社会由高度分散状态走向较为有组织的状态，有利于国际关系逐步走向理性和有序。

三、国际组织的作用

国际组织数量不断增多，活动领域日益广泛，对以主权国家为中心的国际社会形成巨大的冲击。在当今世界，国际组织发挥着越来越大的作用。

(一)国际组织是反对战争、维护和平的重要力量

在当今世界，维护和平、反对战争已成为各国人民的共同愿望与要求，是一种历史趋势。这种趋势一方面通过各国政府的对外政策反映出来，另一方面也通过国际组织的积极活动而得以强化。二战结束后国际社会的发展证明，战争与和平主要表现在两大问题上：一是军备竞赛与裁军，二是地区冲突与战争。而在这两个问题上，国际组织都发挥了积极作用。

1.控制军备竞赛，推动裁军

二战结束后40多年间，美苏两个超级大国之间的军备竞赛不断升级，成为世界和平的最大威胁。因此，许多国际组织都将控制军备竞赛、实现裁军作为其活动的重要内容，并为此作出了巨大的努力。联合国成立伊始就将“维护国际和平与安全”作为首要宗旨，在国际生活中为实现裁军与和平做了大量卓有成效的工作。联合国设置的裁军委员会专门负责研究和讨论全球范围内的裁军与控制军备竞赛问题。此外，联合国大会和安理会还通过了一系列关于裁军问题的决议，促进了世界各国政府及人民对军备竞赛问题的普遍关注，推动了美苏之间的裁军进程，缓和了东西方之间的矛盾。其他国际组织，如不结盟运动、绿色和平组织等也为此作出了积极的贡献。尽管军备竞赛与裁军问题主要是由当事国本身的对外战略所决定的，军备竞赛的发展和裁军的进展都是出于其各自国家利益的需要，但是各种国际组织的积极活动以及在全球范围内形成的舆论与国际运动的制约和压力，都是推动裁军的重要因素。

2.平息地区冲突与局部战争

二战后大规模的世界战争并未爆发，但地区范围内的冲突和局部战争却连绵不断。第二次世界大战以前，解决战争与冲突的办法无非是一国战胜另一国，以及交战双方本身或通过指定的第三国来加以协调，国际组织的协调作用不太明显。但在二战结束后这种作用则不断加强。联合国在此方面作出了多方面的努力：一是通过秘书长的调停、斡旋以及国际法院的仲裁等，促使冲突双方实现停火、谈判和撤军，协调双方的利益冲突，平息战火。二是通过组织维和部队、紧急部队以及派遣军事观察员(小组)等措施，限制战争与冲突的重起和规模的扩大。三是采取经济制裁、经济封锁、中断贸易、武器禁运等措施制裁战争中的不义之国。四是在迫不得已的情况下，采取军事行动反对侵略者。尽管这些措施本身并不完善，可能被超级大国利用进而干涉中小国家的主权，但在整体上对于平息和制止地区冲突与局部战争起到了积极作用。此外，一些地区性的国际组织也为协调解决本地区内的冲突作出了重要贡献。

(二)国际组织是促进发展、推动合作的积极因素

发展问题同和平问题构成了当今时代的主题，成为人类面临的共同问题，也成为国际组织活动的中心内容。二战结束后国际组织围绕这一主题展开了大量的工作并作出了有益的贡献。

1.国际组织是实行国际经济合作的主要形式

随着科技革命和世界经济的发展，整个世界日益融为一体，相互依存不断加深。这就为国家间的经济合作提供了基础并提出了新的要求。二战结束后国际组织的大量涌现正是适应了这一需要。国际组织本身就是国家之间相互合作的组织形式，同时又以推动国家间的进一步合作为己任。《联合国宪章》明确提出，促进全世界人民精神和社会的发展是联合国的最高纲领之一。为此，联合国把经费开支和人员配置主要放在与经济问题相关的领域，并开展了大量卓有成效的活动。欧盟、东盟及其他一些国际组织也为协调国家间经济矛盾、促进本地区联系与合作作出了积极的努力。在专门性国际组织中，世界银行、国际货币基金组织和世贸组织在维护世界经济安全方面也取得了巨大成就。

2.国际组织为支持和帮助落后国家经济发展提供了重要渠道

全球经济发展问题的根本症结在于不平等的国际经济旧秩序。二战结束后，国际组织为解决南北矛盾做了大量工作。联合国贸发会议的召开促成发展中国家“七十七国集团”的出现，并提出了建立国际新秩序的要求。南北问题成为联合国讲坛的主要议题。同时，联合国也为南北对话提供了重要场所。南北双方通过联合国进行了一系列有益的对话，并达成了援助最不发达国家、应对债务危机、发展援助基金等多项协议。此外，联合国和其他许多国际组织都通过向发展中国家提供经济技术和资金援助，帮助发展中国家解决经济困难，推动了全球经济的共同发展。

(三)国际组织是推进世界政治民主化的有力手段

世界政治民主化是指国际社会中的中小国家平等参与国际事务的权利逐步实现。从世界政治的角度去分析，二战结束后国际社会中的动乱、战争和贫困现象，是世界政治的非民主化因素造成的，即大国主宰国际事务、推行强权政治和霸权主义的旧秩序造成的。因此，二战后世界政治民主化的问题被提上议事日程，国际组织成为世界政治民主化潮流的先锋和中坚力量。

国际组织的发展和作用的增强，造成了世界政治行为主体的多元化现实，而世界政治的多元化发展，必然打破少数大国在世界政治中的垄断地位，有利于逐步消除强权政治和霸权主义，促使国际政治秩序向着民主的方向转变。大小国家一律平等、国家主权神圣不可侵犯是国际组织建立的基本原则。国际组织为争取中小国家的平等权利进行了不懈的努力。从 20 世纪 60 年代起，由于大批发展中国家的加入，联合国由大国控制和争夺的工具变成了中小国家的讲坛。不结盟运动从产生之日起就坚决反对集团对立和强权政治，并为此进行了积极的斗争，维护了中小国家的合法权益，为争取世界政治的民主化作出了积极的贡献。

综上所述，二战结束后国际组织对国际社会的进步起到了重大的积极作用。当然，国际组织在世界政治经济中处于相对从属性的地位以及发挥作用的间接性方式，决定了它们不可避免地受到国家政府决策的影响，特别是在强权政治尚未被打破的情况下，也会起到不良的作用。例如，联合国在二战后初期至 20 世纪 60 年代以前一直是大国控制和争夺的工具，为集团政治服务，曾经作出一些不利于中小国家的决议；而北约和华约本身就是大国争夺霸权的直接工具。国际组织的这些缺陷和不足，只有通过进一步推动世界政治民主化，建立公正、平等的国际政治新秩序才能彻底消除。

第三节　当今主要国际组织

一、世界性国际组织——联合国

世界性国际组织，又称全球性国际组织、普遍性国际组织，指不分地理位置、对所有国家开放并处理涉及整个国际社会各种有关问题的国际组织。联合国、世贸组织都属于全球性国际组织。其中联合国是建立在集体安全原则基础上维持国际和平与安全、具有广泛职能的一般政治性国际组织。

(一)联合国的宗旨和主要机构

联合国建立的基础是二战中反法西斯阵线的建立。1941 年 6 月，澳大利亚、加拿大、新西兰、南非、英国的代表同比利时、捷克斯洛伐克、希腊、卢森堡、荷兰、挪威、波兰、南斯拉夫等国流亡政府的代表以及法国戴高乐将军等 14 国的代表在伦敦签署了《同盟国宣言》。此举标志着反法西斯合作的开始。

1942 年 1 月 1 日，美、英、苏、中等 26 个国家在华盛顿签署了共同抗击德、意、日法西斯的《联合国家共同宣言》，宣言第一次使用了“联合国家”这一概念。1945 年 4 月 25 日，“联合国家国际组织会议”在旧金山召开。会议制定并通过了《联合国宪章》。参加会议的共有 50 个国家的代表团，而在《联合国宪章》上签字的共 51 个国家。《联合国宪章》于 1945 年 10 月 24 日生效，标志着联合国正式成立。

联合国是最具普遍性、权威性和代表性的政府间国际组织。凡爱好和平、接受《联合国宪章》义务的国家，均可成为会员国。截至目前，联合国共有会员国 193 个。联合国除会员国外，还设有观察员(Permanent Observers)制度，邀请国际组织、非政府组织、实体参与联合国事务。会员国在联合国总部所在地设有常驻联合国代表团，观察员国在联合国总部设有常驻观察员代表团。

1.联合国的宗旨

《联合国宪章》是联合国一切活动的法律依据，被视为联合国组织的根本法。《联合国宪章》由序言和 19 章共 111 条构成，序言与第 1 条的宗旨、第 2 条的原则是一个不可分割的整体，与其他各章条款具有同等的法律效力，构成了《联合国宪章》的总纲。

《联合国宪章》第 1 条将联合国的宗旨规定为 4 项：(1)维护国际和平与安全，以和平方式解决国际争端；(2)发展各国间以尊重人民平等权利和自决原则为基础的友好关系，以增加普遍和平；(3)促成国际合作，以解决国际经济、社会、文化和人道主义性质的问题；(4)作为协调各国行动的中心，以达到上述共同目的。序言对联合国的最高目标作了集中概括，那就是“维护国际和平与安全”，“促成全球人民经济及社会之进展”。

作为联合国本身及其成员国在一切行动中所应遵循的法律义务，《联合国宪章》第 2 条规定了 7 项原则：(1)联合国会员国主权平等，均有平等的主权。(2)联合国会员国均应善意履行宪章义务。(3)联合国会员国应以和平方式解决国际争端，禁止(不得)危及国际和平、安全与正义。(4)各会员国在其国际关系上禁止以武力相威胁或使用武力，禁止以与联合国宗旨不符的任何其他方法，侵害任何国家的领土完整与政治独立。(5)各会员国对于联合国按宪章规定而采取的行动，应尽力予以协作。(6)联合国在维持国际和平及安全时，应保证非联合国会员国遵行宪章原则。(7)联合国组织不得干涉在本质上属于任何国家国内管辖的事项，但此项规定不应妨碍联合国对威胁和平、破坏和平的行为及侵略行径采取强制行动。这些原则多数被普遍认为构成了国际法的基本原则。

《联合国宪章》吸收了国际法和国际关系中一系列进步、民主、平等的原则，对维护和平、尊重基本人权和自决原则给予极大的关注；把防止世界战争作为首要任务，反映了饱经两次世界大战忧患的世界各国人民对于维护和平、反对侵略的向往。同时,《联合国宪章》对社会和经济问题也非常重视,把促成国际合作、发展各国之间和平相处的友好关系作为崇高目标,这都充分体现了当时的时代特征和国际形势特点。

2.联合国的主要机构

联合国为实现宪章的宗旨,设立了大会、安全理事会、经济及社会理事会、秘书处、国际法院、托管理事会等 6 个主要机构,各主要机构还设有各种辅助机关,承担一些更具体的职能。

(1)联合国大会

联合国大会由 193 个会员国的代表团组成,是联合国的主要审议、决策和代表性机构,是唯一具有普遍代表性的机关。每个国家的代表团由正、副代表各 5 名组成(共 10 人),其中 1 人任团长。大会设有 6 个主要委员会,分别是裁军与国际安全委员会(第一委员会),经济和金融委员会(第二委员会),社会、人道主义和文化委员会(第三委员会),特别政治和非殖民化委员会(第四委员会),行政和预算委员会(第五委员会),法律委员会(第六委员会)。大会的主要权力是:讨论维护国际和平与安全的问题,并向会员国和安理会提出建议;审议维护和平与安全的普遍原则,包括裁军和军备控制等;研究促进世界政治、经济、社会、文化和卫生等方面的合作;接受并审议联合国其他机构的工作报告;选举安理会的非常任理事国;讨论接纳新会员国。大会根据安理会的推荐委任秘书长。

大会每年举行一届常会,会议从 9 月的第 3 个星期二开幕,通常持续到 12 月中旬,通常要讨论和通过上百个决议和决定。大会对所有审议的问题均在全体会议上进行表决,每一个会员国均有投票权。大会形成决议需有 2/3 的票数通过。必要时,大会可举行特别会议,但特别会议需由秘书长经安理会或会员国过半数的请求方能召开。大会通过的这些决议或决定只具有指导性,不具有强制力。也就是说,不具有法律约束力。成员国若不执行联合国大会的决议或决定,也没有什么具体的惩罚措施。

(2)安全理事会(简称安理会)

根据《联合国宪章》,安全理事会是联合国在维持国际和平与安全方面的主要责任机构。它有 15 个理事国,其中包括美国、苏(俄罗斯)、中国、英国、法国在内的 5 个常任理事国以及 10 个非常任理事国。每个理事国有一个投票权,而 5 个常任理事国对实质性问题具有否决权。安理会是联合国中唯一有权采取行动维持国际和平与安全的机关,全体会员国有义务接受并执行安理会的决定。它可以调查任何争端或可能导致国际冲突的局势,有权制止侵略活动。当发生战争时,有权发出停火命令,采取政治、经济等各种制裁措施,乃至派出联合国维和部队。“大国一致”原则是安理会解决问题最重要的原则。安理会 5 个常任理事国中的任何一国都有否决权，即使15个理事国中14个理事国同意的议案，只要有一个常任理事国否决，就不能通过。安理会通过的决议具有法律约束力。安理会在通过某一决议后，联合国全体成员国都要执行。

非常任理事国由联合国大会选举产生，最初为6个，1965年增加到10个，席位按地区分配，即非洲地区3个；亚太地区、拉美和加勒比地区、西欧和其他地区各2个；东欧地区1个。具体哪个国家成为本届非常任理事国，则由该地区选举产生。非常任理事国任期2年，经联合国大会选举每年更换5个。非常任理事国不具有否决权。

(3)经济及社会理事会(简称经“社理事会”)

经社理事会，是根据《联合国宪章》处理人口、世界贸易、经济、社会福利、文化、自然资源、工业化、人权、教育科技、妇女地位、卫生及其他有关事项的联合国机构。经社理事会由54个理事国组成，任期3年，每年由大会改选其中18个理事国，任期届满可连选连任。理事会每年至少举行2次会议，研究讨论有关国际经济、社会、文化、教育、卫生以及其他问题，向联合国大会和专门机构提出建议。其附属机构包括联合国专门机构、职司委员会、区域委员会、常设委员会以及一些常设专家机构。经社理事会与国际非政府组织及各国的非政府组织也保持密切联系和合作。

(4)秘书处

秘书处为联合国其他机构服务，并执行这些机构制定的方案和政策，是联合国的办事机构、执行机构、服务机构。秘书处由秘书长1人，副秘书长、助理秘书长若干人以及联合国组织所需要的其他行政工作人员组成。秘书长是秘书处的最高领导，是联合国的行政首长，任期5年，可连选连任。现任秘书长是古特雷斯。

(5)国际法院

国际法院是联合国的主要司法机构，即荷兰海牙国际法庭，其职责是依照国际法解决各国向其递交的法律争端，并就正式认可的联合国机关和专门机构提交的法律问题提供咨询意见。国际法院由15名不同国籍的独立的法官组成，其中有一位来自中国。这15位法官由大会和安理会选举产生，任期9年。国际法院不受理个人案件，只受理国家间的诉讼。

(6)托管理事会

托管理事会是在大会权力之下负责监督托管领土的行政管理机构。1945年联合国成立时，占全世界人口1/3的7.5亿人民仍生活在附属于殖民国家的非自治领土内。托管理事会的任务，是对由7个会员国管理的11个托管领土实行国际监督，并确保管理国采取适当措施为托管领土的自治或独立做好准备。

截至 1994 年，所有托管领土都已取得自治或独立。托管理事会于 1994 年 11 月 1 日停止运作。

（二）联合国的地位和作用

联合国作为一个世界性组织，其主要职责是维护世界和平与安全，但在冷战形势下，很长时期内它成为美国向外侵略的工具，此后又变成美苏两个超级大国进行争斗和交易的场所。只有在第三世界兴起后，大批亚、非、拉国家加入，才改变了联合国的面貌。综观 70 多年来的发展历史，联合国的作用在逐步发生变化，对国际关系的影响巨大。

1.联合国作用的变化

20 世纪 50 年代，美国曾利用联合国直接侵略朝鲜。1950 年朝鲜战争爆发后，在苏联代表缺席的情况下，美国操纵安理会通过一系列的决议，诬蔑朝鲜民主主义人民共和国为“侵略者”，进而打着联合国旗号成立由美国统率的所谓联合国部队，发动了对朝鲜民主主义人民共和国的大规模战争，联合国从而成为美国推行战争政策的工具。

20 世纪 60 年代，大批发展中国家加入联合国，改变了这个组织的成分和面貌。在 1964 年召开的联合国第一届贸易与发展会议上，发表了《七十七个发展中国家联合宣言》，强烈谴责资本主义国家的掠夺与剥削。从此，七十七国集团在联合国内外与发达国家展开了持续的经济斗争，联合国活动的内容显然变化了。

20 世纪 70 年代，不结盟运动力量的壮大，对联合国产生更进一步的影响。1974 年 4 月 9 日至 5 月 2 日，联合国大会第六届特别会议在纽约举行。经过发展中国家与发达国家之间的激烈争论，会议最后通过了《建立国际经济新秩序宣言》和《建立国际经济新秩序行动纲领》等文件，成为发展中国家为争取建立公正、合理的国际经济新秩序的重要依据。

20 世纪 80 年代，联合国在反对苏、美两个超级大国推行的霸权主义政策方面，较充分地反映了发展中国家的愿望。1980 年 1 月，联合国大会召开特别紧急会议，讨论苏联入侵阿富汗的局势，会议以压倒多数通过决议，要求外国军队无条件地从阿富汗撤出。1981 年，第 35 届联合国大会以及由联合国召开的其他会议，曾经 5 次讨论南部非洲的问题，谴责南非占领纳米比亚和对该国人民进行镇压，呼吁世界各国支持纳米比亚人民的斗争。1983 年以后，联合国大会多次通过决议，要求越南军队撤出印支、美国军队撤出格林纳达、苏联军队撤出阿富汗、南非军队撤出安哥拉以及以色列从所占阿拉伯国家的领土上撤出。这表现出联合国在伸张正义方面，态度是明确的，其立场和职能的转变也是鲜明的。

冷战结束以后，随着世界政治格局多极化趋势的发展，联合国在全球治理方面的作用不断加强。在维护世界和平和地区稳定方面,联合国发挥了冷战时期从未发挥过的作用;在军控和裁军方面,联合国也作出了积极有益的贡献;在促进经济和社会发展、保护生态环境方面做了大量工作,成为各国、各地区的协调中心;联合国还成为大国调整相互关系以及发展中国家维护利益、交换意见,共同推动建立和平、公正、民主的国际新秩序的最重要的场所。

联合国越来越重视推动经济社会和人权事务方面的工作。20 世纪 90 年代以来,联合国召开了一系列与此相关的会议。如 1992 年在巴西里约热内卢举行的联合国环境与发展会议,1993 年在奥地利维也纳召开的世界人权会议,1994 年在埃及开罗举行的国际人口与发展会议,1995 年在中国北京召开的第四次世界妇女大会,2000 年召开千年首脑会议,2015 年联合国可持续发展峰会达成了"改变我们的世界——2030 年可持续发展议程"的协议等等。这些会议使各国了解了全球发展面临的挑战与经济发展存在的问题,有利于协调各国的发展政策,推动各国在促进发展方面采取积极行动,对促进发展中国家发展发挥了较大作用。

2.联合国维和行动及其特点

联合国成立的初衷是为了避免再次发生世界大战,特别是大国之间直接的军事冲突。为此,《联合国宪章》确立了大国一致原则,建立集体安全制度,赋予安理会维护国际和平与安全的首要责任,并设立拥有否决权的常任理事国。联合国维和行动是指在联合国安理会授权下,通过使用非武力的方式协助发生冲突的各方维持和平状态或恢复和平,并最终实现和平的一种行动。自 1948 年联合国停战监督组织(UNTSO)建立以来,维和行动为实现《联合国宪章》"维持国际和平及安全"的宗旨作出了卓越贡献。当前仍有成千上万的维和人员冒着生命危险在动荡不安的环境中继续执行维和使命,承担着监督停火、协助选举,维护法治、援助重建与促进国家和解等艰巨的任务。尽管不是每一项维和行动都是成功的,但多数维和行动取得了良好的效果。

综观 70 余年的发展演变,联合国维和行动具有如下特点。

(1)权威性。根据《联合国宪章》的规定,联合国有权按一定的规范和程序向世界任何冲突地区派遣维和人员或部队。这些人员或部队只对联合国负责,独立于任何国家,既不受东道国的管辖,也不受派遣国的指挥。同时,联合国的维和人员也严守中立与公正的原则,维和部队对冲突各方采取不偏不倚的第三者立场,不干涉驻在国的内部事务。这就保证了联合国的维和具有权威性和有效性。

(2)频繁性。冷战期间联合国维和行动规模小,任务单纯。从成立到 1988 年的 40 年间,联合国开展重大维和行动共 13 次,主要集中在中东、南亚和非洲三个地区。冷战后的维和任务加重。1988 年之后的 20 年间，联合国就进行了 30 多次重大维和行动，在数量和规模上都大大超过了前 40 年。1990 年以来，截至 2022 年 5 月，仅中国军队就参加了近 30 项联合国维和行动，累计派出维和官兵近 5 万人次。①

（3）复杂性。冷战后联合国维和使命日益复杂。根据联合国维和的原则规定，维和人员的派遣必须得到驻在国同意；维和部队在非自卫情况下不得使用武力；维和行动仅限于加拿大、澳大利亚、伊朗等中小国家参加。冷战后这些原则已经逐步被突破：首先，参加维和国家的范围扩大；参加维和的人员不限于中小国家，扩大到了包括安理会 5 个常任理事国在内。其次，维和内容扩展。除军事人员外，还增加了大量文职人员，维和内容也扩展到了负责选举事务、财务、工程、保健、行政等繁杂的事项。最后，维和行动的强制性加大。尤其是美国和北约，动辄对某些国家和冲突地区实施经济制裁、军事封锁，乃至诉诸武力。这说明联合国的维和行动仍受到美国的左右，冷战思维和强权政治在现实的国际关系中远没有被消除。

（三）冷战后联合国面临的任务

冷战结束后，国际形势发生了深刻变化，世界更需要联合国这样具有广泛性和权威性的国际组织，国际社会对联合国的期待更高。联合国将承担起维护和平、促进发展以及解决全球性问题的各种重担。

1.在解决国际争端方面继续发挥重要作用

冷战年代，由于美苏两个超级大国在安理会内的对立，联合国在控制地区冲突扩大和调解地区争端方面显得软弱无力。冷战结束后，世界并不安宁。冷战时被东西方对抗所掩盖的民族冲突、领土争端、宗教矛盾再一次突显，威胁世界和平的不安定因素呈现分散化、潜在化和不确定化的趋势，联合国维和行动的次数和作用也大大增加。联合国在维和方面的任务更加艰巨。

2.更好发挥各国行动协调中心的作用

冷战结束后，全球性和跨国问题，诸如生态环境恶化、贫困失业、人口膨胀、疾病流行、毒品泛滥、国际恐怖主义猖獗等日益突出。这些新型挑战和全球性问题的解决，不仅要靠各国自身的努力，还需要国际上的相互配合和合作，客观上要求超越传统的主权国家界限与范畴。于是人们更多地把目光投向联合国这个最具权威的国际组织，联合国日益成为协调各国和各国际组织间关系的中心。

3.在推动全球经济繁荣和各国共同发展方面的任务极其艰巨

冷战时期，联合国投入大量的人力、物力来关注国际社会的经济问题，在救

---

① 参见《中国“蓝盔”成为联合国维护和平的关键力量》，新华网，2022 年 5 月 26 日。

济灾荒和提供人道主义援助、通过国际金融组织提供开发贷款服务等方面均作出了贡献。但由于东西方对抗的缘故，联合国对协调全球经济发展则无能为力。冷战结束后，经济因素取代了军事因素在国际关系中占据主导地位，国际竞争特别是经济和科技的竞争已成为当代的主导趋势。虽然前期已经做了大量工作，但联合国在促进全球发展与繁荣方面仍任重道远。

二、主要区域性国际组织

(一)北大西洋公约组织

北大西洋公约组织，简称“北约”，也称“北大西洋联盟”或“北大西洋集团”，创立于 1949 年 4 月 4 日，总部设在布鲁塞尔。现有成员 30 个，它们是比利时、冰岛、丹麦、德国、法国、荷兰、加拿大、卢森堡、美国、挪威、葡萄牙、土耳其、西班牙、希腊、意大利、英国、波兰、匈牙利、捷克、爱沙尼亚、拉脱维亚、立陶宛、斯洛伐克、斯洛文尼亚、罗马尼亚、保加利亚、克罗地亚、阿尔巴尼亚、黑山和北马其顿。2020 年 3 月 27 日，北马其顿正式加入北约，成为北约的第 30 个成员国。2022 年 6 月 29 日，北约成员国已正式同意邀请瑞典和芬兰加入北约。

北约的最高决策机构是北约理事会。理事会由成员国国家元首及政府首脑、外长、国防部长组成，常设理事会由全体成员国大使组成。

北约是全球最大的军事、政治组织，其成立之初的宗旨是“各成员国在集体防务和维持和平与安全方面联合努力，促进北大西洋地区的稳定及福利”。承诺在任何成员国同他国发生战争时，其他成员国必须立即单独或同其他成员国一起采取必要的行动，包括使用武力。这一宗旨反映了二战之后美欧各国协调内部关系、共同对抗苏联的战略需求和政治取向。冷战时期，北约与华约在美苏两个超级大国的控制下，长期对峙，严重威胁了世界和地区的和平与稳定。20 世纪 90 年代初，东欧剧变，华约解散，北约存在的军事基础发生了动摇。但以美国为首的北约国家迅速地调整了该组织的功能。现在北约已由冷战时期的防御性和地区性的军事集团，转变为扩张性的和进攻性的并带有全球性的军事政治集团，不断制造假想敌，挑起军备竞赛，强化了美国在全球的霸权态势，引起国际安全形势恶化，阻碍了联合国正常作用的发挥。

(二)欧洲联盟(简称“欧盟”)

欧盟的前身是欧共体。其基本宗旨是西欧各国在谋求自身政治、经济的独立、安全和发展的基础上，加强相互间的合作，协力创造一个超国家的统一的欧洲。1993 年 11 月 1 日，《马斯特里赫特条约》生效，标志着欧洲共同体正式发展为欧洲联盟，现有成员 27 个。目前，阿尔巴尼亚、黑山、北马其顿、土耳其、塞尔维亚和乌克兰是入盟候选国。欧盟是目前国际社会中一体化程度最高的国际组织，在国际关系和国际事务中扮演着重要角色。

欧盟共有 5 个主要机构：(1)欧洲理事会，又称“欧盟首脑会议”或“欧盟峰会”，是欧盟最高决策机构。欧洲理事会由成员国国家元首或政府首脑及欧洲理事会主席、欧委会主席组成。(2)欧盟理事会，又称“部长理事会”，是欧盟立法与政策制定、协调机构。理事会由每个成员国各 1 名部长级代表组成，按不同议事领域由相应部长组成，除外长理事会由欧盟外交与安全政策高级代表主持外，理事会主席由轮值主席国担任，任期半年。(3)欧盟委员会，简称“欧委会”，是欧盟立法建议与执行机构。现任主席为德国前国防部长冯德莱恩。(4)欧洲议会，为欧盟监督、咨询和立法机构。议员由成员国直接选举产生，任期 5 年。(5)欧盟对外行动署，由欧盟外交与安全政策高级代表(兼任欧盟委员会副主席)领导，协调成员国外交政策。

(三)东南亚国家联盟

东南亚国家联盟，简称“东盟”，成立于 1967 年，是东南亚地区的区域性国际组织，前身是东南亚联盟。现有 10 个成员国，即印尼、马来西亚、菲律宾、新加坡、泰国、文莱、越南、缅甸、老挝和柬埔寨。东盟主要机构有首脑会议、外长会议、常务委员会、经济部长会议、其他部长会议、秘书处、专门委员会以及民间和半官方机构。首脑会议是东盟最高决策机构。秘书处设在印尼首都雅加达。该组织的宗旨是：在平等与协作基础上加速本区域的经济增长、社会进步和文化发展，促进本地区的和平与稳定，增进地区的经济合作与相互援助，同其他国际组织保持紧密和有益的合作。

东盟成立后，在加强区域内经济合作、保持政治上的团结、协调内部关系、与西方国家对话等方面取得了显著成效。20 世纪 90 年代初，东盟率先发起区域合作进程，逐步形成了以东盟为中心的一系列区域合作机制。1994 年 7 月成立东盟地区论坛，1999 年 9 月成立东亚—拉美合作论坛。其中，东盟与中日韩(10＋3)、东盟分别与中日韩(10＋1)合作机制已经发展成为东亚合作的主要渠道。此外，东盟还与美国、日本、澳大利亚、新西兰、加拿大、欧盟、韩国、中国、俄罗斯和印度 10 个国家及国际组织形成对话伙伴关系。2003 年，中国与东盟发展为战略协作伙伴关系，中国成为第一个加入《东南亚友好合作条约》的非东盟国家。为了早日实现东盟内部的经济一体化，东盟自由贸易区于 2002 年 1 月 1 日正式启动。自由贸易区的目标是实现区域内贸易的零关税。2003 年 10 月在印尼巴厘岛举行的第 9 届东盟首脑会议决定，东盟将于 2020 年建成东盟共同体。2007 年 11 月，东盟 10 国领导人在新加坡签署了《东盟宪章》。它是东盟成立以来第一份对所有成员国具有普遍法律约束力的文件。宪章规定，东盟是维护区域和平、安全与稳定的组织，旨在加强政治、安全、经济和社会文化领域的合作，确保成员国和平相处，保持东南亚的无核区地位，缩小成员国之间的差距、实现均衡和谐和可持续发展；提高公民的东盟意识，建立以人为本的社会，并努力保持东盟在该区域的“核心作用”，提高东盟在世界舞台上的影响力。2015 年 12 月 31 日，东盟共同体正式建成。2011 年 11 月，东盟提出“区域全面经济伙伴关系”倡议，旨在构建以东盟为核心的地区自贸安排。2022 年 1 月，《区域全面经济伙伴关系协定》(RCEP)正式生效。

(四)上海合作组织(简称“上合组织”)

上海合作组织的前身是由中国、俄罗斯、哈萨克斯坦、吉尔吉斯斯坦和塔吉克斯坦组成的“上海五国”会晤机制。2001 年 6 月 “上海五国”和乌兹别克斯坦签署了《上海合作组织成立宣言》，宣告上海合作组织正式成立，创始成员国为中国、俄罗斯、哈萨克斯坦、吉尔吉斯斯坦、塔吉克斯坦、乌兹别克斯坦。

上海合作组织对内遵循“互信、互利、平等、协商、尊重多样文明、谋求共同发展”的“上海精神”，对外奉行不结盟、不针对其他国家和地区及开放原则。自成立以来，上海合作组织在安全、经贸、文化、军事、司法等各领域、各层次的合作相继展开，并不断得到加强。2001 年签署了《打击恐怖主义、分裂主义和极端主义上海公约》。“9・11”事件后，上海合作组织成员国加强了以打击本地区恐怖主义、极端主义和分裂主义“三股势力”为中心的反恐合作。在经贸合作方面，签署了《上海合作组织成员国多边经贸合作纲要》，并采取了一系列措施落实该纲要。2005 年 7 月，上海合作组织决定给予巴基斯坦、伊朗和印度三国观察员地位。2017 年 6 月，印度和巴基斯坦正式成为上合组织成员，上海合作组织成员国由 6 个增至 8 个。现有阿富汗、白俄罗斯、伊朗、蒙古 4 个观察员国，阿塞拜疆、亚美尼亚、柬埔寨、尼泊尔、土耳其、斯里兰卡、埃及、卡塔尔、沙特阿拉伯 9 个对话伙伴。上海合作组织框架内还设有外交、国防、安全、经贸、文化、卫生、教育、交通、紧急救灾、科技、农业、司法、旅游、国家协调员等会议机制，其“和平、合作、发展”的宗旨得到世界上越来越多的国家和国际组织的认同。

(五)非洲联盟(简称非盟)

非洲联盟是集政治、经济、军事等于一体的区域性国际组织。它的主要任务是维护和促进非洲大陆的和平与稳定，推行改革和减贫战略，实现非洲的发展与复兴。

非盟的前身是非洲统一组织(简称非统组织)。1999 年 9 月，非统组织第 4 届特别首脑会议通过《锡尔特宣言》，决定成立非盟。2000 年 7 月，第 36 届非统首脑会议通过了《非洲联盟章程草案》。2002 年 7 月非盟正式成立。截至 2022 年 6 月，非盟共有 55 个成员国，总部设在埃塞俄比亚首都亚的斯亚贝巴。

非盟主要机构有非盟首脑会议、执行理事会、泛非议会、常驻代表委员会和非盟委员会。

作为非洲大陆的区域性组织，非盟自成立以来为消除地区贫困、促进非洲大陆经济发展、维护地区和平作出了积极努力。非盟致力于建设一个团结合作的非洲，力争各成员国在重大国际事务中能够用一个声音说话。非盟积极推动各成员国加强基础设施建设、吸引和争取外资及援助，以促进非洲大陆经济一体化。在维护地区安全、调解地区战乱和冲突方面，非盟也采取了积极行动。非盟参与调解布隆迪、刚果(金)、利比里亚、索马里、科特迪瓦和苏丹等国的冲突，有效地避免了上述国家的安全局势进一步恶化。

(六)美洲国家组织

美洲国家组织是成立最早的区域性国际组织，是西半球最重要的政治组织，在维护本地区稳定与安全、促进和平与发展、推动一体化建设等方面发挥了积极和重要的作用。1888 年 9 月至 1890 年 4 月，美国同拉美 17 国在华盛顿举行了第一次美洲国家国际会议(简称“泛美会议”)，成立了“美洲共和国国际联盟”。1948 年第 9 次美洲国家会议通过《美洲国家组织宪章》(又称“波哥大公约”)，联盟遂改称为“美洲国家组织”。美洲国家组织总部设在华盛顿，现有成员国 35 个，包括美国和 34 个拉美国家。古巴系美洲国家组织成员国，1962 年被中止成员国资格。2009 年美洲国家组织第 39 届大会一致通过废止中止古巴成员国资格的决议，但古巴拒绝重返该组织。委内瑞拉政府于 2019 年 4 月宣布正式退出该组织。同月，该组织强行通过决议接受委“临时总统”瓜伊多委任的常驻代表。美洲国家组织现有常驻观察员 72 个。2004 年 5 月中国成为该组织第 60 个常任观察员。该组织的宗旨是：加强美洲大陆的和平与安全，保障成员国之间和平解决争端，协调对付侵略的共同行动，谋求解决成员国间的政治、法律、经济问题，促进各国经济、社会、文化发展与合作，加速拉美国家一体化进程。

成立之初，美洲国家组织以发展商务为主，但后来其活动范围扩展到了政治、经济、社会、军事、文化、司法等各个方面。美洲国家组织曾长期受美国的控制，成为美国借以排除欧洲国家的势力、干涉拉美国家内政的有效工具。自 20 世纪 70 年代开始，拉美国家日益团结，抗衡美国势力的能力有所加强，美洲国家组织成为拉丁美洲发展中国家反对超级大国的霸权政治、维护发展中国家权益的主要平台。在 1996 年美洲国家组织第 26 届全体大会上，33 个拉美国家一道谴责美国国会通过的《赫尔姆斯—伯顿法》，反对对古巴进行经济制裁。2001 年 4 月美国抛出“美洲民主宪章草案”，主张在美洲地区，一旦某国突然中止民主进程，地区各国有义务对其进行制裁。6 月，第 31 届美洲国家组织大会决定不再讨论“美洲民主宪章草案”问题。这是自 1948 年美洲国家组织成立以来首次出现美国“指挥棒”失灵的现象。2005 年 5 月在美国召开的美洲国家组织大会上，美国提议成立一个美洲国家间监督和追踪民主的机构，但遭到多数成员国的反对。美国以民主为名，想通过美洲国家组织加强控制拉美的图谋没能得逞。2021 年 11 月，美洲国家组织第 51 届年会通过线上方式举行。美洲地区 20 余国外长参会，讨论推动地区创新发展等问题。

三、重要专门性国际组织

根据专业特点，联合国专门机构可以作出如下分类：交通运输及通信方面的组织，如国际电信联盟、万国邮政联盟、国际海事组织、国际民用航空组织等；工农业方面的组织，如工业发展组织、国际劳工组织、粮食及农业组织；文化、科教卫生方面的组织，如教育、科学及文化组织，世界卫生组织，世界气象组织，世界知识产权组织等；金融贸易方面的组织，如世界贸易组织、国际货币基金组织、国际复兴开发银行（世界银行）、国际金融公司、国际开发协会；等等。

在上述联合国专门机构中，作用突出、比较著名的有世界贸易组织、国际货币基金组织、世界银行、联合国教科文组织等。

第七章　美国的政治经济与对外战略

美利坚合众国位于北美大陆，东临大西洋，西濒太平洋，北接加拿大，南靠墨西哥，国土面积 937 万平方公里，人口约为 3.33 亿(截至 2021 年 8 月 15 日)，由 50 个州和 1 个特区组成。美国是一个后起的资本主义国家，1776 年 7 月 4 日发表《独立宣言》，正式宣布建国。随后经济得到迅速发展，政治上形成了独具一格的政治制度。第二次世界大战结束后，美国成为超级大国，极力推行称霸世界的全球战略，对世界政治经济和国际关系产生了重大影响。冷战结束后，美国凭借其世界上唯一超级大国的地位和经济、科技、军事上的优势，积极谋求建立由其领导的单极世界。

第一节　美国的政治

一、美国的政治制度

美国政治制度既可称为宪政共和制，也可称为宪政民主制。因为它不仅是一种代议制民主制或曰共和制，而且是一种宪政制度。美国政治制度是在反对英国殖民统治的资产阶级革命中确立起来的，因而具有鲜明的民主意义。它的基本特征主要包括如下几点。

(一)宪政主义

凡是政府权力的运行以宪法体系为主轴的政治体制就是宪政体制。美国是最早、也是最典型的成文宪法制国家，美国联邦宪法是世界上第一部现代成文宪法。

除了规定具体的制度安排，美国宪法更主要的作用在于规定了一系列政治原则，主要包括人民主权原则、限制政府权力的原则、权力的分立与制衡原则、联邦与州分权的原则和文官控制军队的原则。

美国的宪法学著作一般认为，限权政府原则是美国宪法的精华所在。在宪法中，这一原则体现在两个方面：一是法治原则，即任何政府机构和官员都必须在宪法和法律的范围内行使权力，政府的权力不是绝对的，在法律面前人人平等;二是“权利法案”原则,即宪法所规定的个人权利,不受政府的非法侵犯。正是限权政府原则使得美国成为真正的宪政主义国家。

(二)联邦制

从国家结构看,即从国家总体同其组成部分的关系看,有两种体制:分权的联邦制和中央集权的单一制。美国是典型的联邦制国家,中央政府(联邦)和各个组成部分(州)都享有宪法上的独立地位,其权力均直接来自人民。

美国是世界上第一个建立现代联邦制的国家。1776～1787年的美国为邦联制国家。1787年《美利坚合众国宪法》改国家结构形式为联邦制,在建立统一的联邦政权的基础上,各州仍保有相当广泛的自主权。关于联邦政府与州政府的权力划分原则,联邦宪法未予载明,直到宪法第十条修正案才作出补充规定:“宪法未授予合众国,也未禁止各州行使的权力,由各州各自保留,或由人民保留。”两级政府权力的这一划分原则,是根据联邦宪法制定前的政治现实确定的。在联邦政府成立前,各州都是保持独立和主权的政治实体。制宪会议所确定的联邦政府的权限,实际上是各州把自己拥有的一部分权力让予联邦政府。所以,联邦政府的权力被视为各州及人民对联邦的授予权,以列举的方式载明于联邦宪法。各州没有让予联邦的权力,由各州保留使用,因此,州政府的权力被称为保留权。

按照宪法,联邦政府只能行使宪法明确授予的权力,以及根据最高法院解释可以从授予权力合理引申出来的权力,即“默示权力”。授予权力就是宪法第一至四条(主要是第一条第八款)所列举的权力,如发行货币、管理对外贸易、建立陆军海军、办理外交和缔结条约、接纳新州加入联邦等。宪法第一条第八款规定,国会有权制定为执行宪法授予权力所“必要和适当的所有法律”。这一极富弹性的条款是联邦政府默示权力的宪法依据,后来成为扩大联邦政府权力的重要手段。

什么是州的保留权力,宪法并无具体规定。传统上,这些权力包括:制定州宪法,管理州内工商业、道路、卫生、教育、公安、选举等事务,审理一般民刑事案件,以及建立和监督地方政府等。有些权力是联邦和州政府都可行使的,如征税、借款、设立银行和公司、设立法院、制定和实施法律、举办公共福利事业等。宪法还禁止联邦政府和州政府行使某些权力,尤其是损害“个人自由”的权力,如不经正当法律程序,不得剥夺任何人的生命、自由和财产等。

联邦制使美国成为一个统一的资本主义国家,联邦宪法、联邦政府在美国具有至高无上的地位。宪法第六条规定:“本宪法和依本宪法所制定的合众国法律,以及根据合众国的权力已缔结或将缔结的一切条约,都是全国的最高法律;每个州的法官都应受其约束,即使州的宪法和法律中有与之相抵触的内容。”这一条保证了联邦地位高于州的地位，从而使联邦政府享有代表全国统一行动的自由。

(三)总统制

西方国家都有某种形式的分权制，但就立法和行政的关系而言，其政府组织形式有议会内阁制和总统制之分。美国实行的是总统制，而总统制的基础就是三权分立与制衡的原则。

美国三权分立的基本内容是：立法权属于国会，行政权属于总统，司法权属于最高法院，各自独立操作，相互间没有隶属和责任关系。为了保障三个部门的独立和分立，美国宪法对国会议员、总统、法官的产生和任期作了不同的规定。

美国宪法在严格划分了立法、行政和司法分立的同时，也在三权之间建立了密切的制衡关系。宪法有意使三个政府部门的权限部分地重叠，并且使每个部门都拥有制约其他部门的手段。

在议会内阁制下，立法与行政是合一的，行政首脑(首相或总理)由议会产生，对议会负责。对政府的监督和制约主要靠议会中的反对党。在美国，根据三权分立原则，总统完全独立于立法机关。总统的独立地位表现为：它由全国选民普选产生，而不由国会产生；它的权力由宪法明文规定，而不是由国会授予；它的任期由宪法规定，不受国会信任与否的影响。美国的制宪者们创立了以总统作为行政首脑的行政和立法分立的总统制，由宪法赋予总统很大的权力。但是为了防止行政首脑滥用权力，独断专行，又对总统的权力规定了必要的制衡措施。1974 年尼克松在其总统的第二届任期内被迫辞职，就是因"水门事件"而遭到司法委员会的弹劾所致。

(四)选举制

在美国，选举是有宪法依据的一种制度安排。按照宪法体现的代议制原则，代表人民的政府和官员都要通过选举来获得合法性。从政治参与的角度看，选举也是公民参加国家事务管理和监督政府的最重要手段。

美国有几十万个公职需要通过选举来填补，除总统由间接选举产生外，其余的民选官员都由选民直接选举产生。与其他西方国家相比，美国的民选职位数目和选举次数是最多的。之所以如此，主要是因为美国人对政府权力持怀疑态度，因而多设民选职位，并规定较短任期，以约束官员。美国不仅选举多，而且选举总是按宪法和法律规定的期限和时间按时举行，从不推迟或提前，即使战时也是如此。在选举中，政党和政治活动家也总是遵守"竞技规则"。权力的转移是有序、和平进行的，保持了政局的稳定。

现今美国的选举有两种：直接预选和正式选举。前者是提名政党候选人的选举，后者则是从各政党提名的候选人中选出担任公职的人。两种选举都由地方政府承办。

在美国诸多的选举中，四年一度的总统大选是最重要的。按照宪法规定，总统不是由选民直接选举出来，而是由各州议会选出选举人团，再由选举人团选举出总统，这是一种间接选举。

根据选举人团制度，每个州的选举人数同该州在国会参众两院的议员人数相等。目前 50 个州共有 535 名议员。1961 年的宪法修正案规定首都华盛顿哥伦比亚特区拥有 3 张选举人票。这样，总统选举人票就有 538 张。在大选(选举年的 11 月份)后的 12 月份，当选的选举人在各自所在州的首府投票选举总统和副总统。获得过半选举人票，即 270 张以上者就当选为总统。除了缅因州和内布拉斯加州稍有不同外，其余各州均实行获选票多者赢得全部选举人票的规则，也就是所谓的"赢者通吃"或"胜者全得"。通过赢者通吃的方式，可以一次到位立即产生总统，以避免可能的政治纠纷，同时使小党没有生存空间，确保两大政党轮流执政。总统因触犯法律遭弹劾，则副总统继任，不存在必须解散内阁、提前举行全国大选之事，从而使政局稳定。但是，由于采用"赢者通吃"的计算方式，就可能出现候选人赢了全国按人头计算的普选票，却因选举人票没过半而输了大选的现象。例如，2000 年大选时，在全国人头票中，民主党候选人戈尔比共和党候选人布什多出 50 万张，但由于最后在佛罗里达州布什赢了戈尔几百张人头票，按"赢者通吃"原则，布什就赢得了该州的全部 25 张选举人票，因而使他的选举人票在全国超过半数，从而当选总统。2016 年大选时，希拉里获得的选票比特朗普多出 200 多万张，但"赢者通吃"的选举人制度使她失掉了当选总统的机会。美国历史上已出现了 5 次在没有获得多数选民支持的情况下当选总统的情形。这就意味着，选举人团制度虽然可以较为高效地产生总统，但掩盖了民意上的巨大分歧，也导致美国普通民众对政治越来越冷漠，最近 30 年的总统选举投票率少有突破 60%的情况。

200 多年前，美国的立国者选择了选举人团的方案，考虑的是要贯彻分权制衡的原则，克服全国分散隔阂的障碍，避免民众直接选举的盲目性和非理性，发挥精英阶层的经验、理性和智慧，兼顾人口分布的不均衡和大小州的平衡。这一方案最本质的特点是，把选举交给各个州，联邦政府和现任总统处于"无所作为"的地位。这一设计从制度构造上决定了美国选举"极其分散"的特点。

(五)两党制

政党制度是美国政治制度的重要组成部分。尽管美国宪法根本未提到政党，然而像其他现代国家一样，政党在美国政治中起着重要作用。美国是事实上的两党制国家。两党制出现于 19 世纪 30 年代，确立于南北战争时期。此后，美国一直是由民主、共和两党轮流执政，垄断政府权力，目前美国 95%以上的公职均由两党掌握。虽然美国一直存在不少影响有限的小党，以及在某些选举中昙花一现的第三党，但均未对两党形成真正的威胁。

美国两党制具有下列特征：第一，美国的两党制不存在英国式的反对党。在美国两党的政治角逐中，不存在一党完全执政、另一党完全在野的情况。经常出现的局面是，一党控制总统职位，另一党控制国会，或一党控制总统职位，两党分别控制国会参众两院。美国的执政党和非执政党之分，主要是指哪一个党占据白宫的总统职位而言的。第二，组织松散，权力分散。美国的两党都不是严格意义上的政党。虽然两党均有全国组织（全国代表大会和全国委员会）、州组织（州代表大会和州委员会）以及县和市的基层组织三级机构，但是上级机构一般都无力控制下级机构。整个党组织也无力控制其党员。第三，选民基础日益重合。两党是不同利益和集团的大联合。从选民角度说，民主党吸引着为数众多的非洲裔和其他少数民族以及犹太人、天主教徒、南方人、体力劳动者、知识分子、年轻人、教育程度低的人、穷人。共和党则通常对企业主管人员、专业人员、农场主、郊区居民、富人具有特别吸引力。虽然上面所列民主党的大联合和共和党的大联合大体上反映出两党的支持者是有所不同的，但没有一个集团固定地支持一个政党，且选民对政党的选择也是不断变化的。而且，这种大联合往往使两党回避分歧严重的问题，在许多问题上采取中间立场，避免过左或过右的极端立场，以求在选举中赢得更多的选票。

二、当代美国政治制度的变化

二战结束以来，美国的政治制度发生了若干重大变化。

（一）制衡制的变化

美国建国后，掌握立法权的国会一直是联邦政治的中心。在20世纪30年代之前，除杰克逊、林肯、西奥多·罗斯福等少数几位强势总统能与国会抗衡以外，国会在中央政府的三个部门中一直居于主导地位。但是，随着1933年富兰克林·罗斯福推行“新政”后政府对社会经济生活的干预程度加强，权力的天平开始向总统和行政部门倾斜，总统日益成为全国政治的中心。1937年以后，联邦最高法院对宪法作了从宽解释，认可了总统权力的扩张。二战结束后，随着国家垄断资本主义的空前发展和生产的高度社会化，以及原子时代的到来和美苏争霸的展开，美国总统的权力更为迅速地扩张。

1.以总统为核心的行政权力得到进一步的加强

二战后各项事务的社会化和专门化，各种社会矛盾的充分暴露，使“坐而论道”的议会政治及其“辩论—表决”的决策模式在反应灵敏、决策果断和行动迅速的行政机关面前相形见绌。美国总统及其领导下的行政部门管辖的事务和承担的责任愈来愈多,联邦行政权的扩张也就随之顺理成章了。整个联邦行政权包括总统的权力和联邦行政机构的权力两个部分,二者不是完全一致的。

(1)扩大了行政各部。现在美国政府一共有 15 个内阁级的部、数百个署和局,其中国防部、住房和城市发展部、交通运输部、教育部、卫生和公众服务部都是第二次世界大战后新设的,最新增加的是 2002 年 10 月建立的国土安全部。不仅行政部的数量由二战前的 8 个发展到当前的 15 个,而且联邦政府的官员数量也大幅度增加。总统与各部的关系从指挥与监督变为各部从属于总统的关系,总统决定一切。

(2)扩大了总统办事机构。二战后直属总统的办事机构不断增加,现在已经有行政管理和预算局、白宫办公厅、国家安全委员会、经济顾问委员会、国内事务委员会、紧急战备局、国家航空和空间委员会等十几个委员会。总统办事机构的建立和扩大,不仅为总统提供了一个直接为其服务的处理日常工作的办公机构,而且为总统提供了一个阵容强大的高级参谋集团,从而使总统的权力更加集中。总统办事机构日益成为凌驾于各行政机构之上的一个决策和领导机构。

2.总统在立法上的作用和影响日益扩大

由于可通过立法倡议权、立法否决权和委托立法权来行使实际的立法权,总统已被认为是实际上的主要立法者。在罗斯福“新政”以前,立法权基本上掌握在国会手中。二战结束后,情况发生了变化。由于权力和责任日益集中到总统身上,国会的重要议事日程基本上由总统决定,总统向国会提出的“国情咨文”“预算咨文”“经济报告”和各种专门咨文成为国会立法活动的指南。总统管辖下的行政部门和机构所通过的规章条例也具有法律效力和作用。二战后总统使用否决权的范围和享有的国会委托立法权也有所扩大。

3.总统在外交和防务方面的地位和权力空前膨胀

总统是美国外交政策的最高负责人。二战结束后历届总统都把很大一部分时间花在外交和国际问题上。根据美国宪法,处理外交事务和军事事务的权力是由总统和国会共同行使的。二战后,美国日益深入地卷入世界事务,对外政策在美国政治生活中的重要性大大上升。复杂的国际形势、国际斗争以及同另一超级大国苏联的争夺,使外交和全球军事战略在美国政治日程上占有重要的地位。这就加强和扩大了身兼国家元首、政府首脑和武装部队总司令的总统在外交和国防方面的决策权力和作用,总统在外交和防务方面的地位和权力空前膨胀,掌握着外交和防务重大方针和政策的决定权,常常不通过国会而采取重大外交行动和军事行动。

根据美国宪法,总统和参议院共享条约权。总统有权缔结条约,但需经参议院 2/3 的多数批准。宪法并未明确提到行政协定问题。然而总统与外国缔结的行政协定，实际上与按照法定程序签订的国际条约一样，具有相似的法律效力。正是由于行政协定具有这些特点，自第二次世界大战以来，美国历届总统越来越频繁和广泛地在重大外交问题上使用行政协定来替代缔结国际条约，以回避参议院的否决，加强总统在外交领域的权力。

根据宪法规定，总统虽然拥有作为陆、海、空三军最高司令的权限，但宣战权却属于国会(宪法第一条第 8 款第 11 项)。也就是说，总统作为最高司令没有宣战权。然而，二战后的历届总统认为国家安全处于紧急状态时，总统有权动员军队向海外派兵，采取战争行动，并把这些看作总统固有的权力。对于总统权力扩张的问题，20 世纪 70 年代，在越南战争和“水门事件”的影响下，美国国会通过了一些旨在限制总统权力的法案，虽然对总统权力的扩张起到一定的限制作用，但并不能根本改变总统权力扩张的趋势。

尽管总统日益成为联邦政府的权力中心，但三权分立的格局并没有被打破，国会仍然拥有制约总统的有效力量，如“水门事件”之后，国会就通过了限制总统权力的《战争权力决议》。此外，联邦最高法院在国会与总统的权力斗争中也发挥了平衡的作用。从根本上讲，二战后出现的这种联邦集权、行政集权和总统扩权，是美国垄断资本主义发展和推行霸权主义政策的必然要求，是包括国会在内的以总统为中心的整个国家机器不断强化和加速运转的反映。

(二)联邦制的变化

20 世纪以后，美国联邦制开始发生重大变化。随着工业化和城市化的发展，城市居民猛增。遍布全国密如蛛网的交通线、数千公里的输油管、跨州跨国的大垄断企业和大联号商店，这些都不是州的法律所能管辖的。1913～1921 年的威尔逊总统和 1933～1945 年的罗斯福总统都曾大刀阔斧地改造联邦制，以加强联邦政府的权力。联邦政府介入传统属于州权范围的经济和社会领域，通过罗斯福“新政”的实践，实际上已为美国人民所接受。

二战期间，联邦根据宪法专享外交和军事权力，拥有对工资、物价和就业管制的权力，拥有致力于分配资源、训练人力和支持工程与发明的权力，这些都使联邦的地位更加突出。

二战结束后，美国政府在经济上没有能够摆脱凯恩斯主义的老路。联邦政府以增加纳税人负担的方式，以数额巨大的“联邦美元”，以种种方式干预和调节经济，增加就业机会和社会福利范围，以达到刺激经济的日的。结果，联邦政府集权化程度越来越高，州政府和地方政府在经济和社会领域的活动范围大为缩小，对联邦的依赖不断加强，在财政方面尤其如此。联邦政府通过大量的补助计划，将许多本属于州政府和地方政府的决策权转移到自己手中，并在很大程度上使州政府成为自己的执行机关。美国总统及其领导下的行政部门管辖的事务和承担的责任愈来愈多，联邦行政权的扩张也就顺理成章。联邦政府和各州的关系发生了很大变化。

总之，二战后美国联邦制演变的特点是联邦政府集权化日益明显，联邦权力大大扩张，州政府权力相对缩小。20 世纪 80 年代里根执政以后，联邦政府在收缩权力方面做了一些努力，但效果不明显。需要指出的是，即使是联邦权力扩张，州政府仍然保留了独立地位，州依然是活跃且重要的政治共同体。

(三)政治参与机制的变化

二战结束后，特别是 20 世纪 60 年代的黑人民权运动、妇女运动、青年学生运动和反战运动，极大地改变了美国社会的面貌，促进了社会民主化的发展。科技的发达、教育的普及、城市化的实现和就业机会的增加，是刺激妇女以及黑人等少数族裔自我意识觉醒的根本原因。

1.普选制的实行

美国宪法废除贵族头衔和世袭职务，规定所有公职向人民开放。不过，有选举权的“人民”概念是逐步扩大的，一开始只包括拥有财产权或纳税的白人男性公民。随着二战后政治民主化的进一步扩展并深入社会生活领域，美国政府不得不扩大选举权的范围。在黑人民权运动的强大压力下，国会于 1957 年、1960 年及 1965 年通过三项关于选举权的法案。其中，1965 年的《投票权利法》最为重要，因为它授权联邦政府在阻挠黑人参加选举的南方地区进行直接干预。1970 年国会又对 1965 年的《投票权利法》进行修订，禁止在任何联邦、州和地方选举中进行文化测试。至此，所有限制黑人选举权的障碍被彻底清除。在强大的女权运动压力下，美国政府在 1920 年赋予妇女以选举权。随着妇女运动在 20 世纪 60 年代的再起，联邦法院开始解释宪法条文以保护妇女不受性别歧视。国会、白宫以及许多州和地方政府相继修改法律，并采取种种措施给予妇女以平等的权利和机会。随着妇女和黑人的选举权得到保障，美国公民争取普选权的长期斗争基本终结。1971 年通过的宪法第 26 条修正案规定，年满 18 岁和 18 岁以上的合众国公民的选举权，不得因为年龄而被合众国或任何一州加以拒绝或限制。这一投票年龄问题的解决，立刻增加了大约 1050 万选民。

2.传播媒介的介入

二战结束后，科技的进步极大地刺激了信息产业的发展，大众传播手段日益完善和普及。传播媒介对美国政治、经济和社会生活历来都有重要影响，在当代美国影响尤大。传播媒介深入千家万户，拥有大量读者、听众和观众，在决定“公众议事日程”、影响舆论、监督政府、树立政治形象等方面具有重要的政治功能。它可以使某些人和事成为公众关注的焦点，进而影响政府政策制定的程序。它还可以发挥监督行政、立法、司法三个部门的“政府第四部门”的作用，调节和平衡权力关系，保证政治体系正常运行。同时，传媒运用巨大财力影响政府决策，方式和手段更加多样化，尤其是以互联网为代表的新的主流媒体，正在给美国的政治生活带来越来越深刻的影响。“9·11”事件之后，美国有线电视新闻网(CNN)等新闻媒体运用了全部宣传工具进行全方位的报道，极大地激发了美国民众的爱国热情，推动了美国国会对伊拉克动武决议的通过。而在历次美国总统大选中，各种媒体也是各显其能，为竞选双方呐喊助威，最大限度地影响美国选民的判断力和投票意向。尼克松的崛起和垮台是新闻界影响宦海沉浮、载舟覆舟力量的一个突出例子。在“电视政治时代”和网络时代，传播媒介不仅使政党对候选人提名失去控制，而且它还和民意机构一起使政党组织对竞选失去控制。特朗普赢得2016年美国总统大选的原因之一，是他在大选中不断利用媒体制造轰动效应，有效地利用媒体为他做了免费广告。特朗普不期望媒体对他进行公正的报道，更不指望媒体说他“政治正确”。他借用媒体为他造势，将媒体变成他的竞选工具和最有力的竞选助手。与此同时，特朗普还借助推特等新传播媒介不断发布消息和意见，从而建构起一支由支持者构成的网络选民队伍并通过他们传递消息。特朗普上任后，利用私人账号开启“推特治国”，在开创社交媒体执政范例的同时，也引发了世界政治的不确定性，成为一种特殊的传播现象。

(四)政党制度有走向衰落的趋势

20世纪60年代以来，美国的政党制度有走向衰落的趋势。这表现在以下几个方面：越来越多选民的政治热情降低，在选举活动中脱离自己的政党，采取独立的立场；政党对选举活动的控制力削弱；当选总统与同属一党的国会议员之间的联系越来越弱化；政党之间的政策界限也进一步模糊，政治主张和政治立场日益趋同。人们在质疑两党制的同时，开始倾向于第三党和独立候选人。同时美国公众对政治机制信任度下降，青年人参与政治的积极性锐减。所有这些趋势都表明，当代美国政党的作用在下降。

在政党衰落的同时，各种利益集团迅速兴起，很多利益集团组织了政治行动委员会。利益集团主要通过两种手段来参与政治和谋求利益：一是通过现代社会所提供的通信工具和媒体来制造舆论，或者用一些更直接的方式如游行、罢工等争取他们的利益。二是对政府的政策制定施加影响。利益集团通常会安排选民向国会发出大量表明观点的信件或电报，或让选民代表到国会大厦向议员面陈观点。更重要的是，许多利益集团在首都或首府设有常驻办事处，以随时随地影响议员和议会决定。

综上所述，200余年来，美国政治制度在总体上保持稳定的前提下，经过无数次调整与变革，已发展成为一种相对稳固和成熟的国家管理体制。三权分立的联邦制度、两大政党轮流执政、权力精英和利益集团共同控制政坛等基本特点都没有发生根本变化。但同时，这一体制也为金钱所锈蚀，“金钱是政治的母乳”成了美国政治的格言。面对民众关心的社会经济难题，这一体制也经常显得冷漠、无能，导致民众对政治普遍感到厌倦。目前，总统大选的投票率一般在50%～60%，国会中期选举则在35%上下，而地方选举就更低了。低投票率现象使得少数政治积极分子的作用加大，也使人们对美国代议制的民主性产生怀疑。恢复民众对政治活动的兴趣和信任，是美国政治面临的考验。

第二节　美国的经济

一、二战结束后美国经济的发展

美国是资本主义最发达的国家。自1894年以来，美国的工业总产值超过并两倍于英国，是欧洲国家总和的一半，成为世界头号工业强国。二战结束时，美国拥有资本主义世界工业总产值的1/2，对外贸易额的1/3，黄金储备占世界的3/4，一跃成为世界经济的霸主。美国继续保持经济领先地位至今，创造了人类经济发展史上的奇迹。二战后美国经济的发展大体可以划分为四个时期。

(一)1947～1969年，以增加投入为主的高速增长期

二战后初期的1947～1953年和整个20世纪60年代是美国经济增长特别快的时期。1947～1953年，由于国内大规模固定资本的更新和扩大、国内需求的增加、西欧和日本对美国商品和资本的大量要求，以及朝鲜战争带来的战争景气，美国经济出现了二战后第一个繁荣高潮。其间，美国国民生产总值平均每年递增3.9%，工业生产平均每年递增6.6%，在主要资本主义国家中经济发展速度最快。1961年1月至1969年10月，美国经济增长持续了106个月，是二战后一个高度繁荣的阶段。

这一阶段美国经济持续增长的主要原因有两点：一是科学技术的迅速发展。二战后，科学技术发展进入一个新阶段。20世纪40～50年代发生了第三次科技革命，以原子能利用、电子计算机发明和空间技术的发展为主要内容。新技术的发展对60年代的美国经济发展起了很大的推动作用，使劳动生产率大大提高。1961～1969年，美国劳动生产率年均增长3.4%，成为二战后增长最快的时期。以60年代科技推动下的高效率的经济增长为基础，美国开始由高资本投入向集约型经济增长模式转变。二是美国政府空前的扩张性经济政策。二战结束后，政府调节在美国经济中的作用越来越重要。60年代，凯恩斯主义广为流行。为了刺激经济增长，肯尼迪、约翰逊总统都大力奉行扩张性财政政策，有力地刺激了投资和消费的增加。除了科技进步的推动和政府日益加强的宏观经济调节外，世界市场上廉价的原料和燃料供应、越南战争带来的巨额军火订单等，也成为美国经济增长的推进剂。

（二）1970～1991 年，调整产业结构与提高效率的经济增长期

20 世纪 70 年代初期的石油危机，伴随着 1974～1975 年的二战后第三次世界性经济危机，使美国经济陷入滞胀的深渊。1973～1975 年美国的平均产出增长率仅为 2.12%，远低于 50～60 年代的水平，资本投入的贡献率在经济增长中每年下降 0.05%，生产率的增长幅度下降了 1.38%；生产率的提高、净投资率和收入的增加以及总的经济增长落后于其他发达国家。美国的经济增长开始被迫转入节约生产要素的投入和追求资源的高效率使用，并以劳动生产率的提高作为经济发展基础的高度集约化的经济增长时期。石油危机的压力，迫使企业革新技术，调整产业结构向高级化发展。低能耗的高新技术产业增加，具有代表性的就是信息产业的蓬勃兴起。能源消耗量大的钢铁工业等生产部门的工业产值在整个工业产值中所占比重逐步下降，制造业中的科技含量最高的汽车、宇航、电子、机电产业占据了优势地位。同时，第三产业的比重不断上升，在国民生产总值中所占比例到 1985 年已升至 69.2%，就业人数的比例也超过了 70%。

（三）20 世纪 90 年代，经济持续稳定增长的新经济时期

自 1992 年 3 月开始，美国经济进入二战后最长的扩张期，出现了持续 10 年的高速增长，在国际上被称为“新经济”。到 2000 年 2 月，已打破 20 世纪 60 年代经济持续增长 106 个月的历史纪录。1996 年美国经济增长率为 3.7%，1997 年为 4.5%，1998 年为 4.2%，1999 年为 4.4%，2000 年为 3.7%，年均增长率达到 3.5%，突破了此前 20 多年美国经济增长 2.0%～2.5%的速度极限，明显高于同期日本和欧盟的发展速度。据统计，美国占世界 GDP 比重从 1990 年的 24.2%上升到 2001 年的 32.5%。美国经济在发达国家中一枝独秀，呈现出旺盛的生命力。在这次经济扩张过程中，强劲的经济增长是与低通货膨胀率、低失业率和低财政赤字并存的，因而被誉为“新经济”。

促进美国经济“蜕变”的内外因素主要有以下几个方面。

1.信息技术的发展成为美国经济增长的加速器

20 世纪 90 年代以来，信息技术的发展和信息产业的崛起成为美国经济增长的加速器。信息产业的发展既能带动投资增长、抑制通货膨胀，又能改造传统产业、促进电子商务等的发展，并最终带动美国劳动生产率的提高。信息产业作为一种前沿性的产业，最先得益于美国防部因冷战结束对军事信息技术的解密。美国政府和企业界以此为契机，持续对此进行大力投资。由此，美国整体雄厚的技术力量加快形成一种新的“合力”，使经济获得了更大的发展空间。1999 年 6 月，美国商务部发表报告说，美国 1995～1998 年经济增长的 35%来自信息技术产业。在2000年全球信息产业构成中，美国的中央处理器的产量占92%；系统软件产量占86%；美国信息技术产业投资占全球投资的41.5%，微软公司的Windows系统占全球电脑操作平台应用量的95%，互联网用户占当年全球互联网用户总量的一半以上，电子邮箱量占全球总量的58%，电子商务额占全球总额的75%，商业网站占全球总数的90%。信息技术的领先地位使美国能以强大的经济和人才优势，控制着信息领域的核心技术，掌握着制定标准和规范的实际权力。信息革命的摇篮地位为美国带来了巨大的财富效应和发展效益。

2.克林顿政府为“新经济”的发展提供有力的政策保障

克林顿执政后，提出了“重振美国”的一揽子计划，推出一套全新的经济战略和政策，大力削减美国军费，努力消除财政赤字，放宽对经济活动的限制，推进科技和教育改革，同步推进社会福利政策。联邦财政赤字1992年度为2904亿美元，1997年度则实现了财政预算的基本平衡（赤字仅为226亿美元）。财政赤字的减少，不仅降低了通货膨胀的压力，而且为政府对经济的调控提供了更大的回旋余地。与此同时，美国发起“国家信息基础设施”计划，用于计算机等信息处理及其相关设备的投资增长迅速。美国在世界范围的信息革命浪潮中一马当先，遥遥领先于其他国家。

3.拓展全球市场，创造经济发展的新空间

美国“新经济”的发展与外部市场的扩大是密切相关的。北美自由贸易协定生效后，美国大举增加在加拿大和墨西哥的投资，加拿大吸纳美国的资金、技术和产品的容量扩大，墨西哥更是成为美国的中游或下游产品的生产线。美国的纺织、玩具等传统产业加快转移，产业结构不断优化。1997年东南亚金融和经济危机蔓延后，美国又从中获利，进口大量廉价原料和产品，大量外来资金流入美国，美国跨国公司乘机大肆收购、兼并亚洲等国家的企业。此外，克林顿政府把扩大对全球贸易视为对外政策的优先目标，签订了200多项双边贸易协定，竭力推进“国家出口战略”，大举开拓“新兴市场”，为企业拓宽发展空间。1999年2月，克林顿在一篇对外政策讲话中说，其执政的头五年（1993～1997年）美国经济增长中的30%是来自对外贸易的增长。

（四）2001年至今，低速调整期

2000年，小布什竞选总统成功时，美国经济正处于发展降速期，股市下挫、国内投资不振、失业率居高不下、贸易赤字上升。小布什上任后美国又遭遇“9·11”恐怖袭击，经济不断下滑。2002年度联邦财政的盈余额从前一年度的2370亿美元急剧降至1270亿美元，次年恢复出现赤字。此后，财政赤字急剧攀升，到2004年达到了4123亿美元，创下历史最高纪录。小布什政府不得不对经济政策进行大调整，包括大规模减税和扩大政府财政支出以及宽松性的货币政策。为阻止经济陷入衰退，2001～2002 年美联储先后 12 次降息。这些因素使美国金融市场得到较快发展，股民和消费者信心十足，导致投资增加，个人消费开支膨胀，股市价格上扬，推动了美国经济的增长。

自从 2001 年小布什上台以来，美国经济进入调整阶段。由于“9·11”事件的沉重打击和美国信息产业经济发展速度的放缓，2001 年美国经济增长速度只有 0.5%，2002 年只有 2.2%，2003 年开始复苏，达到 3.0%，2004 年为 3.9%，2005 年为 3.2%，2006 年为 3.3%，2007 年为 2.1%。由于美国经济领域存在房地产市场过度投机现象，“次贷危机”发生并迅速波及世界，从金融领域波及实体经济领域。危机爆发后，美国经济增速迅速下滑，失业率急剧增加。美国 GDP 实际增速由 2007 年的 2.1%下降至 2009 年的－2.6%。

奥巴马上台后把振兴经济作为头等任务。2009 年以来，美国经济持续复苏。到 2017 年年初，本轮美国经济增长实际上已持续七年半，超过了二战以来美国经济扩张期持续增长的平均水平。单从时长来看，这已是美国经济增长史上最好的纪录之一。为重振美国经济，奥巴马政府除加大对教育、科研和能源等领域的投入外，还强调对内外经济进行“再平衡”。2010 年，美联储购买了 6000 亿美元的政府债券，奥巴马总统签署了 8580 亿美元的减税法案。这一系列措施使美国经济逐渐复苏。2010 年美国经济年增长率为 3%，GDP 总量达到 14.6 万亿美元。2012～2014 年美国经济增速分别为 2.3%、2.2%和 2.4%。2016 年美国经济虽然只有 1.6%的增速，但已基本上从 2008 年的次贷危机中摆脱出来，逐步实现了美国一直追求的经济增长、充分就业、物价稳定和联邦赤字减少等目标。美国经济表现出较强的稳健性和自我调整能力。但是，失业、劳动力结构的变化、公共赤字和债务问题的长期积累等对美国经济持续恢复的威胁并未消除。

特朗普上台后致力于促使制造业回归、增加美国就业、缩小收入差距，采取了减税、增加基础设施投资和重新确定贸易安排以刺激美国的出口等措施，在贸易政策领域采取了一系列令人眼花缭乱的举措——退出跨太平洋伙伴关系协定(TPP)、重签北美自贸协定，提名鹰派人物掌控经贸管理部门，以国家安全为由对进口至美国的钢铁和铝分别征收 25%和 10%的关税，针对中国实施了一系列贸易保护主义行动。为追求特定的经济社会发展目标，特朗普政府采取贸易保护政策，加之新冠肺炎疫情影响，美国经济在 2020 年经历低谷，GDP 萎缩 3.5%，是 2009 年以来首次下跌，也是 1946 年以来的最大跌幅，给全球经济带来明显冲击。

拜登政府上台后，首要任务是控制疫情与恢复美国经济。2021 年 3 月 11 日，拜登总统签署 1.9 万亿美元的“经济救助计划”(又称为“纾困计划”)，这是其就职以来推出的第一个重大立法提案，旨在为受新冠肺炎疫情影响的美国家庭和企业提供财政支持。随后，拜登政府相继提出2.3万亿美元的“美国就业计划”与1.8万亿美元的“美国家庭计划”，美国经济步入疫后复苏通道，总体看较2020年已明显改善，但尚未恢复至正常状态。

美国经济复苏的表现：(1)经济增速加快。2021年美国GDP达到23万亿美元，稳居世界第一，增长5.7%，创1984年以来新高。(2)失业率维持低位。2021年1月至2022年2月，美国失业率由6.4%逐步降至3.8%，创造新增就业的动能进一步恢复。(3)股市持续繁荣。受经济企稳回升、政策持续宽松等积极因素影响，2021年1～12月，标普500指数、纳斯达克指数、道琼斯指数累计分别上涨22%、19%、16%；三大股指年内均创历史新高。2022年以来，受制于美联储货币政策转向，美股持续震荡下行，但目前仍处于历史高位。

美国经济在增长、就业、股市等方面的繁荣图景，是以高通胀、高债务、高逆差为代价和前提的。(1)通货膨胀高烧不退。2021年3月以来，美国物价水平呈现加速攀升、居高不下态势。受住房、食品、能源价格普涨影响，2022年1月，美国CPI、核心CPI同比分别上涨7.5%、6%，涨幅均为近40年最高水平。由于疫情造成全球性供给不足、运输受阻，加上能源价格上涨，2022年1月，美国PPI、核心PPI同比分别上涨9.7%、6.9%，涨幅均为历史较高水平。(2)政府债务持续膨胀。新冠肺炎疫情暴发以来，美国国债规模猛增7万亿美元，至2022年1月末，首次突破30万亿美元大关，为2021年GDP的1.3倍。以3.3亿总人口计算，每个美国人背负超9万美元联邦政府债务。(3)贸易逆差连年扩大。2021年，美国消费需求强劲升温，叠加国际大宗商品价格普涨，商品和服务进口大幅增长20.5%。与此同时，美国主动限制高新技术产品出口，加上国际供应链运转不畅，出口增长相对有限，增幅为18.5%。2019～2021年，美国贸易逆差分别为5763亿美元、6767亿美元、8591亿美元，占GDP比重分别为2.7%、3.2%、3.7%，贸易失衡状况加剧。①

二、二战结束后美国经济发展的原因

二战结束之后，美国不仅向世界提供了大量的剩余资金和技术，还以其庞大的市场吸纳了全球贸易的1/6，成为世界经济的火车头。冷战时期，虽然美国经济经历了一个曲折发展的过程，但它依然是世界上经济实力最强大的国家。冷战结束后，美国更是利用了以信息技术为核心的高新技术革命和经济全球化，造就了长达十余年的经济繁荣。

① 参见张哲人、李馥伊：《当前美国经济形势及2022年经济前景展望》，《中国物价》2022年第4期。

(一)战争的拉动作用

虽然说战争影响一个国家的经济发展,但二战及二战后美国参与的历次战争都刺激和推动了美国经济的发展。二战使美国成为超级经济强国。20 世纪 90 年代的海湾战争,使本已衰退的美国经济迅速回升,并带来了持续 11 年的经济增长纪录。即使是 2003 年规模并不大的伊拉克战争,也带来了美国经济的再度增长。虽然战争不可能从根本上改变经济发展的内在规律,但这些战争均在一定程度上刺激了美国经济的发展。

(二)丰富的自然资源和充足的战略资源

美国有着丰富的自然资源,储量仅次于俄罗斯,居世界第二。然而,美国同时也是一个资源消耗大国。为了经济的可持续发展,也为了维护其超级大国的地位,美国非常注重资源特别是战略资源的储备。正是由于有充足的资源和能源,美国拥有较强的抵御经济风险的能力,为经济的顺利发展奠定了坚实的基础。

(三)不断创新和奋发进取的民族精神

美国是个移民国家,没有经历封建社会,在长期的资本主义市场经济的激烈竞争中培养了求实、创新和敢于冒险的精神,从而促进了美国社会的不断进步。正是由于这种不断进取和创新的精神,使美国在 30 多个关键技术领域居世界先进水平。美国人发表在世界主要学术刊物上的科技论文数量和获得专利的数量稳居世界前列。

(四)新科技革命的推动

二战结束后,以原子能技术和电子计算机技术为代表的新科技革命兴起。新科技革命推动了劳动生产率的提高,促进了一大批新兴产业的出现,使美国率先掌握了控制世界经济的新手段,进而推动了美国经济的发展。

(五)有利的国际经济环境

二战结束后一大批民族独立国家诞生,开始了大规模的工业化进程,为美国经济的发展提供了历史性机遇:它们为美国资本提供了获取高额利润的场所,为美国产品提供了市场,也为美国提供了大量廉价资源和其他初级产品。同时,由于美元在国际货币体系中的特殊地位,大量的外国商品以掠夺性的低价格流入美国,在很大程度上维持了美国经济的繁荣。

第三节　美国的对外战略

二战以前,美国长期奉行"孤立主义"的外交政策。二战结束后,美国凭借强大的综合实力,确立了自己的霸权地位。美国总统几易其人,民主党和共和党交替入主白宫，但其对外战略的目标一直没变，就是做世界霸主。美国对外（全球）战略的内容是：以全世界为目标，以世界主要战略地区为重点，以政治、经济、外交、文化和军事等一切可能的手段，保证美国霸权的实现。美国之所以走上全球霸权道路，动因主要有以下几点：第一，美国本身的力量使然。二战结束时，美国的军事、经济实力无与伦比，又拥有任何国家都有求于它的美元和物资。这样，它对外“恩”与“威”两手都可以运用自如。第二，经济发展的需要。美国比历史上任何时期都更加依赖国际的资源和市场。在战时经济向和平经济转化中，如何避免发生严重的经济衰退是当时美国执政者十分关心的问题。因此，开拓国际市场成为至关重要之事。第三，意识形态因素。这里包括两层含义：一是美国自立国以来就有的按自己的面貌改造全世界的“使命感”，二是自俄国十月革命以来的反共意识。第四，战争造成的时势和变化。战争本身就是美国权力和影响向外伸展的首要契机。正是由于战争，1945 年美国在欧洲有 669 个师，在亚太地区有 26 个师，而在美国本土却一个师也没有。由于德国和日本的战败，英国和法国的衰落，世界上留下了大片的权力真空地带。战争给全球经济造成严重破坏，摧毁了旧的世界经济结构。所有这些都为美国按照自己的意愿来塑造一个新世界创造了机会。

一、罗斯福的“世界蓝图”

二战期间，罗斯福总统就提出了战后美国称霸世界的“世界蓝图”。其基本内容是：以大国合作为中心，以建立联合国和两大经济组织为两大支柱，软化苏联，拉拢英国，建立美国的世界霸主地位。罗斯福的“大国合作”，就是利用战时的同盟关系，与苏联合作，团结欧洲大陆，同时通过英国拉住英联邦国家，并让中国在远东监督和抵制日本，以此实现美国领导下的和平，也就是以美国为首的“四警察”思想。为此，罗斯福采取了一系列措施：在二战中让盟国承担更多的战争责任，用美国的新殖民主义取代旧殖民主义，通过建立军事基地、派驻军队、扩大贸易往来等在拉美和中东扩张，排挤英国势力；通过大国合作使美国处于有利地位；通过建立和操纵联合国、国际复兴开发银行和国际货币基金组织确立对世界政治、世界经济的控制权等。为了对外扩张的需要，美国积极推动国际贸易的自由化。1946 年美国发表了“国际贸易组织宪章的建议”。尽管组建国际贸易组织的构想未能实现，但在 1947 年，美国和其他 22 个国家在日内瓦签订的《关税及贸易总协定》，实际上发挥着世界贸易组织的作用。罗斯福的“世界蓝图”构想及采取的相应措施为二战后美国全球战略奠定了基础。

二、冷战时期美国对外战略的演变

二战结束后，国际关系中发生的一个重大事件就是美苏关系的破裂。它们由战时盟友变成敌手，在政治、经济、军事、外交等方面形成尖锐对峙，并采取除了直接军事进攻之外的一切手段来削弱对方。这种局面被称为“冷战”。

依据美国实力地位的变化，冷战时期美国的外交战略大致经历了三个阶段。

(一)二战后初期到20世纪60年代末，世界霸权地位确立和鼎盛时期

1.杜鲁门政府的遏制战略

1945年4月，罗斯福总统病逝，副总统杜鲁门继任总统。面对二战结束后各种国际力量的重新组合、社会主义由一国变为多国，以及被压迫民族解放运动逐步发展的形势，杜鲁门总统放弃了罗斯福总统的美苏合作战略，以乔治·凯南的遏制理论为依据，制定了以反苏、反共为中心的遏制战略：用军事包围、经济封锁、政治颠覆、局部地区的武装干涉以及持续的政治冷战，遏制社会主义国家的发展和影响，并加强美国对欧洲及其他地区的控制。

以“杜鲁门主义”的出台为标志，杜鲁门政府发动了对社会主义国家的冷战，对苏联和其他社会主义国家进行遏制；通过马歇尔计划、道奇计划和包括北大西洋公约组织在内的共同安全计划扶植和控制了西欧和日本；通过“第四点计划”对亚、非、拉不发达国家和地区进行经济渗透、控制和干涉，推行新殖民主义，排挤老牌资本主义国家的影响，从而确立了美国的世界霸权地位。

2.艾森豪威尔政府的解放战略

1953年1月艾森豪威尔出任美国总统。根据变化了的国内外形势，艾森豪威尔政府调整了美国的全球战略，提出了比遏制战略更有力、更主动的解放战略，用政治战、心理战和宣传战等一切除战争之外的手段，促使东欧国家摆脱苏联的控制，发生和平演变，同时用“推回去”的办法遏制苏联的扩张。

美国对社会主义国家继续奉行冷战政策，加大了思想战的力度，力图把社会主义国家“从共产党的统治下解放出来”，使其成为以美国为首的“自由世界”的成员；对亚、非、拉国家加紧渗透，先后提出“多米诺骨牌理论”和“填补力量真空”的“艾森豪威尔主义”，加紧了同苏联在中东地区的争夺；军事上提出大规模报复战略和战争边缘政策，强调依靠战略空军和核武器的威慑力量来维持对社会主义阵营的包围圈。

3.肯尼迪—约翰逊时期的和平战略

进入20世纪60年代之后，美国霸权地位受到挑战。一是由于苏联实力的增长，美苏力量差距在逐步缩小。二是西欧和日本盟国羽翼渐渐丰满，不再唯美国马首是瞻。三是亚、非、拉地区的民族解放运动蓬勃发展，而且反美情绪高涨。

面对这些挑战和困难，肯尼迪政府提出了“一手拿剑，一手拿橄榄枝”的和平战略，其实质就是用两手策略来达到美国的全球战略目标：玩弄和平手段，为争霸服务，以军事实力为后盾，加强对外扩张。

肯尼迪政府加紧在亚、非、拉推行新殖民主义，加强对西欧、日本的控制，对社会主义国家进行和平演变，利用中苏矛盾，联苏反华。在军事上提出根据不同情况打不同战争的“灵活反应战略”(又称“两个半战争战略”)，发展多样化军事力量，以使美军能应付各种类型的战争，包括核战争、常规战争和游击战等。在肯尼迪任期内，美国一方面在与苏联对话、缓和关系、裁军谈判上打开了新局面；一方面把军备竞赛推到新的高度，不但进入了太空，而且在古巴导弹危机中一度把世界推向核战争边缘。

1963 年 11 月肯尼迪遇刺身亡，副总统约翰逊继任美国总统，继续推行肯尼迪奉行的对外战略，并按肯尼迪既定方针发动和扩大侵越战争。侵越的美军人数不断增加，军费开支大幅度上升，战争逐步升级。1965 年 5 月，美国对多米尼加共和国进行武装干涉。约翰逊公开声明：“美国不能够、不应当也不会允许在西半球建立又一个共产党政府。”约翰逊的这项声明被人们称为针对拉丁美洲的“约翰逊主义”。

从杜鲁门时期到约翰逊时期，是美国的世界霸权地位确立和鼎盛时期，美国对社会主义国家进行遏制，对西欧、日本进行控制，对亚、非、拉国家进行渗透。美国的对外政策具有全面进攻的特点。

(二)20 世纪 60 年代末至 80 年代初，美国全球战略的调整时期

从二战结束到 60 年代末，美国把势力扩展到全世界。但其霸权计划也不断遇到挫折，霸权地位逐渐动摇。

1.尼克松—福特政府的缓和战略

1969 年 1 月，尼克松步入白宫之时，面临着严峻的国内外形势。首先，旷日持久的越南战争使美国社会矛盾加剧。越战耗费了大量人力、物力和财力，给美国的政治、经济、社会和民众心理带来了深刻的危机。越战是一个错误已成为美国国内的普遍认识。其次，在世界政治舞台上，除了美苏两极外，又出现了新的“力量中心”——中国、日本和西欧。中苏分裂是 60 年代世界政治中最重大的事件之一，其结果是中国逐步成为世界舞台上的一支独立的政治力量。再次，西欧、日本在经济上重新崛起并成为美国的主要竞争对手，美国在资本主义世界经济中的地位相对下降。最后，美苏军事力量对比发生了不利于美国的变化。苏联利用美国深陷越战之机，加紧发展军事力量。从二战结束至 20 世纪 60 年代初，美国在军事上对苏联的明显优势丧失，60 年代末两国在军力上已经大致相等。

在这种内外交困的严酷现实面前，为使美国的对外关系同它的国力相适应，尼克松对美国的全球战略和外交政策进行了重大调整，从全球扩张战略转为收缩战略，提出并实施了“尼克松主义”。

狭义的“尼克松主义”仅仅指1969年7月25日表明美国将在亚洲收缩力量的尼克松关岛讲话。1970年2月，尼克松向国会发表的长篇咨文中提出，要以“伙伴关系”为核心，以“实力”为后盾，以“谈判”为手段，作为美国全球外交三原则，从而形成广义的“尼克松主义”。其具体内容是：(1)把加强同盟国的“伙伴关系”作为美国对外政策的基石。缓和与西欧、日本的矛盾，要求盟国在政策上协调一致，共同对付苏联；在经济上相互让步，帮助美国渡过难关；在军事上共同分担军费和防务责任。(2)对苏联以实力为后盾，以谈判取代对抗，并在谈判中坚持联系原则，其基本目标是尽可能地限制苏联的发展，维持美苏之间的均势。实行“三角”战略，主动打开对华关系大门，借助中国的力量制约苏联，又利用苏联牵制中国，以建立有利于美国的全球战略均势。(3)在第三世界缩短战线，加强重点。在亚洲实行有限收缩，实行“亚洲人打亚洲人”的新亚洲政策；在中东和波斯湾地区增强军事实力，阻止苏联渗透和扩张。(4)坚持实力政策，推行“现实威慑战略”。在美国实力不足的情况下，在战略核力量方面以“充足”论代替“优势”论，在常规力量方面以“一个半战争”战略代替“两个半战争”战略。

尼克松主义是美国霸权地位衰落的产物和表现，是美国企图称霸世界与其力量不足相矛盾的结果，是美国全球战略由攻转守的标志，无论对美国还是对国际局势的发展都产生了重大影响。尼克松主义的实质是适当收缩海外力量。

从尼克松政府对外战略调整的结果看，美国达到了从越南脱身、实现同苏联缓和以及同中国建立起新的关系这样三个主要的目标。美国在国力削弱的情况下，摆脱了沉重的负担，在世界舞台上取得了相对的主动。但是，尼克松政府全球战略的调整并不意味着冷战的终结。20世纪70年代，美苏对抗的基本格局并未改变。同时，美苏缓和并未使苏联放慢发展军事力量的速度。苏联利用“缓和”烟幕，加紧在世界各地扩张，向美国步步进逼，使“缓和”一再碰壁。1974年8月，尼克松因“水门事件”辞职，副总统福特继任总统。福特总统继任后忙于处理国内事务，应付越南战争后遗症和“水门事件”的冲击。在对外战略上，福特政府继续奉行对苏缓和战略，基本上延续了尼克松主义，只是在执政后期对苏政策趋于强硬，增加军费，制造中子弹。

2.卡特政府的世界秩序战略

1977年卡特就任总统时，美国依然处于内外交困的状态。在国内，美国尚未从越南战争后遗症和“水门事件”的冲击中恢复过来，1974～1975年的经济危机使美国元气大伤；在国际上，苏联的势力在继续扩张，美、日、欧之间的矛盾特别是经济摩擦日益尖锐，美国在第三世界遭到越来越多的反对。因此，卡特政府上台后提出了“世界秩序战略”：把美、日、欧的三边合作作为美国对外战略的基本出发点，注意改善和发展同发展中国家的关系，减少南方国家对美国的敌视，积极同苏联、中国打交道，建立一个“公正、多元化”的“世界新秩序”。

但卡特政府的政策没有收到预期的效果，反而助长了苏联的扩张势头。1979 年 12 月，苏联出兵阿富汗，逼近中东—波斯湾地区。1980 年 1 月 23 日，卡特发表国情咨文，明确指出：“外部势力攫取控制波斯湾地区的任何企图，都将被看作是对美国根本利益的进攻。对于这种进攻，美国将使用包括军事力量在内的任何必要手段，予以击退。”抵御苏联全面扩张的“卡特主义”出台，表明卡特政府的对外战略发生了根本性变化，虽然没有完全放弃“缓和”，但开始走向更加倚重军事实力扭转颓势，进而维护美国全球霸权地位的道路。根据“卡特主义”，美国加强了在中东地区的军事部署，组建了快速反应部队，同时还对苏联实行严厉的经济制裁措施。

(三)20 世纪 80 年代到 90 年代初，美国重建霸权时期

1.里根政府的新遏制战略

里根是在美国面临国内经济困难和国际地位下降双重挑战的情况下上台的。20 世纪 80 年代初，美国经济持续滞胀，社会危机加深，外交屡遭挫折，世界霸权地位不断下降。为了扭转与苏联争霸的不利局面，里根政府对美国对外战略进行重大调整，提出利用和发展美国的经济科技优势，重新夺取和确立世界霸权地位，遏制苏联的扩张，扩展美国在发展中国家的势力，恢复美国在西方及整个世界的霸主地位。这一新战略被称为“争夺优势战略”或“新遏制战略”，并很快得以实施。

(1)扩军抗苏，重振国威。为改变在 70 年代美国同苏联进行全球争夺时所处的不利地位，里根政府采取一系列措施重振经济，扩充军备，增强美国的经济军事实力，对苏联采取了进攻性的强硬措施，扭转美苏争霸中的不利局面。里根总统相继提出开支总额达 1500 亿美元的 1982～1986 年的五年防务计划和耗资 1800 亿美元的增强战略核力量的六年计划。1981 年 6 月，美国开始生产和储存中子弹。1983 年开始在欧洲部署巡航导弹。1981～1985 年，美国陆军新装备了 3000 辆新型坦克，空军增添了 1300 多架新式战机，海军新建了 62 艘水面舰只、22 艘攻击潜艇和两个航空母舰战斗群。在军事上提出“新灵活反应战略”，重建美国军事实力，以针锋相对的强硬姿态和机动多样的灵活手法与苏联在全球范围内展开争夺，重建对苏战略优势。

(2)加强美中关系，借重中国抗衡苏联。出于战略考虑，里根政府放弃了竞选时恢复与台湾"官方关系"的承诺,并在对台出售武器方面与中国签订了"八一七公报",要"逐步减少对台售武"。同时还减少了对中国进行技术转让方面的限制,两国的经济、技术和贸易关系发展很快。但里根政府并没有放弃"一中一台"政策。

(3)协调盟国关系。鉴于苏联的扩张势头,美国决心改善与盟国的关系。政治上加强磋商,强化美日同盟关系,与西欧就核裁军达成一致。经济上缓和贸易战,减少经济摩擦。

(4)部署战略防御计划。在里根的第一届总统任期内,美国"重振国威"的目标取得了一定进展,美国的实力和地位有了较大恢复。1983 年 3 月,里根发表了名为"战略防御倡议"的演说。1985 年 1 月,美国政府根据该倡议公布了"总统战略防御计划",即"星球大战计划"。该计划的制定和实施,标志着美苏军备竞赛出现了质的升级,表明美国决心打破"恐怖平衡",同苏联进行经济、军事、科技诸方面的综合较量,着眼于在 21 世纪夺取全世界的统治权。

(5)推行"里根主义"。"里根主义"是里根总统在 1986 年 3 月的国情咨文中提出来的,其核心是综合运用军事、外交、经济和宣传等手段,把苏联在发展中国家取得的进展推回苏联本土,削弱其政治和军事利益。

里根政府虽然对美国的对外战略做了调整,但以实力为后盾,以苏联为主要敌人,在全球扩张、称霸的本质没有变化。里根执政期间,美国在盟国的威信空前提高。发展中国家的反美力量受挫。在里根总统第二任期,随着戈尔巴乔夫的上台,美苏关系出现了明显的缓和。1987 年年底至 1988 年年底,两国举行了三次首脑会议;1987 年年底美苏签订《中导条约》,苏联逐步放弃与美国的军备竞赛,在国内进行改革,为东欧和苏联剧变准备了条件。

2.布什政府的超越遏制战略

1989 年布什入主白宫时,苏联的改革遇到严重困难,两个超级大国的争夺已经明显地向有利于美国的方向倾斜。布什总统提出超越遏制战略,最终导致东欧剧变、苏联解体,社会主义运动陷入低谷。

布什政府超越遏制战略的基本内容是:在不放弃对苏联军事遏制的同时,利用苏联、东欧国家改革之机,更多地运用经济、政治、文化和意识形态等手段,同苏联展开全方位的争夺和竞赛,特别是要以经济援助为诱饵、以和平演变的方式将苏联、东欧及其他社会主义国家逐步纳入西方社会的政治经济体系。

在具体做法上有以下几点:(1)对苏联和东欧进行和平演变。根据变化了的国际环境,改变过去与苏联争夺中的僵硬做法,抓住苏东改革的时机,以接近求转变,灵活运用各种手段促使苏东国家实行西方式的市场经济和进行私有化。加速东欧脱离苏联进程。(2)更加重视西西关系。在欧共体崛起和德国统一的前提下，继续保持和加强美国在欧洲的领导地位，确保美国在欧洲的政治、军事和经济利益。(3)对中国以压促变。一方面维持美中关系的基本框架，另一方面对中国施以政治压力与经济压力，促使中国发生西方所希望的变化。(4)提高发展中国家在美国全球战略中的地位。美国把对发展中国家的经济、技术援助同受援国的体制改革更加紧密地结合起来，施以政治、经济和外交的压力，大力推进所谓“全球民主化进程”，支持亲美势力发动政变，亲自出兵建立亲美政权，务求把更多的发展中国家纳入美国设计的“国际新秩序”中。1990 年伊拉克吞并科威特后，美国于 1991 年年初出兵发动海湾战争，迫使伊拉克撤军。

三、冷战后美国对外战略的调整

冷战结束后，美国成为唯一的超级大国，美国的霸权主义进入了新的加速扩张期。冷战结束 30 多年来，美国竭力塑造和巩固自己的独霸地位，并防止他国对美国的霸权地位形成挑战。美国大力促使北约东扩，极力压缩俄罗斯的战略空间；不断加强美日、美韩、美澳等同盟关系，强化其在印太地区的战略优势；通过发动阿富汗战争和伊拉克战争，在中亚和中东地区占据了优势地位。

(一)克林顿政府的参与和扩展战略

1993 年年初，克林顿上台时，美国面临的国际形势发生了巨大的变化。在国际上，苏联解体，冷战结束，西欧、日本与美国的关系开始疏远，发展中国家出现严重分化。少数国家经济增长迅速，多数国家政治动荡、经济下滑。美国国内也面临许多问题，急需振兴经济和削减军费开支，宗教极端主义、恐怖主义、核武器扩散等非传统安全因素对美国构成严重威胁。

1994 年 7 月，克林顿政府正式提出“参与和扩展战略”，以维护美国的“领导地位”和“唯一超级大国”地位为目标，以恢复美国在世界经济中的领导地位为出发点，以支持民主运动和人权为中心，将美国的价值观念推广到全世界，保持一支强大而又灵活的军事力量以对付危及美国利益的威胁。参与和扩展战略的三大支柱是加强国内安全、促进经济繁荣和输出民主。

为维护、巩固和发展美国在冷战后取得的战略利益和地位，保住和加强美国在世界的头号强国地位和霸主地位，在外交上，克林顿政府在全球扩大美国的影响。通过改造北约和北约东扩，美国大大压缩了俄罗斯的势力范围。美俄关系从冷战时期美苏势均力敌的敌对关系演变成为美俄不平等的“伙伴关系”。针对中国，美国采取了接触加遏制政策，中美关系的发展经历了曲折的过程。在没有苏联威胁的情况下，美国确保了对西欧和日本的领导地位。同时，美国利用不同方式在拉美、中东、非洲等很多地区大力输出美国式民主。

在军事上，克林顿政府提出“塑造—反应—准备战略”。通过接触，塑造一个对美国有利的国际环境，准备应对“乙类威胁”（主要是指伊拉克、朝鲜等美国所谓的“无赖国家”发动的侵略战争，“甲类威胁”指的是大国引发的危机或威胁），为不确定的未来做好准备。美国推动北约东扩，1999 年 3 月波兰、匈牙利、捷克加入北约。1997 年美日签署《美日防务合作指针》，加强了美日联盟。此外，克林顿政府还在全球范围内进行军事干预，如 1993 年出兵索马里，1994 年对海地进行“人道主义”干预，1995 年北约派兵进入波黑，监督和平进程，1999 年对南联盟进行空袭等。

克林顿政府通过实施参与和扩展战略，扩大了在全世界特别是东欧、中亚地区和发展中国家的影响，巩固和扩展了美国的霸权地位。

（二）小布什政府的先发制人战略

2001 年 1 月小布什成为新一任美国总统。不久，“9·11”事件发生。“9·11”事件没有改变美国对世界总体战略形势的基本判断，也没有改变美国追求称霸世界的战略目标。小布什认为，冷战时期的“威慑战略”和“遏制战略”已不再适用，由此小布什政府推出了先发制人战略：充分利用美国的综合国力，确保美国的单极地位；强调同盟国的联盟关系；处理国际事务时采用单边主义。

在具体做法上：(1)调整大国关系。美国不再公开宣称中俄为潜在对手、竞争对手，美俄关系、美中关系由此改善。美国意识到其本土受到直接攻击的危险性增大，国土防卫成为当务之急。恐怖袭击事件表明，除了核武器之外，其他大规模杀伤性武器甚至民用设施都可以对美国的本土进行攻击。对付诸如跨国恐怖活动这类全球性问题，只有与世界相关国家尤其是与世界主要国家开展合作，才能得到有效解决。(2)调整战略重点。将战略重点由欧洲转到中东、中亚、东北亚地区，加大对台军售力度，启用关岛军事基地并加强军事部署，支持日德两国出兵亚太地区。(3)强化美军干预和反恐的能力，追求绝对安全。美国加大军事投入，强调以实力谋霸权。小布什总统于 2002 年 1 月 10 日签署了总额为 3180 亿美元的 2002 财政年度军费预算法案，比上一年度增加了 270 亿美元。半个月后，小布什总统又宣布了 2003 财政年度的军费预算为 3790 亿美元，同比增加 480 亿。连续 5 年军费预算大幅增长，反映了美国在新世纪初以实力谋霸权的势头。总之，“9·11”事件并没有改变美国独霸世界的战略目标，但开始促使美国调整实现目标的方法，美国更加重视依靠军事实力和实施对外干涉来确立其霸主地位。

小布什执政初期，美国的对外政策表现出更具进攻性、冒险性和独断专行的特点。2001 年 3 月，美国以有损本国利益、不利于美国的经济发展为理由撕毁防止全球变暖的《京都议定书》。2001 年 10 月发动阿富汗战争，推翻了庇护“基地”组织的塔利班政权。2001 年 12 月，单方面废除了 1972 年美苏签订的《反弹道导弹条约》,推进建立国家导弹防御计划,以取得绝对的战略武器优势地位。美国对反美国家采取进攻性政策,把伊朗、伊拉克、朝鲜和古巴等国定性为“邪恶轴心”,遏制伊朗和朝鲜发展核武器,加大对古巴的颠覆力度。以萨达姆研制大规模杀伤性武器为名,美国于2003年3月发动伊拉克战争。

2005年小布什连选连任后,改善了因伊拉克战争而疏远的与欧洲盟友的关系,务实处理中美关系,与俄罗斯的关系有所恶化。在2008年8月俄罗斯与格鲁吉亚的局部战争发生后,俄美关系一度剑拔弩张。

(三)奥巴马政府的巧实力战略

2009年1月奥巴马上台时,美国面临的国内外环境非常严峻。除经济危机外,在外交上,由于小布什政府四面树敌,美国在世界上的“软实力”下降。在军事上,美国身陷阿富汗战争和伊拉克战争。2014年5月28日,美国总统奥巴马在西点军校2014级毕业典礼上发表演讲,提出“巧实力战略”:更加谨慎地使用军事力量,重视外交手段的运用;更加务实地开展国际反恐行动,重视建立伙伴关系;更加巧妙地利用国际组织,重视多边外交方式;以更加细腻的手法,在其他国家推动和支持“民主”与“人权”。

1.全面调整反恐战略

奥巴马政府将恐怖主义和伊斯兰世界做了区分,将反恐的重点从伊拉克转移到阿富汗,转移到“基地”组织等对美国家安全构成严重威胁的恐怖组织上,告别小布什时代的“暴力反恐”战略,弱化单边主义取向,淡化军事力量的作用,转向军事、外交、政治和经济等手段多管齐下的“综合反恐”模式,强调国际合作的重要性。随着“伊斯兰国”在中东的崛起以及恐怖主义在全球范围内的肆虐,美国民众对恐怖袭击的担忧再度升高,打击恐怖活动在奥巴马政府全球战略中的地位再次上升。美国组织国际联盟对“伊斯兰国”势力进行打击,适当放慢了“淡出”中东地区的脚步。

2.强化与盟友关系

奥巴马总统重视同欧盟国家的盟友关系,多次访问欧洲国家,不断增加在东欧地区的军力部署。2016年7月在华沙举行的北约峰会上,美国宣布将在波兰和波罗的海三国部署1000人的北约部队,这是自冷战结束以来,北约在该地区最大规模的一次军事部署。奥巴马政府还加强与日本、韩国、澳大利亚、加拿大等传统盟国的关系,有非常强烈的针对中国的意味。

3.对中俄采取更多的战略防范措施

奥巴马政府在强调反恐的同时,把防范俄罗斯、中国的崛起确立为重要战略目标,试图通过“重启”美俄关系和把中国定位为“负责任的利益相关方”等,采用接触与防范的两手对策,对俄、中进行同化和管理,以降低两国在实力上升后挑战美国霸权的可能性。奥巴马上台之初,重启了美俄关系。2010年6月美俄举行首脑会谈。2011年2月,美俄签署新的《削减和限制进攻性战略武器条约》,规定两国在7年内将各自部署的核弹头数量最高上限减少至1550件,比旧条约的数目减少30%。签署这一条约被看作重启美俄关系的最主要成果之一。乌克兰危机爆发后,美俄关系“重启”终结。克里米亚加入俄罗斯将美俄关系带入了“新对峙”阶段。此后,美国不断加强北约军事体系,不断加大对俄罗斯经济制裁的力度,美俄关系降至20世纪80年代以来的最低水平。美国对中国的战略施压也不断加码。2009年11月,奥巴马总统访问中国。2011年1月,中国国家主席胡锦涛访美。习近平上任后,两国元首频繁见面,从国事访问到国际会议会面,各个场合统计下来共有11次。与此同时,美国不断加大介入南海问题的力度,围绕着南海问题的对华舆论战、外交战不断升级。美国还在韩国部署“萨德”系统,严重破坏中美两国之间的战略平衡。

4.重视与发展中国家的关系,巩固美国的传统影响力

美国认为,中国趁美国全力反恐之机在发展中国家扩张势力。对此,奥巴马对发展中国家采取多种措施:“重返亚太”,加强与南亚、东南亚国家的关系,重点加强与印度、印度尼西亚和越南的关系;改善与中东、非洲和拉美国家的关系,扩大美国影响力;加大对发展中国家的援助力度;借“茉莉花革命”之机,在中东地区“推进民主”。

奥巴马推行“巧实力外交”最大的挑战是维持霸权地位的高昂成本与美国实力相对下降之间的矛盾。为了在依然高企的目标和不断下降的能力之间寻求一种平衡,奥巴马执政八年全力以赴,但美国所面临的内外环境并未出现大的改观。

(四)特朗普政府的美国优先战略

2017年1月特朗普就任总统后,美国对外战略并没有发生根本性变化。基于形势的变化以及特朗普本人的性格特点,特朗普提出美国优先战略。

1.减少国际介入,以美国利益为先

特朗普表示:“我的工作不是代表世界,而是代表美利坚合众国。”对于那些被认为损害美国利益的国际协定或规范,特朗普政府坚决予以抵制,甚至不惜退出相关协定,退出《巴黎协定》便是典型例证。在特朗普政府看来,提振经济和就业的主要手段是复兴制造业和加大基础设施建设,这在客观上需要更低的能源成本和更宽松的环境管制。美国是全球第二大温室气体排放国,碳排放量占全球总排放量的15%。在《巴黎协定》中,美国承诺将在2025年前把温室气体排放量在2005年的水平上减少26%~28%。特朗普认为《巴黎协定》不利于其经济振兴计划,因此,坚持“美国优先”的特朗普政府宣布退出《巴黎协定》。

2.实行以实力为核心的安全政策

特朗普信奉实力是国际关系中的唯一法则。他表示,“通过实力保障和平是外交政策的中心”,因而提升美国军费支出,强化军事力量建设。(1)加大对军事领域的战略投入。增费扩军,即增加军费与扩大军方自主权。2018 年美国的国防预算近 7000 亿美元,2019 年达 7160 亿美元,2020 年达 7500 亿美元。(2)提出“印太战略”。2017 年 11 月初,特朗普在其亚洲之行中提出了所谓的“印太战略”,突出和强调了日本与印度的作用。太平洋司令部改名为“印度洋太平洋司令部”。其发布的《国家安全战略报告》将中国和俄罗斯视为“战略竞争对手”,称中俄两国挑战了美国的实力、影响力和利益,是两个意图侵蚀美国安全和繁荣的“修正主义国家”。(3)要求盟国增加军费开支。在增加防务开支、扩充军力、加强与盟国关系的同时,实行收缩战略,要求盟国增加军费开支,承担相应责任。美国承担着保护欧洲的费用,但却在贸易中损失了数十亿美元。特朗普不仅要求北约成员国立即将各自防务开支增加到其国内生产总值的 2%,还要求进一步提高到 4%。(4)强调美国对外关注的焦点只应集中于关键区域(比如亚太地区)或关键议题上,如克里米亚问题、台湾问题、南中国海问题、朝核问题、中东的“伊斯兰国”(ISIS)极端势力、乌克兰问题等。

3.以“美国第一”为基础的贸易政策

特朗普将美国看成自由贸易的受害者,并将其视为美国经济竞争力下滑、中产阶级萎缩、就业不充分的根源。强调“公平”贸易,更倾向于通过双边贸易协定的方式来实现“公平”贸易。特朗普政府将经济繁荣和贸易平衡视为国家安全的组成部分,将经济领域的中美竞争视为美国战略安全的威胁。

在实施美国优先战略的手段上,特朗普政府由多边手段和单边手段并用变为主要运用单边手段。(1)退出众多多边机制。美国霸权的一个典型特征就在于制度霸权。美国在许多全球性国际组织中处于主导地位,这也使得美国能够运用多边机制来达到自己的目的。不过,当多边手段难以达到其目标时,美国就会选择单边手段。特朗普政府在外交上奉行“美国优先”,回避国际义务,经常采取单边主义行动。2017 年 1 月,美国退出《跨太平洋伙伴关系协定》(TPP);2017 年 6 月,退出应对全球气候变化的《巴黎协定》;2017 年 10 月,退出联合国教科文组织;2017 年 12 月,退出《全球移民协议》;2018 年 5 月,退出伊朗核问题协议,恢复对伊朗制裁;2018 年 6 月,退出联合国人权理事会;2018 年 10 月,退出万国邮政联盟;2020 年 7 月,退出世卫组织;2020 年 11 月,退出《开放天空条约》。(2)实施贸易摩擦。2017 年 8 月,美国宣布正式对中国发起“301 调查”。2018 年 3 月 9 日,特朗普正式签署关税法令,对进口钢铁和铝分别征收 25%和 10%的关税,从此开启了对华贸易摩擦。特朗普上台后,美国商务部先后发起了

164项反倾销、反补贴调查，其中对华56项。除中国外，特朗普还对欧盟、加拿大、墨西哥和印度等国征收关税。(3)利用“印太战略”平衡中国和俄罗斯。在美国的主导下，针对中国的“四国机制”日益完善，对话已升级到部长级。2017～2019年，四国举行了五轮对话。2020年，“四国机制”邀请新西兰、韩国和越南一起讨论新冠肺炎疫情。美、日、印还邀请澳大利亚参加2020年的“马拉巴尔”军事演习，力图打造一个四国军演机制。此外，特朗普总统还赋予了军方更多的自主权，如南海“航行自由行动”。

(五)拜登政府的对外战略

2021年1月20日，约瑟夫·拜登正式就任美国第46任总统。他在就职演说中呼吁美国民众团结应对危机和挑战，承诺将带领美国与世界重新接触，通过发挥美国“作为榜样的力量”来领导世界，提出重塑美国民主意识形态、强化国家经济安全、回归多边主义等主张。与特朗普相比，拜登更加注重从民主、价值观的层面界定美国的伟大，将意识形态因素全面融入经贸、技术、安全、发展援助等政策的制定中。拜登外交战略的重点有三点。

1.恢复美国国力

在新冠肺炎疫情和种族主义暴乱在美国愈演愈烈的环境下，拜登政府积极采取措施扶植本土制造业，加强基础设施建设，解决就业问题，培养国家的创新能力，解决美国社会的系统性问题，力图恢复美国的全球领导地位，让美国在与中国的竞争中处于优势地位。

2.重建美国的同盟关系

拜登政府重新确认跨大西洋伙伴关系，承诺按照同盟条约防卫日、韩、澳、菲、泰安全，加强与印度、越南、马来西亚、新加坡、印尼、新西兰等伙伴关系；加强与印度的伙伴关系，防范南亚国家发生“边界冲突”；推动国会向中美洲提供40亿美元援助；与非洲建立“伙伴关系”；拜登总统先后出席七国集团峰会和美日印澳线上峰会、北约峰会、美欧峰会；重返《巴黎协定》，举办领导人气候峰会；停止退出世界卫生组织，以观察员身份重返联合国人权理事会。拜登政府在一系列全球议题上作出了明显的政策调整，在很大程度上缩小了美欧之间的政策鸿沟，为美欧再度走近创造了条件。

3.开展价值观外交

拜登政府致力于建立一个新的民主联盟，共同确立防止中国崛起、气候变化、新冠肺炎疫情、贸易投资等议题的优先事项。

4.继承并强化“印太战略”

拜登政府执政后，很快接过“印太战略”和“四国机制”的“衣钵”，并在更大范围的“印太”区域着手向被特朗普政府忽视的东南亚地区“示好”。

第八章　欧洲的政治经济与联合趋势

欧洲是资本主义的发源地和心脏地区。第二次世界大战以后，欧洲被分裂为东欧和西欧两部分，成为美苏两国争夺的重点地区。西欧国家联合自强，通过经济政治一体化走向繁荣昌盛，成为世界三大经济中心之一，在国际社会发挥着越来越重要的作用。东欧各社会主义国家则历经繁荣与停滞，在改革中发生了剧变。冷战后，欧洲各国积极寻找联合发展道路，加速一体化以促进欧洲的稳定与繁荣，力争成为未来多极世界格局中强有力的一极。

第一节　西欧的政治经济及一体化进程

西欧在地理上是指欧洲西部濒临大西洋的地区和附近岛屿。二战结束后的西欧不单纯是一个地理名词，而是一个政治概念，泛指除了苏联和东欧国家之外的所有欧洲资本主义国家。西欧共有 24 个国家，其中实力较强、影响较大的有英国、法国、联邦德国和意大利。

一、西欧的经济发展

第二次世界大战使西欧经济濒临崩溃的边缘。战后初期，“日不落”帝国英国的国民财富损失 1/4，黄金储备几乎化为乌有，国内公债从 1939 年的 72 亿英镑增至 1949 年的 237 亿英镑，外债高达 33 亿多英镑，工业一半以上瘫痪，农业生产退到 19 世纪的水平。法国国民财富损失 1/3，1947 年的 GNP 还没有超过 1910 年的水平，1944 年的工业生产总指数只相当于 1938 年的 40%。战败国德国、意大利及其他小国的情况更为糟糕。德国 1946 年的工业生产仅为战前的 22.9%，煤产量为 27.8%，钢产量为 11.3%；意大利在战争结束时的 GDP 只有 1939 年的一半，工业生产设备总值大约比 1939 年减少了 20%，钢产量仅及 1938 年的 17%。整个西欧工业凋敝，失业激增，物价飞涨，食品匮乏，人民生活困苦不堪，甚至连日常喝咖啡用的方糖都买不到。

面对如此困难的社会经济局面，首要任务是尽快实现经济复兴。西欧各国一方面借助美国“马歇尔计划”的经济援助，另一方面通过联合自强，经济迅速得到恢复和发展。二战后西欧经济的恢复和发展大体经历了四个阶段。

(一)恢复阶段(战后初期至20世纪50年代初)

二战结束后西欧各国的首要任务是采取各种措施努力恢复经济。美国出于稳定欧洲的需要,对面临经济困难的西欧制定了经济援助、协助重建的"马歇尔计划"。该计划于1948年4月正式启动,持续了4个财政年度。在这个时期,西欧各国共接受了美国包括金融、技术、设备等各种形式的援助合计131.5亿美元。1950年,西欧各国经济基本上恢复到战前水平。其中接受"马歇尔计划"援助的国家的GNP比1947年增加了29%,工业生产总值增长了64%。到1952年,西欧工农业生产均超过了战前水平,工业生产比战前提高了35%,农业生产提高了10%。

(二)高速发展阶段(20世纪50年代初到70年代初)

这一时期,西欧经济高速稳定发展,经济实力大为增强,成为资本主义世界三大经济中心之一。西欧GNP年均增长率1950～1960年为4.5%,1960～1970年为4.8%。其中,西德、法国、意大利的增长尤为明显。西德GNP年均增长速度由1913～1950年的1.2%增至1950～1960年的7.8%和1960～1970年的4.8%;同期法国从0.7%增至4.6%和5.8%,意大利由1.3%增至5.8%和5.7%。1950～1973年,西欧GNP从2745亿美元增至12250亿美元,增长了346%。

(三)低速增长阶段(20世纪70年代初到80年代中期)

20世纪70年代初石油危机后,随着发展中国家反对国际经济旧秩序的斗争不断发展,石油等能源和原材料价格上涨,西欧国家需要的廉价而稳定的能源与原料来源难以保证。以美元为核心的布雷顿森林体系崩溃。长期实行凯恩斯主义的膨胀性财政政策与金融政策导致严重的通货膨胀,一些国家国有经济成分所占比重较大,企业生产效率低,亏损严重。社会福利制度在西欧各国的普遍建立使福利开支不断上升,加重了政府的财政负担,西欧经济增速明显放慢。1975～1979年,美国GNP年均增长速度连续4年超过欧共体诸国。尤其严重的是,西欧在微电子、电子计算机等关键领域落在了美日之后。

(四)不稳定增长阶段(20世纪80年代中期以来)

20世纪80年代以后,西欧各国普遍实行了经济改革措施,经济逐渐恢复元气,缓慢稳步回升。但是一些国家经济内部结构性问题严重,两极格局终结对一些欧洲国家的军事工业产生了较大的影响和冲击,再加上发展中国家经济恶化以及国际贸易领域的保护主义抬头等原因,使西欧经济发展带有很大的不稳定性。1988年,欧共体12国平均GDP增长3.8%,1989年为3.4%。但从1990年开始至90年代中期,西欧经济增长又明显滑坡。法国、意大利与英国的GDP

年均增长率分别只有 1.0%、1.0%和 1.4%。[①]

随着欧盟的建立和不断扩大，西欧形成了一个内部统一的大市场，成员国之间互为重要的经济伙伴，为欧盟成员国的对外贸易和投资提供了一个安全的避风港。特别是欧元的启动，清除了不同货币之间的兑换等烦琐手续，进一步加快了物资周转，促进了欧元参加国的经济发展。从 1995 年开始，西欧经济出现较快增长，到 2005 年欧盟 15 国的 GDP 年均增长率 2.1%，但低于同期美国的 3.3%。2008 年以后，受国际金融危机的影响，欧洲许多国家陷入债务危机，经济增长乏力。2010 年欧元区经济增长率仅为 0.9%，2013 年欧盟经济几乎零增长，只有 0.1%，2014 年欧元区国家 GDP 增长率为 0.8%。2017 年，欧盟和欧元区经济均增长 2.4%；2021 年，欧盟和欧元区经济增长率为 5.3%。但是，仍有许多国家至今未能完全走出危机的泥潭。

二、西欧国家的政治体制

西欧国家的政体大致有两种类型，即君主立宪制和民主共和制。实行君主立宪制的国家有丹麦、挪威、瑞典、英国、比利时、荷兰、卢森堡、列支敦士登和西班牙。在这些国家，国家元首是世袭的，在理论上国王拥有最高权力，但实际上国王在行使这些权力时要受到不同程度的限制。由于阶级结构和政治力量对比关系的差异，在欧洲君主立宪制国家中，君主的实际权力有很大不同。丹麦、挪威国王的实际权力较大，而英国、瑞典国王的权力则主要是象征性的。实行民主共和制的西欧国家共有 12 个，分别是芬兰、冰岛、德国、法国、意大利、爱尔兰、奥地利、葡萄牙、马耳他、希腊、瑞士和圣马力诺。这种政治体制又因各国历史传统和民族特点的不同而分为议会制、总统制和委员会制三种类型。在西欧的民主共和制国家中，法国是总统制，瑞士是委员会制，其余的都是议会制。另外，西欧还有一个教皇制国家梵蒂冈和两个大公国安道尔和摩纳哥。

从国家结构形式看，西欧大多是单一制国家，只有瑞士、奥地利和德国是联邦制国家。西欧国家的政治制度都实行“三权分立”的原则，行政权属君主、总统或内阁首相，司法权属最高法院，立法权属议会。

三、欧洲共同体的建立和发展

二战结束后，面对当时的国内外形势，西欧各国都认识到，只有联合自强，才是唯一出路。从 20 世纪 50 年代起，西欧各国开始了一体化进程并取得了重大进展。

---

① 参见王慧媞、韩玉贵主编：《当代世界政治经济概论》，山东人民出版社 2008 年版，第 176 页。

(一)欧洲共同体的建立及发展历程

1.欧共体的建立和扩大

欧洲的联合首先是从经济上的联合开始的。1950年5月,法国外长舒曼提出欧洲煤钢联营计划,即"舒曼计划",主张在一个"超国家"机构的领导下,把西欧各国的煤钢生产联合起来,建立一个欧洲煤钢共同市场,互相废除关税壁垒。1951年4月,法国、联邦德国、意大利、荷兰、比利时和卢森堡6国签署了为期50年的《欧洲煤钢联营条约》,决定建立欧洲煤钢共同体。1955年6月,6国外长会议建议将联营原则推广到其他部门。经过近两年的反复谈判,1957年3月,6国首脑在罗马签署了《欧洲经济共同体条约》和《欧洲原子能联营条约》,总称《罗马条约》,1958年1月1日《罗马条约》正式生效,欧洲经济共同体和欧洲原子能共同体在布鲁塞尔诞生。1965年4月,6国又签署了《布鲁塞尔条约》,决定将欧洲煤钢共同体、欧洲经济共同体和欧洲原子能共同体3个机构合并,统称为欧洲共同体(简称欧共体)。1967年7月,条约正式生效,欧共体正式成立。欧共体的建立标志着西欧经济发展进入了以6国为核心的经济一体化阶段。

随着共同体活动的逐步开展,其成员也逐步增多。早在20世纪50年代中期,西欧6国酝酿筹建欧洲经济共同体时,曾邀请英国参加。但英国自恃大英帝国的传统地位和英美特殊关系,采取了"不介入"的态度。欧洲经济共同体建立后,英国又怕失去西欧大陆市场,于是1960年1月4日,英国与挪威、瑞典、丹麦、奥地利、瑞士和葡萄牙7国在斯德哥尔摩签订了《建立欧洲自由贸易联盟公约》,组成了欧洲自由贸易联盟(简称小自由贸易区)。芬兰于1961年6月成为准成员国,冰岛于1970年3月加入联盟。随着英美"特殊关系"的疏远和英联邦国家对英国独立自主倾向的发展,英国逐渐改变了对欧洲经济共同体的态度。1961年英国申请加入,但因其要求修改《罗马条约》,不愿放弃英美特殊关系而遭法国反对。直到1973年,英国才与爱尔兰、丹麦一同加入欧共体,使共同体扩大为9国。1981年希腊加入,1986年1月1日,西班牙和葡萄牙也成为欧共体的正式成员,共同体扩大到12国。

2.欧共体经济一体化的主要成果

经济一体化是西欧一体化的基础和核心,取得的进展也最为显著。欧共体采取的措施及所取得的成就主要表现为以下四个方面。

(1)建立关税同盟。关税同盟是欧共体的主要支柱,也是实现经济现代化的最初目标。《罗马条约》第9条明确规定,"共同体应以关税同盟为基础"。为照顾共同体各国在经济结构和发展水平上的实际差异,协调各国之间的矛盾,《罗马条约》规定了一个为期12年的关税同盟实施方案。具体目标是:第一阶段从1958～1960年,各国降低关税30%,对外以共同关税为标准作幅度为30%的调整;第二阶段从 1961～1965 年,各国再削减 30%的关税和调整 30%的对外关税;第三阶段从 1966～1970 年,共同体各国完全取消关税,对外实行统一的关税标准。这一方案执行得比较顺利,于 1968 年 7 月 1 日提前两年完成,关税同盟正式建立。此后,欧共体 6 国之间全部取消关税和进口限制。1973 年新成员加入欧共体后,共用了 5 年的时间,到 1977 年 5 月实现了统一的对外关税。希腊、葡萄牙、西班牙加入后也按相同的办法实施。

(2)实行共同的农业政策。共同农业政策是指欧共体成立农产品共同市场,实现农业一体化的政策。它与关税同盟并称为欧共体经济一体化的两大支柱。共同农业政策于 1958 年 7 月提出,1968 年 8 月基本完成;到 1980 年年底,其实施范围已涉及欧共体各国生产的绝大部分农产品,最终产值已占农业产值的 95%。共同农业政策的主要内容是:对内逐步取消农产品关税并统一农产品价格;对外建立共同关税壁垒,凡低于内部价格的进口农产品,一律征收差价税;建立共同农业基金,用于贴补农产品出口和改革农业结构。共同农业政策的实施,促进了欧共体各国农业生产的发展,加速了各国的农业结构调整和农业现代化。

(3)建立经济和货币联盟。为促进成员国之间贸易的进一步发展,稳定货币汇率,解决国际收支困难等一系列新问题,1969 年 12 月,欧共体首脑会议正式提出建立经济和货币联盟计划。这一计划的目标是:统一各国的经济、货币和财政政策,建立欧共体的中央银行和货币储备,发行统一的货币,真正实现欧共体成员国之间商品、劳务、资本和人员的自由流通。但由于美元危机和经济危机的影响,计划执行一再受阻。1978 年 12 月,欧共体首脑会议决定成立欧洲货币体系,建立对美元、日元自由浮动的欧洲货币单位作为各成员国货币评价的标准,并以欧洲货币单位为中心,确立与各成员国货币之间的汇率。1979 年 3 月,欧洲货币体系正式生效。1986 年,欧共体 12 国首脑会议一致通过《欧洲单一文件》(即《欧洲一体化文件》,1987 年正式生效),规定到 1992 年 12 月底真正实现商品、资金、人员和劳务的自由流通。冷战结束后,这一计划继续实行并取得重大成就。1998 年 7 月 1 日,欧洲中央银行正式成立;1999 年 1 月 1 日,欧元启动,2002 年正式成为欧盟成员国的国家货币。

(4)实施“尤里卡计划”。欧共体加强了科技合作,实施了包括计算机、自动装置、通信联络、生物工程和新型材料等在内的“尤里卡计划”,建立科技共同体,促进了西欧经济一体化的发展。

3.欧共体的政治一体化

政治一体化被称为继关税同盟与共同农业政策之后的“第三级火箭”,是欧共体的主要目标。政治一体化的实质就是要求各成员国把部分国家主权让渡给共同体,加强其“超国家”性质。但是,由于各成员国之间社会政治条件及战略目标不同,相互之间存在着种种矛盾和斗争,因此政治一体化在开始时步履维艰,20 世纪 50～60 年代基本没有取得什么进展。进入 70 年代以后,欧共体的政治一体化因内外动力的推动而有所加强,其主要内容有:

(1)协调成员国的对外政策。1970 年 10 月,欧共体 6 国外长发表了题为“欧洲政治统一问题”的报告,确定 6 国外长每年定期举行会议,共同协调对外政策,努力做到在世界舞台上“用一个声音说话”。1973 年的外长会议进一步明确,在涉及欧洲利益的问题上,各国原则上保证在没有同自己的伙伴在政治合作的范围内协商的情况下,不作明确表态。

(2)加强各国首脑的定期会晤。1974 年的首脑会议决定,从 1975 年开始,9 国首脑会议制度化,首脑会议定名为“欧洲理事会”。

(3)加强组织建设。为与各成员国相适应,欧共体建立了三权分立的机构。欧洲理事会行使立法权,委员会行使行政权,欧洲法院行使司法权。欧洲理事会是欧共体的最高决策机构,负责协调欧共体的内外事务。1987 年 7 月生效的《欧洲单一文件》中规定,欧洲理事会由各成员国国家元首或政府首脑以及欧洲共同体委员会主席组成,每年至少举行 2 次会议。《欧洲联盟条约》则明确规定了欧洲理事会在欧洲联盟中的中心地位。理事会主席由各成员国轮流担任,任期半年。欧洲委员会是常设执行机构,负责实施欧共体条约和欧共体理事会作出的决定,向理事会和欧洲议会提出报告和建议,处理欧共体日常事务,代表欧共体进行对外联系和贸易等方面的谈判。欧洲法院是欧共体的仲裁机构,负责审理和裁决在执行欧共体条约和有关规定中发生的各种争执。1979 年欧共体还实行了欧洲议会第一次直接选举。由此,欧共体形成了一套比较完整的政治(外交)合作机制,行使了政治实体的基本职能。

4.欧共体的防务合作

20 世纪 80 年代以前,西欧国家实行以北大西洋公约组织为依托,依靠美国核保护伞来维护自身安全的防务政策。进入 80 年代以后,随着西欧经济的增强和独立自主倾向的发展,西欧与美国的分歧和冲突越来越多,从而促使西欧国家倾向于建立自己的防务体系。1984 年 6 月,在法国和联邦德国的积极推动下,沉睡了 30 年之久的西欧联盟成员国举行外长会议,一致同意恢复西欧联盟和加强防务合作。同年 10 月,西欧联盟成员国外长和国防部长联席会议发表了题为“大西洋联盟中的欧洲支柱”的声明,确定了发展防务合作的原则,决定设立西欧防务合作常设机构,并正式批准从 1986 年 1 月 1 日起取消对联邦德国生产和储存常规军备的一切限制。从此,西欧联盟新生,但其性质由控制、监督和防范联邦德国军国主义复活变成了西欧商讨防务问题和协调战略的机构。1987 年 9 月,法德两国进行了二战后规模最大的军事演习并宣告建立法德联合部队,两国还加强了军工生产、航天技术与核技术方面的合作。1991 年 12 月，欧共体首脑会议同意西欧联盟作为欧共体和北约组织之间的联络机构。

(二)二战结束后西欧一体化的动因

1.避免战争、维持欧洲和平与稳定是西欧联合的政治动因之一

二战末期，被称为欧洲一体化之父的让·莫内(J. Monnet)认为，要防止历史悲剧重演，就必须“使人们联合起来，解决分裂他们的问题，引导他们看到彼此间的共同利益”。“欧洲各国如果只在民族独立的基础上重建各自的政府，强权政治和经济保护主义就会重新抬头，欧洲便无和平可言。”①欧洲国家必须联合起来，才能防止欧洲内部再次酿成战争隐患，而其中最需解决的问题就是德国。舒曼(R. Schuman)和让·莫内共同设计的“舒曼计划”的基本思想，即是通过控制煤钢生产、实现西欧联合，来消除西欧国家之间的战争根源，也就是说，以一种新型的超国家联盟来防止德国重新挑起战争。

2.当时的冷战形势及西欧国家所处的地位是促使西欧联合的政治动因之二

雅尔塔体制将欧洲分为东西两部分。欧洲由昔日的世界中心变成了美苏两头大象打架的“草坪”。面对这种形势，西欧各国既不甘心，又无能为力。它们任何一国都无力单独与苏美抗衡。为了维护民族独立和国家主权，恢复和提高西欧国家在世界舞台上的地位，只有联合以求生存和发展。

3.联合自强是西欧各国恢复和发展经济的需要

西欧各国大都版图小、资源少，二战前是靠殖民统治、殖民剥削而发展起来的，但二战后失去了这一条件。为了迅速摆脱经济困境及由此引起的政治、社会危机，西欧国家只能求助于美国。而美国却一直把欧洲战乱归咎于国家间的竞争和敌对，而且美国为了便于实施大西洋联盟政策，也不愿对西欧国家实行一对一的援助。因此，在同意援助的同时，美国要求西欧国家首先必须合作，以集体的方式接受援助。面对严峻的国际形势，西欧国家除却联合与合作别无出路。

第二节 东欧的政治经济

东欧是一个政治概念，是指二战结束后除了欧洲的资本主义国家和苏联以外的 8 个社会主义国家联成一体的欧洲地区。这 8 个国家是波兰、捷克斯洛伐克、罗马尼亚、保加利亚、匈牙利、德意志民主共和国、南斯拉夫和阿尔巴尼亚。

① [法]让·莫内:《欧洲第一公民——让·莫内回忆录》，孙慧双译，成都出版社 1993 年版，第 248～249 页。

一、东欧国家的政治体制

在第二次世界大战中，东欧各国先后遭到德国和意大利法西斯的入侵和蹂躏，丧失了独立地位。二战结束后，波兰、保加利亚、阿尔巴尼亚、捷克斯洛伐克、匈牙利、南斯拉夫等国人民经过艰苦斗争，先后走上了社会主义道路。民主德国也在德国苏战区的基础上于1949年10月成立。这些国家对国民经济实行了社会主义改造，确立了社会主义制度。其特点主要表现为：(1)这些国家都由无产阶级政党执政，国家的一切组织和管理活动体现无产阶级政党的政策；(2)大多数国家都有其他党派组织和社会团体与无产阶级政党并存，都建立了广泛的统一战线；(3)这些国家都实行共和制，宪法明确规定国民议会(或人民议会)是国家最高权力机关和立法机关，政府是它的执行机关，由国民议会选举产生，向国民议会负责并报告工作；(4)除南斯拉夫和捷克斯洛伐克实行联邦制以外，东欧其他6国都实行单一制。从建国到20世纪80年代初的几十年间，东欧各国国内的政治发展比较平稳，各个国家都不同程度地实行了政治体制改革，积极扩大社会主义民主，使得社会主义制度得到不断完善。

二、东欧国家的经济体制与经济发展

二战结束后东欧国家基本上都实行高度集中的计划经济体制。在工业方面实行国有化政策，大力发展重工业，积极实现工业化。在农业方面先进行土地改革，接着进行集体化。这种经济体制有利于东欧各国经济的快速恢复与发展。

从20世纪50年代至80年代初期，东欧各国的经济发展比较迅速，大多数国家实现了由落后的农业国向现代化工业国或工业农业国的转变。(1)国民经济快速稳步增长。1950～1982年，保加利亚、匈牙利、民主德国、波兰、罗马尼亚、捷克斯洛伐克和南斯拉夫的国民收入分别增长了12倍、4倍、5.9倍、4.1倍、14倍、3.9倍和3.9倍。(2)经济实力大为增强。80年代初，大多数东欧国家都由农业国变成了具有中等发达国家水平的以工业为主的国家。曾被西方国家称为“300万乞丐”的匈牙利，1980年的人均粮食产量达1350公斤，居世界第5位；欧洲最穷的国家波兰也成为欧洲重要的工业强国；民主德国则成为世界上的十大工业国之一。(3)经济结构得到调整，工业在国民经济中的比重明显增加。1980年，南斯拉夫工业产值在社会总产值中的比重从1947年的18.2%上升到53.3%，保加利亚重工业占社会总产值的比例也由1939年的5%上升到53%，罗马尼亚的同一比例也升至58.6%。①

① 参见冯特君等：《世界政治经济与国际关系》，经济科学出版社1994年版，第137页。

由上可见，高度集中的计划经济体制在恢复战争创伤、发展国民经济方面起到了积极作用，但是，随着东欧国家经济的不断发展，这种经济体制所固有的"过分集中、统得过死"的弊端暴露得越来越明显，也给各国的经济发展带来很多负面影响。

从 20 世纪 70 年代中期开始，东欧国家的经济开始出现各种困难和问题，突出表现为：国民经济比例关系失调，农业和轻工业长期落后；中央下达计划过多，企业缺乏活力，地方主动性得不到充分发挥；经济增长速度下降，经济效益不高，劳动生产率提高不大；产品质量较差，品种单一，不能满足日益增长的生活需要。这种中央集权式的计划经济体制对生产力发展的束缚，再加上有的国家经济政策失误，致使一些东欧国家从 70 年代中期特别到 80 年代以后，经济状况日益恶化，经济增长速度普遍降低，甚至陷入经济危机，为以后的剧变埋下了伏笔。

第三节　冷战后欧洲一体化的加速发展

一、德国的统一及其影响

（一）德国问题的由来及解决

1945 年纳粹德国战败投降后，美、苏、英、法四大国根据雅尔塔会议通过的有关决议，对德国实行了分区占领。美国出于称霸世界和发动冷战的需要，伙同英、法首先开始了分裂德国的行动，于 1948 年将三国占领区合并，进行了币制改革，并着手起草"基本法"。1949 年 5 月，德国制宪会议通过了《德意志联邦共和国基本法》。同年 9 月，德意志联邦共和国正式成立。为了对抗三大国的这一行动，在苏联的帮助下，德意志民主共和国也于 1949 年 10 月在苏占区成立。从此，德国正式分裂为两个分属于不同阵营的国家。随着东西方冷战的日益升级，两个德国的对抗也不断加剧。1955 年 5 月 5 日，联邦德国加入北约；5 月 14 日，民主德国加入华约。于是，东西德成为两大军事集团紧张对峙的前沿阵地，德国的分裂局面也由此进一步巩固。

20 世纪 60 年代中期以后，两德关系发生了重要变化。1969 年，联邦德国总理勃兰特开始推行"新东方政策"，承认民主德国是一个独立的主权国家，并表示愿意实现两国关系的正常化。1972 年 11 月，两个德国签订了关于两国关系基础的条约，使德国的分裂固定化，两德关系也因此实现了正常化。

20 世纪 80 年代末，民主德国国内局势发生了很大变化，德国统一问题又被重新提出。从 1989 年 9 月起，在波、匈形势的影响和西方势力的煽动下，民主德国居民大批逃往联邦德国。10 月，各地又接连爆发大规模示威游行。"新论坛"

等反对派组织也加紧活动。11 月 9 日，民主德国决定拆除“柏林墙”，形势急转直下。11 月 28 日，联邦德国总理科尔不失时机地发表了统一德国的“十点计划”，德国统一问题便正式提到了两德和美、苏、英、法四大国的议事日程上。此后，德国统一问题便以出乎人们意料的速度向前发展。1990 年 5 月 8 日，两德签订了货币联盟条约(即第一个国家条约，于 7 月 1 日生效)，标志着两德经济的统一。这是统一进程中关键性的突破，使两个德国的统一进程更加不可逆转。同年 8 月 31 日，双方又签署了两德统一条约(即第二个国家条约)。这是两国向政治统一迈出的关键一步，为两德统一奠定了法律基础。1990 年 9 月 12 日，“2＋4”会议签署了《关于最终解决德国问题的条约》。至此，两德统一的内外障碍全部扫清。10 月 3 日，民主德国正式加入联邦德国，两个德国分裂 40 多年的局面终告结束。

(二)德国统一的影响

德国统一是 20 世纪下半叶欧洲政局中具有重要历史意义的大事，对德国、欧洲乃至全世界都具有重大影响。

1.德国统一标志着“雅尔塔体制”的彻底崩溃

“雅尔塔体制”的确立是以两个德国的分裂为重要标志的。德国统一的迅速实现，标志着美苏分治欧洲的“雅尔塔体制”的彻底告终，导致了经互会解散和华约解体，使得欧洲形势乃至世界格局进入新的发展时期。

2.德国统一打破了欧洲的均势与平衡，改变了欧洲的力量对比

统一后的德国综合国力大增：国土面积 36 万平方公里，超过英国和意大利；人口近 8000 万，为欧洲第一；总兵力达 180 万，是欧洲最强大的军队；1991 年的 GNP 占欧共体总产值的 1/3 以上，超过西欧所有国家，居世界第三位。更为重要的是，统一后的德国不再因“战败国”地位而甘于“政治侏儒”的国际角色，准备在国际上担负起“更大责任”。德国优越的地理位置、强大的军事和经济实力及其日益增强的政治影响力，使其他任何一个西欧国家都相形见绌，打破了冷战期间的欧洲“均势”。30 多年的实践也证明，德国在欧洲乃至在国际社会的分量越来越重。

3.德国统一对欧洲一体化的双重影响

20 世纪 90 年代初期，德国统一曾经给欧洲的一体化进程带来一些不利影响。原因有以下几点：德国要把大量财力和主要精力集中于消化德国东部而无暇顾及欧洲一体化的整体建设；民主德国的加入，也使欧共体增加了不少负担；英国担心欧共体被德国控制，对欧共体一体化进程的疑虑加大，增加了欧洲一体化顺利推进的阻力。但 30 多年的发展已证明，德国统一促进了欧盟的建设，而且将继续推动欧洲一体化的发展。这是因为：德国的自然条件决定了其经济发

展离不开整个欧洲的经济发展。它只有以欧洲为依托，才有可能在世界上发挥大国作用。另外，德国只有大力推进欧洲一体化，才能解除邻国的“恐德症”，为进一步发展创造条件。

4.德国统一有利于促进世界多极化

德国统一是在世界多极化不断发展的国际环境中实现的，是多极化发展的直接体现，同时又进一步推动了世界多极化趋势的发展。德国的强大经济实力及发展潜力使世界经济力量对比关系发生了明显有利于德国的变化，从根本上结束了美国在世界经济中的绝对优势和主导地位。随着政治大国战略的逐步实施，德国的外交独立性及国际政治影响力也日益增强，对世界多极化的推动作用愈加明显。德国统一进一步增强了欧盟的实力，使其成为世界多极化过程中的重要角色之一，对美国称霸世界的意图和行为具有强大的牵制作用。

二、冷战后欧洲一体化的加速

(一)欧洲一体化加速的表现

冷战结束以后，整个世界都发生了很大变化，欧洲局势也因德国统一、东欧剧变和苏联解体而面貌全异。面对新的地区及世界形势，欧洲进行了新的战略调整，加速推进一体化进程，欧盟的深化与扩大都取得了很大成就。

1.欧洲联盟正式成立

1991 年 12 月，欧共体 12 国首脑在荷兰南部城市马斯特里赫特正式签署《欧洲联盟条约》，又称《马斯特里赫特条约》，简称《马约》。《马约》勾画出了 20 世纪末共同体的宏伟蓝图和战略目标，共包括两部分内容：《经济货币联盟条约》和《政治联盟条约》。1993 年 11 月 1 日，《马约》正式生效，欧洲联盟成立。《马约》的签订和欧洲联盟的诞生标志着欧洲一体化取得了两个历史性突破：首先，《马约》突破了欧共体以经济活动为限的格局，将共同体成员国之间原有的政治合作机制升格和扩展为“共同外交与安全政策”，欧洲经济共同体、共同外交与安全政策及司法与民政事务的合作共同构成欧洲联盟的三大支柱。其次，《马约》大大拓展了原有共同体的经济活动领域，从以关税同盟和共同单一市场为主扩展到建立宏观经济政策和公共财政政策的协调机制。这两大突破使得欧洲一体化无论是在广度上还是深度上都有了质的飞跃，把欧洲一体化推向一个新阶段。

2.经货联盟正式形成

20 世纪 90 年代以前，欧共体国家曾为建立欧洲经济与货币联盟作了很多努力。90 年代以来，这一工作进展迅速，成就斐然。从 1990 年开始，欧洲经济与货币联盟的建设共经历了三个阶段：第一阶段，从 1990 年 7 月 1 日到 1993 年年底，主要内容是与统一市场建设工作保持一致，加强经济货币政策的协调与合作。从1993年起,欧共体内部初步建成商品、服务、人员、资本自由流通的内部统一大市场,各成员国被纳入欧洲货币体系的汇率机制。第二阶段,从1994年1月1日到1996年年底,建立了独立的欧洲货币机构——欧洲货币局,在货币和金融管理上赋予其一定权力。第三阶段原定于从1997年1月1日开始,后又推迟到1999年1月1日开始,主要任务是逐步实行单一货币,建立独立的欧洲中央银行。1999年1月1日,欧洲银行正式建立,欧元正式诞生,经货联盟的最终目标基本实现。1999～2002年,在欧元区11国范围内,欧元与各成员国货币并行流通;2002年7月1日起,欧元取代成员国货币正式成为欧元区内法定的唯一流通货币。

3.欧洲经济区最后建成

1991年10月,欧共体与"欧洲自由贸易联盟"6国在卢森堡达成建立欧洲经济区的协议。1992年5月2日,上述双方以及欧共体执委会的代表在葡萄牙的波尔图市正式签署欧洲经济区协议。1994年1月1日,由欧盟12国与奥地利、芬兰、挪威、瑞典、冰岛5个欧自联国家组成,包括3.7亿人口,对外贸易总额占世界贸易总额40%以上的欧洲经济区宣告成立。欧洲经济区的建立,使西欧国家间的一体化程度出现了质的深化。

4."共同外交与安全政策"取得新突破

"共同外交与安全政策"于20世纪90年代初提出,在《马约》正式生效的同时正式形成,并被确立为欧盟的三大支柱之一。1997年10月《阿姆斯特丹条约》(简称《阿约》)的签署使"共同外交与安全政策"在决策机制、组织机构、加强行动能力等方面进一步得到改进,但在实践中仍未有重大突破,在解决南斯拉夫地区问题上屡遭失败。1998年12月,英法两国领导人在法国小城圣·马洛联合发表《欧洲防务宣言》,表示要"全面贯彻《阿约》中'共同外交与安全政策'的相关条款,逐步发展出一项共同防务政策"。科索沃危机爆发以后,欧盟更加意识到拥有自主预防危机能力的必要性和紧迫性。1999年6月的科隆首脑会议决定,将欧洲军事组织西欧联盟于2000年年底前正式并入欧盟,同时任命北约秘书长索拉纳出任欧盟首任"共同外交与安全政策高级代表"。之后,索拉纳又被任命为西欧联盟秘书长,迈出了西欧联盟与欧盟合并的第一步。同年12月的赫尔辛基峰会上,欧盟15国决定在2003年前建立一支拥有6万军人、约400架飞机和100艘军舰的快速反应部队,以提高欧盟在提供人道主义救援、维和及制止地区冲突等危机处理方面的能力。这使纸上谈兵多年的欧洲独立自主防务体系进入实质性实施阶段,标志着欧盟"共同外交与安全政策"的实施跨出了历史性的一步。2002年12月,欧盟与北约就军事资源共享问题举行了谈判并达成一致,欧盟快速反应能力的建设迈出了实质性一步。2003年12月,欧盟第一部

《欧洲安全战略》出台,明确界定了欧洲安全面临的主要威胁并制定了应对措施。欧盟国家在共同外交和安全领域的合作日益密切,国际事务上越来越"用一个声音说话"。2007年12月13日欧盟各国领导人在葡萄牙首都里斯本正式签署《里斯本条约》。2009年12月1日《里斯本条约》生效,将欧盟负责外交和安全政策的高级代表和欧盟委员会负责外交的委员这两个职权交叉的职务合并,统归为欧盟外交和安全政策高级代表一职,全面负责欧盟对外政策。乌克兰危机、恐怖袭击以及欧洲难民潮的持续发酵,使得欧盟成员国加强防务建设的需求与日俱增。英国脱欧更是将欧洲共同防务推上了"快车道"。2017年12月,欧盟就加强军事合作达成共识,正式启动"永久结构性合作",吸引了25个成员国参加。

5.欧洲联盟的规模不断扩大

在欧洲一体化不断深化的同时,欧盟的规模也在不断扩大。冷战结束后,欧洲地缘政治形势发生了重大变化,欧盟充分利用这一契机加快了拓展疆域、扩张势力范围的步伐。西班牙、葡萄牙、爱尔兰等国参加欧盟后,得到欧盟的大量资金援助,经济迅速发展,缩小了与发达成员国的差距,对中东欧国家产生了巨大吸引力。欧盟利用中东欧国家"回归欧洲"的迫切需要,于1993年制定了宏伟的扩大蓝图,并为候选国确定了政治、经济和遵守欧盟现行法律法规等三项严格入盟标准。

1995年1月1日,奥地利、瑞典、芬兰正式加入,使欧盟由12国扩大为15国。早在1991年12月,欧共体即与波兰、匈牙利和捷克斯洛伐克签订了贸易合作与联系国协定;1996年,欧盟又先后与罗马尼亚、保加利亚、波罗的海三国、斯洛文尼亚签订了联系国协定。1998年3月,欧盟开始与候选国中政治经济条件较成熟的塞浦路斯、匈牙利、波兰、爱沙尼亚、捷克与斯洛文尼亚6国展开入盟谈判。1999年12月的赫尔辛基首脑会议同意新增罗马尼亚、斯洛伐克、拉脱维亚、立陶宛、保加利亚、马耳他6国为候选国,并正式承认了土耳其的候选国地位。在与候选国进行了多年的入盟谈判后,2003年4月,欧盟与塞浦路斯、波兰、匈牙利、捷克等10国在希腊首都雅典签署入盟协议,上述国家于2004年5月1日成为欧盟正式成员。随后,罗马尼亚和保加利亚于2007年1月1日也正式加入欧盟,欧盟成员国由15国增加到27国。2013年7月1日克罗地亚正式加入欧盟,成为第28个成员国。至此,欧盟成为一个拥有432万平方公里、5.1亿人口的联合体。2016年6月23日,英国进行"脱欧"公投,2020年1月31日正式"脱欧"。

(二)冷战后欧洲一体化加速的动因

冷战结束以后,欧洲乃至整个世界形势的变化使得欧洲一体化的最初动因消失。许多人曾以为欧洲一体化将会从此失去动力而停滞不前。然而，欧洲国家的一体化进程非但没有停顿下来，反而在加速推进。推动欧洲一体化加速发展的因素有以下几点。

1.谋求与美平起平坐并成为未来多极世界中的强大一极，是推动欧洲一体化加速发展的根本动力

冷战结束以后，世界多极化趋势日益明显。美国称霸世界的野心未改，表现出明显的主导欧洲、谋求单极世界的意向，积极重建在欧洲的政治和安全领导地位，并力求让欧盟为其全球战略服务；中国、日本、俄罗斯也都在极力增强自身实力。欧盟虽然有一些实力较强、国际影响较大的国家，但就它们单独的经济规模和实力而言，均不具有同美、日抗衡的能力，也不具有中、俄的发展潜力。在这种情况下，欧洲国家要想主导自己的命运，谋求同美国平等的地位并成为未来多极世界中的强大一极，就必须加强联合，不仅要在经济领域，也要在防务和外交方面加强联合。

2.欧洲内部自身力量的失衡是欧盟加速一体化的重要推动力量

德国重新统一之后，摘掉了“战败国”的帽子，改变了“政治侏儒”的地位，综合国力大为增强。为防止欧洲成为“德国的欧洲”，就必须将统一的德国限制在统一的欧洲之内，而统一货币和加快欧洲一体化发展正是可以使德国成为“欧洲的德国”的重要手段。

3.保障整个欧洲的和平与稳定也是推动欧洲加速一体化的动力之一

冷战结束后，东欧国家逐渐向欧盟靠拢。为了帮助东欧国家向民主体制转变，防止其出现的混乱状况影响整个欧洲的稳定与和平，欧盟国家意识到，必须以更高速度、更新内容的一体化制约东欧的分化。在欧洲重组的过程中，原有的西欧一体化很快地扩展到以纳入东欧国家为主要特征的欧洲一体化，就是这种政治动因的明显体现。

三、欧洲一体化进一步发展面临的问题和挑战

半个多世纪以来，欧洲一体化成就显著，欧盟已成为世界上规模最大、实力最强、最具有发展前途的区域一体化组织。展望未来，欧洲一体化必将进一步发展，但也面临着诸多问题与挑战。

(一)《欧洲联盟条约》内容的广泛性和不确定性给欧洲一体化的深入发展增加了难度

《欧洲联盟条约》包括《政治联盟条约》和《经济货币联盟条约》两部分，内容繁多、复杂、宽泛、不确定，民众对条约缺乏认同，欧盟内部政治精英集团与广大民众之间存在着巨大鸿沟，故出现丹麦否决《马斯特里赫特条约》、爱尔兰否决

《里斯本条约》、法国和荷兰否决《欧盟宪法条约》的情况。《欧洲联盟条约》涉及经济、政治、安全、外交等多个领域，并且每一领域一体化的完成都需要其他领域的配合。这是一个庞大的系统工程，不管哪个环节出了问题，都会阻碍整个条约按计划推进。而这一条约涉及的不少内容又是以前一体化进程中留下的难题，或者是未曾实践过的问题，这就增加了顺利推进的难度。另外，该条约是经过长期争论、妥协而签订的，条约本身的未知性和不确定性非常明显。例如，《政治联盟条约》没有明确勾画出政治联盟的整个轮廓，仅有方向和某些目标。

欧洲政治家为把欧盟建成一个"超国家"联盟，急于扩张势力范围，短短几年内连续吸收 13 个国家入盟，使欧盟膨胀为 28 国（现为 27 国）组成的庞大政治经济组织，超出了本身"消化"的承受能力。政治家试图以"大欧洲"增加在世界舞台上的分量，结果却使欧盟内部的凝聚力下降。欧盟新老成员国经济存在巨大差距，老成员国希望保持现有富裕生活不被损害，新成员国渴望得到更多援助；老成员国关注的是安全，新成员国关注的是经济，这就形成了不可避免的矛盾，显然会使欧洲一体化的顺利深入发展面临更大困难。

（二）超国家权力与国家主权的矛盾与斗争成为欧洲一体化深入发展的内在障碍

从本质上看，一体化的过程就是在相关领域内将国家主权向超国家机构转移的过程，而这必然会导致原有的国家主权如何在超国家机构和成员国政府之间重新分配的矛盾。实际上，欧洲一体化的进程也始终贯穿着超国家权力与国家主权的斗争，有时非常激烈，甚至造成一体化的危机。1992 年丹麦否决《马约》、2005 年法国和荷兰公投否决《欧盟宪法条约》、2008 年爱尔兰公投否决《里斯本条约》，甚至英国"脱欧"都是典型的例证。

欧盟毕竟是民族国家组成的政治经济组织，获取国家利益仍是各成员国首要目标。随着一体化建设的深化和新成员的增加，欧盟内部矛盾更加突出，执行共同政策的难度越来越大。为解决这一问题，欧盟加紧机构改革，制定宪法条约。为适应欧盟扩大后的需要，经过多年的艰苦谈判，成员国已基本达成协议，但是宪法条约进展并不顺利。2004 年 10 月 29 日，欧盟国家领导人在罗马正式签署了《欧盟宪法条约》，经各国法律批准后生效。在批约过程中，法国、荷兰于 2005 年 5 月和 6 月举行的全民公决中，否决了该宪法条约，欧盟陷入空前危机。《欧盟宪法条约》名称本身反映了欧盟建立"大欧洲"的政治理念，目的是以法律形式作为约束、规范成员国的行为准则，确保"大欧洲"以一个"超级大国"的地位出现在世界舞台上。宪法条约危机不克服，一体化就很难深化发展。

2007 年 12 月，欧盟 27 个成员国在欧盟轮值主席国葡萄牙首都里斯本正式签署了旨在取代《欧盟宪法条约》的《里斯本条约》。相比原来的《欧盟宪法条约》,《里斯本条约》在条文上大为简化,去除了所有带有宪法意味和超国家性质的提法,但保留了设立欧盟理事会常任主席和统管外交和安全事务的高级代表、以“双重多数表决制”取代“有效多数表决制”、精简欧盟委员会、增强欧洲议会和成员国议会权力等原版本条约中的实质内容,并增加了一些照顾部分成员国利益的灵活规定。按照程序,《里斯本条约》经欧盟成员国领导人签署后还将交由欧盟各国最后审批,在所有成员国批准后于 2009 年 12 月生效。欧盟所有 27 国中绝大多数选择以议会表决形式决定是否通过《里斯本条约》。唯独爱尔兰法律要求所有宪法修正必须经过公投,因此爱尔兰成为唯一一个对条约举行公投的国家。2008 年爱尔兰举行全民公投,以 53.4%的反对票否决了《里斯本条约》,使欧洲一体化进程再次遇到重大挫折。

欧洲一体化的深入发展,必然会要求成员国向欧盟转让更多的主权与职能。但在国家仍是国际关系的主体、国家的主权和利益仍是影响世界政治经济的最根本和最活跃的因素的现实条件下,要求成员国将更多的经济、政治、外交及防务主权转移给一个超国家的合众政府,必然非常困难。可以说,正是超国家权力与国家主权的矛盾和斗争,给欧洲一体化的深入发展设置了内在障碍。

(三)大国对欧洲主导权的争夺不利于欧洲一体化的顺利推进

德国的统一打破了欧盟内部原有的力量平衡,德、法、英三大国对欧洲主导权的争夺更趋激烈。统一后的德国已露出了争当西欧“代言人”的苗头,积极推动欧盟建设,以便“借船出海”。德国经常强调欧盟的外交政策就是德国的外交政策。在多极化的世界中,欧盟的牌子要比德国更有影响力。此外,突出欧盟,淡化自己,也可以减少其他国家对德国的戒心。德国热心推动欧盟扩大和深化的一个重要考虑就是通过欧盟来扩大自己的国际影响。法国也从未打消过充当欧洲领袖的意图,对德、英又“拉”又“打”,拉住它们推进欧洲一体化,在利用欧洲联盟对其进行约束和“捆绑”的同时谋求自己的领导地位。英国虽然加入欧盟的时间较晚,但从未停止过“后来者居上”的努力。英国的欧洲政策的整体趋势是保持英美联盟,玩弄法德平衡,依托北约并把北约拉向欧洲中心结构,同时把欧洲联盟向边缘推动,以保持一个有利于英国的欧洲结构组合,并利用这一结构去实现在欧洲的“领导者”地位。

英国脱欧之后,欧洲联盟以德、法、英三角为支架的结构不再,法德之间争夺领导权的矛盾与斗争将更加激烈与复杂。这必然会影响欧洲一体化的顺利深入发展。

(四)美俄的态度和政策也影响和制约着欧洲一体化的深入发展

美欧矛盾制约着欧洲一体化的深入发展。美国支持欧洲一体化发展,是以不损害美国利益为前提的,但欧洲一体化的发展又难免不损害美国在欧洲的利益。因此,欧洲的一体化行为一旦影响了美国的利益,美国就会作出不利于欧洲一体化的反应。欧盟意欲脱离美国军事控制,另起炉灶建立独立防务的做法,触动了美国的敏感神经,从一开始就受到美国的打压、阻挠。美国前国防部长拉姆斯菲尔德曾指责欧盟的独立防务“破坏北约的稳定”,认为“欧盟没有任何理由建立一个与北约竞争的机构”。2003 年美国发动伊拉克战争期间,法、德、比、卢四国提出建立欧洲军事联盟的建议和设立独立于北约的欧洲军事司令部的计划,遭到美国的强烈反对。北约的东扩危及了欧洲独立防务的建设。欧盟建立共同防务除了要过北约盟主美国这一关,还要解决内部的矛盾分歧。尤其欧盟扩大后,一些新成员国寻求美国的安全保护,与老成员国存在严重分歧。这就使得欧盟在独立防务问题上难以采取协调一致的行动。美国关于北约“全球化”的主张则进一步制约了欧洲在国际事务可能发挥的作用。俄乌冲突发生后北约作用的扩大更使欧盟建立独立防务遥遥无期。

俄罗斯是仅次于美国的核大国,也是欧盟地缘政治上的近邻,无论俄罗斯走向何方,对欧盟来说都不是“福音”。更何况欧盟东扩将使俄罗斯在独联体的主导地位进一步削弱,对独联体一体化进程产生不利影响,损害俄罗斯的经济利益,加剧俄欧在能源领域的激烈竞争。所以俄罗斯对外政策的变化,也会对欧洲一体化的发展产生很大影响。乌克兰问题由加入欧盟而来,而俄乌冲突则由北约东扩而来。俄乌冲突爆发后,欧盟成员国在对俄制裁问题上产生分歧。

第九章 日本的政治经济与谋求政治大国战略

日本是位于亚洲东部、太平洋西岸的一个群岛国家，国土面积 37.8 万平方公里，人口约 1.2536 亿(截至 2021 年 7 月)。二战后的日本是在战争的废墟上走上复兴之路的。经过几十年的发展，日本在 20 世纪 60 年代末成为世界经济大国，80 年代以后又积极向政治大国迈进。冷战结束以后，日本政坛出现了较大动荡，经济陷入了长期的萧条，日本的政治体制和经济体制进入了重新建构的历史转折时期。

第一节 日本的政治

一、日本的民主改革

1945 年 8 月 15 日，日本天皇颁布《停战诏书》，宣布日本无条件投降。随后，美国不顾国际协议的有关规定和其他同盟国的反对，于 8 月 28 日派出 15 万军队单独占领了日本。在此期间，国际反法西斯阵营和各国人民强烈要求铲除日本军国主义，使日本成为一个和平民主的国家；日本国内各界民众也要求对社会制度进行根本性的变革，实现民主化。正是在这双重压力下，同时也为了满足自身的利益，美军占领当局在二战后初期以盟军总部的名义发布了一系列的命令，对日本的政治、经济、军事、教育等各方面进行了一场自上而下的民主化改革。

(一)民主改革的主要内容

1.解散军队，惩办战犯，整肃军国主义分子

日本投降后，美国占领军仅用两个月的时间就将日本军队解散完毕。1945 年 9 月，盟军总部发布逮捕东条英机等 28 名甲级战犯的指令，接着逮捕了 108 名重要战犯。1946 年 5 月到 1948 年 11 月，远东国际军事法庭开庭审判东条英机等战犯，其中 25 名被判有罪，东条英机等 7 人被判绞刑。10 月 4 日，盟军总部发布撤销限制自由的备忘录，释放了全部政治犯。1946 年 1 月，盟军总部下

令整肃军国主义分子,对战争期间鼓吹和从事军国主义活动的人员解除公职并不许另加任用。通过上述措施的实行,美国比较顺利地完成了铲除日本军国主义的非军事化目标。

2.制定新宪法

明治维新后日本颁布的《帝国宪法》具有浓厚的封建和军事色彩。废除《帝国宪法》、制定新宪法是二战后日本实现政治民主化的关键。围绕新宪法的制定,美军占领当局与日本政府进行了反复的较量,矛盾的焦点集中在天皇的权力和地位问题上。日本政府起草的宪法草案依然保留了天皇至高无上的地位和最高军事统帅权。这与美国既想保留天皇制又想以民主方式改造天皇制的意向是相抵触的。1946 年 2 月,日本政府在美军占领当局的强大压力下,被迫按照盟军总部拟订的新宪法蓝本修改了原草案。1946 年 11 月 3 日,新宪法正式公布于世,1947 年 5 月 3 日正式生效。新宪法对日本旧有的政治制度进行了重大改革。新宪法规定:天皇只是日本国家的象征,国家立法权属于国会,行政权属于内阁,司法权属于法院。此外,新宪法第九条还特别规定:“日本永远放弃以国权发动战争、武力威胁或行使武力作为解决国际争端的手段,为达此目的,日本不保持陆、海、空军及其他战争力量,不承认国家的交战权。”这成为日本在二战后走和平发展道路的重要保证,也是日本作为和平国家的重要保证。这一宪法又被称为“和平宪法”。

3.实行农地改革

这是日本政府根据美军占领当局的指令实行的一项以铲除封建经济基础为目的的土地改革措施。明治维新后,日本政治、经济、社会各领域都向着资本主义方向发生了深刻变化,唯有农村保留了大量的封建残余,存在着半封建的地主土地所有制。在美国看来,半封建的土地制度严重阻碍了日本资本主义经济的发展,更是军国主义制造战争的温床,必须加以彻底废除。1945 年 12 月,日本政府起草的第一个农地改革方案因过分袒护地主利益而引起占领军当局的不满。1946 年 5 月,日本政府按照盟军总部的意见起草了第二个改革方案,于同年 10 月颁布实施。农地改革的主要内容是对不在村地主的全部土地及在村地主每户超过 1 町步[①]以上的土地一律由国家强制征购,国家将征购来的土地转卖给少地或无地的农民。农地改革到 1950 年 8 月基本完成时,绝大多数佃农和半佃农买到了土地,寄生地主作为一个阶级已不复存在,半封建的土地制度基本上被消灭了。

① 注:日本 1 町步土地约等于中国的 15 亩。

4.解散财阀

日本财阀不仅是二战前控制日本经济命脉的经济势力，也是操纵日本政府的力量集团。美国认为财阀是日本最大的发动战争的潜在势力。1945年11月，盟军总部发布了解散日本财阀的指令，先后分5批指定拥有4500家子公司的83家公司为持股公司，指定十大财阀的56名主要成员为财阀家族，指定与财阀有关的625家公司为限制公司，随后将上述公司的全部股票统统出售并解散了42家持股公司。接着，占领军当局又指令解除了财阀家族及其所属公司的约1500名领导人的职务。此外，为防止财阀东山再起及出现新的垄断，盟军总部发布了《禁止垄断法》及《排除经济力量过度集中法》，指定了325家大公司为应予分割的对象，其资金约占日本全部股份公司资本金总额的66%。

(二)民主改革的意义及局限性

二战结束初期的民主改革是日本明治维新以后的一次资产阶级民主改革，其结果使日本社会发生了前所未有的巨大变化，甚至可以说奠定了二战后几十年日本社会的基本格局。这次改革废除了君主专制的天皇制，消灭了农村中的封建土地所有制，削弱了财阀家族的垄断势力，使日本从战前的封建军事法西斯国家转变为资产阶级民主国家，使广大人民摆脱了封建主义、军国主义和法西斯主义的压迫和束缚，为战后日本经济的复兴和高速发展创造了有利条件。

但是，由于这场改革是在美国直接干预下进行的，是以美国的现实需要为前提的，从而使得对日本军国主义的清除和民主化的改革进行得并不彻底。例如，在天皇的战争责任问题上，美国不顾众多国家追究并惩处天皇的强烈要求，对天皇采取了特殊的保护政策，其目的是要利用天皇的政治影响顺利实现对日本的占领和统治。为此，在远东军事法庭对战犯进行审理时，美军占领当局终止了所有涉及天皇的调查并封存了所有相关材料。再如，在解散财阀问题上，由于推行冷战政策的需要，从1948年下半年开始，美军占领当局放弃了解散财阀的政策，由最初打击财阀转变为扶植财阀，从而使得许多财阀又重新复活并成为后来日本垄断财团的支柱。

二、日本的政治制度

(一)天皇制度

天皇制是日本政治制度的组成部分之一。二战前的日本天皇总揽一切统治权，处于整个政治制度的中心。二战后日本虽然保留了天皇制，但是天皇的地位与战前相比已发生了根本改变。新宪法第一条规定：天皇是日本国的象征，是日本国民统一的象征，其地位以主权所属的日本国民之意志为依据。① 新宪法严格规定，天皇只能根据“内阁的建议与承认”(第三条)，行使诸如公布法令、政令、条约及宪法修正案，召集国会，解散国会，宣布举行选举，任命内阁总理大臣和最高法院院长等形式和礼仪上的国事行为，天皇没有关于国政的职能。但是由于传统的民族、宗教、文化的因素，天皇在日本国民中一直稳定地拥有着较高的支持率。

(二)议会制度

二战结束后，日本新宪法废除了天皇集权制和敕令内阁制，建立了以三权分立原则为基础的议会内阁制。新宪法明确规定：国会是国家的最高权力机关，是国家唯一的立法机关。② 国会不再是辅佐天皇的“协赞”机构，修改宪法、制定法律、审议预算、任命内阁总理大臣等国家一切重大问题均由国会讨论决定。日本国会由参众两院组成。众议院定员为 465 名，任期 4 年。首相有权解散众议院，举行大选。参议院定员为 245 名，参议员任期 6 年，每 3 年改选半数，不得中途解散。两院议员均由国民直接选举产生，国会对选民负责。众议院权力大于参议院。

(三)内阁制度

内阁是日本的最高行政机关，在国家行政机构体系中处于核心地位。日本的内阁是议会内阁，由众议院占多数席位的政党组阁，该政党总裁出任内阁总理大臣。内阁除处理一般的行政事务外，还总理国务、处理外交、缔结条约、拟订预算、决定大赦、特赦等。内阁依存于国会，内阁必须向国会负责。内阁总理大臣由国会提名，天皇任命，其他内阁成员由内阁总理大臣任免，天皇认证。如果众议院通过对内阁的不信任决议案，内阁或者全体辞职，或者在 10 日内解散众议院，举行大选，交由新选的众议院重新决定对内阁的态度。2021 年 11 月，岸田文雄当选第 101 代内阁总理大臣(首相)。

(四)司法制度

根据新宪法，日本司法机构分为最高法院和下级法院两大类。最高法院是与国会和内阁处于平行地位的国家最高司法机关，它是一切法律诉讼的终审法院，拥有终审裁判权；是一切违宪立法和法令审查的终审法院，拥有违宪立法裁判权；是一切司法组织、国家司法制度和司法行政的管理机关，拥有司法管理权；等等。下级法院包括高等法院(8 所)、地方法院(50 所)、家庭法院(50 所)和简易法院(575 所)四大类。最高法院共 15 名法官。院长由内阁总理大臣推荐，天

---

① 参见姜士林主编：《世界宪法大全》，青岛出版社 1997 年版，第 384 页。

② 参见赫赤、谭健等：《日本政治概况》，中国社会科学出版社 1984 年版，第 394 页。

皇任命,其他法官由内阁任命。其他法院的院长和法官由最高法院提名,内阁任命。

(五)政党制度

通过制定新宪法,日本建立了较完整的资产阶级政党制度,实行多党制。政党逐渐成为日本现代政治生活的中心,各个政党都力图通过选举进入国会进而加入政府。虽在国会中占有席位的政党不少,但自由民主党自1955年以来长期单独执政,被称为"五五年体制"。1993年8月自民党失去执政地位,"五五年体制"崩溃。目前日本的主要政党有自民党(执政党)、公明党(执政党)、立宪民主党、国民民主党、日本共产党、日本维新会、社民党等。

三、冷战后动荡的日本政坛

(一)日本的政党体制

半个多世纪以来,日本政党政治的发展大致经历了三个时期。从1945年8月日本战败投降到1955年10月,是二战后初期多党化的不稳定时期。这一时期,代表各个阶层的政党纷纷建立或重建,各类政党曾多达百个。各个政党围绕大选和国会议席进行了激烈的争夺。由于执政党在国会中的议席大都难以维持稳定多数,因此政局处于动荡不安中。1948年以后,随着冷战格局的逐步形成及美国对日本政策的调整,日本的政治力量开始形成保守与革新泾渭分明的营垒。随着1955年10月两派社会党的合并,保守的自由党和民主党也于同年11月合并为自民党。由此,日本形成了以自民党、社会党两大政党为主导,保守与革新势力相对抗,自民党长期执政而社会党长期在野的政治格局,是谓"五五年体制"。从1955年11月自民党成立到1993年8月,是长达38年的"五五年体制"时期。20世纪90年代初期,日本多元化民主政治得到进一步发展,而自民党走向了分裂。1993年日本众议院大选中自民党的惨败,最终宣告了"五五年体制"的终结。从1993年8月开始,随着自民党单独执政的结束,日本的政党体制开始了重新建构的新时期。

(二)"五五年体制"的崩溃

1993年是日本政坛大变动的一年。6月17日,在野党对执政的自民党发难,提出对宫泽内阁的不信任案。由于自民党内部羽田派在关键时刻投了赞成票,使内阁不信任案在众议院获得通过。宫泽内阁被迫宣布解散众议院,举行大选。自民党在7月18日的众议院大选中未能取得过半数议席,失去了一党执政的资格,第一大在野党社会党也遭惨败。而从自民党内分裂出来后组建的日本新党、新生党和先驱新党则一举获得103个议席。经过反复协商,7月28日,上述三党与其他党派实现了八党联合。随后八个联合政党推举的首相候选人细川护熙战胜了自民党首相候选人当选首相。细川多党联合政权的建立，打破了日本二战后近40年相对固定的政治格局，拉开了日本政治重大转换的序幕。

日本“五五年体制”的崩溃并非偶然，其原因主要有以下几个方面。

第一，日本旧的政治体制已不再适应冷战后国际环境的变化。“五五年体制”是在东西方冷战背景下形成的，是冷战政策的产物。20世纪90年代初，冷战结束，两极格局瓦解，在冷战格局下形成的政治结构和观念已不能适应新的国际形势，整个世界都出现了政治变革的潮流。世界格局的巨大变化反映到日本国内，使传统的保守势力与革新势力的对立失去了意义，使冷战背景下形成的政治体制和政党结构失去了依据。

第二，日本旧的政治体制不能适应日本国内政治经济发展的要求。1955～1993年，自民党保守政权维持了长达38年的相对稳定。正是得益于政权的长期稳定，日本实现了经济的高速增长并跻身于世界经济大国的行列。20世纪80年代以来，日本加速了从经济大国向政治大国迈进的步伐。冷战后国际环境的变化和日本经济实力的膨胀都在客观上要求日本对自己的国际地位和作用进行重新定位。政治大国的目标需要新的更有能力的领导人和更加民主化的政治体制。“五五年体制”显然已不能适应日本走向政治大国、谋求成为世界“一极”的需要。

第三，自民党政、官、财相结合的体制已成为日本社会正常发展的障碍，自民党严重的政治腐败和改革的不力直接导致了旧政治体制的终结。“五五年体制”建立后，日本形成了以执政的自民党为中心的政、官、财三界相互勾结的权力关系网络。他们通过金权政治控制了国家政治生活全过程，甚至把这套“三位一体”的体制扩大到国家对社会经济的管理和国民生活的管理之中。这套体制在日本走向现代化过程中确实起到了积极作用，但随着现代化的实现，自民党上层官僚日益脱离社会而成为社会机体上的寄生赘瘤，政、官、财相结合的体制日益成为社会发展的结构性障碍。同时，自民党的金权政治积重难返，官僚腐败行为频频暴露。继1976年“洛克希德案”和1988年“利库路特案”之后，1992年自民党国会议员阿部文男接受“共和”房地产公司9000万日元贿赂、百余名国会议员暗中接受100亿日元政治资金、自民党元老金丸信一人接受5亿日元的“佐川”快件公司非法政治捐款等事件，更被一一揭露。虽然自民党针对严重的政治腐败也采取了一些改革措施，但金权政治在自民党长期执政过程中的日益累加已使自民党丧失了“自净能力”，政治改革未取得任何实质性效果。政治改革的屡改屡败和腐败丑闻的愈演愈烈导致国民对现行政治体制和既有政党的失望。举国上下要求改革、清除腐败的呼声日益高涨。新党的崛起和自民党的分裂最终导致了旧体制的结束。

(三)"五五年体制"崩溃后的日本政坛

1993年8月,细川多党联合政权成立,日本政治进入了新的时期。然而细川内阁的上台并没有使日本形成稳定的两党制或多党制,而仅仅是多种政治力量重新组合的开始,日本政坛依旧动荡不安。从1993年8月到2022年7月,日本先后经历了15位首相。他们分别是细川护熙内阁(1993.8～1994.4)、羽田孜内阁(1994.4～1994.6)、村山富士内阁(1994.6～1996.1)、桥本龙太郎(1996.1～1998.7)、小渊惠三(1998.7～2000.4)、森喜朗(2000.4～2001.4)、小泉纯一郎(2001.4～2006.9)、安倍晋三(2006.9～2007.9)、福田康夫(2007.9～2008.9)、麻生太郎(2008.9～2009.9)、鸠山由纪夫(2009.9～2010.6)、菅直人(2010.6～2011.8)、野田佳彦(2011.9～2012.12)、安倍晋三(2012.12～2020.9)、菅义伟(2020.9～2021.10)、岸田文雄(2021.10至今)。在经济长期低迷和新冠肺炎疫情形势依旧严峻的情况下,岸田文雄的很多做法都引起日本民众的不满。尤其是与美国联手制裁俄罗斯之后,俄方进行强硬回击,日本遭受重创,已经严重影响了日本民众的日常生活。日本政坛恐又进入频繁换相动荡期。

第二节　日本的经济

一、日本经济的恢复和高速发展

从二战结束到冷战结束,日本经济的发展大致经历了以下三个时期。

(一)经济恢复时期(1946～1955年)

二战结束后的第二年即1946年,日本开始走上经济复兴之路。由于长期战争的破坏,日本的工业生产能力锐减,工业设备的30%～60%遭到空袭破坏,未遭破坏的设备也急需修理与更新,生产陷入不断萎缩的严重危机之中。同时,由于战时政府发行了大量公债来支付军费,导致了恶性的通货膨胀,许多生活必需品供应奇缺。全国失业人口多达1400万,大批无家可归的流浪者露宿街头,许多人因营养不良而死去,人民生活极端困苦。据统计,1946年日本实际GNP只相当于战前(1934～1936年)的62%,工矿业生产只相当于战前的31%。[①] 可以说二战后日本复兴的起点是很低的。

在经济复兴之初,日本实行了战后民主改革,为整个战后经济的发展奠定了基础。1946年年底,日本采取了"倾斜式生产方式",把优先发展煤钢生产作为恢复经济的突破口。为此,政府对重点产业部门实施价格补贴和提供低息贷款。

---

① 参见李公绰:《战后日本的经济起飞》,湖南人民出版社1988年版,第24页。

1948 年日本经济摆脱萎缩状态而走上了扩大再生产的道路，但大量的价格补贴和低息贷款却加剧了通货膨胀。为克服通货膨胀，稳定日本经济，美国政府于 1948 年年底派底特律银行总裁道奇出任美军占领当局的财政金融顾问。根据道奇的指示，日本政府对经济进行了整顿，废除了政府的财政补贴和低息的金融贷款，并编制了"超平衡紧缩预算"，从而有力地抑制了通货膨胀，实现了财政收支平衡。但紧缩的财政金融政策的推行减少了消费和投资，引起生产的萎缩和失业的增加，使日本经济陷入"稳定危机"之中。在此关头，美国侵朝战争于 1950 年 6 月爆发，大量的战争"特需"犹如及时甘雨润泽了干枯的日本经济。日本不仅摆脱了"稳定危机"，而且出现了空前的"特需繁荣"。1955 年，日本各项主要经济指标（除外贸外）都已达到或超过了战前水平，经济全面恢复。

（二）经济高速增长时期（1956～1973 年）

1956 年日本发表《经济白皮书》宣称："现在已不是战后时代了。"这句话被后人认为是日本经济进入高速增长时期的宣言。在这一时期，日本制定了优先发展重化工业的经济发展战略，极力扩大重化工业的设备投资，同时大力引进国外先进技术，加速更新原有的产业设备，钢铁、合成纤维、石油化工及电子等一大批产业相继崛起。1960 年池田内阁提出的"国民收入倍增计划"成为日本经济高速增长的一个象征，以重化工业为主的民间企业的设备投资是日本经济高速增长的主要动力。与"大量生产"相互促进的是"大量消费"，特别是家庭电气化成为高速增长时期日本国民消费的一大特征。继 1957 年黑白电视机、洗衣机和冰箱得到普及后，1966 年彩电、空调和轿车又成为国民消费需求的中心。生产和消费的良性循环极大促进了经济的增长。同时，由于技术的引进与革新提高了劳动生产率，加上日元对美元的固定汇率偏低，日本出口产品国际竞争力迅速增加，出口以两倍于 GNP 增长率的速度增加。产品出口量的不断扩大更加刺激了日本经济的高速增长。

1955～1973 年的将近 20 年间，尽管增长率年年有变动，但平均年增长率持续保持在 10%以上。1967 年日本的 GNP 超过了英国和法国，1968 年超过了西德，成为西方国家中仅次于美国的第二经济大国。1973 年日本的 GNP 达到 1946 年的 11 倍，达到战前的 7.7 倍。这样的增长速度在日本历史上是空前的，在世界历史上也是罕见的。①

（三）经济稳定增长时期（1974～1991 年）

1973 年爆发的石油危机以及随之而来的世界经济危机波及日本，结束了日本经济的高速增长。此后直到 20 世纪 80 年代末 90 年代初，日本经济处于相对

① 参见冯昭奎编著：《日本经济》，高等教育出版社 1998 年版，第 32 页。

稳定增长时期。20世纪70年代中后期，为克服经济滞胀，日本采取了一系列经济调整措施，如促进劳动与资本密集型产业向技术知识密集型产业转变，实行企业生产经营合理化以大大减少单位产值的能源消耗，开展技术革新、提高出口产品的竞争力与附加值等等。这些措施增强了日本企业的适应能力与应变能力，加强了对外部冲击的抵抗力，使日本经济走上了稳定增长的道路。20世纪80年代，日本经济更是走向了持续繁荣，综合国力进一步提高，特别是随着国际竞争力的不断增强，日本工业品的出口猛增，国际收支盈余不断扩大。1985年后，日本成为世界上最大的债权国。据统计，1974～1984年日本经济年均增长率为4.3%，1984年后又连续5年保持5%以上的增长率。至20世纪90年代初，日本成为举世公认的经济大国、贸易大国和金融大国，其战后几十年的经济增长被誉为“经济奇迹”。

(四)低速增长期(1991年至今)

冷战结束后，日本经历了20世纪90年代初“泡沫经济”的崩溃及之后的经济长期萧条，政府采取了一系列宏观调控及改革措施，如扩大内需、缩减政府机构和人员、减少行政干预、推动研发创新等等，寻求经济社会的彻底变革，但效果并不显著，日本经济依然萎靡不振。

二、日本经济迅速恢复和高速发展的原因

日本经济在二战后得以迅速恢复和高速发展有许多原因，归结起来可分为国际和国内两大方面。

(一)国际原因

1.二战后40多年的国际和平环境

在相对和平的冷战格局下，在国际国内和平力量的制约下，日本走上了和平发展的道路，把追求经济增长作为主要目标，几十年始终如一地集中力量发展经济，得以在长期保持西方国家最低的军费开支的同时，保持了西方国家中最高的经济增长率。

2.美国对日本的改造和扶植

如前所述，二战后初期，美国在日本推行了民主化改革，特别是经济改革，客观上适应了日本社会经济发展的需要，调动了劳动者的积极性，消除了社会经济领域的封建主义因素，为日本的经济恢复创造了必要的前提条件。1948年后，随着冷战的不断加剧，美国的对日占领政策开始由抑制转为扶植。美国一方面减少乃至取消了日本的战争赔偿，另一方面又对日本提供了大量的援助和贷款。美国的扶植对战后初期处于经济崩溃边缘的日本来说，无疑具有起死回生的作用。此外，在1951年所谓的“旧金山和约”签订的同时，美国与日本结成了同盟

关系，使日本得以在美国的保护伞下集中力量发展经济，并充分利用美日同盟关系享受美国主导下的自由贸易体制的好处，比较容易地从西方国家引进先进技术。冷战格局下的美日同盟关系成为日本巨大的利益源泉。

3.朝鲜战争和越南战争对日本经济的刺激作用

朝鲜战争对日本战后的经济发展产生了深远的影响。美国政府为供应前线的军备物资，向日本发出了大量的军需订货和劳务购买。大量的战争"特需"使1950年上半年处于严峻"稳定危机"困境中的日本经济获得了转机。世界局势的紧张促使世界市场上战备物资价格猛涨，日本的出口由此急剧扩大，不仅此前积压的产品一扫而光，而且极大地刺激了生产的进一步扩大。20世纪60年代，随着美国侵越战争的不断升级，日本经济又一次受到巨大刺激。

4.长期低廉的资源价格和旺盛的世界市场

资源是工业发展的基本条件。二战结束后，世界资源价格十分低廉。20世纪70年代初每桶石油价格只有2～3美元，仅为20世纪20年代的1/6。日本是对外资源依赖程度最高的国家。石油及其他原料价格的涨落与其经济发展关系极大。大量廉价资源的进口使日本产品的成本大大降低，提高了产品的国际竞争力，带动了各产业部门的发展和经济的高速增长。同时，从20世纪50年代初到70年代初，西方发达国家经济保持了良好的发展势头，工业品的国际市场日益扩大。世界市场的持续繁荣对日本推行"贸易立国"战略、大力增加工业品的出口是非常有利的。

（二）国内因素

1.长期相对稳定的政局和政府强有力的经济干预

二战结束后特别是20世纪50年代中期以后，日本国内政局相对稳定。自民党的长期执政保证了政府经济政策的连续性和稳定性，为经济的高速发展提供了有利的政治环境。二战后日本历届政府都把主要精力倾注在经济建设方面，对经济发展实行了强有力的国家干预。这极大地促进了日本经济的高速增长。

2.教育的发展和国民素质的提高

国民经济增长的根本途径是提高社会劳动生产率，而劳动生产率的提高取决于全民族素质的提高，取决于国民教育程度的提高。日本从明治维新以来就非常重视发展教育，在工业化进程中培养了大批技术人员和熟练工人。这些丰富的人才资源成为日本对引进技术进行消化吸收和改良的基础。二战后日本更加注重教育的发展。1955～1974年，日本高中入学率由51.5%提高到90.8%，大学入学率由18.4%提高到32.2%。除建立起遍布全国的庞大学校教育网络外，日本还建立了一个由企业系统职工在职教育、技术教育、业余教育和社会教育组成的范围遍及全民的社会教育网络。教育的发展提高了全民族的素质，保证了日本经济发展对人才的需求。

3.高效率的技术引进和自主开发

二战后日本一直把发展科学技术作为经济发展的中心环节，通过大力引进国外的先进技术，特别是美国的尖端技术来开发本国的民用产业，推进科学技术的现代化。1950～1975 年，日本共引进技术 25700 项，耗资达 60 亿美元。据估计，如日本自行研制这些新技术，所需费用为 1800 亿～2000 亿美元。日本非常注重从实际需要出发引进技术，并对所引进的技术花大力气消化、吸收、改造和创新。同时，日本注重把技术引进与技术的自主开发相结合，巧妙地博采各国技术之长，融合于本国生产体系之中。大量的技术引进和自主开发迅速缩小了日本与技术先进国家的差距，加速了日本经济的发展。

4.高额的投资和储蓄

投资是经济增长的动力。二战后日本企业固定资本投资比例之大，设备更新之快，是其他西方国家无法比拟的。日本投资的重点是制造业，特别是钢铁、机械、电力和造船等基础工业及汽车、化工和电子等新兴工业部门。大规模的设备投资和大量先进技术的应用相结合，使日本的工业生产能力成倍地扩大。投资来源于储蓄。日本的总储蓄率明显地高于其他西方国家。1946～1950 年，日本年均总储蓄率为 25.4%，1951～1961 年，这一比率提高到 30.6%，1966～1978 年这一比率又提高到 35%，其中最高年份 1961 年高达 42%。日本总储蓄中个人储蓄占较大比重。日本的个人储蓄率在西方国家中也是最高的。大量的个人储蓄给高额的设备投资以坚实的支撑，并由此推动了经济的发展。

5.独特的企业经营管理制度

有效的企业管理制度是提高劳动生产率和企业竞争力的重要条件。日本在 20 世纪 50 年代起掀起了一次全面学习美国企业管理制度的高潮。质量管理、目标管理等现代化科学管理制度被引进日本并融入日本传统的经营管理制度之中，从而形成了具有日本本国特色的企业管理制度。日本企业管理制度的核心是终身雇佣制、年功序列工资制和企业内工会制，它们被称为日本式经营的“三大法宝”。三者相辅相成，互为依托，有机地结合在一起，在培养在职工人的“归属意识”和“忠诚心”方面，在稳定熟练工人和增加企业人力投资方面，在加强企业凝聚力方面都发挥了重要作用。

三、20 世纪 90 年代以来日本的经济形势

进入 20 世纪 90 年代，日本经济从繁荣走向了萧条。导致日本经济陷入萧条逆境的一个重要原因是泡沫经济的破灭。所谓泡沫经济，就是指过量资金投

入房地产业和股市，引起房地产和股票价格猛涨的虚假繁荣。促使日本泡沫经济形成的一个重要原因是，日本银行在20世纪80年代中后期不断降低官定利率，并于1987年2月将官定利率降到2.5%的空前低水平，导致了大量游资急剧膨胀；另一原因是，日本政府同期制定了大规模的全国综合开发计划，加大了政府的财政支出。政府的误导使利率下降“挤出”的大量游资很快投入房地产和股市中，刺激了地价和股价的急速上涨。在预期地价和股价会继续上涨的心理作用下，金融机构积极融资，民间企业过度投资，一般居民争购股票。股票价格和土地价格被越炒越高。1989年5月，日本银行为抑制经济过热而开始紧缩金融，泡沫经济随之破灭。

泡沫经济的破灭，引发了日本资产价格的大幅下跌。仅在1990年以后的5年间，日本全国资产损失达800万亿日元，其中土地等资产减少了379万亿日元，股票减少了420万亿日元，两者相加几乎接近日本两年的国内生产总值。[①]国民消费意识由热转冷，企业库存有增无减，金融机构则因资产价格大量缩水导致不良债权累积严重。泡沫经济的发生和破灭使整个日本为之付出了沉痛的代价。1992～1994年，日本经济连续三个年度出现零增长，年均增长率仅为0.6%。1995～1996年虽有所恢复，但1997～1998年日本经济再次陷入衰退。1999年以来，日本经济出现好转迹象，出现了经济正增长。2000年度的增长率为1.7%，2002年增长2.0%，2004年增长2.6%，2005年增长3%，为10年来最高。2006年下降为2.2%。2007年受世界特别是美国经济衰退的影响降为2.0%。2008年以后受美国与全球经济减速、次贷危机与高油价等因素的影响，日本经济长期低迷。2020年受新冠肺炎疫情影响日本经济增长率为－5.81%。日本经济是否会走出低迷状态、实现真正复苏还是未知数。

虽然日本经济低增长常态化，但仍然维持了经济大国地位。日本是世界第三经济大国，2020年名义国内生产总值约551.1万亿日元。截至2021年6月底，外汇储备达1.376万亿美元。2020年日本政府开发援助支出总额约206.4亿美元，居世界第四位。

第三节　日本的对外关系与谋求政治大国的战略

一、二战结束后日本对外关系的演变

二战结束后日本对外关系的演变大致经历了四个阶段。

① 参见冯昭奎：《泡沫崩溃，十年萧条》，《世界经济》2000年第3期。

(一)二战结束初期到20世纪50年代中期的“追随外交”

战后初期日本被美国独家占领,一切外交活动和对外交涉需通过美军占领当局来办理。这一时期,日本对外政策的基本目标是重返国际社会,尽快恢复同国际社会的联系。为此,日本采取了向美国一边倒的“追随外交”:第一,全盘接受美国在日本进行的一系列政治和经济改革。第二,配合美国的“冷战”与遏制战略,参加对社会主义国家的战略物资禁运,并且积极支持美国发动的侵朝战争。第三,同美国等西方国家签订和约并与美国签订《日美安全条约》,使驻日美军进一步合法化。第四,对新中国采取敌视政策,与台湾当局签订了所谓“和约”。第五,积极谋求恢复同西方国家和东南亚各国的关系。在美国的大力扶持下,日本于1952年加入国际货币基金组织,1955年成为关贸总协定的成员国,1956年加入了联合国,从而实现了重返国际社会的目标。

(二)20世纪50年代中期到60年代的“经济外交”

20世纪50年代中期以后,日本经济进入了高速发展的“黄金时期”。但日本是个资源严重缺乏的国家,随着经济规模的扩大,生产和工业原料需求间的矛盾越来越突出,生产和销售间的矛盾也更加尖锐。在此情况下,1957年,日本在二战后首次发表的外交蓝皮书中第一次提出了“经济外交”的口号。经济外交是以经济方式和经济手段扩展外交空间、实现外交目标的对外政策和外交行为。日本在政治上、军事上继续依附美国的同时,着重从经济上同西方国家竞争,向亚非拉地区扩张。日本推行经济外交的重点是在东南亚。1955～1959年,日本先后分别与缅甸、印尼等国签订了5～20年的赔偿协定和经济合作协定。这些协定使日本逐步扩大了与东南亚地区的经济关系,取得了所需的资源。同时,日本还积极向东南亚投资,为重工业产品打开市场。20世纪60年代,日本加紧了对东南亚的经济渗透,通过援助、赊销和私人投资等形式,扩大了在东南亚各国的经济势力。与此同时,日本努力发展同美国的经济关系,一方面加强了同美国的协商和合作,另一方面又努力扩大日本商品对美国的出口。从1965年起,日本对美贸易出现顺差,额度越来越大。在扩大美国市场的同时,日本还十分重视对欧洲市场的争夺。1963年日本与英、法等欧共体成员国签订了一系列双边贸易协定,从而打入了欧洲市场。

(三)20世纪70年代的“多边自主外交”

20世纪60年代末70年代初,国际力量组合发生了巨大变化。美苏两国在长期的争霸斗争中开始衰落,而西欧、日本和以中国为代表的第三世界的力量有了较大的发展。在这种情况下,日本改变了对美“一边倒”的外交政策,实行“多边自主外交”。“多边自主外交”的基本内容是:第一,以日美安全保障为基轴,加强同美国的战略协调和合作。第二,借助中国,抗衡苏联。日本“多边自主外交”

的首要课题是恢复日中邦交，谋求同中国进行长期稳定的政治与经济合作。1972年9月，田中首相访问中国，两国签署了联合声明，恢复了正式外交关系。1978年8月，两国又签署了《中日和平友好条约》。第三，加强同发展中国家的关系。1973年石油危机爆发后，日本改变了过去一味追随美国的中东政策的做法，制定了支持阿拉伯国家的“新中东政策”。在东南亚，为进一步发展同东盟的关系，日本于1975年提出了“不做军事大国”、同东盟建立“心心相印”的信任关系、“为东南亚和平与繁荣作出贡献”的“福田主义”三原则。

(四)20世纪80年代以来的“政治大国外交”

进入20世纪80年代以后，随着经济实力的更进一步的增长，日本的大国意识明显抬头，谋求政治大国地位的愿望愈加强烈。1981年5月，铃木首相访问美国时宣布：“日本正开始第三个新的起点，即要从被动的受益者成为积极的创造者。”1983年中曾根首相公开举起“要做政治大国”的旗号，日本开始向政治大国迈进。1988年，竹下首相在施政演说中提出，“要确立为世界作贡献的日本”的地位。整个80年代，日本为争当政治大国积极进行了一系列的准备工作。

20世纪90年代以来，日本加快了迈向政治大国的步伐。为此，日本采取了一系列政策措施，主要表现为以下几方面：第一，加强日美合作，巩固日美同盟。日本一方面努力协调双方日益激化的经济摩擦，另一方面加强了两国的军事联盟关系。第二，大力扩充军备，争做军事大国。日本一方面大量增加军费开支，另一方面通过国会立法，为其自卫队进行海外活动提供法律保障。第三，重视对华关系，努力扩大双方的经贸往来。第四，改善并发展对俄关系。苏联解体后，日本利用对俄经济援助与加强双方经济合作，压俄在解决北方领土问题上作出实质让步。第五，加紧推动联合国改革，力争成为安理会常任理事国。

二、日本谋求政治大国的战略的提出

成为政治大国是日本的夙愿。随着经济实力的不断增强，日本的这一意图越加明显，其步伐也日益加快。早在20世纪60年代末期日本成为资本主义世界第二经济大国时，佐藤政府就提出了“过渡到政治大国”的口号。1972年田中角荣上台后，日本一改对美依附的政策，明确提出要承担与经济大国相称的“国际责任”。进入20世纪80年代后，日本谋求政治大国的愿望更加强烈。1982年11月中曾根康弘上台后，公开打出了争取政治大国的旗帜，宣称要在世界政治中提高日本的发言权，不仅增加日本作为经济大国的分量，而且增加作为政治大国的分量。这是日本首相第一次明确提出谋求政治大国的目标。此后，尽管每届内阁的提法不尽相同，但内在含义基本一致，即日本要从经济大国向政治大国迈进。日本谋求政治大国地位的具体目标，就是要使日本成为西方第二号领袖，逐步与美国平起平坐，在亚太地区发挥主导作用，成为联合国安理会常任理事国，摆脱“经济巨人、政治侏儒”的尴尬地位。

日本谋求政治大国战略的提出，是由其内外部多种因素决定的。首先，日本雄厚的经济实力为它争取成为政治大国提供了坚实的物质基础。随着日本经济地位的日益提高，日本迫切要求确立与其经济大国相对应的政治大国地位。其次，谋求政治大国地位是日本为了确保经济长期稳定发展和自身安全的需要。随着经济活动国际化的不断发展，日本经济对外的依赖程度越来越大。日本政府认为，谋求政治大国地位，具备参与甚至决定国际事务的能力，对其经济社会的稳定和持续发展，遏制外部力量对日本的威胁是非常重要的。最后，20 世纪 80 年代以来，世界格局继续向多极化方向发展，为日本跻身世界政治大国的行列提供了有利的时机。

三、日本政治大国战略的实施及前景

（一）日本谋求政治大国战略的措施

1.争取世界各国特别是大国的支持

日本积极发展同各类国家之间的关系，广交朋友，少树敌人。(1)加强日美同盟关系。日本一方面努力协调双方日益激化的贸易摩擦，另一方面又努力加强两国在政治、军事方面的合作。(2)进一步协调日欧关系。加强同欧洲各方面的合作，并作为观察员参加欧安会等欧洲对话与安全机制。(3)发展日中关系。日本一方面加大了对中国的援助和投资，另一方面加快了双方高层领导人的互访。(4)改善日俄关系。日本主要通过经济援助形式积极改善并发展同俄罗斯的关系。

2.重点开展亚太外交

亚太地区不仅是日本的根本利益之所在，也是日本实现政治大国战略的主要场所。作为一个亚洲国家，日本对亚太地区尤为关注。20 世纪 80 年代，日本在亚太地区开展了大量的外交活动，加强了同中国、韩国和东盟各国的关系，并努力改善与朝鲜、越南及俄罗斯等国的关系。在日本的积极推动下，日本、东亚“四小龙”和东盟国家间的经济联系日益加强，亚太经合组织于 1989 年成立并在地区合作方面取得了很大的成就。由中、日、韩、东盟各国与欧盟领导人参加的亚欧会议自 1996 年起定期召开。20 世纪 90 年代以来，日本还积极参与推动解决亚洲的地区争端和冲突，在柬埔寨、朝鲜半岛和海湾战争等问题上谋求发挥重要作用。21 世纪以来，日本逐步加大了对亚太国家的外交力度，注重经济外交的政治功效，以确立日本在亚洲地区的主导权。其中日本对华竞争，遏制＋合作是贯穿始终的主旋律。在经济领域，日本倡导构建“10＋1”（东盟＋日）和

“10+6”地区经济合作框架，力求掌握东亚经贸合作的主导权，与东亚各国普遍认同的10+3合作框架相抗衡；加强中日、日印、日澳、日蒙等双边经济合作关系并将其机制化。在政治安全领域，日本加强与美国的军事同盟关系，同时相继建立“同盟+澳”“同盟+印”“同盟+澳印”等安全合作框架；大幅提升日印、日澳、“日+北约”等安全合作或“对话”关系。日本还用政府开发援助和“价值观外交”影响东盟共同体建设，扩大日本在东南亚乃至亚太地区的影响力。

3.加强联合国外交

联合国是世界各国参与国际事务的重要场所。随着联合国作用的增强，日本越来越重视通过加强在联合国中的地位和作用来实现政治大国的目标。为此，凭借其雄厚的经济实力，日本不失时机地开展了联合国外交，争取成为安理会常任理事国。

(1)加强对联合国的财政援助。日本不断增加对联合国会费的分摊份额。早在20世纪80年代，日本就成为仅次于美国的联合国第二大出资国，并且经费不断上升，到90年代末缴纳的会费达到联合国会费总额的19.7%。1991年，日本在联合国总预算中承担的会费份额为11.38%，1997年这一比例提高到了15.65%，2006年为19.46%，明显多于中、英、法、俄等其他常任理事国。但是，从2007年开始，由于日本经济成长缓慢，联合国会费分摊率从19.5%降为16.6%。2020年日本承担的联合国会费比例为8.564%，2021年降至8.03%，低于中国的15.25%。

(2)加强对联合国的人力援助。日本积极支持国内优秀人才到联合国重要的岗位上任职。如前联合国副秘书长明石康是二战后首位在联合国任职的日本人，在联合国行政、政治、情报和裁军等重要部门任职14年，被誉为日本驻联合国的“常青树”。难民署高级专员绪方贞子以其“干练”的作风在联合国赢得上下级的信赖，在长达10年的难民救援活动中深得难民们的爱戴，被非洲难民称为“非洲之母”。此外，联合国教科文组织前总干事松浦晃一郎任职十年，至今仍活跃在联合国政治舞台。这些人为日本提升国际地位、塑造国家形象发挥了重要作用。近年来，日本加速推动其官员在联合国和其他国际组织中任职，以增加话语权，在国际组织中任职的日本官员人数越来越多。联合国的数据显示，截至2019年年底，各类国际组织中有912个专业或更高级别的职位由日本人担任，与2015年相比增加了23%，比2001年的人数增加了近一倍。

4.成为军事大国

拥有强大的军事力量是一个政治大国必备的条件。日本要谋求政治大国的地位，当然不能缺少相应的军事力量做后盾。从20世纪80年代初开始，日本就大力扩充了军事力量。

(1)大幅度增加军费开支。日本的军费开支从1980年的22300亿日元增加到1987年的35174亿日元,1990年突破40000亿日元大关,成为仅次于美、苏的世界第三军费大国。自1993年起,日本连续10多年成为仅次于美国的超级军事支出大国。据伦敦国际战略研究所公布的报告称,1995年日本军费为502亿美元。这一数字相当于东盟9国军费总和的3倍以上,同时还大大超过中国、朝鲜、韩国3国的总和,是韩国的4倍。2003年日本军费开支达469亿美元,位列世界第二位。2004年,日本军费开支达415亿美元;2005年为453亿美元;2014年为593亿美元;2018年为417亿美元;2022年,日本的军费开支将达到470亿美元。这一预算案涵盖从装备采购、研发升级、人员部署到驻日美军相关开支等项目,在资金支出规模上再度创造了历史纪录,是日本军费的连续第8年增长。经过半个多世纪的发展,日本自卫队的综合实力已可以与传统军事强国英国媲美,其部分主要武器装备性能已具备世界一流水平。日本早已变身为一个军事强国。

(2)逐渐调整军事战略。随着日本经济实力的迅速增强,日本军队建设得到长足发展,在"质重于量"和"海空优先"的建军方针指导下,自卫队已发展成为一支装备精良、训练有素、作战能力较强的武装力量。20世纪90年代以来,日本提出了国际安全体制的新概念,主张把日本的自卫队作为联合国机动部队使用。2007年日本防卫厅升格为防卫省。1992年日本国会通过《联合国维持和平行动合作法案》,使日本军队派驻海外有了法律依据。该法案生效后不久,日本政府就派遣自卫队到柬埔寨参加维和行动。1997年,日本与美国修改了1976年制定的《日美防卫合作指针》,将原有的"日本遇到紧急事态"改为"本国周边地区发生事态"、对日本的和平和安全产生重要影响时,两国将进行磋商和合作。1999年,日本国会又相继通过《日美防卫合作指针》相关法案,在一定程度上架空了日本的"和平宪法",为日本扩大海外军事活动范围扫清了法律上的障碍。

2001年日本借反恐之机通过了"反恐三法案"(即《反恐特别措施法》《自卫队法修正案》《海上保安厅法修正案》),为日本自卫队在日美安保新体制以外进行更为广泛的军事活动提供了法律依据。2002年通过了"有事法制"三法案(即《武力攻击事态法》《自卫队法修正案》《安全保障会议设置法修正案》)以及向伊拉克派兵的法案,进一步扩大了首相和自卫队的权限,使自卫队参与国际冲突的政策门槛大为降低,自卫队可以合法地参与地区和全球事务,突破了宪法对行使集体自卫权的限制。2003年年底,日本正式向伊拉克派兵,支援美军进行后勤保障。实质上,日本防卫政策目标的制定和自卫队基本任务的调整,突破了无核三原则,改变了日本"专守防卫"的被动防御性质,使日本的防卫战略转向具有全球性质的"主动干预"战略。日本提出的"专守防卫"政策是:在"和平宪法"下,实行专守防卫;坚持日美安保体制;确保文官治军;遵守无核三原则;有节制地增强防卫力量。

日本认为束缚自己手脚的主要障碍是二战后初期制定的“和平宪法”,特别是其中否定了交战权的第九条。1999 年,根据 300 名国会议员组成的“推进设立宪法调查委员会议员联盟”提议,在国会设立了“宪法调查会”,正式讨论修改宪法问题。之后,2006 年安倍政府提出修宪目标。安倍晋三再次就任首相和菅义伟担任首相期间,着力推动修宪进程,希望在宪法第九条中明确写入自卫队有关内容。岸田文雄自 2021 年 10 月就任首相以来继续推进修宪,为日本充当世界军事大国营造更大的空间。二战结束后正是由于日本在“和平宪法”框架内走和平发展道路,才避免了世界重蹈战争覆辙。未来的问题是,一旦“和平宪法”被颠覆,日本是否会再度变为亚洲邻国的加害国。

(二)日本成为政治大国的前景

综上所述,日本以其强大的经济实力为依托,采取各种措施,争取成为一个更加有影响力的政治大国。上述努力在一定程度上也达到了目的。然而,日本成为联合国安理会常任理事国进而成为政治大国的目标近期并不会实现。

1.面临程序性和法理性障碍

日本要成为联合国安理会常任理事国,涉及安理会改革的问题、修改《联合国宪章》问题,也涉及日本现行“和平宪法”第九条。不管是《联合国宪章》的修改还是日本宪法的修改,都不可能一蹴而就。

2.源于自身掣肘

日本不能正视侵略历史,反省战争罪行。日本内阁成员、国会议员不顾邻国强烈抗议,屡次参拜供奉二战甲级战犯牌位的靖国神社,宣扬和鼓吹侵略历史观,在战败赔偿和慰安妇问题上不认账,回避战争责任。鼓噪修改“和平宪法”和强化侵略性的军事同盟,难以树立负责任大国的形象,难以让周边国家产生信任感,这是制约日本成为政治大国的根本原因,也是横亘在日本“入常”道路上难以逾越的障碍。

3.在重大国际事务上缺乏独立性

外交上缺乏独立自主,唯美马首是瞻,难获国际尊重也是影响日本走向政治大国的原因之一。日本外交长期依附于美国,在所有重大国际问题上都听从美国安排,固然可确保本国安全,借助美国之力减少处理国际问题的阻力,使本国经济发展有较好的国际环境。但也正因如此,日本外交无法实现真正的独立自主,甚至因要服从美国而常常被迫牺牲自身利益,不利于自身国际地位的提高。日本处于一个两难的困境:没有充分的独立自主,就不可能是真正意义上的政治大国,这就要求日本提高外交独立性尤其是对美国的独立性;没有美国的支持,要成为政治大国几乎是不可能的,这就要求加强日美同盟,但在美主日从的格局下又同独立自主相背离。退一步说,一个放不下历史包袱而又“没有独立外交”的国家成为安理会常任理事国,不仅不足以服人,也令人难以放心,更有沦为美国的表决机器之虞。

4.突破防卫制约,推动军备扩张

冷战后,随着政治大国战略的推进,日本借强化“日美同盟”之机,逐渐背弃二战后一直所奉行的“专守防卫”原则,将防卫范围扩大到整个亚太地区,迈出了实质性的军备扩张步伐。当前日本对侵略历史的多次否定言论和回避战争责任,使得其他国家担忧一旦它成为安理会常任理事国,会不会再像以前那样以“为国际作贡献”为名或与某个超级大国一起干涉别国内政,威胁世界和平。

日本要成为联合国安理会常任理事国,实现从经济强国向政治大国的转变,涉及的各方面因素繁多而又微妙。但是无论世界如何变化,和平与发展始终是时代的主流。日本首先要正视过去的侵略历史,深刻反省战争罪行,才能赢得周边国家的理解和信任。

第十章　俄罗斯的政治经济与外交

苏联是人类历史上第一个社会主义国家，全称苏维埃社会主义共和国联盟，1922年12月30日成立，1940年8月发展为15个加盟共和国。其面积2240.3万平方公里，人口2.89亿(截至1990年1月)。全苏有100多个民族，其中俄罗斯为其最大民族，俄语是其官方语言。1991年12月苏联解体。苏联解体后，原15个加盟共和国都成为独立的主权国家，其中11国组成了独立国家联合体(独联体)。俄罗斯继承了苏联的大部分遗产。

第一节　苏联的政治与经济

一、苏联的政治经济

苏联政治制度创建始于1917年的十月革命。苏联人民在列宁、斯大林的领导下，经过近30年的曲折探索，逐步形成了比较完整的政治制度。这一政治制度自20世纪30年代中期形成到斯大林逝世，一直没有发生过明显的变化。

苏联国家的结构形式是联邦制，由15个加盟共和国组成。根据苏联宪法，苏联是主权国家，有统一的全联盟政权、统一的军队、统一的领土、统一的国民经济和统一的联邦国籍。加入联邦的各加盟共和国均为主权国家，在苏联宪法范围内有权在自己的领土上独立行使国家权力。各加盟共和国可以有符合苏联宪法并考虑到加盟共和国特点的自己的宪法，有自己的国籍和国旗；有权参加苏维埃联邦的组织和活动，有权保障自己境内的经济和社会发展。各共和国有权同外国发展关系，与之缔结条约和交换领事代表，参加国际组织的活动。

苏联国家政权的组织形式是苏维埃制，最高苏维埃是其最高权力机关，最高苏维埃的常设机构是最高苏维埃主席团。苏联国家权力的最高执行机关是苏联部长会议，最高审判机关是苏联最高法院。

苏联实行一党制，苏联共产党依法享有在国家的最高领导地位，是国家和社会的领导核心。

第二次世界大战给苏联造成了巨大的破坏。德国法西斯洗劫了1710座城镇,7万多个乡村被毁,31850多个工业企业、1879个国营农场、2896个机器拖拉机站和98000个集体农庄、65000公里的铁路被破坏。战争期间苏联有2659万人牺牲,直接经济损失达6790亿卢布,约占全国财富的30%,国民收入比战前下降了17%。

二战结束后,摆在苏联人民面前的严峻任务是医治战争创伤,恢复和发展国民经济。1946年,苏联国民经济转入和平轨道,并开始执行第四个五年计划(1946～1950年)。苏联各族人民在非常困难的条件下,完全依靠自身力量,只用了四年零三个月就完成了第四个五年计划规定的任务。这期间,共恢复和新建了6200个大企业,总产值比战前增长73%,农业产值和农业机械化水平基本上达到战前水平;建立了火箭和原子工业,创立了无线电电子学、遥控力学等新兴研究和生产部门;生产实现了综合机械化和自动化。1946年12月25日,第一个原子反应堆开始运转。1949年,第一颗原子弹试爆成功,打破了美国的核垄断。1950年,第一台电子计算机投入运转。1951年苏联开始执行"五五计划",国民经济得到进一步发展。据统计,两个"五年计划"期间,苏联的工业产值平均增长率保持在13%以上,国民收入平均增长率保持在10%以上,综合国力大大增强。

二、苏联的对外战略

(一)斯大林时期的积极防御战略

二战结束后,国际形势发生了根本性的变化。为给国民经济的恢复与发展创造一个良好的国际环境,苏联政府在斯大林的领导下制定和实行了积极防御战略。

1.维护世界和平与民主,揭露和反对帝国主义的战争政策

二战后,苏联提出同一切爱好和平的国家和平共处,希望战后的反法西斯盟国能克服困难、继续合作。为了表明其和平诚意,苏联主动将军队从1136万裁减为287万,从中国、捷克斯洛伐克、保加利亚、南斯拉夫、挪威、朝鲜等国撤出自己的军队;在解决德日问题上,提出限制德国和日本的军国主义,防止法西斯势力死灰复燃;苏联代表还在联合国提出一系列和平建议。针对帝国主义的反苏叫嚣,1947年4月,斯大林在与美国共和党活动家史塔生的谈话中,强调苏联坚持列宁关于两种不同经济制度可能合作的观点。斯大林的言论表达了苏联政府维护和平的愿望,也增强了世界人民保卫和平的信心。

2.加强同东欧国家的团结合作,在东欧建立苏联的安全屏障

东欧是俄国遭受西方入侵的传统通道,因此,二战后苏联对纳入自己势力范围的东欧地区极为重视,力图建立一道保卫苏联的安全屏障。针对西方国家一系列反苏反共行为,苏联在遵守雅尔塔协议议定的东西方界限的前提下,同东欧

各国建立了密切关系，帮它们走上社会主义道路。东欧各国的发展，对于巩固社会主义阵营、确保苏联的安全起了积极作用。

3.支持亚洲国家的革命与建设

中、朝、越三国人民的反帝、反殖斗争都曾得到过苏联的支持。二战后，三国先后建立了人民民主政权，苏联迅速与之建交，并提供援助。三国人民政权的巩固和发展也有力地保障了苏联东部的安全。

二战结束初期，苏联的对外战略一方面为苏联医治战争创伤、恢复国民经济争取了和平的国际环境，保障了国家安全；另一方面，苏联奉行和平外交政策，挫败了美国妄图称霸世界的图谋，支持了欧亚社会主义国家建设，为世界和平和人类的进步事业作出了贡献。但是，由于历史和现实的原因，苏联在对外交往中表现出大国主义错误。例如，苏联趁自己势力进入东欧及邻国一些地区之机，把大块领土据为己有；向东德、罗、保、匈等国索取苛重的战争赔款，拆迁大批厂房设备，给这些国家生产和经济恢复造成了很大困难，也给二战后苏东关系留下了阴影；在处理社会主义国家之间的关系上，要求兄弟国家无条件服从苏联的国家利益和对外政策的需要，粗暴干涉兄弟国家的内政，影响了社会主义国家之间的团结，这都为后来苏联霸权主义的形成和发展埋下了祸根。

(二)赫鲁晓夫时期的积极渗透战略

赫鲁晓夫时期，苏联根据自己实力地位的增强和当时国际形势的重大变化，实行积极渗透战略，确立了“和平过渡”“和平竞赛”“和平共处”的路线方针。其基本内容是：同以美国为首的西方国家“和平共处”，在发展国民经济和军事工业尤其是核武器的基础上，使苏联和美国平起平坐，并在和平竞赛中赶超美国；要求社会主义国家保持“一致性”，服从社会主义苏联的领导；对亚、非、拉广大地区，在“支援民族解放运动”的旗号下，加紧扩张渗透，鼓吹通过“和平过渡”方式把它们纳入自己的轨道，从而实现“苏美合作，共同主宰世界”。具体表现为以下四点。

1.谋求军事优势，与美国展开核竞赛

1957年8月，苏联成功发射了多级洲际导弹。同年10月，第一颗人造卫星上天。1961年4月，载人宇宙飞船遨游太空。据此，苏联认为已经缩小了在军事上与美国的差距，要求与美共同主宰世界。由此1958年11月、1961年8月的两次“柏林危机”和1962年的“古巴导弹危机”发生。然而由于苏美实力相差悬殊，最后苏联妥协让步。

2.主动缓和同西方国家的关系

1955年5月，苏联放弃长期坚持的只有先解决德国问题才能签订对奥和约的强硬立场，同美、英、法、奥签订对奥和约。同年7月，在日内瓦召开二战后首次美、苏、英、法四国会议，虽然这次会议并无建树，但毕竟打开了东西方沟通的渠道。9月，苏联同联邦德国建交。1959年9月，赫鲁晓夫应邀访美，与美国总统艾森豪威尔举行“戴维营会谈”。两国签订了文化交流协定，建立了“热线”联系。1963年8月，苏联与有关国家签署了部分核禁试条约，并打算削减1964年的军费，从而使“1963年已进入新的缓和时期”①。

3.加紧对社会主义国家的控制

1955年5月，苏联同东欧七国签订了华沙条约，这虽然是应对北约组织的一大举措，但同时苏联也加强了对东欧的控制。1956年对“波兹南事件”和“匈牙利事件”的态度，说明苏联对东欧各国的控制进一步加强。1958年，苏联向中国提出建立长波电台和联合舰队，遭到拒绝后背信弃义，单方面废除合同、撤走专家；1960年在布加勒斯特会议上全面攻击中国，后来甚至制造边界纠纷，最终导致两国关系的破裂。赫鲁晓夫的上述错误做法分化、瓦解了社会主义阵营，使共产主义运动遭受严重损失。

4.开始在第三世界渗透和扩张

二战结束后，亚、非、拉民族解放运动迅速发展。苏联通过提供经济和军事援助的办法引导一些新独立国家走“非资本主义道路”，以此扩大苏联在世界范围内的影响，谋求对美国政治上的优势。

(三)勃列日涅夫时期的积极进攻战略

勃列日涅夫时期，国际形势出现了有利于苏联的变化。苏联国力的增长使苏美经济、军事上的差距在缩小。国际上，美国推行尼克松主义，实行战略收缩。在这种形势下，苏联调整了对外战略，实施积极进攻战略，以“缓和”为手段，以军事实力为支柱，以欧洲为战略重点，以美国为对手，加紧对东欧盟国的控制，在世界各地同美国争夺，在各方面争取对美国的优势，进而实现称霸世界的目的。具体表现在以下几个方面。

1.扩大军费开支，与美国全球争霸

尽管农业和轻工业一直是经济的薄弱环节，但是苏联优先发展重工业的方针一直没有改变，军工企业更是走在重工业的前面。1965年，苏联军费开支为320亿美元，1981年则迅速增加到1400亿美元。1969年9月，苏联已部署的洲际弹道导弹达到1060枚，使苏联拥有自导弹时代开始以来第一次略微超过美国的洲际弹道导弹力量。② 苏联潜艇发射导弹能力也有了很大提高。从20世纪

---

①　[美]托马斯·沃尔夫：《苏联霸权与欧洲(1945～1970)》，冷向洋译，上海人民出版社1976年版，第147页。

②　美国在1969年9月已部署的洲际弹道导弹为1054枚。

70年代中期开始，苏联取得了对美国的战略均势甚至战略优势。

2.在西欧推行“缓和”政策

勃列日涅夫继承了赫鲁晓夫对西欧的缓和政策。在1969年3月华沙条约组织召开的布达佩斯会议上，苏联提出了“欧洲缓和”的主张。1970年8月，苏联同联邦德国签订了《互不使用武力条约》之后，又积极倡导召开欧洲安全与合作会议。从1972年11月到1975年8月，“欧安会”分三个阶段进行，签署了《赫尔辛基最后文件》，形成了欧洲“缓和”的高潮。苏联也利用西方的资金和技术促进了本国经济和技术的发展。

3.进一步加强对社会主义国家的控制和干涉

苏联一贯视东欧为自己的势力范围，在这些国家强制推行苏联模式，不允许它们有任何突破。1968年捷克斯洛伐克出现了全面改革运动，苏联纠集波兰、民主德国、保加利亚、匈牙利等国的军队对其进行镇压。随后，勃列日涅夫提出所谓“主权有限论”“社会主义大家庭论”等扩张主义理论，为其侵略行径辩护。此外，苏联还在中苏、中蒙边境大量增兵，挑起武装冲突，并制造了珍宝岛流血事件，其霸权主义面目进一步暴露。

4.加紧向第三世界扩张

随着经济、军事力量的增长，苏联向第三世界扩张的野心越来越大。在南亚，苏联向印度提供援助，支持印度反华并肢解巴基斯坦。在东南亚，怂恿越南入侵柬埔寨。在中东，苏联先后与许多国家签订友好条约，并提供大量的“经援”和“军援”。在阿富汗，苏联先后在1973年、1978年两次策动军事政变，推翻了查希尔王朝和达乌德政府，直至最终派军队侵占了该主权国家，实现了对阿富汗的直接控制。在非洲和拉美，苏联也不断加强渗透，扩大其影响。

勃列日涅夫时期的霸权主义、扩张主义政策，使苏联在一定时期内取得了对美国的主动地位，苏美双方的战略态势出现了苏攻美守的局面，但从长远来看，不仅严重损害了社会主义的声誉，而且使苏联背上了沉重的军事负担，加重了经济困难，给苏联社会的发展带来了严重的后遗症。1982年勃列日涅夫逝世时，苏联的处境已经十分困难。

(四)戈尔巴乔夫时期的全球缓和战略

戈尔巴乔夫执政时期，对苏联的对外战略进行了重大调整，全球缓和战略应运而生。全球缓和战略的实施分为两个阶段。

1.战略收缩阶段

这一阶段苏联外交的突出特点是实行全面的战略收缩，主要体现在以下几点。

(1)以军备控制为中心，加强同美国的对话和谈判，争取苏美关系的改善和整个国际关系的缓和。在“人类生存高于一切”思想指导下，戈尔巴乔夫把实现裁军和消除核武器看作保障人类安全的有效途径。1987 年 11 月，戈尔巴乔夫同美国总统里根签署了全部销毁两国中程和中短程导弹条约。在同美国谈判签约的过程中，苏联照顾西欧国家的利益，借以恢复和发展同西欧各国的关系。苏联还单方面采取大量裁军的行动。

(2)减少并尽量避免对东欧国家的干预。戈尔巴乔夫批判了“勃列日涅夫主义”，提出苏联不再谋求在国际共运中充当“老子党”，强调各国有权“自由选择发展道路和生活方式”，社会主义国家的关系应建立在完全平等的基础上。各国执政的共产党都具有自主性，有权自主解决国家之间的关系问题。这一调整改变了长期以来苏联控制社会主义国家的做法。

(3)改善中苏关系。戈尔巴乔夫逐步承认并同意解决影响中苏两国关系的“三大障碍”问题，实现了双方关系的正常化。

(4)调整与发展中国家的关系。戈尔巴乔夫调整了对发展中国家的政策，全面发展与各国的关系，减少对发展中国家的干预特别是武力干预，并从世界部分地区撤回全部或部分军事力量。

2.倒向西方阶段

这一时期，由于对西方价值观的认同和苏联内部危机的深化，苏联领导人采取了迎合西方、乞求西方援助的做法，结果导致苏联外交全面倒向西方，把改革的成功寄希望于西方的援助。为了进一步取悦于西方，苏联领导人允诺从东欧国家撤回军事力量；在西德提出向苏联提供大量援助后，为东西德统一大开绿灯；1991 年承认波罗的海沿岸三个共和国独立；1991 年 5 月，戈尔巴乔夫派代表前往美国，与美国商讨把苏联改革同西方援助挂钩的“哈佛计划”，实质是乞求西方拯救苏联；1991 年 7 月，戈尔巴乔夫亲自到伦敦列席西方七国首脑会议，向西方乞求援助。就这样，苏联一步步从一个与美抗衡的超级大国沦为美国的小伙伴。

第二节　俄罗斯的政治经济

一、俄罗斯的政治

俄罗斯独立之初，政局剧烈动荡。各派政治力量围绕权力分配问题明争暗斗。议会和总统之间的权力之争，导致了 1993 年 10 月叶利钦动用武力解散议会的流血事件；同年 12 月，经过新议会改选和通过新宪法，确立了以三权分立原则为基础的西方民主政治体制。

(一)总统制政体确立

1993 年 12 月通过的新宪法赋予总统至高无上的广泛权力和特权。总统集内政、外交、行政和立法大权于一身,不受任何权力的制约,形成了一种总统集权下的三权分立制。国家权力机构分为联邦会议(即议会)、政府和法院,各自独立行使职权。联邦会议是俄联邦最高立法机关,由联邦委员会(上院)和国家杜马(下院)两院组成;政府是执行权力机关,政府总理由总统提名,征得国家杜马同意后由总统任命;法院是俄联邦司法权力机关。

总统为国家元首和俄联邦武装力量最高统帅。总统由全民选举产生,任期 4 年,只能连任一届。第一任总统叶利钦于 1991 年 6 月当选,1996 年 6 月 16 日再次当选,1999 年年底辞职。之后的俄联邦总统是弗拉基米尔·弗拉基米罗维奇·普京,2000 年 3 月 27 日当选,2004 年第二次当选。2008 年,梅德韦杰夫当选为俄罗斯总统。2012 年,普京再次当选为俄罗斯总统并连任至今。

(二)多党制政治日益规范

1993 年 12 月的议会选举,结束了由戈尔巴乔夫激进改革开始的俄政治混乱时期,各派政治力量开始在宪法和法律的范围内活动,多党制获得了俄最高立法机关的确认。目前,影响较大的俄罗斯政党主要有统一俄罗斯党、俄罗斯共产党、公正俄罗斯党和俄罗斯自由民主党。

1.统一俄罗斯党

统一俄罗斯党是俄罗斯第一大党,拥有 200 多万党员。该党成立于 2001 年 12 月,由“统一党”“祖国运动”和“全俄罗斯运动”合并而成。2003 年 12 月,统一俄罗斯党在第四届国家杜马选举中大获全胜,成为影响议会的核心力量。该党在全国各级立法机构中拥有 2000 多名议员,其中包括 246 名国家杜马议员、87 名联邦委员会(议会上院)议员,40 多名党员担任联邦主体的行政长官,500 多名党员担任市政机构领导人。因此,统一俄罗斯党又被称为“政权党”。统一俄罗斯党拥护俄罗斯总统普京的各项方针政策:在经济上主张将文明的市场经济与社会公正结合起来,经济改革和发展必须以改善人民物质生活水平为宗旨;在政治上主张将强有力的国家与尊重公民自由和人权结合起来,改革国家治理方式,提高政府工作效率,逐步实现国家职能由经营者向调控者的转变。2008 年5 月,普京出任统一俄罗斯党主席,进一步增强该政党在俄政治权力结构中的影响。2016 年国家杜马选举,在全部 450 个席位中,统一俄罗斯党获得 343 个席位;2021 年选举中,该党获得 324 个席位,维持了其议会第一大党的地位。

2.俄罗斯共产党

俄罗斯共产党(简称“俄共”)成立于 1990 年 6 月。1991 年“8·19”事件后,俄共被当局禁止活动。1993 年 2 月,俄共举行重建大会,并选举久加诺夫为党的最高领导人。20 世纪 90 年代中期是经过重建和恢复后的俄共的力量顶峰，党员达 55 万人。2000 年 12 月，俄共召开七大，提出将做普京当局“负责任的、不妥协的、建设性的反对派”。随着 2001 年统一俄罗斯党的建立和 2003 年 12 月国家杜马选举中俄共获得的代表席位的减少，俄共领导层出现分裂，党的力量不断衰落，到 2005 年俄共党员已经降至不足 19 万。进入 21 世纪的第二个十年，俄共力量总体上发展趋于平稳，党员人数稳定在 16 万人左右。2021 年俄共十八大公布的党员人数是 16.2 万人，在 2021 年国家杜马选举中获得 21%的选票、共计 57 个席位，比上一届的 13.3%多出 7 个多百分点，仍是杜马第二大党。俄罗斯共产党的领导人为久加诺夫。

俄共的政治纲领是：努力争取获得苏维埃形式的人民政权；捍卫俄罗斯作为一个联邦共和国的国家统一和领土完整；建设一个有组织的、民主的、代表所有劳动者利益的党。党的战略目标是通过议会斗争和宪法手段获得政权。在经济、社会政策上，反对强行私有化，赞成不同形式所有制的最佳结合。俄共重建后，在经历了长时间的衰退后止住颓势，最近几年在反对政府的养老金改革、修宪、国家杜马选举等重大事件中都有亮眼表现，吸引了不少民众的支持和拥护。延续这种良好的发展势头，是俄共当前的重要任务。

3.公正俄罗斯党

公正俄罗斯党成立于 2006 年 10 月，最初由俄罗斯生活党、退休者党和祖国党三个中左翼党派合并而成，全称“公正俄罗斯：祖国、退休者、生活党”。2007 年 4 月，俄罗斯人民党并入公正俄罗斯党，进一步增强了公正俄罗斯党的影响力。2009 年 6 月 25 日，在莫斯科召开第四次代表大会，简化党的名称为“公正俄罗斯党”。2021 年 2 月，公正俄罗斯党与俄罗斯爱国者党和为了真理党进行了合并，称为“公正俄罗斯—爱国者—为了真理党”，从而壮大了自己的力量。公正俄罗斯—爱国者—为了真理党拥有党员大约 40 万，现任领导人为谢尔盖·米罗诺夫。

公正俄罗斯党成立后，提出“21 世纪新社会主义”的战略目标，积极参与俄罗斯的政治生活，其主要政治活动有以下三个方面。第一，策划政治议题，影响政府决策。2014 年 3 月，公正俄罗斯党支持克里米亚半岛重回俄罗斯联邦，并于同年 4 月 5 日在克里米亚共和国和塞瓦斯托波尔市建立办事机构。第二，积极参加政治选举，谋求国家杜马席位。2021 年国家杜马选举，获得 27 个席位，在俄罗斯政治力量角逐中仍然不容小觑。第三，开展党际合作，加入社会党国际。公正俄罗斯党是俄罗斯议会中唯一的社会民主主义性质的政党。2012 年 8 月30 日，谢尔盖·米罗诺夫率团参加了社会党国际第 26 次大会，成为社会党国际的正式成员。此外，公正俄罗斯党还与中国共产党、日本社会民主党、德国社会民主党、摩尔多瓦共和国社会主义党等多国政党有着较为密切的联系。

4.俄罗斯自由民主党

俄罗斯自由民主党成立于1989年12月，是苏联实行多党制后成立的第一个政党。2010年有党员18.5万人。俄罗斯自由民主党是民族主义政党，战略目标是在苏联版图基础上建立强大的俄罗斯国家。自由民主党的基本理想是爱国主义、自由主义、民主主义、公正和法制。自由民主党对内主张集权，建立单一制国家，对重要部门实行国家垄断，对外主张在苏联时期领土内恢复俄罗斯帝国版图，提出国界“只能外推，不能内缩”。自由民主党具有较浓厚的民族主义色彩，并夹带有极端主义成分，拥有较为稳定的选民队伍，在国家杜马选举中均进入杜马，2021年在第八届国家杜马选举中获得21个席位。现俄罗斯自由民主党主席为列昂尼德·斯卢茨基。

(三)政局不断走向稳定

1993年新宪法的颁布确立了总统制政体，但是因为缺少有效的监督机制，结果导致总统决策的失控。其突出的表现就是叶利钦时期政府的频繁更迭。1996年叶利钦总统选举获胜后，由于总理切尔诺梅尔金在稳定经济方面贡献突出，并表现出角逐总统的意愿，1998年3月叶利钦毫无理由地罢免了其总理职务，提名年仅35岁的基里延科任总理，国家杜马在叶利钦的压力下不得不通过其提名。基里延科任职仅3个多月，就爆发了严重的金融危机，很难说基里延科上任与金融危机有无直接联系，但基里延科作为替罪羊被赶下台。之后，叶利钦又先后任命普里马科夫和普京担任总理。直到普京当选总统，俄罗斯政府才稳定下来。普京就任总统后，以经济问题为中心，加快振兴俄罗斯的步伐，实现富国强民的目标，得到了人民的拥护，实现了连选连任。

二、俄罗斯的经济

独立后的俄罗斯的经济发展大致可分为以下三个阶段。

(一)激进转型经济低迷时期(1991～1999年)

针对戈尔巴乔夫留下的烂摊子，1992年年初，叶利钦政府开始推行激进的经济改革，即“休克疗法”。主要内容有：(1)全面放开物价。规定90%的消费品和80%的生产用品价格放开，不再由国家定价。(2)紧缩银根。为减少和消除财政赤字，俄罗斯采取严厉的财政货币政策。(3)实施大规模的非国有化。(4)解散国营农场和集体农庄，实行土地私有制。“休克疗法”的实施，并未使俄摆脱困境；相反，俄罗斯经济陷入了更加深重的灾难。1992年国民生产总值较上年下降19%，国民收入下降22%，消费品和服务价格在一年内上涨了26倍，全年的通货膨胀率达到2500%，1/3的居民收入跌到贫困线以下。1993年经济仍无好转迹象，最后导致力主“休克疗法”的俄罗斯代总理盖达尔下台，切尔诺梅尔金继任总理。

切尔诺梅尔金总理提出了许多比盖达尔更加务实的改革主张。但是由于总统叶利钦一直认为“休克疗法”是俄经济改革的唯一可行选择，所以切尔诺梅尔金也不可能扭转经济颓势，1996 年年底，大中型企业中的亏损企业比例仍达到 43%，国民生产总值比改革前的 1991 年下降了 60%。[①] 1997 年，俄罗斯经济开始转好，经济增长达到 0.4%，但不久后发生的东南亚金融危机再次将俄罗斯经济击垮，贸易额急剧减少，卢布大幅度贬值，1998 年俄罗斯经济再次出现负增长。

1992～1998 年，俄罗斯经济陷入持续衰退，有组织犯罪活动猖獗，国有资产被鲸吞，寡头开始控制国内战略性产业和最有影响的媒体；社会出现严重的两极分化，陷入普遍贫困，人均寿命降低；转型对国家生产潜力造成极大破坏，经历了 1998 年金融危机之后，俄罗斯按汇率计算的 GDP 倒退 25 年，1999 年为 1871 亿美元，在世界 GDP 中占比仅为 0.78%，其经济总量在世界上的排名已从转型前的第 3 位降到第 20 位以后。[②]

（二）完善体制经济蹉跎时期（2000 年至今）

世纪之交，随着叶利钦辞职，俄罗斯历史进入普京时期。从经济政策和经济发展实践看，普京执政时期可分为两大阶段：2000～2008 年为经济恢复发展阶段，2009 年以后进入经济停滞阶段。

1.经济恢复和快速增长时期（2000～2008 年）

2000 年普京上任后，提出强国富民、建设强大的俄罗斯的明确目标。普京执政的前 8 年对叶利钦时期的转型政策进行了全面调整，以稳定经济为主，在完善市场机制的同时，加大国家对经济的宏观调控，实行可控制的市场经济，加快经济结构调整的步伐，利用国际石油价格反复拉升上涨的契机，实施“能源战略”，努力振兴俄罗斯经济。俄罗斯的财政和贸易状况得到很大改善。1999～2008 年，俄罗斯 GDP 连续 10 年超过世界经济平均增速，保持年均 7%的快速增长，GDP 总量增长 94%，人均 GDP 增长 1 倍。2007 年俄 GDP 总量已达到 1.39 万亿美元，实际 GDP 已恢复到 1990 年苏联解体前的水平，进入全球 GDP 超万亿美元经济体俱乐部，成为全球十大经济体之一，显示出强势回归的势头。俄罗斯的贫困人口占比从 2000 年的 29%降至 2009 年的 11%，居民月平均收入从 1999 年的 70 美元增至 2009 年的 530 美元，人口出生率上升，人均寿命延长。

---

① 参见姚海、刘长江：《当代俄国：强者的自我否定与超越》，贵州人民出版社 2000 年版，第 128 页。

② 参见李建民：《苏联解体 30 年以来的俄罗斯经济：转型与增长论析》，《欧亚经济》2021 年第 4 期。

这一时期被认为是俄罗斯经济史上除新经济政策时期和国内战争之后的经济复苏期之外最辉煌的10年。

需要指出的是，除了政策调整和改革等制度性因素外，这一时期国际油价的快速上涨对俄罗斯经济实力的恢复起到了重要的支撑作用。据统计，1998～2008年，国际油价几乎上涨了8倍(从年均每桶13美元增至97美元)，使俄罗斯得以积累强大的外汇储备，偿还外债，并开始基本建设投资。普京执政第一个8年，俄经济增长的30%～50%是国际油价上涨带来的，这种增长显然不可持续。①

2.低迷停滞时期(2009年至今)

2009年以来，俄罗斯经济进入经济史上最长的停滞期。从2009年起，普京执政前8年的持续增长中断，俄罗斯经济陷入低迷停滞状态。根据俄联邦国家统计局的官方数据，2008～2019年，俄GDP累计增长8.8%，年均增长仅0.88%，大大低于世界经济年均3.5%的增幅；GDP规模从2013年峰值时的2.289万亿美元降至2020年的1.47万亿美元，回落到2009年的水平。以美元汇率计算的名义GDP在全球名义GDP中的占比从2000年的1.29%降至2019年的0.52%，在全球排名跌至第12位；居民实际收入自2014年以来连续7年下降，2020年比2013年累计下降10.6%，已跌至2010年水平，贫困人口占比从2014年的11.3%增至13.3%。这一时期经济陷入停滞的主要原因是，经济对资源的高度依赖、制造业发展滞后、国家对经济高度垄断带来的低效率以及地缘政治竞争导致外部环境恶化。2013年乌克兰危机后，美国发起对俄全面制裁，迄今已逾9年，历经美国奥巴马(第二任期)、特朗普、拜登三任总统。据俄罗斯外交部数据，2014～2018年5年间，美国和欧盟联合37个国家共对俄发起63轮制裁；2019年又发起7轮，2020年再发起多轮。2021年拜登上任后，继续执行对俄制裁政策。制裁期已逾普京总统任期的1/3，表现出长期化特点。自西方对俄制裁以来，俄罗斯经济损失了6%的增长率，加上原油价格下跌和通胀因素，俄经济再损失4%的增长率。乌克兰危机后俄军费开支也一直在增加，2016年达到占GDP 5.5%的创纪录水平。高军费支出挤占了其他公共服务支出，特别是教育和医疗，对潜在的经济增长产生了负面影响。② 虽然西方对俄罗斯实施了10000多项制裁，但俄罗斯经济陷入长期停滞，内部原因仍为主要原因。

---

① 参见李建民：《苏联解体30年以来的俄罗斯经济：转型与增长论析》，《欧亚经济》2021年第4期。

② 参见李建民：《苏联解体30年以来的俄罗斯经济：转型与增长论析》，《欧亚经济》2021年第4期。

第三节 俄罗斯的外交

一、独立国家联合体现状

“独联体”是由苏联大多数加盟共和国组成的国际组织，成立于 1991 年 12 月 8 日。当时俄罗斯、乌克兰和白俄罗斯三国领导人签署了《关于建立独立国家联合体的协议》，宣布成立独联体，结束了苏联的存在。独联体既不是国家，也不是超国家实体，而是一种非常松散的国家之间的联合形式。从机构构成看，独联体不设中央机构，只有协调机制，由国家元首理事会和政府首脑理事会组成。但是，协调机制对各成员国没有强制约束力，各国都是独立主权国家。独联体没有统一的对内、对外政策，只是在尊重参加国主权的前提下在某些领域进行政策协调，只“保留和支持共同的军事战略空间”。总的来看，独联体是既“独”又“联”、既离又合的一种松散的国家间组织形式。独联体成立时有 11 个成员国，1993 年，格鲁吉亚共和国也加入进来，使成员国达到 12 个。除了波罗的海三国，苏联其他 12 个加盟共和国都先后加入了独联体。2005 年8 月，土库曼斯坦宣布退出独联体，后以联系国的方式参与独联体活动。2009 年 8 月 18 日，格鲁吉亚正式退出独联体。2018 年 4 月 12 日，乌克兰宣布退出独联体。目前广义上认为独联体包括俄罗斯、白俄罗斯、摩尔多瓦、阿塞拜疆、亚美尼亚、哈萨克斯坦、乌兹别克斯坦、吉尔吉斯斯坦、塔吉克斯坦 9 个国家和 1 个联系国土库曼斯坦。

苏联解体后，独联体成为俄美地缘政治博弈的舞台。进入 21 世纪，俄罗斯更加关注独联体的发展，希望加强与独联体成员国的联系，并通过新的一体化进程恢复在该地区的影响，最终实现重振俄罗斯的目标。如今独联体建立已 30 余年，已经走过了“独大于联”和“独而要联”这两个阶段，正在缓慢地朝一体化方向迈进。独联体是唯一在政治、经济、文化、人文和军事等各领域团结前苏联地区国家的国际多边合作机制，乌克兰宣布退出不会实质性影响独联体的运行。当前，独联体国家面临着包括建立共同经济空间、完善地区安全治理体系、提升独联体的国际威望等一系列问题。

(一)政治一体化逐渐加强

在独联体建立之初，叶利钦将俄罗斯的复兴寄托于同西方的合作，而且认为俄罗斯最终应该成为西方阵营的一员，因而对独联体事务并不热心。其他独联体国家也担心俄罗斯将继续奉行大俄罗斯民族主义而持“不信任”态度，结果独联体成为各国首脑空谈的场所，实质性问题很难得到解决，通过的文件大多成为一纸空文。随着俄罗斯向西方“一边倒”政策的失败，地缘政治条件恶化，1993

年年初开始，俄罗斯努力加强同独联体国家的联系。在俄罗斯的推动下，1993年1月通过了《独联体章程》。1994年10月建立了独联体历史上第一个超国家机构——跨国经济委员会，政治合作开始加强。独联体国家元首理事会会议、政府首脑理事会会议已成为定期会议。国家元首理事会每年开2次，政府首脑理事会每年开4次。这种领导人的定期会议实际上起着某种常设机构的作用。独联体成员国外交理事会作为独联体的一个重要机构定期举行会议，协调各国的对外政策。自1996年以来，独联体内以俄罗斯为中心的双边、多边关系发展迅速，不仅在经济、军事领域取得了很大成绩，而且在政治一体化方面也取得了新进展：一是俄、白、哈、吉、塔签署一体化条约，二是俄、白签署成立“主权共和国共同体”条约，建立俄白联盟。2001年，在纪念独联体成立10周年的峰会上，与会国家一致认为，独联体是不可替代的，并将继续加强独联体各国的合作。2006年11月在纪念独联体成立15周年明斯克峰会上，独联体领导人签署了一系列关于加强独联体各国合作的文件，如《独联体反恐中心条例》和《独联体国家边防军司令委员会条例》等。2018年，在独联体一体化协作的框架内仅国家元首和政府首脑层面，就通过了45项涉及经贸、人文、执法以及安全领域的决议，签署了《独联体国家在和平开发利用外层空间领域的合作公约》《实施联合行动的协议》《关于建立和发展知识产权市场的协议》《关于打击信息技术领域犯罪的合作协议》以及《2019～2023年国家之间针对犯罪的联合措施方案》。在国家元首层面发表了《〈世界人权宣言〉通过70周年联合声明》，在外交部长层面发表了《关于防止侵蚀“不干涉主权国家内政”原则的联合声明》。

（二）经济一体化不断发展

苏联各加盟共和国几十年来共同存在于一个统一的经济体系中，专业分工明确，相互补充融合，成为难以分割的经济整体。苏联解体后，独联体各成员国的经济联系和经济流通机制遭到破坏，再加上一些国家自行发行货币，卢布无法统一流通，使独联体统一市场遭到破坏。各成员国之间的贸易额急剧下降，经贸关系虽未完全中断，但经贸活动只能在双边关系基础上进行。1993年9月24日在莫斯科举行的第13次独联体国家元首和政府首脑理事会上，各国首脑草签了《经济联盟条约》，标志苏联解体后各国经济联系中断和一体化瓦解时期的结束。之后，各成员国在经济一体化方面采取了一系列具体步骤：1994年4月15日，在莫斯科举行的第15次独联体国家元首和政府首脑理事会上，各国首脑签署了《关于建立自由贸易区的协议》，拟通过取消关税，逐步向关税同盟过渡。1994年10月21日，独联体元首理事会签署了建立独联体跨国经济委员会的协议。该委员会主要负责协调独联体各国经济机构的工作，促进企业跨国多边合作，以此推动建立商品、劳务、资本和劳动力自由流通的统一的大市场。与此同时，独联体内还出现了一些次区域性的合作组织，如俄罗斯、乌克兰、白俄罗斯组成的斯拉夫联盟，哈萨克斯坦、乌兹别克斯坦和吉尔吉斯斯坦组成的中亚自由贸易共同体，俄罗斯和白俄罗斯组成的互惠经济联盟，俄罗斯、白俄罗斯和哈萨克斯坦（后来吉尔吉斯斯坦和塔吉克斯坦相继加入）组成的关税联盟等。

从 2000 年开始，独联体一体化发展进入了一个新的时期。2000 年在俄白哈关税同盟的基础上欧亚经济共同体成立。2007 年 10 月，俄白哈宣布在欧亚经济共同体框架内建立三国关税同盟，签署关于建立统一海关空间的协议。2009 年关税同盟正式成立，2010 年关税同盟开始运转，标志着以俄罗斯为主导的前苏联地区重新一体化进程出现关键性的转折。2010 年 7 月，关税同盟海关法典在俄、哈、白三国正式生效。2011 年 7 月，在三国间建立统一海关空间，完全取消海关关境。2011 年 11 月，俄、白、哈三国领导人签署欧亚经济一体化宣言，提出 2012 年 1 月 1 日启动以世贸组织规则为基础的统一经济空间并最终在 2015 年建立欧亚经济联盟。2011 年 10 月吉尔吉斯斯坦加入关税同盟，2012 年 1 月 1 日取消成员国间所有贸易、资本和劳动力流动的壁垒，统一经济空间在俄、白、哈开始启动。2012 年 12 月 5 日，土库曼斯坦独联体首脑峰会上，11 个与会首脑签署了“货币一体化”协议。2015 年 1 月 1 日，由俄罗斯、白俄罗斯和哈萨克斯坦组成的欧亚经济联盟正式成立，同年 1 月和 8 月，亚美尼亚和吉尔吉斯斯坦分别成为欧亚经济联盟成员国。欧亚经济联盟是经历了自由贸易区、关税同盟、统一经济空间几个阶段后发展起来的一体化程度更高的经济联盟。2018 年，俄罗斯担任欧亚经济联盟轮值主席国，欧亚一体化议程全面推进，成员国通过了《在欧亚经济联盟框架内进一步发展一体化进程宣言》，对形成共同市场的现有协议进行了补充，诸如教育与科学、卫生、旅游、体育以及地区间的贸易合作，并且为启动联合数字项目奠定了基础。2019 年，独联体国家元首峰会通过了《独联体国家战略经济合作宣言》。

（三）军事一体化继续加强

东欧剧变、苏联解体之后，东欧地带形成地缘真空，以美国为首的西方势力极力向该地区渗透，一个典型事件就是北约东扩。美国公开宣称，北约东扩对象包括东欧国家和前苏联各加盟共和国。东欧国家纷纷申请加入北约，对俄罗斯地缘政治形成很大威胁。独联体其他成员国鉴于传统上对俄罗斯的依赖，因而推动了独联体军事一体化的进程。

1992 年 5 月，哈萨克斯坦、乌兹别克斯坦、塔吉克斯坦、吉尔吉斯斯坦、亚美尼亚和俄罗斯签署了集体安全条约。该条约规定，如果任何一个缔约国的安全、领土完整和主权受到威胁，其他缔约国当立即协调立场，根据《联合国宪章》第 51 条的规定行使集体防御的权利，向受侵略国提供包括军事援助在内的必要援助，并用这些国家所拥有的各种手段援助受难国。1993 年，白俄罗斯、阿塞拜疆和格鲁吉亚三国加入独联体集体安全条约。1995 年 2 月 10 日，集体安全条约成员国签署了《集体安全构想实施计划》《集体安全宣言》和《集体安全构想》。根据这些文件，成员国的军事基地和设施可以部署在其他成员国境内；俄罗斯在保卫成员国安全方面负有特殊责任，如成员国遭外敌入侵，俄罗斯可动用包括核武器在内的各种手段予以制止。1995 年 5 月，各成员国之间签署了共同保卫外部边界条约或军事协定。这些条约或协定的签署，促进了军事一体化进程，也暂时排除了西方势力介入独联体国家的可能。1999 年下半年，集体安全条约成员国通过了《集体安全条约共同战略条例》，决定建立共同的集团军，保卫独联体领土，并连续举行两次较大规模反恐怖联合军事演习。

2002 年 5 月 14 日，独联体集体安全条约理事会会议通过决议，将“独联体集体安全条约”改为“独联体集体安全条约组织”；同年 10 月 7 日，成员国签署了独联体集体安全条约组织章程以及有关该组织法律地位的协议，正式成立集体安全条约组织，以推动整个独联体地区的军事和政治合作。2003 年 4 月，六国首脑再次会晤，决定成立该组织的“联合司令部”和“快速反应部队”，强调该组织将在维护独联体地区的安全方面发挥主导作用。2009 年 6 月 14 日，集体安全条约组织正式创立了新的快速反应部队。针对“伊斯兰国”和其他类似极端组织意识形态在中亚蔓延加剧，“伊斯兰国”试图在中亚建立自己的据点并激活“休眠基层组织”，独联体国家都意识到反恐的必要性和严峻性。2018 年，集体安全条约组织通过了《支持〈消除中程和短程导弹条约〉的联合声明》，还举行了多次联合军事演习。2019 年，独联体国家元首峰会通过《独联体国家成员国 2020～2022 年打击恐怖和极端主义及其他暴力行为合作规划》。2020 年 10 月 27 日，以视频方式召开的独联体和平利用核能委员会第 21 次会议批准了关于组建该委员会的备忘录草案。

自成立以来，集体安全条约组织在冲突的预防和解决，打击国际恐怖主义、非法移民、非法武器交易、跨国犯罪、毒品犯罪以及阿富汗重建等问题上发挥了积极作用，已经成为维护地区安全与稳定的重要力量。

二、俄罗斯外交的演变

独立后的俄罗斯在继承了苏联政治遗产和绝大部分经济、军事遗产的同时，也继承了苏联作为超级大国的地位和政治雄心，渴望在国际舞台上保持“符合其大国地位”的影响力。俄罗斯的外交经历了四个发展阶段。

(一)面向西方的“一边倒”外交(1992～1993年)

“叶利钦是历史上全面亲美的一位俄国领导人。”①执政初期，叶利钦在外交上延续了戈尔巴乔夫的“新思维”并且走得更远，将加入“民主国家大家庭”、建设“共同的欧洲家园”作为目标，实行与西方建立充满活力的伙伴关系和与西方完全一体化的外交方针，基本上继承了戈尔巴乔夫在苏联解体前两年确立的面向西方、加强苏美合作的做法，实行优先发展与西方首先是美国友好合作关系的“一边倒”外交政策，谋求加入西方大国俱乐部，以求得西方的经济援助和政治支持，解决国内面临的棘手问题。

1.谋求西方国家的援助

俄罗斯以狂飙突进的速度向西方国家靠拢。叶利钦在1992年1月的联合国安理会特别会议上发言时表示，俄罗斯不仅将美国和其他西方国家视为伙伴，更视为盟友。1992年上半年，俄罗斯政要几乎跑遍了西欧、北美的所有国家。一方面向西方“邀功”，炫耀其“建立民主制度”的业绩；另一方面“请赏”，请求西方施舍。俄罗斯在内政、外交上也作出一系列让步，欲以此换取西方的“慷慨解囊”。俄罗斯完全接受冷战结束后以西方为主导的国际秩序和国际行为准则，在至关重要的安全与核军控问题上也向西方作出了巨大让步，宣布俄罗斯的核导弹不再对准美国和欧洲国家，放弃了长期坚持的“核均势”原则，与美国签署了《关于进一步削减战略核武器的谅解协议》，并接受美国保持对俄罗斯的核优势。1993年1月俄美签署的《第二阶段削减和限制进攻性战略武器条约》规定，到2003年双方的核导弹潜力将再削减66%。② 在积极向西方靠拢的同时，为了与西方保持一致，俄罗斯疏远了苏联时期的盟友，停止了对部分原盟友的经济援助。在国内事务中，听从西方建议进行政治改革，并完全按照西方提供的“休克疗法”方案进行了经济改革。

2.搞好与独联体国家的关系

在“一边倒”政策下，俄罗斯将独联体国家视为影响自己成为民主国家的绊脚石，因此，“甩包袱”、拒绝当“奶牛”是俄罗斯对独联体其他国家的政策。只顾本国利益的“甩包袱”政策导致独联体向心力严重不足，也导致中亚地区出现力量真空，包括恐怖主义在内的外部势力乘虚而入。鉴于这种情况，俄罗斯加强与独联体国家的关系。其主要做法是：(1)为维持独联体而努力。叶利钦与独联体各成员国首脑仅1992年上半年就会晤7次，就经济、安全、人道合作等方面达成一些协议。独联体连续通过了《独联体经济联盟条约》《独联体集体安全构想》

① [美]理查德·尼克松：《超越和平》，范建民、郑志国、文棣译，世界知识出版社1995年版，第39页。

② 参见吕萍：《俄罗斯外交政策30年演变》，《俄罗斯学刊》2021年第6期。

《集体安全条约》,俄罗斯通过了《俄罗斯联邦对独联体国家战略方针》,力求从政治、经济和军事领域全方位推进独联体一体化,但独联体的凝聚力并未得到加强,依然是一盘散沙。(2)与独联体国家建立和发展双边特殊关系。1992 年 5 月 25日,俄罗斯与哈萨克斯坦签署了俄哈友好互助条约;5 月 30 日,俄罗斯与乌兹别克斯坦签署了友好互助条约;6 月 8 日,俄罗斯与土库曼斯坦签署了军事合作协议书。(3)积极介入独联体地区的热点事务。独联体地区的热点问题多少有一些俄罗斯背景,俄罗斯当局也将保护境外俄族人利益作为其对外工作的重要任务。如 1992 年 4 月,俄罗斯第六次人民代表大会通过了保护德涅斯特河沿岸地区居民的决议。

3.加强与东方的外交

这一时期虽然以俄罗斯外长科济列夫为代表的亲西方派占据上风,但俄罗斯也注意发展对华关系,与中国相互视为友好国家。1992 年 1 月 31 日,叶利钦在纽约与时任中国总理李鹏会晤时表明了俄罗斯对中国的政策立场。俄罗斯重视与中国的合作,对华政策不受西方影响。1992 年 12 月,叶利钦访华,中俄签署了《关于中华人民共和国和俄罗斯联邦相互关系基础的联合声明》,其中就双方在未来关系发展中必须遵守的原则达成了共识,彼此视对方为友好国家。俄罗斯还多次派高级官员访问韩国、日本和印度。

这一时期俄罗斯推行的向西方"一边倒"政策,表面上取得了很多成果,但是由于美国等西方国家的目标是削弱俄罗斯,压低其大国地位,将其融入西方体系之中,使其成为以美国为首的、西方国家主导的世界新秩序的伙伴,因此,西方的"甜美许诺"并没有如期兑现。俄罗斯的种种让步并没有换来西方国家的信任和平等伙伴的待遇,美国在一些重大国际问题上采取了不顾俄罗斯利益的行为。在经济上,西方并没有足额拨付其所承诺的援助款项,有限的经济援助同时还附加了诸多政治条件。西方提供的"休克疗法"不仅没有治愈俄罗斯的经济,反而令其彻底"休克"。向西方"一边倒"的政策不仅引起主张"复兴俄罗斯"民族主义势力的增长,而且也激起朝野的不满,在此形势下,叶利钦终于下决心调整俄罗斯的外交政策。

(二)兼顾东西方的"双头鹰外交"(1994～1999 年)

这一时期俄罗斯外交的总目标是复兴俄罗斯,重新确立俄罗斯的大国地位,维护俄罗斯的国家利益和民族利益,为国内改革和发展创造有利的外部环境。

1993 年 4 月 23 日,俄出台独立后第一部《俄罗斯联邦外交政策构想》,将国家利益至上确定为俄罗斯外交政策的核心内涵。《构想》明确指出,俄罗斯外交服务于国家利益,其长期任务是维护国家的统一和领土完整,实现俄罗斯作为一个大国充分而自然地融入国际社会,确保俄罗斯在平衡世界影响力、调节世界经济和国际关系的多边进程中发挥符合大国地位的作用。《构想》最引人注目之处是，西方在俄罗斯的外交中依然重要，但不再居于首位，之前被“嫌弃”的独联体国家上升为俄罗斯最重要的外交方向。但是，该《构想》仍将美国看作西方“民主国家大家庭”的“家长”，希望俄美伙伴关系最终上升为盟友关系，同时仍将俄经济改革的成功希望寄托在美国身上。1996 年 1 月，普里马科夫出任俄罗斯外交部长。他坚决反对“一边倒”亲西方政策，主张全方位外交和多极化国际秩序。

在普里马科夫的主持下，俄罗斯的外交政策有了明显变化。

1.加紧推进独联体一体化进程

俄罗斯优先发展同独联体国家的关系，试图树立在独联体内的领袖地位，并在国际上充当独联体各成员国的代言人。尽管独联体各国取得了政治上的独立，但各国之间仍保持密切的联系，在很多方面依赖俄罗斯。俄利用同独联体各国的这种“特殊关系”，积极参加独联体的活动，努力推动政治、经济和军事上的一体化。1996 年，俄罗斯与白俄罗斯、哈萨克斯坦和吉尔吉斯斯坦签署了《海关联盟协定》和《加深经济和人文领域一体化条约》，与白俄罗斯签署了《建立主权国家共同体条约》，此后两国又于 1997 年签署了《俄罗斯和白俄罗斯联盟条约》。之后，俄罗斯与多个独联体国家签署了双边协议，巩固俄在该地区的影响力。

虽然独联体的一体化进程取得一定进展，但独联体框架内通过的很多文件在很大程度上仅是宣言式的，并未得到全面的执行和落实。俄罗斯自身经济实力不足以满足其他成员国经济发展需求降低了它的凝聚力，其他成员国对俄罗斯坚持“俄罗斯利益优先”政策不满以及对俄罗斯“帝国野心”心存戒备，再加上西方国家的经济渗透、拉拢乃至分化，都加大了独联体各国的离心倾向。

2.全力加强与美欧等西方国家的经济政治联系

这一时期俄罗斯仍把发展对美国的关系摆在重要位置，以借此恢复世界强国的地位，但注意相互间的利益均衡，反对北约东扩，在与美国和北约关系中寻求双方利益的最大公约数。随着第一次车臣战争爆发、波黑危机发生以及北约流露出东扩意向，俄美分歧逐渐加大。1995 年 9 月，北约理事会通过《关于北约扩大问题的研究报告》，正式启动北约扩员计划。在无力抗衡的情况下，俄罗斯力求将损失降至最低，对北约东扩后的行为准则提出了一系列要求。1997 年 3 月，俄美在赫尔辛基达成妥协，美国就俄所担忧的问题作出了承诺，俄罗斯得到了经济援助和 40 亿美元贷款，并被七国集团接纳为正式成员。1999 年3 月12 日，北约正式接纳波兰、匈牙利和捷克为成员国，完成了首轮东扩。与此同时，俄罗斯加强与西欧国家的关系。1999 年 6 月，欧盟出台《欧盟对俄罗斯共同战略》，确定了未来俄欧关系的发展目标和方向。俄罗斯随即于 10 月通过了《俄罗斯联邦与欧盟关系中期战略(2000～2010年)》,详细阐述了俄欧在政治、贸易与投资、金融、基础设施等领域的合作目标。俄罗斯在该文件中表示作为一个横跨欧亚大陆的世界性大国,俄应当保留制定和实行本国内政外交政策、身为欧亚国家和独联体最大国家的地位和优势,以及在国际组织中立场和活动保持独立性的自由,因此俄罗斯不会加入欧盟或与欧盟建立“联系国关系”。

3.积极发展同亚太国家的关系

发展同亚太国家的关系,从政治上说有利于减轻美欧国家对俄罗斯的压力,增加外交活动的回旋余地;从经济上讲,蓬勃发展的亚太地区可为其提供广阔的市场。为此,俄罗斯领导人先后访问了韩、中、印、日等国,并签署了大量经贸合作文件。俄罗斯十分重视发展对华关系,把它视为俄对外关系的最优先方向之一。叶利钦多次访华,双方建立了战略协作伙伴关系。1994年9月,中俄签署了《中俄联合声明》《中华人民共和国主席和俄罗斯联邦总统关于互不首先使用核武器和互不将战略核武器瞄准对方的联合声明》以及《中俄国界西段协定》等四个协定和议定书,为两国建立战略协作伙伴关系奠定了基础。之后两国首脑频繁互访,1996年4月,中俄宣布发展平等信任、面向21世纪的战略协作伙伴关系。俄日关系得到明显改善,俄印建立战略伙伴关系,俄越关系也得到了改善。

4.着手修复同东欧国家的关系

东欧和苏联剧变后,由于种种原因,东欧国家和俄罗斯的关系一度趋于冷淡。多数东欧国家因担心再度被俄罗斯控制,同时也为了获得西方发达国家的支持和经济援助,相继提出了加入北约的申请,甚至允许美国在本国部署导弹防御系统。从1993年西方国家就开始实行北约东扩,1999年3月,正式接纳波兰、匈牙利和捷克加入。尽管俄罗斯坚决反对东欧国家加入北约和北约东扩,但是在美国咄咄逼人的态势下,已经无力阻止这一进程,所以只能通过建立新型的国家关系最大限度地维护自己的利益,缓和彼此间的对立情绪,恢复经济合作,扩大俄罗斯的影响。

从结果来看,叶利钦时期的外交政策总体上是失败的。俄罗斯未能加入西方队伍,独联体也未能发展成本区域团结的、充满活力的一体化组织,只有中俄关系发展顺利。

(三)以欧洲为中心的全方位外交(2000～2013年)

普京就任俄罗斯总统之后,面临着国内国际政治、经济、军事等各方面严峻的考验,他大刀阔斧地进行了国家政治、经济体制改革,同时加紧打击恐怖主义,维护国家统一。在外交上,普京连续推出了《俄罗斯联邦国家安全构想》《俄罗斯联邦军事学说》《俄罗斯联邦外交政策构想》等纲领性文件,在叶利钦“双头鹰”外交的基础上实行了依托独联体、东西并重、以欧洲中心主义为基础的多方向外交，最大限度地维护俄罗斯的国家利益，为俄罗斯国家复兴服务。

1.进一步推动独联体一体化进程

普京比叶利钦更加积极地争取同独联体国家建立更为紧密的关系，希望独联体能够成为俄罗斯稳定周边、抗衡北约、重振大国地位的重要依托。普京就任总统后，俄罗斯高官频频出访独联体国家。普京还积极推动独联体的一体化。一方面，普京积极举办或参加旨在聚合独联体、推动一体化进程的独联体峰会和非例行峰会、欧亚经济共同体峰会和集体安全条约组织峰会。另一方面，通过“经济输血”推进独联体范围内的经济、安全合作。主要做法是：继续以优惠价格向白俄罗斯提供能源，部分或全部免除了乌克兰和塔吉克斯坦等国的债务。与此同时，俄罗斯有选择地与一些在地缘政治、军事和经济上对俄罗斯有重要战略意义的独联体国家建立次区域一体化组织。2010 年 1 月，欧亚经济体成员（俄、白、哈）启动了海关同盟，并在 2011 年 7 月 1 日建立了统一海关空间。2011 年 10 月，8 个独联体国家在圣彼得堡签署了《独联体自由贸易区协定》。11 月 18 日，俄、白、哈三国签署了《欧亚经济一体化宣言》，创建了统一经济空间，该空间于 2012 年 1 月 1 日开始运行。在安全上，全面推动集体安全条约组织的发展以使其成为维持独联体空间稳定、确保其安全的重要机构。

2.注重发展同欧洲特别是欧盟的合作

早在叶利钦时代，俄罗斯就开始奉行回归和融入西方的政策，但是其“融入”西方的政策主要是与美国的政治经济接轨。而普京时代俄罗斯则主要是融入和回归欧洲。普京多次强调，俄罗斯从地理角度上是欧亚国家，但从价值观和文明角度却是欧洲国家，是欧洲文明的一部分，强调与欧洲一体化是俄罗斯的“历史性选择”。俄罗斯和欧洲国家有很多共同利益，回归和融入欧洲可以帮助俄罗斯实现世界强国的梦想。2000 年 4 月，普京相继访问英国、意大利、西班牙、德国等国，10 月底又访问了法国，并实现了俄罗斯与欧盟首脑间的会晤。普京历次访问不仅在欧洲安全方面与欧洲国家找到了共同语言，化解了双方在车臣问题上的隔阂，而且也为俄罗斯吸引了大量外资，减免了所欠西方的债务。

普京还提出“大欧洲”构想，推动俄罗斯经济融入世界经济。普京在 2001 年 9 月 25 日德国联邦议会的演讲中提出的“大欧洲”构想，将与欧盟共建一个从里斯本到符拉迪沃斯托克的统一、安全的经济空间确定为俄罗斯对欧盟政策的最核心目标。2002 年在俄罗斯外交部驻外使节扩大会议上，普京明确指出俄罗斯在欧洲方面的基本任务就在于直接参与形成一个统一的经济空间。俄欧签署了《关于建立四个共同空间的协议》，即共同的经济空间，自由、安全和司法空间，外部安全空间和科教文化空间。

在继续推动与欧盟共建四个“共同空间”的一体化进程时，俄罗斯又提出了“现代化伙伴关系”计划，即通过与欧盟的经济合作实现俄罗斯经济的现代化转型。

“梅普组合”时期，俄罗斯继续在欧盟推动“大欧洲”构想，极力使欧盟理解并接受这一“概念”，并与俄罗斯相向而行。2010 年 11 月 25 日，普京在访问德国前夕于德国《南德意志报》发表题为《俄罗斯与欧洲：从理解危机教训到伙伴关系新议程》的文章，提出了俄欧共建“从里斯本到符拉迪沃斯托克的欧洲共同经济空间”的构想，从市场、工业、能源及签证制度等角度详细阐述了俄欧在扩大伙伴关系基础上加强合作的前景。但是这一构想未能得到欧盟的认可。

3.突破停滞状态，加强与美国的合作

在普京执政初期一年多的时间里，美国视俄罗斯为二流国家，对俄罗斯推行强硬政策，俄美关系一度跌入低谷。2000 年《俄罗斯联邦军事学说》将美国和北约定义为俄罗斯最大的外部威胁，但 2000 年《俄罗斯联邦外交政策构想》又同时指出，在裁军、军控和不扩散大规模杀伤性武器问题以及地区冲突、核裁军等问题上都需要与美国的合作。在北约 2000 年完成首轮东扩后，普京提出了俄加入北约的可能性。2001 年“9·11”事件后，普京总统在第一时间致电美国总统小布什表示慰问，并加入美国主导的国际反恐联盟，加强了同美国的反恐合作，对美国在阿富汗的反恐行动给予全方位支持，如开放空中走廊，向美国提供情报，放手让独联体国家为美国提供基地。联合反恐令俄美关系迅速升温，普京和小布什实现了互访。2002 年，俄美双方签署了《新的战略关系宣言》，建立了“新型战略关系”，两国关系迅速回暖。

然而俄美关系“蜜月期”并没有持续多久。美国政府认为，俄罗斯的重新崛起不利于美国的国家利益，因而总是想方设法遏制俄罗斯，积极向独联体地区渗透势力，并且不顾俄罗斯的坚决反对继续推进北约东扩。2001 年年末美国退出《限制反弹道导弹系统条约》，2003 年美国无视俄罗斯反对发动伊拉克战争，2003～2005 年独联体国家接连发生有美国和欧盟在背后支持的“颜色革命”，2004 年3 月，爱沙尼亚、拉脱维亚、立陶宛、斯洛伐克、斯洛文尼亚、罗马尼亚和保加利亚加入北约。北约第二轮东扩突破俄罗斯的“红线”，将波罗的海三国纳入麾下，并将格鲁吉亚和乌克兰作为候选国，一系列事件导致俄美关系在短暂升温后迅速恶化。在美国咄咄逼人的攻势下，俄罗斯对美国的态度日趋强硬，坚决反对北约东扩，反对北约在东欧邻国部署导弹防御系统。不仅如此，2007 年 2 月，普京在慕尼黑安全会议上发表了言辞激烈的演讲，公开批评美国的对外政策，认为单极世界的观点不仅对其他国家而且对“霸主本身”都是“有害的”，强调单极模式不仅“不能被接受，而且在当今世界也是不可能的”，从此被贴上了“反西方”标签。

梅德韦杰夫担任总统后,俄美关系有所改善。2009 年 2 月,俄罗斯同意美方请求允许其过境俄罗斯向驻阿富汗北约部队运送非军用物资;7 月,美国总统奥巴马访俄,双方签署了《关于过境俄罗斯向阿富汗运输军事物资协议》,俄罗斯对美国在阿富汗的反恐行动给予支持;9 月,奥巴马宣布放弃在波兰和捷克部署反导系统的计划,转而实施更有效的多层次反应以应对伊朗的中短程导弹威胁。2010 年 4 月 8 日,俄美签署《新削减战略武器条约》。然而这段被人们所称的俄美关系的"重启"时期持续时间同样不长。2011 年后,美国重启在东欧部署反导防御系统,就俄罗斯人权状况通过《马格尼茨基法案》。叙利亚危机爆发后,普京对美国计划空袭叙利亚提出强烈批评,并连续在联合国安理会就西方提交制裁叙利亚的决议草案投了否决票,俄美关系进入新一轮对抗。在北约问题上,俄罗斯明确反对将乌克兰和格鲁吉亚接纳为北约成员国,同时反对将北约军事设施推进至俄罗斯边境。

4.奉行更加务实的亚太政策

在俄罗斯外交政策与实践中,欧美和亚洲被列为优先发展方向,尽管排列顺序有先后,但它们在俄罗斯外交中占有的位置几乎同等重要。这正如普京所指出的:俄罗斯外交政策的特点在于平衡性,这是由俄罗斯作为一个欧亚大国的地缘政治地位决定的。一方面,俄罗斯与亚洲国家之间互补性强。前者资源丰富,科技发达,劳动力短缺,而后者资源相对紧张,市场广阔,劳动力充足而廉价,合作有助于双方的长远利益。另一方面,加强同亚洲国家的合作,发展同后者的友好关系,有助于减轻西方国家对俄罗斯的战略挤压。在亚洲国家中,俄罗斯特别注重发展同中国和印度的友好关系。

普京任总统后,中俄战略协作伙伴关系取得了质的飞跃,两国的政治互信、战略协作和务实合作都达到了前所未有的高水平。2001 年,两国签署了《中华人民共和国和俄罗斯联邦睦邻友好合作条约》,确定了两国"世代友好,永不为敌"的相处原则。俄罗斯与中国彻底解决了边界问题。根据 2004 年《中俄国界东段补充协定》,银龙岛和半个黑瞎子岛已于 2008 年 8 月回到中国的怀抱,中俄领土纠纷全部得到解决,为中俄关系的深入发展扫除了障碍。2009 年,俄中正式批准《中国东北地区与俄罗斯远东及东西伯利亚地区合作规划纲要(2009～2018)》;2009～2012 年,中俄互办"国家年";2011 年,双方关系提升为全面战略协作伙伴,在经贸、能源、安全、人文等领域的关系得到了长足发展。2009 年,在俄罗斯叶卡捷琳堡举行了"金砖四国"领导人会晤,2010 年南非加入后"金砖四国"改称"金砖国家",该组织从此形成固定的会晤机制。俄罗斯与中国在"金砖国家"框架内合作推动改变不利于发展中国家的全球贸易制度,提升了发展中国家在世界经济发展进程中的话语权。

印度是俄罗斯的传统伙伴。自 2000 年俄印两国签署战略合作伙伴关系协议以来,两国政府首脑互访频繁,合作领域日趋广泛。两国的军事技术合作和经济合作都得到了发展,特别是加强了两国在军事技术领域的合作。俄罗斯积极与日本就缔结和平条约举行会谈,力求深化与日本的经济合作,吸引其对俄投资,特别是在能源开发等方面展开了积极的合作。俄罗斯还积极参与朝核六方会谈。

俄罗斯的亚太外交为平衡并进而更有效地发展同西方国家的关系创造了较为有利的条件。

5.加强与发展中国家的关系

苏联解体后,由于俄罗斯实行向西方“一边倒”的政策,俄罗斯与包括拉美在内的很多地区的传统关系一度趋于中断。

1996 年 5 月,普里马科夫上任不久即访问拉美,与拉美的经贸关系有所恢复。1995 年 6 月,俄罗斯在苏联解体后第一次出席美洲国家组织第 25 次大会。自 2000 年普京担任总统后俄罗斯的拉美外交明显提速。2000～2012 年,普京与梅德韦杰夫 6 次访问拉美地区。在 2008～2012 年,双方之间的关系达到了顶峰。仅在 2009 年就有巴西、玻利维亚、古巴、厄瓜多尔、智利和委内瑞拉 6 个拉美国家的总统相继访问了俄罗斯。双方高层频频互访,非政府间交流不断增强,双方签署了大量谅解和合作协议。俄罗斯的拉美政策重点集中在经济外交。

普京就任俄罗斯总统后提出了全方位外交理念,加强同非洲的关系是其全方位外交的必然要求。2000 年《俄罗斯联邦外交政策构想》明确指出,俄将扩大同非洲国家的协作,加强同非洲地区组织发展对话,参与非洲多边经济项目等。2001 年,非洲国家领导人对俄进行了系列访问,俄政府官员对非洲国家进行了系列回访,俄对非洲关系缓慢推进但无大的突破。在第二任期,普京总统访问了非洲多国,实现了俄非高层互访。2009 年 6 月,梅德韦杰夫访问埃及、尼日利亚、安哥拉等国,但是俄非关系的发展空间仍有限。

(四)乌克兰危机后“向东转”(2014 年至今)

乌克兰危机后,俄罗斯外交因西方制裁而开始“向东转”。

2012 年 5 月 7 日,普京在俄罗斯与西方摩擦加剧的背景下开始了第三个总统任期。北约计划在东欧部署导弹防御系统,美国出台《马格尼茨基法案》,俄罗斯向斯诺登提供政治庇护、俄美无法弥合在叙利亚危机上的分歧也使俄美关系更加复杂。2013 年年末,乌克兰危机爆发,亲俄的亚努科维奇下台,亲西方的波罗申科成为乌克兰总统,与欧盟签署了联系国协定。2014 年年初,克里米亚通过“公投”并入俄罗斯,乌克兰东部爆发军事冲突。西方开始对俄罗斯实施制裁:欧盟取消了俄欧峰会,中止了俄欧免签证和新基本条约的谈判,并开始对俄罗斯分阶段制裁，美国及其他西方国家也开始制裁俄罗斯。“八国集团”拒绝参加将于索契召开的峰会，并开除了俄罗斯。北约中止了北约—俄罗斯理事会会议，暂停了与俄罗斯之间的所有合作。8 月 1 日，欧盟开始对俄罗斯实施经济制裁，俄罗斯则对其实施反制裁。从此，俄罗斯与西方关系被按下了“休止符”直至今日。

与西方，尤其是与欧盟之间的相互经济制裁沉重打击了俄罗斯经济，2015 年、2016 年俄罗斯 GDP 为负增长。除了经济灾难，俄在国际上也遭到西方的排挤和孤立。在 2014 年 11 月二十国集团(G20)领导人第九次会议上，普京因马航 MH17 事件和乌克兰局势而遭到多数西方国家谴责，最后提前退场。

较之乌克兰危机前，俄罗斯的外交发生重大变化。

1.出兵叙利亚，“重回国际舞台中央”

俄罗斯一向反对以武力解决叙利亚问题。2016 年，《俄罗斯联邦外交政策构想》首次郑重提到叙利亚以及俄罗斯主张政治解决叙利亚问题的立场。2011 年 3 月，叙利亚内战爆发，美国一直试图在联合国安理会通过制裁叙利亚的决议，但屡屡被中俄投票否决。2013 年 8 月，美国国防部长哈格尔宣称美国已经做好对叙利亚动武的准备。2014 年 9 月，以美国为首的多国部队开始在叙利亚实施打击极端组织“伊斯兰国”的军事行动。由于被西方制裁，俄罗斯失去了在所有热点问题上的发言权。2015 年 9 月，俄罗斯应叙利亚政府之邀出兵叙利亚打击极端组织“伊斯兰国”，突破了西方的孤立，重回中东问题谈判桌，成为中东进程的重要参与者，维护了俄罗斯的大国地位和影响力。

2.加速独联体框架内次区域一体化建设

普京第三任期加速推动独联体一体化建设。在独联体和集体安全条约组织框架内，俄罗斯积极发展与相关国家的合作，仅国家元首和政府首脑层面，就通过了几十项涉及经贸、人文、执法以及安全领域的决议。签署了《独联体国家在和平开发利用外层空间领域的合作公约》《实施联合行动的协议》《关于建立和发展知识产权市场的协议》《关于打击信息技术领域犯罪的合作协议》以及《2019～2023 年国家之间针对犯罪的联合措施方案》。在国家元首层面发表了《〈世界人权宣言〉通过 70 周年联合声明》，在外交部长层面发表了《关于防止侵蚀“不干涉主权国家内政”原则的联合声明》。

独联体框架内次区域一体化也不断取得进展。2012 年 9 月 20 日，《独联体自由贸易区协定》生效。2015 年 1 月 1 日，俄罗斯、白俄罗斯、哈萨克斯坦、吉尔吉斯斯坦和亚美尼亚五国组成的欧亚经济联盟开始运行，欧亚经济联盟成为前苏联地区俄罗斯主导的一体化进程的重要成果。普京积极推动欧亚经济联盟融入世界经济，尚在成立筹备期时便将其纳入“大欧洲”构想——与欧盟对接形成统一经济空间，之后又将其作为“大欧亚”构想中与上合组织、东盟并列的三大基石之一。2015 年 5 月 8 日，中国与俄罗斯签署了《中华人民共和国与俄罗斯联邦关于丝绸之路经济带建设和欧亚经济联盟建设对接合作的联合声明》。欧亚经济联盟 2015 年 5 月与越南签署了自贸区协议，2018 年 5 月与中国签署了《中华人民共和国与欧亚经济联盟经贸合作协定》，2019 年 10 月与新加坡签署了自贸区协议。

俄罗斯还与独联体各成员国就双边关系签署了相关文件和协议。俄罗斯与白俄罗斯在成立的“联盟国家”框架内批准了《2018～2022 年俄白联盟优先发展方向和首要任务》以及《2018～2019 年对外政策协调行动纲领》，通过了《俄罗斯与哈萨克斯坦至 2021 年联合行动计划》，确定了国家之间进行合作的主要发展方向，与塔吉克斯坦签署了《至 2021 年经济合作纲要》，与阿塞拜疆制定的《至 2024 年发展的主要合作方向之行动计划》业已开始落实，2018 年 8 月《俄罗斯与土库曼斯坦战略伙伴关系条约》生效。同时，俄罗斯与亚美尼亚明确了继续开展盟国协作的共同意愿，与吉尔吉斯斯坦的政治和经贸合作得到了快速发展，俄罗斯总统普京在 2018 年 10 月对乌兹别克斯坦进行了国事访问。

3.提出“大欧亚伙伴关系”构想

与欧盟几近中断的外交关系说明俄罗斯多年来苦心经营的对欧盟政策的失败。随之失败的还有普京努力了 15 年的政治目标“大欧洲”构想。从出任总统时起，普京就不遗余力地向欧盟推广其“大欧洲”构想。即使与欧盟关系已经因乌克兰局势开始紧张，在 2014 年 1 月 28 日召开的俄欧布鲁塞尔峰会上，普京仍建议欧盟考虑与正在筹建中的欧亚经济联盟共建自贸区，形成统一经济空间。

2016 年 6 月，普京在圣彼得堡国际经济论坛上正式提出了“大欧亚伙伴关系”。这是一个比“大欧洲”更宏大的地缘政治经济构想，即以欧亚经济联盟、上合组织和东盟为基础的，从雅加达到里斯本的统一的政治、经济、安全和人文空间。俄罗斯则在这个宏大的空间里居于中心的地位。俄罗斯将“致力于形成一个与东盟、上合组织和欧亚经济联盟成员国共同发展的开放的、非歧视性的经济伙伴关系空间，以确保亚太和欧亚地区一体化进程的互补性”①。这个空间是开放的，欧盟也可以加入。“大欧亚”构想是“大欧洲”构想失败后普京重新确立俄罗斯全球主导国家地位的“路线图”，“是俄罗斯成为独立的全球治理中心，而非欧洲边缘的现实契机”②。

4.切实强化与中国的关系

尽管中俄关系健康发展，不断升级，但是长久以来俄罗斯的外交理念一直以

---

① 吕萍：《俄罗斯外交政策 30 年演变》，《俄罗斯学刊》2021 年第 6 期。

② 吕萍：《俄罗斯外交政策 30 年演变》，《俄罗斯学刊》2021 年第 6 期。

欧洲中心主义为基础。乌克兰危机后俄罗斯失去了西方选项，加强与中国的关系是俄罗斯摆脱西方政治孤立、改善遭受重创的国家经济的唯一选择。在西方对俄罗斯关上大门时，中国为俄罗斯打开了另一片天地。长期以来中俄关系一直被评价为“政热经冷”，乌克兰危机后这一局面开始得到扭转。中俄贸易额从2018 年突破 1000 亿美元起，连续三年突破 1000 亿美元大关，2021 年前 9 个月的中俄贸易额已达 1020 亿美元。2020 年，中国成为俄罗斯农产品和肉类的第一大出口市场，在 2020 年中国国际进口博览会框架下举办的俄罗斯食品直播带货活动中，直播推销的所有糖果和冰激凌 3 秒钟销售一空，不到 1 小时销售额达 180 万美元。① 据中国海关总署的数据，2019 年中俄贸易额为 1107.57 亿美元，2021 年达 1468.87 亿美元。2019 年，中俄关系提升至新时代中俄全面战略协作伙伴关系。2021 年，《中华人民共和国和俄罗斯联邦睦邻友好合作条约》延期，为未来两国进一步加深合作奠定了政治基础。

5.实行全方位外交，突破西方的外交孤立

乌克兰危机爆发后，俄罗斯的外交不得不转向西方以外的其他方向，实行全方位外交。

(1)“向东转”。除了中国，俄罗斯加强与其他亚太地区国家和地区组织的关系。从普里马科夫任俄外长时起，俄罗斯就开启了“双头鹰”外交模式。普京还曾在 2000 年 11 月参加在文莱举行的亚太经合组织第八次领导人非正式会议前夕在亚太国家媒体发表题名为《俄罗斯：新东方前景》的文章，文章第一句就写道：“俄罗斯一直觉得自己是欧亚国家。我们从未忘记俄罗斯的大部分领土位于亚洲。”但是实际上俄罗斯并没有真正看向东方，而是一直忙于与美国和北约较量以及说服欧盟与其共建“大欧洲”，在国家身份上也一直强调俄罗斯是欧洲文明不可分割的一部分。乌克兰危机迫使俄罗斯切实地转向东方。俄罗斯开始重视东盟峰会，重新与东盟召开被搁置多年的峰会，在 2015 年将俄方参会代表级别从外长提升到总理级别后，2018 年则是普京亲自赴新加坡参会。在与越南关系上，多次邀请越南总理访俄，扩大俄越在经济、军事防务和政治领域的合作，双方贸易额快速增长；2019 年越南总理阮春福访俄时，普京表示俄越双边关系具有战略性。

(2)注重多边外交。在被开除出“八国集团”后，俄罗斯更加注重上合组织和金砖国家建设，并积极参与 G20 活动，在被西方孤立的条件下积极参与全球事务。此外，俄罗斯还加强了与非洲国家的合作。2018 年，俄罗斯与非洲贸易总额达到 204 亿美元；其中俄罗斯出口 175 亿美元，进口 29 亿美元。俄罗斯在非洲的主要贸易伙伴有阿尔及利亚、埃及、肯尼亚、科特迪瓦、摩洛哥、尼日利亚、塞

---

① 参见吕萍：《俄罗斯外交政策 30 年演变》，《俄罗斯学刊》2021 年第 6 期。

内加尔、突尼斯和南非。与此同时，俄罗斯对非洲投资也在不断增加。2003 年至今，俄罗斯对非洲的投资总额达到 470 亿美元(其中包括对埃及的核电投资 300 亿美元)。[①] 2019 年，在索契召开了首届俄罗斯—非洲峰会，峰会重点讨论俄与非洲国家在经济和安全等领域的合作。第二届峰会计划于 2022 年举行。俄非峰会的举行使俄罗斯对非政策上升到国家战略的层面，为俄罗斯和非洲国家之间的政治、经济合作创建制度化机制，有利于推动俄非关系的全方位深入发展。2022 年 7 月 24～28 日，俄罗斯外长访问埃及、刚果(布)、乌干达和埃塞俄比亚，表明俄罗斯重视发展与非洲国家的全面伙伴关系。

6.对西方政策转向务实

在与欧盟关系上，俄罗斯一方面谴责欧盟持续东扩破坏了俄罗斯与西方国家之间的关系，另一方面仍致力于实现与欧盟关系的正常化。(1)进行对话与合作。俄罗斯与欧盟国家展开政治对话和经济合作，通过俄罗斯与欧盟成员国的双边合作，在渡过 2014 年和 2015 年制裁初期的低谷后经济合作迅速恢复到制裁前水平。(2)推进能源合作。基于俄罗斯天然气对欧盟的重要性，欧盟的制裁没有涉及能源合作。为了绕过地缘政治风险极高的东欧地区，俄欧从 2018 年起开始"北溪-2"天然气输送管道的建设，并在美国的威胁和制裁压力下于 2021 年 10 月 4 日实现了向第一条支线注气。

拜登就任美国总统后，北约与俄罗斯冲突不断。2021 年 10 月 6 日，北约驱逐 8 名俄罗斯代表团成员。18 日，作为报复，俄罗斯关闭了驻北约代表处，并要求北约关闭驻莫斯科办事处。俄乌冲突爆发后，美国联合欧洲对俄罗斯进行"毁灭性制裁"。面对欧美新一轮的制裁，俄罗斯不断提出"反制裁"措施。

① 参见袁武:《俄罗斯—非洲峰会助力俄罗斯重返非洲》,《学术探索》2019 年第 12 期。

第十一章　发展中国家的政治经济及国际地位

发展中国家，又称为“第三世界”、民族独立国家、南方国家。它的崛起是二战结束后世界的一件大事。发展中国家为了巩固政治独立，争取经济独立，参与国际事务，进行了长期的斗争，取得了举世瞩目的成就，在当代世界舞台上具有十分重要的地位与作用。

发展中国家的经济发展是不平衡的，除了少数国家成为新兴工业国外，大多数国家都处于比较落后的不发达状态，甚至有不少国家属于最不发达国家。发展中国家之间经济、政治、文化及宗教信仰等方面存在的差异很大，政治制度也呈现出多种类型。

发展中国家的对外政策和原则是基本一致的，“和平、中立、不结盟”是其基本的对外政策。发展中国家之间的关系被称为南南关系，发展中国家同发达国家的关系被称为南北关系，南南关系和南北关系构成当今世界国际关系的主要内容。

第一节　发展中国家的崛起

一、第三世界概念的由来与基本特征

“第三世界”一词，最早是由法国统计学家和经济学家阿尔弗雷德·索维(A. Sauvy)于1952年在《三个世界，一个星球》中首次提出的。他明确称亚、非、拉新独立国家为“第三世界”，甚至把“第三世界”与法国资产阶级大革命时期的“第三等级”相提并论，肯定了第三世界的积极作用。“第三世界”一词在我国的使用开始于20世纪70年代。1974年2月，毛泽东同志在会见赞比亚总统卡翁达时，提出了“三个世界”划分的战略思想。同年，邓小平在联大特别会议上系统阐述了“第三世界”的思想。此后，“第三世界”一词开始在我国广泛使用。

所谓第三世界，是指那些在历史上受过殖民统治和剥削，独立后经济落后，在国际经济政治中处于不平等、受剥削、受压迫地位，在地域上大多数位于南半

球的亚、非、拉国家，也被称为“不发达国家”“发展中国家”。这些国家尽管自然资源、地理环境、人口多寡、土地面积以及民族文化传统各不相同，但存在根本的共同点，构成了第三世界的基本特征。

（一）有共同的历史遭遇

第三世界国家具有悠久的历史传统和灿烂的文化，只是到了近代，随着西方资本主义殖民扩张的进行，才饱受帝国主义、殖民主义的侵略掠夺，沦为帝国主义国家的殖民地和半殖民地。这些国家的人民也进行了长期的反殖、反帝斗争，为后来民族独立的实现奠定了基础。第一次世界大战和俄国十月革命后，亚、非、拉国家出现了民族解放运动的第一次高潮，有 30 多个国家相继获得独立。第二次世界大战结束后，帝国主义势力受到空前削弱，民族解放运动出现了第二次高潮。到 20 世纪 70 年代末，有 120 多个国家获得独立，殖民体系在世界范围内基本瓦解。殖民地半殖民地的历史遭遇，反殖、反帝的历史传统，战后实现政治独立并步入国际社会，是第三世界国家的历史特征。

（二）有相近的经济基础

第三世界国家生产力水平比较低，经济结构单一，对发达国家有较强的依附性。由于帝国主义国家长期的殖民统治和经济掠夺，第三世界国家成为单一的经济作物或矿产品生产国。这种片面发展单一经济的政策，致使第三世界国家农业落后、工业薄弱、经济畸形，社会生产力水平极其低下。不少国家还处在人民生活极端贫困、衣食住行条件极为恶劣、生活质量极为低下的境况下。

虽然在政治上实现了独立，但第三世界国家在经济上仍依附于发达国家。从性质上讲，第三世界国家的经济大多数属于资本主义经济，仍留在世界资本主义体系之中。在这个体系中，居统治和支配地位的是发达资本主义国家和国际垄断资本，而发展中国家由于经济落后和力量弱小，缺乏资金、技术和管理经验，不得不依赖发达国家，不得不接受不合理的条件。因此，第三世界国家不可避免地要受到资本主义国家的剥削、掠夺和支配，处于不平等的地位。这是许多第三世界国家在经济发展过程中陷入困境的重要外部原因。

（三）面临共同的历史任务

巩固独立，发展经济，联合反帝、反殖、反霸，维护世界和平，建立国际政治经济新秩序，是第三世界国家面临的共同任务。

二战结束后第三世界形成和发展的历史，就是第三世界国家争取民族独立、发展民族经济、团结战斗、联合反霸的历史。20 世纪 70 年代以前，第三世界国家的斗争主要集中在政治领域，目标是摆脱殖民统治，争取国家独立；70 年代以后，则由争取国家独立发展到巩固政治独立和经济独立的新阶段。斗争领域也扩大到经济、军事等更为广阔的领域。

二、第三世界的形成及其标志

(一)第三世界的形成

第三世界的形成与第二次世界大战反法西斯国家的胜利和战后民族解放运动的大发展息息相关。

第二次世界大战的战火燃遍欧、亚、非,使大多数国家卷入了这场战争。遭受法西斯侵略的殖民地、半殖民地国家的人民,本能地组织起来,投入抵抗侵略、保卫家园的反法西斯战争中。他们在战争中经受了锻炼,受到了教育,认识到民族独立的可贵。二战结束后,争取民族独立的民族解放运动的大发展成为历史的必然。

二战后民族解放运动经历了由点到面、不断扩大和不断发展的过程。1945年8月,饱尝日本奴役之苦的朝鲜半岛北半部获得解放,于1948年成立了朝鲜民主主义人民共和国。继后,占世界1/4人口的中国人民在中国共产党的领导下,结束了百年的半殖民地历史,实现了民主革命的胜利。这一胜利,大大鼓舞和推动了亚非拉殖民地、半殖民地人民争取民族独立的斗争。50年代中期,新独立的亚非国家达13个。

20世纪50年代中期到60年代末,民族解放运动进入一个新高潮,中心在非洲,发挥领头羊作用的是埃及。1953年6月埃及成立共和国,1957年6月宣布将英、法两国控制的重要航道苏伊士运河收归国有。英、法对此恼羞成怒。它们先是进行经济封锁、军事威胁,同年10月直接发动了大规模的军事进攻,企图凭借武力使埃及放弃苏伊士运河。埃及人民毫不退却,顽强抵抗,最终取得了胜利。这场胜利敲响了殖民者在非洲大陆的丧钟。加纳、几内亚和马里共和国先后成立,仅1960年一年,就有17个国家获得独立,因此被称为“非洲独立年”。与非洲民族解放运动相呼应,拉丁美洲人民也掀起了反对美国和本国独裁政权的斗争。这一时期,加勒比海地区有13个国家相继宣布独立。

从20世纪60年代末到80年代末,民族解放运动向纵深发展。在亚洲,1975年,越南人民坚持了20年的抗美战争取得了胜利,迫使美国军队全部撤出越南;同年,老挝、柬埔寨也先后获得解放。在非洲大陆,古老的殖民统治据点被彻底清除。1990年3月,非洲最后一块殖民地纳米比亚宣布独立。至此,殖民主义奴役非洲长达500年的历史彻底结束。与此同时,拉美也有8个殖民地国家相继获得独立。

二战后,蓬勃发展、高潮迭起的民族解放运动沉重打击了帝国主义的力量,使殖民时代成为历史。120多个民族独立国家壮大了国际社会行为主体的队伍,打破了长期以帝国主义国家为中心的世界政治体系,使世界舞台上有了新角色、新声音。第三世界就是在这一基础上形成和发展起来的。

(二)第三世界崛起的标志

万隆会议的召开、不结盟运动的兴起和七十七国集团的建立,表明第三世界作为国际关系中一支独立的力量已经形成。

1.万隆会议的召开

万隆会议的召开是第三世界崛起的标志。万隆会议的正式名称是“第一次亚非会议”,因1955年4月在印尼的万隆召开而得名。之所以召开亚非会议,是因为当时亚非地区的民族独立国家虽已达到一定规模,但在国际社会中的影响仍十分有限,不少国家还直接或间接地受到殖民主义者的控制和影响,没有真正主宰自己的命运。因此,这些国家有摆脱西方国家控制、巩固发展民族独立成果的强烈愿望,希望通过加强相互间的沟通与合作,抵制和反对殖民主义、帝国主义的侵略和干涉,维护自身利益,独立自主地参与国际事务。亚非会议就是在这样的背景下召开的。这是第一次没有西方殖民国家参加而由亚非民族独立国家自己主持召开的国际会议。中国派出了由周恩来总理为团长的代表团出席会议。会议在中国、印度尼西亚、印度和埃及等国代表的努力下,排除了种种干扰,取得了圆满成功。

万隆会议的胜利召开具有重大的历史意义。这次会议提高了亚非民族独立国家的国际地位,促进了彼此间的了解和尊重,在平等协商的原则基础上,通过了内容广泛的会议公报,提出了建立新型国际关系的十项原则,即尊重基本人权、尊重联合国宪章的宗旨和原则;尊重一切国家的主权和领土完整;承认一切种族的平等、大小国家的平等;不干预或干涉他国内政;尊重每一个国家按照联合国宪章单独或集体地进行自卫的权利;不使用集体防御的安排来为任何一个大国的特殊利益服务;不以侵略威胁、侵略行为侵犯任何国家的领土完整或政治独立;通过和平方法解决国际争端;促进相互的利益与合作;尊重正义和国际义务。这些原则至今仍是处理国家间关系的基本原则。

万隆会议是二战后民族独立运动蓬勃兴起的产物。会后,争取民族独立运动进入一个新的高涨时期,并推动了不结盟运动的兴起和发展。

2.不结盟运动的兴起

不结盟运动的兴起是第三世界形成的重要里程碑。不结盟运动兴起于20世纪60年代,由南斯拉夫、埃及和印度三国领导人发起。1961年9月,在南斯拉夫的贝尔格莱德召开了有25个国家参加的第一次不结盟国家和政府首脑会议,宣告了以独立自主、不结盟、非集团为基本原则和宗旨的不结盟运动的诞生。截至2022年6月,参加国由最初25国增加到120个国家,遍及世界五大洲。不结盟运动每隔三年召开一次首脑会议,根据形势的发展和各国的共同要求确定会议内容和议题，成为重要的国际论坛，发挥着其他国际组织不可替代的作用。

首先，坚决反对集团对立和强权政治，揭露、打击超级大国的霸权主义。特别是20世纪70年代后，反对霸权主义成为不结盟国家历次首脑会议和外长会议的重要内容。在联合国和其他国际组织、国际会议中，不结盟运动也坚持反霸立场，对苏联入侵阿富汗、越南入侵柬埔寨、美国干涉中美洲事务以及以色列在中东地区的扩张等都进行了谴责和斗争，从而为捍卫世界和平与国际安全、促进人类进步和发展作出了努力。

其次，为提高中小国家的国际地位，争取国际关系民主化作出了贡献。不结盟运动由中小国家组成，倡导的是非集团原则、大小国家一律平等的原则，代表了广大中小国家的利益。在重大国际问题上，不结盟运动坚定地站在中小国家一边，积极调解和缓和中小国家间的矛盾与冲突，是第三世界国家在世界舞台上最主要的政治代表。

最后，积极维护中小国家的经济权益，推动国际经济新秩序的建立。1973年，第四次不结盟国家首脑会议把建立国际经济新秩序确定为自己的基本目标；1979年，提出发展中国家集体自力更生的原则。

3.七十七国集团的形成

七十七国集团的形成标志着第三世界的最终形成。如果说，万隆会议是第三世界在世界舞台上的初次登场亮相，不结盟运动是第三世界找到的一种经常性沟通合作的好形式，那么七十七国集团的成立则意味着第三世界把解决当代世界的主要问题之一——南北关系问题提上了日程，是第三世界走向成熟的标志。1962年12月，联合国大会正式批准召开贸易和发展会议（简称“贸发会议”），1963年第18届联合国大会在讨论贸易和发展问题时，由75个发展中国家发表了一个《联合宣言》。1964年，在日内瓦举行第1届联合国贸发会议时，又有2个国家加入，发表了《七十七个发展中国家联合宣言》，“七十七国集团”因此得名，该联合宣言强调要加强发展中国家的团结，加强接触和协商，制定共同的目标和国际经济合作的联合行动纲领。以后，每届贸发会议召开前夕，七十七国集团通常都要举行部长会议，协调立场，统一行动，保证在南北对话中最大限度地维护发展中国家的利益。截至2022年6月，集团共有134个成员，仍沿用“七十七国集团”的名称。

总之，万隆会议的召开、不结盟运动的兴起和七十七国集团的形成充分表明了发展中国家已经打破了孤立分散状态，逐渐形成为一个联合的整体，即第三世界，成为国际社会不容忽视的一支重要力量。

三、第三世界在世界舞台上的地位和作用

第三世界的崛起极大地推动着二战后两极格局向多极化方向的演变。第二次世界大战前，世界政治以欧洲为中心。二战使整个欧洲遭到沉重打击，战后亚、非、拉地区出现了一大批民族独立国家，欧洲再也不能做亚、非、拉国家的“太上皇”，反而被迫尾随美国，看美国脸色行事。第三世界是两大阵营之外具有鲜明政治独立性的政治力量，从维护民族独立和发展民族经济出发，必然要求打破美苏为首的两极格局，实现国际社会的民主化、平等化。正是第三世界日益深入的反帝、反殖、反霸斗争，使美苏两个超级大国的霸权主义行径接连受挫，从而促进了世界格局向多极化发展。

(一)促进了世界政治格局向多极化发展

第三世界崛起的年代是两大集团对峙的年代，第三世界成为它们极力争夺的对象。发展中国家选择了中立、不结盟政策，起到了牵制美苏侵略行为、动摇美苏霸权地位的作用，促进了两极格局的瓦解和多极力量的发展。

(二)发展和壮大了世界和平力量

霸权主义、强权政治是维护和实现世界和平的主要障碍。第三世界从形成之日起就作为霸权主义、强权政治的对立面出现在世界舞台上，成为反对霸权主义、强权政治和维护世界和平的主要力量。

和平与发展是当今时代的两大主题，也是发展中国家面临的两大任务。没有世界的和平，就没有第三世界国家真正的民族独立；没有世界的发展，第三世界国家经济的繁荣、社会的进步就是一句空话。另外，和平是发展的保障，经济的发展不可能在战火纷飞的环境中实现。正因为如此，广大第三世界国家一直谴责战争、呼唤和平，从万隆会议公报到不结盟运动首脑会议的各种宣言，无一不把谋求世界和平作为自己的宗旨和基本义务。美国从越南的退出，苏联从阿富汗的撤军，二战结束后半个多世纪没有再次发生世界级大战，其制约因素有多种，第三世界国家一致反对战争，反对强权，是延缓或制约战争发生的重要因素之一。

(三)深刻地改变了联合国的面貌

联合国是世界上最具有普遍性的政府间国际组织。但联合国成立之初的51个成员国中，只有13个亚、非、拉国家。二战后相当长的时期内，联合国仅仅是少数西方大国操纵的一个表决机器，是只为少数国家服务的工具，做出了不少有悖《联合国宪章》的事，如1950年通过的派出所谓的“联合国军”入侵朝鲜的决议；又如在美国的阻挠下，占世界1/4人口的新中国长期被挡在联合国大门之外，从而严重损害了联合国的权威性和普遍性。

20 世纪 60 年代后，随着广大第三世界国家先后加入联合国，联合国内部力量对比发生了重要变化。截至 2012 年年末，联合国共有 193 个成员国，其中第三世界国家将近 3/4。第三世界在联合国的作用也日益增大：其一，作为一支独立的政治力量，积极争取在国际事务中的平等地位和公平决策权，打破了大国垄断联合国事务的局面。在第三世界国家的坚决斗争下，联合国的一些机构及职权、发展中国家的名额都进行了一些有利于第三世界的调整。其二，主持公道，伸张正义，推动联合国成为人类进步事业的阵地。例如，为了反对南非当局的种族主义政策，在第三世界国家强烈要求下，从 1970 年起连续四届联合国大会拒绝接受南非代表团的全权证书；1985 年 7 月 25 日，安理会以 13 票赞成、美英两国弃权的表决结果，再次通过谴责南非政府推行种族隔离制度的决议，呼吁各国对南非进行经济制裁。正是在国际社会的压力下，1993 年 11 月 17 日，南非当局不得不宣布放弃种族隔离制度。可以说，没有第三世界国家卓有成效的斗争，就没有联合国对南非的重压，就没有新南非的诞生。联合国的权威性也因此大大提高。

（四）推动了世界经济的发展

随着经济全球化的加剧，第三世界在世界经济中的地位、作用不断上升。二战后发达国家的经济能够获得巨大发展，其中一个重要原因是第三世界提供了丰富的资源、广阔的市场甚至高素质的人才。第三世界经济的发展推动了发达国家以及整个世界经济的发展。反之，如果第三世界出现经济衰退、金融危机，也会影响和制约发达国家乃至整个世界经济的发展。1997 年 7 月，亚洲国家发生的金融危机引起了整个资本主义世界的混乱，就是最好的例证。另外，要解决关系人类命运的全球性问题，如人口、粮食、能源、生态问题等，如果没有第三世界的积极参与是根本无法实现的。第三世界在世界经济中的地位、作用日益突出。

第二节　发展中国家的政治与经济

一、发展中国家的发展道路

二战结束后，一大批发展中国家通过民族解放运动摆脱了殖民地、半殖民地地位，实现了民族独立，进入了新的历史发展时期。但具体的发展道路，各国却不尽相同。一部分国家效仿苏联，走上了社会主义道路，如亚洲的中、朝、越、老及拉美的古巴；更多的国家则走上了资本主义发展道路。

大多数发展中国家选择资本主义道路有多重原因，可以从国际环境和国内条件两个方面来分析。

(一)大多数发展中国家走上资本主义发展道路的国际环境

1.西方国家的拉拢和扶持

二战削弱了英法等老牌殖民主义国家,它们在政治上被迫放弃对殖民地的政治统治,但在经济上则极力使这些国家继续保留在资本主义体系内,使其从经济上继续受到资本主义的控制和盘剥。同时,美国对选择资本主义道路的发展中国家提供大量经济援助,促进了这些国家资本主义经济的发展。

2.苏联社会主义模式的弊端初露端倪

二战后社会主义力量发展壮大,曾对一些发展中国家产生过巨大的吸引力,但后来社会主义发展遇到挫折,苏联社会主义模式的弊端日益显露,尤其是苏联推行霸权主义政策,使得一些发展中国家望而却步。20 世纪 70 年代以来,一些进行过社会主义试验的发展中国家又倒向了资本主义。

(二)大多数发展中国家走上资本主义发展道路的国内条件

1.无产阶级的力量比较薄弱

在大多数发展中国家,民族资产阶级占有优势,工人阶级数量少,且缺乏政治觉悟和组织领导,没有形成一支成熟、独立的政治力量。这些国家资本主义经济不发达,而民族资产阶级则比较成熟,掌握了民族解放运动的领导权。革命胜利之后,资产阶级作为新独立国家的统治阶级,必然要运用其统治地位,制定和推行发展民族资本主义的方针、政策,推动国家走资本主义道路,多数非洲国家就是这种情况。

2.殖民地、半殖民地的历史地位使然

大部分发展中国家独立前是殖民地、半殖民地,它们的经济政治和意识形态基本上属于资本主义体系。这些国家的资产阶级有强烈的反帝反封建要求,有强烈的民族主义意识,作为一种先进生产力的代表,能够在一定历史时期内领导人民致力于发展本国经济,维护政治独立,大力发展民族资本主义,因而得到人民群众的拥护。

3.原有生产力水平极为低下

有些发展中国家的生产力水平比较低,基本处于前资本主义时期,甚至还存在着原始社会、奴隶制的残余,落后的小农经济和封建经济极为普遍,生产关系也处于落后状态。资本主义生产方式对它们而言还属于一种先进的生产方式,有一定的发展前途,具有一定的生命力。

二、发展中国家的政治制度和社会主义思潮

(一)发展中国家的政治制度

发展中国家的政治制度比较复杂。由于各国政治、经济、文化水平的不平衡

和宗教信仰、历史传统的差异，再加上不同宗主国的影响，发展中国家存在多种类型的政治体制。从政体上划分，有议会共和制、总统制、君主制、军人政权及政教合一制等。

1.议会共和制

议会为国家政治中心，掌握国家最高权力，政府向议会负责，总统由选举产生。实行这种制度的国家有印度、新加坡、土耳其、津巴布韦等。

2.总统制

总统既是国家元首，又是政府首脑，掌握最高行政权。总统制是发展中国家采用最多的政体形式。具体说来，又可以分为两院制总统制、一院制总统制、一党制总统制和总统内阁制等四种形式。两院制总统制下，行政权由总统行使，立法权由两院组成的立法机关行使，墨西哥是典型的两院制总统制。一院制总统制下，立法权归一院构成的立法机关行使，斯里兰卡是较典型的一院制总统制。一党制总统制是在实行总统制的同时，实行一党制。从 20 世纪 60 年代中期至 80 年代末，绝大多数拉美和非洲国家实行一党总统制和总统内阁制，政府各部长既对总统负责，又对议会负责，阿根廷是较典型的总统内阁制。

3.君主制

君主制是以世袭的君主(如国王)作为国家元首的政体，又分为绝对君主制、君主立宪制和二元君主制。绝对君主制下，君主拥有国家的最高权力，既没有议会，也没有宪法。王室不仅掌握中央政权，也掌握地方政权，如文莱、沙特阿拉伯、卡塔尔、阿曼、斯威士兰。君主立宪制是一种既有君主又有议会和宪法，君主与议会分享政权的政府组织形式。君主是最高统治者，拥有全部行政权；君主任命内阁，内阁对君主负责而不对议会负责；立法权归议会。尼泊尔、泰国、约旦、科威特等均属这种政体，以泰国最典型。也有的君主只是国家元首，不掌握实权，国家行政权由内阁掌握。毛里求斯、牙买加等英联邦国家就是以女王为国家元首。二元君主制下，君主为国家元首，议会为立法机构，内阁既向君主也向议会负责，如不丹、巴林、摩洛哥等。

4.军人政权

军人政权又称“军人专制”，指国家武装力量通过长期武装斗争夺取了政权，或者通过军事政变控制了政权。具体说来，有的是在君主制条件下发动政变，废除君主制，建立共和制，如萨达姆时期的伊拉克；有的是废除共和制，建立新的共和制政府，如 1991 年 3 月 31 日至 1992 年 6 月 8 日的马里；还有的是在军人执政的条件下允许议会存在，如 20 世纪 70 年代的巴西。所有军人专制的国家都是军方凭借武力实际控制权力。

5.政教合一制

政教合一制国家的元首和宗教领袖集国王于一身,如沙特阿拉伯。伊朗虽在宪法中规定总统是国家元首,但实际上元首不是国家最高领导人,宗教领袖主持国家事务,掌握国家实际权力,甚至有权罢免总统。

综上所述,发展中国家政治体制纷繁复杂,没有固定模式,但又有一些共同特点,就是政党制度上的一党制、领袖人物的集权制和终身制、军事政变频繁发生等。这说明发展中国家的政治体制带有浓厚的封建色彩,与西方国家的政治体制有重大区别。

20 世纪 70 年代以来,发展中国家掀起民主化浪潮,资产阶级代议制政权逐步取代封建寡头统治或军人专制,在军人政权集中的拉美地区,绝大多数国家已先后实现向文人政权过渡。在亚洲,菲律宾、巴基斯坦、韩国、缅甸等国的民主化运动不断走向深入。20 世纪 90 年代以后,许多发展中国家宣称实行多党制,非洲民主化运动更是掀起高潮。民主化运动对于发展中国家的发展和进步无疑具有积极促进的作用,但必须保持政局稳定、经济发展,保证人民生活水平不断提高;必须反对外来力量的干涉,警惕西方大国的插手和控制,不能丧失自己的政治独立性。发展中国家的政治改革必须在经济发展、政治稳定的基础上逐步推进。

(二)发展中国家的社会主义思潮

二战结束后,发展中国家真正走上社会主义道路的为数不多,但社会主义思潮颇为流行。约有半数的国家自称是社会主义国家或以社会主义为发展方向,并在内政外交方面模仿苏联、中国,进行了一系列的实践探索。如此多的国家宣称搞社会主义是值得研究的一个现象。

社会主义思潮在发展中国家流行的原因是多方面的。

1.出于对资本主义本能的反感

广大发展中国家长期遭受西方资本主义的压迫、剥削,对资本主义有本能的反感,认为资本主义是万恶之源,憎恨资本主义,向往社会主义。但是,有些国家提出社会主义主张,不是基于对科学社会主义的真正理解和接受,而是来自朴素的阶级感情。还有一些执政的民族资产阶级打出社会主义旗帜,是为了争取群众,抵制帝国主义的控制、渗透,维护自身的统治。

2.出于对原始共产主义的怀念

有些国家在殖民统治以前还处于原始社会。殖民入侵破坏了原来的人人平等、平均分配的制度。这些国家在独立后,排斥资本主义,怀念原始共产主义,渴望建立以原始共产主义为内容的“社会主义”理想社会,实质是把社会主义等同于原始共产主义。如非洲一些国家提出建设“村社社会主义”。

3.社会主义国家的昭示

二战后苏联、东欧、中国等社会主义国家和地区取得了巨大成就,显示了社会主义的优越性,使一些国家向往社会主义。

发展中国家的各种社会主义流派没有统一完整的科学思想体系,是多种思想的混合物,其思想来源有资产阶级民主主义、社会民主主义、原始共产主义以及本民族传统习惯和宗教信仰等,与科学社会主义有根本区别。各种社会主义流派都强调民族特点、民族精神,否认阶级、阶级斗争。可以说,这些社会主义思潮是建立在民族主义基础上的,是打着“社会主义”旗号的资产阶级民族主义。20 世纪 90 年代以后,随着苏东的演变,许多国家放弃了“社会主义”旗号。

三、发展中国家的经济发展及问题

(一)发展中国家的经济发展

半个多世纪以来,发展中国家在国内外错综复杂的条件下谋求经济发展,走过了艰难而曲折的道路,大体说来经历了以下四个阶段。

1.起飞阶段(20 世纪 50 年代至 60 年代末)

新独立的发展中国家在致力于巩固独立的同时谋求经济发展。这一时期的国际环境对大多数发展中国家有利:手中有了独立自主的发展权,不必再向原宗主国缴纳贡赋;西方国家除对走社会主义道路的发展中国家封锁、禁运甚至发动战争外,世界基本保持和平环境;西方国家掀起的科技革命推动生产力迅速提高,对外贸易迅速扩大,对外投资大幅度增长;美苏两个超级大国出于冷战需要,对发展中国家提供经济援助,以扩大自己的势力范围。这一阶段,发展中国家采取了各有特点的战略和政策。从整体上看,各国经济保持了较高的增长率。1950～1970 年,发展中国家国民生产总值年均增长 5.4%,高于同期西方国家 4.7%的年增长率。其中东亚的韩国、新加坡、中国的台湾和香港地区抓住有利时机,推行出口导向型发展战略,实现了“跳跃式”发展,国民生产总值年均增长率为 10%左右,成为世界经济发展图像中耀眼的“亮点群”,经济学家给它们戴上了“新兴工业化国家和地区”的桂冠,人们形象地称之为“亚洲四小龙”。

2.高速增长阶段(20 世纪 70 年代)

这一时期,西方发达国家经济陷入滞胀困境,经济增长率下降。1973 年石油生产输出国组织发动的石油斗争说明发展中国家在世界经济中不再是可有可无,而是影响世界经济的重要因素。与此同时,发展中国家的经济持续健康发展,国民生产总值年均增长率为 5.3%,西方发达国家为 3.2%。石油输出国通过石油大幅度提价,外汇收入剧增,成为高收入国家。东亚国家和地区继续进行经济体制改革、结构调整和发展外向型经济,经济持续高速增长。东盟国家的经济也走上了快速发展的轨道，国际经济地位有所改善。拉美的巴西、墨西哥、委内瑞拉、阿根廷等国也实现了工业化，初步建立了完整的工业体系，有的工业部门已达到世界先进水平。

3.停滞阶段(20世纪80年代)

这一时期，西方国家走出了十年滞胀，而发展中国家出现了不少问题和困难，大多数国家陷入严重的债务危机。70年代，由于国际资本过剩，利率较低，许多发展中国家向西方商业银行大量贷款，但此后，西方国家提高利率，压低发展中国家出口的初级产品价格，在高利率和低价格的双重挤压下，发展中国家收入大减；再加上所借资金使用不当，效率低下，加重了按期偿债的困难。1982年，墨西哥无力按期还债，发生债务危机。接着，拉美、非洲和亚洲不少国家也不同程度地陷入债务危机。这十年，发展中国家年平均增长率只有2.8%，不少国家人均国内生产总值甚至连年负增长，只有东亚、东盟和中国的经济继续快速增长。因此，80年代被称为“失去的10年”。在这一时期，发展中国家之间的经济差距逐渐拉大。

4.奋起直追阶段(20世纪90年代以来)

冷战结束后，随着信息技术的迅猛发展，世界经济发生了两个方面的重大转变：一方面经济全球化趋势不断增强，另一方面知识经济兴起。这种新变化为发展中国家提供了新机遇。发展中国家积极调整经济发展战略和产业结构，经济发展呈现良好势头。90年代前5年，发展中国家的经济增长速度超过发达国家一倍，出口和引进外资额连年增加。但1995年，墨西哥突发金融危机，并波及巴西以及其他国家和地区。1997年东南亚、东亚也爆发了金融危机。经过调整与改革，进入21世纪后，亚太地区的发展中国家经济增长迅速，非洲国家的经济开始走出泥潭，拉美国家也逐步摆脱经济衰退或停滞的阴影。

自20世纪90年代中期开始，非洲经济开始了持续增长的过程，拥有巨大的经济潜力。1995～1999年，撒哈拉以南非洲(不包括南非和尼日利亚)的经济增长率为4.2%，明显高于人口增长率；这一增长趋势在2000年以后进一步加速。2001～2010年，撒哈拉以南非洲年均经济增速达到5.28%，是20世纪80年代和90年代的2倍以上，人均GDP增速为2.7%。尤其在2000～2008年，非洲经济增速仅低于亚洲新兴经济体(8.3%)，成为增长最快的地区之一。不仅如此，非洲国家生活水平(以实际消费数据计算)的年增长率为3.4%～3.7%，高于宏观经济的增速，显示出令人瞩目的成就。①

20世纪最后20年，拉丁美洲经济处于持续低迷状态。这种局面一直延续

① 参见袁武：《俄罗斯—非洲峰会助力俄罗斯重返非洲》，《学术探索》2019年第12期。

到2002年。其间，继80年代成为“失去的10年”之后，1998～2002年又出现一个“失去的5年”。自2003年起，拉美地区经济摆脱了长期低迷。2003～2008年，拉美经济经历了一轮强劲扩张，GDP年均增长4.8%，人均GDP年均增长3.4%，为此前30年所未有。全球金融危机爆发后，2009年拉美地区经济出现1.9%的负增长。2010～2012年，拉美地区经济分别增长5.9%、4.3%和3.1%，人均GDP增长分别为4.8%、3.1%和2.0%。① 在经历了2010年的短暂反弹后拉美经济进入了下跌周期，2011～2016年，拉美及加勒比地区经济增速逐渐下降，从2011年的4.5%下降为2016年的－0.1%，2017年开始经济增速逐渐转为正值，2017～2019年经济增速分别为1.2%、1.0%和0.1%。根据拉美经委会数据，新冠肺炎疫情发生后的2020年拉美经济收缩6.8%，其中加勒比地区经济收缩7.7%。②

亚太地区的发展中国家以东盟和中国经济的发展最为迅速。随着东盟国家经济的快速发展，东盟已成为世界经济重要的增长极，也是全球价值链的重要节点。在全球经济缓慢增长和深度调整的背景下，东盟国家经济增长速度普遍减缓，但多数国家经济仍然保持了弹性，国内经济稳步增长。据统计，2012～2018年，东盟国家经济年增长率分别为6.2%、5.2%、4.7%、4.8%、4.8%、5.3%和5.2%。③ 2018年，东盟10国国土面积为449.35万平方公里，人口为6.49亿，国内生产总值为2.97万亿美元，人均GDP为4601美元，对外贸易额达2.8万亿美元，吸收的外国直接投资(FDI)流量为1547.13亿美元。目前，东南亚是世界人口第三大国家或地区(仅次于中国和印度)，是世界第五大经济体(仅次于美国、中国、日本和德国)，是世界第四大进出口贸易地区(仅次于中国、美国和德国)，也是世界上吸收外国直接投资(FDI)的重要地区之一。在全球价值链中，东南亚已成为世界上电子信息、汽车、化工、医药、纺织和成衣等产品的生产与出口基地。

改革开放后，中国经济高速增长，重塑了世界经济格局。据国家统计局数据，1978～2020年，中国GDP从3700亿元提高到了101.6万亿元，平均增速高达9.5%，占世界GDP总量的比重也由1978年的4.9%上升到了2020年的17%以上。2010年中国GDP总量超过日本。中国经济为世界经济增长作出了巨大贡献。④

① 参见苏振兴：《拉丁美洲经济：从衰退到繁荣》，《拉丁美洲研究》2013年第6期。

② 参见洪朝伟、张勇：《拉美经济面临的挑战》，《现代国际关系》2021年第11期。

③ 参见王勤：《2019～2020年东盟经济形势：回顾与展望》，《东南亚纵横》2020年第2期。

④ 参见吴丰华、于家伟、张雨：《中国共产党领导中国经济发展的成就与十大经验》，《改革与战略》2021年第10期。

总之，经过长期的努力，发展中国家经济取得了巨大成绩：经济发展速度较快，民族经济有了较大的发展，畸形的经济结构得到不同程度的改变，特别是经济自主性不断增强，发展中国家能够根据自己的民族意愿制定本国的发展战略和政策，选择发展模式，有效监督和管理外国垄断公司和企业。

（二）发展中国家经济面临的问题

1.债务问题

20 世纪 70 年代以来，发展中国家的工业化进步很快，但其发展却基于这样一种选择：为快速推进工业化，纷纷向富国银行借高利贷来扩展本国生产设备投资。原以为有了工业化，就可以出口产品，兑换外汇还债，但资金使用不当、国际贸易环境恶化等原因，导致许多国家无力偿还债务，不得不借新债还旧债，恶性循环，由此发生“债务危机”。

2.粮食危机

发展中国家几乎都是农业国，但是除中国等少数国家外，大多依赖进口粮。由于发达国家向发展中国家转移夕阳产业，导致发展中国家环境污染，水土流失，农田减少，而发展中国家自身忽视农业生产，农业基础差，技术落后，再加上自然灾害和人口剧增的影响，许多国家依赖粮食进口。

3.人口问题

根据联合国的预测，到 21 世纪中叶，世界人口将达到 89 亿，而绝大多数新增人口将出生在经济落后的发展中国家。发展中国家人口问题的严重性在于，一方面是经济发展缓慢，另一方面是人口增长过快，越发加剧了经济发展的困难。人口快速增长迫使发展中国家要拿出更大份额的国民收入用于人民生活，使消费比例增长，积累下降，导致生产投资和教育投资减少，因而减缓了社会发展的速度；人口猛增使发展中国家本来就存在的粮食问题更加严重，资源和生态环境承受更大的压力，劳动者的生活条件和素质难以提高。所有这些，将使劳动生产率的提高受到影响。

发展中国家还存在其他问题，如环境问题、金融危机、失业、贫富差距等。这些问题不仅严重影响经济发展，而且造成这些国家的政局动荡、社会矛盾激化。

第三节　发展中国家在曲折中前进

一、蓬勃发展的亚太地区

“亚太地区”作为一个概念被经常使用是在 20 世纪 70 年代以后，该地区主要包括东北亚、东亚和东南亚及南太平洋岛国。70 年代开始，亚太经济迅速发展，成为世界关注的热点地区。

(一)亚太地区概况

亚太地区自然资源比较丰富，但分布不平衡。中国、印度、朝鲜、印尼、马来西亚、菲律宾、泰国及南太平洋岛国拥有相当丰富的森林资源、水产资源、矿产资源。韩国、新加坡、中国香港等地区资源贫乏。

亚太地区具有重要的战略地位。东北亚在二战后一直是东西方严重对峙的地区；东南亚地处亚洲和大洋洲、印度洋和太平洋的“十字路口”，特别是马六甲海峡，被称为“两洋咽喉”。日本进出口物资的45%、原油进口的80%都要经过这个海峡。南太平洋岛国虽面积有限，但属海上交通要道和军事重地，有些所属岛屿还是西方大国的核试验场所。此外，整个太平洋地区的海空交通十分发达。

亚太地区的国家(地区)近代以来长期遭受帝国主义的侵略和统治。第二次世界大战更是给亚太各国造成了极其严重的损失。二战后，亚太地区殖民体系迅速瓦解，民族经济发展壮大，创造了崛起的辉煌。

(二)亚太地区经济的迅速崛起

亚太地区的经济类型具有多样性，经济发展水平参差不齐。在经济制度上，既有资本主义，也有社会主义。在资本主义国家中，既有欧美式的，也有日本式的，还有民族主义性质的。在经济发展水平上，有以“四小龙”为代表的新兴工业化国家和地区，也有以东盟为代表的正在崛起的发展中国家。20世纪80年代以来，该地区日益成为世界经济中的重要地区，其崛起被看作真正对世界产生全球性或根本性影响的历史变革，主要表现在以下两点。

1.亚太经济连片而且规模大

在西方国家发展过程中，各个国家实现现代化的“战线”拉得较长，基本是各自为战，孤立进行。而亚太经济起飞呈现的是瀑布式或阶梯式状态：20世纪60～70年代的日本，70～80年代的“四小龙”，80年代的东盟，90年代的中国，21世纪初的印度，这种多米诺式的连片发展在世界经济发展历史上堪称一大奇观。其中，中国、印度是世界第一和第二人口大国，由于两国经济的高速增长和日本多年的低速增长，亚太地区发展中国家和发达国家的差距在缩小，经济发展走向相对均衡。

2.亚太经济发展速度快，持续时间长

西方国家在经济发展中，早期年增长率只有1%左右，21世纪初至多也不过3%～5%，但东亚地区的经济增长率在过去30多年中一直保持在8%左右，是西方国家的两倍以上。尽管东亚国家和地区曾受到金融危机的巨大冲击，但经过磨合后，其经济再次强劲增长，经济增长速度继续领先于世界。在世界经济处于低潮时期，亚太地区能够一枝独秀，经济保持高速增长，主要归功于亚太地区的发展中国家和地区，以中国、韩国、新加坡、印度、东盟为代表。

（三）亚太地区的热点问题趋向缓和

长期以来，亚太地区是世界大国力量最集中的地区，是东西矛盾、西西矛盾、南北矛盾及南南矛盾等众多矛盾的交汇点，再加上本地区在政治、经济和文化等诸多层面上的特殊性，使该地区成为世界诸多矛盾冲突最集中的地带。二战后，亚太地区热点问题接连不断，有的已经解决，如20世纪70年代出现的柬埔寨问题；有的仍没有解决，但态势趋向缓和，如朝鲜半岛问题等。

朝鲜半岛问题是冷战的产物。第二次世界大战结束后，美苏在朝鲜划分势力范围，以北纬38°为界，双方分别控制南、北方，统一的朝鲜被人为地一分为二。1950年6月25日，南北朝鲜发生战争。由于美国的介入，朝鲜战争国际化。南北朝鲜人民的骨肉分离距今已达半个多世纪。

进入20世纪70年代后，随着国际形势的稳定，南北双方出现了缓和的趋向。1971年4月，朝鲜北方主动提出和平统一祖国八点方案，首倡南北对话。针对此举，南方积极响应。1972年，双方发表了联合声明，提出了“自由、和平统一、民族大团结”的祖国统一“三项原则”。尽管如此，但坚冰难破，南北双方关系并没有得到明显的改善。冷战结束后，双方加快了统一的步伐。1990年9月，双方在汉城举行了首次会谈；1991年12月，双方签署了《北南和解、互不侵犯和合作交流议定书》，明确将朝韩关系定为特殊关系而非国家关系。此后，双方非官方接触日趋频繁。

2000年6月13日，朝鲜国防委员会委员长金正日与韩国总统金大中终于在平壤握手言和，实现了历史性的会晤，并签署了一个面向未来的南北关系发展的方向性文件——《共同宣言》。这次会晤是南北关系历史上的重要里程碑，对南北关系的改善和半岛局势的缓和具有积极和深远的意义。2007年10月，韩国总统卢武铉和朝鲜国防委员长金正日签署并公布了《南北关系发展和平繁荣宣言》(2007南北首脑宣言)，双边关系取得了实质性进展。2008年上任的李明博总统对朝鲜推行“务实主义”，称“不排除采用极端方式”，导致韩朝关系遭遇“寒流”。朴槿惠政府的对朝政策既不同于李明博对朝的“强硬政策”，也不同于金大中的“阳光政策”和卢武铉的“和平繁荣政策”，而是采取“第三条道路”，即在提升对朝一揽子“抑制力”的前提下，推进对朝“信任政治”进程，改变以往对朝非“软”即“硬”的做法。也就是说，在巩固和强化韩美军事同盟的前提下，着实推进韩朝和解与信任进程。2015年年初，朝韩双方放出改善关系的信号，甚至再次表现出首脑会谈意向，但好景不长，因美韩联合军演，双方关系再次滑向紧张对立。2016年年初，朝鲜的核导试验再次将局势推向危机边缘。2017年文在寅执政，继承了金大中、卢武铉两届政府的对朝政策基调，积极谋求构建迈向和平统一的“和平共存”与“共同繁荣”的朝鲜半岛。但因朝方执意核武开发，朝韩关系依旧紧张。尹锡悦任韩国总统后，一方面威胁采取强硬手段，另一方面又表示希望两国一起繁荣，复杂的表态引发担忧。

二、复杂多变的中东地区

（一）中东地区概况

中东地区位于欧、亚、非三洲的结合部，是连接欧、亚、非的桥梁。中东地区濒临地中海、黑海、里海、红海和阿拉伯海，有“五海三洲之地”的称号，具有重要战略地位。中东石油资源极其丰富，已探明的石油储量占世界总储量的62%，且油质好、易开采，因此有“世界油库”之称。

中东22个国家大都属于新兴的民族主义国家，其政体大体分为两种类型。一种是实行总统制的共和国，有也门、黎巴嫩、叙利亚、土耳其、伊拉克等十几个国家；另一种是实行君主制的国家，有科威特、沙特阿拉伯、阿联酋、约旦等少数国家。

中东是各种矛盾最集中的地区。从宗教信仰看，这里是伊斯兰教、犹太教、基督教的发源地，绝大多数居民信仰伊斯兰教；从民族成分看，阿拉伯人占多数，还有波斯人、土耳其人、库尔德人、犹太人、希腊人等。二战前，中东基本是英法帝国主义的势力范围，生产力水平比较低。二战结束后，美国乘英法力量削弱的机会取而代之。帝国主义、霸权主义在该地区进行了长期的争夺和较量，使该地区成为世界上最动荡不安的地区，有“世界火药库”之称。

（二）中东问题的核心是阿以冲突

阿以冲突是阿拉伯人与以色列人的对立，阿以冲突的实质是巴以冲突。

巴以冲突是历史上形成的，又是西方国家推行霸权主义的产物。历史上，今天巴勒斯坦的阿拉伯人和犹太人的祖先都是古代巴勒斯坦的居民；不同的是，阿拉伯人一直在这里居住，犹太人却因民族及宗教问题，多次被驱赶逃离家园，流落到世界各地。19世纪末开始，西方国家首先是英国从自身需要出发，积极支持犹太人返回巴勒斯坦。到1947年，巴勒斯坦的犹太人达60万。与此同时，成千上万的阿拉伯人却被赶出世代居住的家园。二战结束后，美国从确立自己霸权地位考虑，取代英国成为犹太复国主义运动的主要支持者。1947年11月29日，联合国大会以美国等33国赞成、阿拉伯国家13国反对，英中等10国弃权通过了《巴勒斯坦分治决议》。决议规定，此后两个月建立阿拉伯国和犹太国，耶路撒冷为特别国际区，由联合国管理。近120万人口的阿拉伯人只获得总面积的42.88%的土地，而只有60万人口的犹太人却得到了总面积的56.67%的土地。这种不公平的划分必然招致阿拉伯人民的强烈反对，并埋下了阿以冲突的祸根。

阿以关系经历了从全面军事对抗到和平谈判并伴随局部冲突这样一个过程。全面军事对抗状态的起止时间为1948年以色列建国到1982年“非斯方案”通过。这一时期，先后爆发了5次阿以战争，双方互有胜负，但从整体看，阿拉伯方面失大于得，伤亡数十万人，失去了大片领土。巴勒斯坦阿拉伯人民不仅没有实现建国愿望，反而成为四处漂泊的难民，境况更加恶化。而以色列不仅在中东地区、在阿拉伯世界的敌对和包围中站稳了脚跟，而且还不断地进行扩张，为其日后在谈判桌上坚持强硬政策争得了重要筹码。1982年9月，第12届阿拉伯首脑会议经过认真讨论，一致通过了具有重大意义的《非斯宣言》，第一次含蓄地承认了以色列的存在，包含了其后明确提出的“土地换和平”的原则。这是阿拉伯国家在阿以冲突中立场的一个重大转折点，标志着它们放弃了对以色列坚持多年的不承认、不谈判、不媾和的立场，转为通过和平谈判方式解决争端。

以色列虽然在长期军事冲突中是赢家，但安全问题并未从根本上得到解决。另外，巨额的军费开支、阿拉伯对以色列的抵制，严重地影响了以色列经济发展。以色列意识到保障国家生存和发展的根本途径是与阿拉伯国家和解。经过阿以双方的努力，1991年10月30日，中东和平进程的车轮终于启动，中东和平会议在美苏首脑主持下在西班牙首都马德里召开。谈判历时3年之久，1993年9月13日，巴勒斯坦和以色列在华盛顿签署了巴以和平协议，以色列接受了“土地换和平”的原则，应允巴勒斯坦自治；巴勒斯坦承认以色列的生存权，放弃了武装立国之路。之后1994年、1995年、1997年和1999年双方先后签署了6个协议。

2000年9月28日，以色列右翼反对党利库德集团领导人沙龙强行“参观”了位于耶路撒冷的伊斯兰教圣地，引发了十多年来最严重的巴以流血冲突，严重破坏了中东和平进程，也导致了沙龙上台取代原以色列总理巴拉克，使整个阿拉伯世界与以色列的关系又紧张起来。2006年年初，伊斯兰宗教激进主义组织哈马斯赢得巴勒斯坦立法委员会选举，成为影响巴以关系的重要不确定因素。哈马斯主张暴力斗争，反对同以色列媾和，主张通过圣战用武力消灭巴土地上的犹太复国主义者。2008～2014年，巴以双方陆续制造了3次大规模流血冲突事件，分别是2008年的“铸铅行动”、2012年的“防务之柱”以及2014年的“护刃行动”，双方矛盾持续升级，局势也越来越动荡。2022年4月以来，巴以冲突持续不断。特别是在斋月期间，巴以双方多次在圣殿山爆发大规模对抗事件，加沙武装组织多次向以色列发射火箭弹，以色列也对加沙地带进行了报复打击。此外，在以色列和约旦河西岸城市也不断发生暴力袭击事件，导致双方多人伤亡。针对持续近一个半月的巴以冲突，国际社会展开了积极的调解和斡旋工作。当地时间2022年5月21日，双方终于决定无条件停火，8月7日停火协议正式生效。但中东地区真正和平的到来还需较长时日。

三、不断发展的拉丁美洲地区

（一）拉美概况

拉美一般指美国以南的美洲地区，即中美洲、南美洲和加勒比海地区，总面积为2070多万平方公里，人口6.5亿，有33个国家，主要语言是西班牙语和葡萄牙语。拉美地区物产丰富，拥有石油、铁、天然水晶、云母等现代工业所需的矿产资源，森林资源、水产资源也很丰富。拉美面临太平洋，东濒大西洋，巴拿马运河是沟通两大洋的主要国际水道，战略地位极其重要。

拉美具有悠久的反帝反殖光荣传统。早在19世纪20年代，墨西哥、阿根廷、巴西等10个主要拉美国家就已获得独立，是发展中国家生产力水平较高的一个地区。美国与拉美有着特殊的地缘关系，长期以来关系密切，故拉美地区有美国"后院"之称。

（二）拉美国家政治经济及外交特点

拉美国家在政治体制上都属于共和政体，但实际上，不少国家的政权掌握在大地主、大资本家和军阀手中。军人涉政是拉美政治的一个突出特点。巴西、阿根廷、秘鲁、巴拿马、智利、乌拉圭等国都长期属于军人政权的国家。在不少国家，家长制、独裁制盛行，军事政变不断发生。20世纪70年代末80年代初以来，拉美各国政坛出现了新气象。1979年统治尼加拉瓜43年之久的索摩查家族被推翻，揭开了拉美政治民主化进程的序幕。此后，巴拿马、秘鲁等许多国家的军人政权纷纷还政于民，过渡到文人政权。在消除军人专政残余的基础上，以顺利实施民选政府的换届选举为标志，拉美国家普遍完成了政治民主化进程，多数国家政局趋于稳定。不少拉美国家在反对腐败、打击贩毒、缩小贫富差距、整顿社会治安等方面推出新举措，进行一系列政治改革，成为拉美政治的新特点。

拉美国家在经济上特点也很突出。一是普遍推行经济国有化政策，国家资本主义占有主导地位；二是经济发展水平位于发展中国家前列，农牧产品在世界市场占有重要地位，有"世界面包篮"之称；三是在发展中国家率先走上一体化道路。从1960年中美洲共同市场的建立到1973年加勒比共同体和共同市场的建立，拉美地区经济一体化运动遍及所有独立国家。21世纪以来，随着拉美地区国内需求增加，政府公共投入加大，加之全球经济总体上的增长形势、美元利率偏低、国际市场原材料价格上涨等有利的外部环境，拉美经济稳步增长。拉美国家在对外关系上经历了一个变化发展过程。二战后很长一个时期，拉美国家与美国结成泛美政治同盟。20世纪80年代以后，拉美独立自主意识逐渐加强，开始对美国在拉美的干涉公开说"不"。如：1983年、1989年，美入侵格林纳达和巴拿马，遭到许多拉美国家的公开反对；1995年，美国通过旨在加强对古巴经济封锁的“赫尔姆斯—伯顿法”后，拉美国家群起而攻之；1996 年 6 月 5 日，美洲国家组织 26 届大会，以 23∶1(仅美国一票反对)的绝对多数票，通过了“西半球贸易和投资自由”的决议，强烈谴责赫尔姆斯—伯顿法。这是美洲国家组织成立以来第一次通过一项美国反对的决议。拉美国家听任美国摆布已成为历史。尽管它们自身有许多方面需要同美国合作，但绝不会以牺牲主权作代价。另外，从 20 世纪 80 年代起，拉美国家从自身实际利益出发，积极发展同欧、亚、非各国的关系，尤其重视拓展同亚太各国的关系，并取得可喜的成绩。冷战后，拉美国家先后加强了同日本、中国、韩国等东亚国家以及阿拉伯、俄国、印度等世界各国的联系，形成了多元化外交的新局面；继续发展和加强与美国的关系，并以斗争求发展；大力加强拉美国家之间的内部合作，特别是加速一体化进程；加强发展与传统欧洲国家特别是伊比利亚国家的关系。

四、贫穷和希望并存的非洲地区

(一)非洲概况

非洲全称为阿非利亚洲，意思是“阳光灼热的地区”，是面积仅次于亚洲的世界第二大洲。非洲现有国家 54 个，占联合国成员数的近 1/3。但大部分国家是小国弱国，有 29 个国家的人口不足 1000 万。非洲四面环海，港口、海湾众多。特别是地处最南端的“好望角航道”，是当今世界上最繁忙、最重要的国际航道之一。非洲战略资源十分丰富，其中钻石、黄金产量居世界第一，石油、钾、锰、铜等产量位于世界前列，是西欧、北美最重要的战略资源产地。

(二)非洲经济发展面临的问题

由于历史和现实的原因，非洲的生产力水平一直比较低，是世界上最贫穷的一个洲。由于基础薄弱加之国际贸易环境的不稳定，非洲经济发展面临许多的问题。

1.生态严重失衡，农业长期投入不足

非洲的植被本来丰富广阔，但由于盲目砍伐，森林面积以每年 18%的速度减少，造成严重的水土流失，气候失常，旱涝灾害频繁。

农业本是非洲经济的基础，却长期未受到应有的重视，许多国家农业投资在政府公共投资总额中所占比重不到 10%，致使不少地方仍处于刀耕火种、靠天吃饭的状况，粮食自给率很低。非洲国家的农业仍未摆脱靠天吃饭的命运，农业产量具有很大的不稳定性。

2.旧的生产和贸易结构没有得到根本改变

大多数非洲国家至今仍未能改变殖民时期遗留下来的以生产和出口低附加值的农矿初级产品、进口中间产品和制成品为特征的生产和贸易结构，极易受到国际市场商品价格波动的影响，加上交通和通信设施的落后，使非洲国家在全球经济竞争中很难充分发挥其资源优势。

3.人口增长过快，文化教育低下

过快的人口增长率制约非洲经济发展。目前，非洲的人口增长率居高不下，使经济增长面临严峻挑战。过快的人口增长，造成教育普及面小，劳动力素质低，基础设施跟不上，从而严重抑制经济的发展，生活水平难以提高。另外，巨额外债、艾滋病蔓延、内战等也严重抑制着非洲经济持续发展的能力。

4.非洲经济一体化发展缓慢

虽然二战后非洲地区也建立了一系列区域性经济合作组织，但经济一体化进程缓慢。主要原因是：经济结构相似，互补性差，出口产品在国际市场上相互竞争，自相残杀，横向贸易差；各国资金技术短缺，对西方依赖性强，引进的设备效益差；基础设施落后，交通不畅；金融体系复杂，地区贸易中结算不便。

(三)非洲政治经济前景

二战后，非洲一直给人以动荡不定的印象。进入21世纪后，非洲出现了一些积极的迹象，当然也面临着严峻的挑战。

1.政治形势总体趋向缓和，联合自强意识明显增强

谋求和平、稳定与发展是非洲政治形势的主流。广大非洲国家及非统组织等区域组织重视非洲团结和联合自强，1999年非统峰会强烈呼吁重振泛非精神，通过集体努力实现非洲复兴，并决定建立非洲联盟。2000年6月非统第36届峰会一致通过非盟章程，在政治一体化进程中迈出重要步伐。非洲国家积极尝试以非洲方式自主解决本大陆问题，化解内部矛盾和冲突，区域组织维和、防务机制不断完善，在缓解和解决地区冲突中的作用日益明显。非统组织成功促成埃塞俄比亚、厄立特里亚签署停止敌对协议，努力推动实施有关刚果(金)冲突的卢萨卡停火协定；西非国家经济共同体在塞拉利昂维和中继续发挥积极作用。2002年7月非盟建立后，非洲国家继续努力探索适合本国国情的发展道路，推动国际货币基金组织制定有助于非洲减贫与发展的新计划。非洲国家积极推进务实和多元化的外交政策，加强内部协调，努力用一个声音对外，在世界舞台上的作用有所提高，国际社会较前更重视非洲。但由于历史原因和种种复杂的内外因素，非洲和平与稳定不时受到干扰，一些局部冲突仍然存在。

2.经济恢复发展

非洲经济在经历了20世纪80年代以来的持续衰退后，经过结构调整和改革，步入较稳定的恢复性增长阶段，不少国家已形成相对稳定的宏观经济环境。1995～2000年，非洲国家国内生产总值年平均增长率接近4%。进入21世纪，非洲经济呈现持续增长的态势。2003年以来，撒哈拉以南非洲经济连年保持快

速增长势头，平均增速为5%，超过全球平均增幅。2006年，撒哈拉以南非洲经济增长5.3%，大约1/3的非洲国家经济增长超过5%。2012年，撒哈拉以南非洲经济增长率为4.6%，非洲经济增长率达5.4%。据非洲开发银行发布的《2022年非洲经济展望报告》，2021年非洲经济增速达6.9%。

总之，非洲国家要遏制经济全球化大潮中被边缘化的趋势，提升自己的国际地位，必须要深化国内改革，加强相互团结，加快一体化进程，加大外交努力，争取国际援助，使动荡的非洲成为和平的非洲，贫穷的非洲成为繁荣的非洲。

第十二章　中国与当代世界

1949 年 10 月 1 日，中华人民共和国成立，一个占世界 1/4 人口的大国从此站立起来了。新中国不仅结束了长期的屈辱外交，开始了独立自主的外交历程，而且经过一段时间的探索，走上了中国特色社会主义道路，为维护世界和平、促进人类的共同进步与发展作出了突出的贡献。

第一节　中国外交政策的确立与调整

一、新中国的外交政策与对外关系的发展

随着国际形势的发展变化，新中国的外交政策经历了几次重大调整和完善，中国的对外关系亦随之不断发展。

(一)新中国外交政策的确立

新中国成立后制定并奉行独立自主的和平外交政策，实行"另起炉灶""打扫干净屋子再请客""一边倒"三大方针，巩固了国家的独立，为向社会主义过渡争取到一个较为有利的周边环境和国际环境。

在新中国成立前夕，毛泽东主席就陆续提出了一些外交政策方针，并载入中国人民政治协商会议第一次会议通过的具有临时宪法作用的《中国人民政治协商会议共同纲领》(以下简称《共同纲领》)，以法律的形式确定了下来。

1.实行独立自主的和平外交政策

《共同纲领》规定："中华人民共和国外交政策的原则为保障本国独立、自由和领土主权的完整，拥护国际的持久和平和各国人民之间的友好合作，反对帝国主义的侵略政策和战争政策。"

2.提出并实施三大外交方针

"另起炉灶"是指对国民党政府同各国建立的外交关系一律不予承认；对驻在旧中国的各国使节不当作外交代表而当作普通侨民对待；对旧中国同外国签订的一切条约和协定逐一加以审查，按其内容分别予以承认，或废除或修改重订；在互相尊重领土主权和平等互利的基础上同世界各国建立新的外交关系。

“打扫干净屋子再请客”，即肃清帝国主义在华的特权、势力和影响，然后再谈建交问题。“一边倒”，即新中国倒向社会主义阵营一边。《共同纲领》规定：“中华人民共和国联合世界上一切爱好和平、自由的国家和人民，首先是联合苏联、各人民民主国家和各被压迫民族，站在国际和平民主阵营方面，共同反对帝国主义侵略，以保障世界的持久和平。”

3.在平等和互利的基础上，与各国政府和人民恢复通商并发展贸易关系

《共同纲领》规定：“中华人民共和国可在平等互利的基础上，与各外国的政府和人民恢复并发展通商贸易关系。”

（二）新中国的外交实践

在上述政策方针的指导下，新中国的外交正式启动。

1.新中国建立至20世纪50年代中期的“一边倒”外交

基于各社会主义国家对新中国的热情支持，新中国同它们不经谈判就建立了外交关系。苏联是第一个承认新中国并与新中国互派大使的国家。继苏联之后，保加利亚、罗马尼亚、匈牙利、朝鲜民主主义人民共和国、捷克斯洛伐克、波兰、蒙古、阿尔巴尼亚和越南民主共和国、德意志民主共和国等也相继承认新中国并互派大使。在此基础上，新中国与社会主义国家各方面的交往与合作迅速发展。1949年12月16日至1950年2月17日，毛泽东率领代表团首次出访苏联，两国于1950年2月14日缔结了《中苏友好同盟互助条约》。随后，中国也同其他社会主义国家签订了友好合作条约。中国还同社会主义国家普遍签订了贸易协定、科技合作协定和文化合作协定。

从新中国建立到1956年9月，经过谈判，中国先后同印度、瑞典、丹麦、缅甸、瑞士、芬兰、巴基斯坦、挪威、阿富汗、尼泊尔、埃及、叙利亚、也门建立了大使级外交关系，同英国、荷兰建立了代办级外交关系。在此期间，中国取得了抗美援朝斗争的胜利，打击了美国在台湾问题上的倒行逆施，支持越南人民的抗法斗争，提出并倡导和平共处五项原则，成功地参加亚非会议。这些外交实践，不仅巩固了新生政权，也使新中国初步走向了世界。

中国融入国际社会的最大障碍来自美国。二战后初期，美国凭借超强的政治、经济、军事实力成为霸权国家，不但牢牢控制其盟国，而且绝大多数有影响的国际组织也被其玩弄于股掌之中。美国对中国政府奉行不承认主义，阻挠中国恢复在联合国和其他国际组织中的合法席位以及参加新的国际组织。新中国建立不久，中国政府就多次致电联合国，要求恢复在联合国的合法席位，驱逐国民党的“代表”，并先后向国际电信联盟、国际红十字会、万国邮政联盟、联合国粮农组织、联合国教科文组织、世界卫生组织、世界气象组织、国际民用航空组织、国际劳工组织、国际货币基金组织和国际复兴开发银行等国际组织提出了类似的

要求，但由于以美国为首的一些国家的阻挠，上述国际组织中除万国邮政联盟一度承认新中国外，其他组织无一表示同意恢复新中国的合法席位。

2. 20世纪50年代后期到60年代末反对美苏霸权主义的"两个拳头打人"外交

这一时期，美国继续推行敌视中国的政策，不仅其军队赖在台湾及台湾海峡不走，大搞"两个中国"的阴谋，而且发动了对越南的侵略战争，从南面威胁中国。苏联在1956年苏共二十大以后，逐步走上了霸权主义道路，妄图控制中国，使中苏关系恶化。它在中苏、中蒙边境大量增兵，直至挑起珍宝岛事件，从北面形成对中国的威胁。面对美苏超级大国的霸权主义，中国人民不畏强暴，进行了针锋相对的斗争。中国人民解放军从1958年8月23日起炮击金门、马祖，粉碎了美国的阴谋。中国给予印度支那各国人民的抗美斗争以大力支持，使美国深陷越战泥潭。中国拒不接受苏联有损中国主权的建议，不允许把中国纳入苏联称霸世界的战略轨道，对苏联的霸权主义进行了有理有节的斗争。中国还依靠自己的力量制造出原子弹，打破了美苏的核垄断，对维护国家的独立自主和领土安全起了重大作用。在坚决顶住美苏两国压力的同时，中国大力加强同亚、非、拉国家的团结与合作，支持被压迫民族和国家争取和维护民族独立的斗争，奉行睦邻友好政策，积极与不同社会制度国家发展关系。

1960～1965年，中国分别与缅甸、尼泊尔、蒙古、巴基斯坦、阿富汗签订边界条约，与印度尼西亚解决了华侨的双重国籍问题。周恩来对亚非国家进行了三次规模较大的友好访问，推进了中国与亚非国家的友好合作关系。中国还加强了对西欧和日本的工作。1964年1月27日中国与法国建交，使美国孤立中国的政策破产。中日通过民间外交的渠道，保持和增进了两国人民间的交往和友谊，为实现中日关系的正常化奠定了基础。

3.20世纪70年代的"一条线一大片"外交

1973年2月，毛泽东提出了"一条线一大片"外交政策，即按大致的纬度画一条线，连接从美国到日本、中国、巴基斯坦、伊朗、土耳其和欧洲国家，团结这条线以外的一大批国家，共同抗衡苏联的霸权主义。1974年2月，毛泽东在会见赞比亚总统卡翁达时，提出了完整的"三个世界"划分的战略思想。第一世界是指美国和苏联两个拥有最强的军事和经济力量，在世界范围推行霸权主义的超级大国；第三世界是指亚洲(除日本外)、非洲、拉丁美洲和其他地区的发展中国家；第二世界是指处于这两者之间的资本主义发达国家，它们既有殖民主义的某些特点，又不同程度地受到美苏的控制和威胁。依据"三个世界"理论，中国外交依靠属于革命力量的第三世界，联合具有两重性的第二世界，反对美苏两个超级大国；而在美苏之间，又要利用矛盾，孤立和打击最主要的敌人苏联霸权主义。

为此，中国必须同西方结成统一战线，对美国既团结又斗争，谋求中美关系逐步正常化。“毛泽东同志关于三个世界划分的战略思想，给我们开辟了道路。”①20世纪70年代，中国对外关系大踏步发展。

1969年入主白宫的尼克松总统开始调整美国的全球战略，想通过改善中美关系，增加对付苏联的资本。为了摆脱与美苏两面对抗的局面，抵御来自苏联的严重威胁，也为了实现祖国的和平统一，中国政府作出了改善中美关系的重大决策。1972年2月，尼克松应邀访华并发表了中美上海《联合公报》，中美关系开始走向正常化。1978年12月，中美发表了《关于建立外交关系的联合公报》，美国承诺与台湾当局断交，终止美台之间的《共同防御条约》，从台湾撤军。1979年1月1日中美正式建交。但是，美国出于霸权主义的目的，利用台湾牵制中国，其国会在1979年3月通过了违背国际法的“与台湾关系法”。中国政府对此进行了坚决的斗争。1982年8月17日，中美发表了《八一七公报》。美国承认中华人民共和国政府是中国的唯一合法政府，并承认中国的立场，即只有一个中国，台湾是中国的一部分；向台湾出售的武器在性能和数量上将不超过中美建交后近几年供应的水平，并逐步减少对台湾的武器销售。

中美关系的改善及正常化，带动了中国对外关系的新发展。1972年9月，田中角荣首相访华，中日发表联合声明，宣布两国正式实现邦交正常化；1978年8月，两国签署了《中日和平友好条约》。与此同时，中国与西方大国普遍建交，与其他国家的关系也有了很大发展。1970年年底同中国建交的国家还只有55个，到1980年年底已经增加到124个。1971年第26届联合国大会恢复了中国在联合国的合法席位，中国在国际上有了比以前更广阔的活动场地，能够更有力地为维护世界和平、加强各国合作、主持国际正义而斗争。

二、改革开放后的中国外交

1978年党的十一届三中全会决定把全国工作重点转移到经济建设上来之后，邓小平及时根据国际形势的新变化和国内任务的需要，对中国外交政策进行了重大的调整，从而发展和完善了独立自主的和平外交政策，全面开创了新的外交局面。20世纪90年代以后，中国外交步入一个承前启后的新阶段。

(一)80年代初中国外交政策的重大调整

20世纪70年代末80年代初，国际形势发生了巨大的变化。虽然国际格局的基本特点仍表现为美苏两个超级大国继续争霸世界，但由于美苏实力的变化，呈现出互有攻守的战略态势。与此同时，国际舞台上的其他力量如日本、西欧和

① 《邓小平文选》第2卷，人民出版社1994年版，第127页。

第三世界迅速崛起。在国际形势变化的同时,我国的国内形势也发生了巨大变化。以党的十一届三中全会为标志,中国进入了集中力量进行经济建设的新时期。在此背景下,我国的对外政策在80年代初进行了重大调整。这次调整幅度空前,涉及许多方面,因此,习惯上称之为“大调整”。邓小平是这次外交政策调整的总设计师。“大调整”主要涉及以下五个方面。

1.提出和平和发展是时代主题

过去相当长一段时间内,中国强调战争的危险性,认为世界大战不可避免。邓小平提出了世界大战在较长时期内打不起来的重要论断,改变了以前“战争不可避免”“战争引起革命”“准备早打、大打、打核大战”等强调战争危险性的观点。邓小平认为,世界和平因素的增长超过了战争因素的增长,有资格打大战的美苏两家相互制衡,不敢贸然发动战争,世界多极化的发展也制约了战争的爆发,世界大战是可以避免的,争取较长时间的和平是可能的。此外,世界各国都面临一个可持续发展问题。和平与发展是时代主题,是当代世界的两大问题。

2.独立自主原则增加了不结盟的内容

新中国建立后,曾先后实行过联苏抗美的“一边倒”外交和联美抗苏的“一条线一大片”外交,虽起到一定的积极作用,但是也带来一些弊病,不同程度上存在以社会制度和意识形态论亲疏的偏向和“以美划线”“以苏划线”的现象,影响了我国独立自主原则的充分贯彻,使我们在外交上失去了一定的灵活性和主动性。进入20世纪80年代,总结过去30年外交经验和教训,结合变化了的国际形势,中国适时地调整了外交政策,独立自主原则增加了不结盟的内容。对中国的不结盟政策,邓小平进行了多次阐述:第一,中国的对外政策是独立自主的,是真正的不结盟。中国不同任何大国建立战略关系和结盟关系,中国不依附于任何大国,也不参加任何国家集团。第二,对于任何国际问题,中国总是根据事情本身的是非曲直作出自己独立的判断,以此决定自己的政策和立场。第三,中国在国际事务中坚持原则,决不拿原则作交易。简言之,中国的不结盟政策就是:中国不同任何大国结盟或建立战略关系,对于一切国际问题,根据其本身的是非曲直和中国人民及世界人民的根本利益,按照是否有利于维护世界和平、发展各国友好关系和促进共同发展的标准,独立自主地作出判断,决定自己的态度和政策。中国坚持在和平共处五项原则的基础上,发展同任何国家的关系。

实行不结盟政策,有利于我们切实维护独立自主的原则,增强我国在国际事务中的地位和分量,有利于维护世界和平和稳定,使我国赢得更多的朋友,为开展全方位外交和实行全面开放创造了条件。

3.丰富和发展了和平共处五项原则

和平共处五项原则的提出是国际关系史上具有划时代意义的伟大创举。二战结束后，亚、非、拉民族独立解放事业蓬勃发展，新生国家渴望建立平等的国际关系。中国、印度、缅甸顺应这一历史潮流，在建立和发展相互关系实践的基础上，共同倡导了和平共处五项原则。它们传承了亚洲人民崇尚和平的思想传统，反映了联合国宪章的宗旨和原则，体现了各国权利、义务、责任相统一的国际法治精神。和平共处五项原则从中、印、缅三国走出亚洲、走向世界，成为国际关系基本准则和国际法基本原则。进入20世纪80年代后，中国认识到只有超越社会制度和意识形态的异同，普遍实行和平共处五项原则，不以社会制度和意识形态的异同论亲疏，才能发展正常的国家关系，增进国际合作，维护世界和平。1982年"中国坚持独立自主的对外政策，坚持互相尊重主权和领土完整、互不侵犯、互不干涉内政、平等互利、和平共处的五项原则，发展同各国的外交关系和经济、文化的交流"载入宪法。和平共处五项原则由最初处理中国同不同社会制度国家关系的指导原则，发展成中国处理同所有国家关系的指导原则。在此基础上，中国政府倡导建立国际政治经济新秩序要以和平共处五项原则为基础。

4.制定了全面对外开放的基本国策

新中国自诞生之日起，就希望在平等互利的基础上发展对外贸易和经济合作，但由于受国际国内因素的影响，中国的对外经济联系受到严重限制。党的十一届三中全会后，中国政府根据国际形势的变化和国内建设的需要，提出了对外开放的政策，并且将其确定为一项长期不变的基本国策，使中国走上了一条富民强国之路。1982年9月1日，邓小平在党的十二大开幕词中指出："我们坚定不移地实行对外开放政策，在平等互利的基础上积极扩大对外交流。"实行对外开放政策是社会主义发展的必要条件，是每一个现代化国家的必然选择。中国的对外开放是全面的，既对资本主义国家开放，也对社会主义国家开放；既对发达国家开放，也对发展中国家开放；既在物质文明建设方面开放，也要在精神文明和政治文明建设方面吸取人类的优秀成果。

5.提出了"一国两制"的构想

"一个国家，两种制度"是中国共产党利用和平方式实现祖国统一的思想和实践的产物，是邓小平于1982年9月明确提出并由六届人大二次会议认可的具有法律效力的科学构想。邓小平从中国的实际出发，在充分尊重历史和现实的基础上，创造性地提出了"一国两制"的科学构想，作为我国解决台湾、香港、澳门问题，实现祖国统一的一项基本国策，即在一个统一的中华人民共和国国内，实行两种不同的社会制度。在大陆实行社会主义制度，在台湾、香港、澳门实行资本主义制度。国家的主体是社会主义制度。"一国两制"是解决祖国统一问题的最佳途径，是保持国家稳定、维护多方利益、促进共同繁荣的保证，为和平解决历史遗留问题和国际争端提供了新的思路、开辟了新的途径。

经过上述调整,中国的独立自主和平外交政策得到进一步完善,中国外交取得巨大发展。

(二)80年代大调整时期的中国外交

1.同发达国家的关系得到进一步发展

中美关系平稳发展。继续发展中美友好关系,无论对于中国的国家安全、对外开放,还是对祖国统一都具有至关重要的意义,符合中国的根本国家利益。自1979年中美建交至1989年上半年,中美关系平稳发展。中美两国保持了高层的频繁互访,军事合作出现了新的局面,经济、贸易、科技和文化等各个领域的交流与合作都得到加强。1979年3月,美国国会通过了“与台湾关系法”,4月10日卡特总统签署生效,此举变相制造“两个中国”,引起了中国政府与中国人民的强烈谴责。中美经过艰巨的谈判,于1982年8月17日发表了《联合公报》,又称“八一七公报”,重申了建交公报中的各项原则。《联合公报》的签署是中国外交的一大胜利,使得中美双方在解决建交时遗留下来的美国售台武器问题上迈出重要一步。公报签署后,中美关系稳定发展,虽然经历了如1983年美国国会通过的“台湾问题”决议案、1987年的“中华人民共和国在西藏侵犯人权案”以及1987年所谓中国向伊朗出售“蚕式”导弹事件,但都因两国政府的努力而未影响两国关系的大局。1979～1989年,双方高层互访频繁,中国向美国派出了由国家主席、副主席、军委副主席、国务院总理、副总理等几乎所有国家与政府领导人率领的20多个高级代表团,而同期美国也向中国派出了由总统里根和布什、前总统尼克松、福特及卡特、国务卿黑格和舒尔茨、国防部长温伯格等为首的近50个高级代表团。这意味着,10年间平均每年有7个代表团来往于北京与华盛顿之间,每隔一个月中美高层就要就重大问题进行沟通。

中国与西欧各国的关系全面发展。继1975年同欧共体建交后,1983年11月,中国政府又与欧洲煤钢联营、原子能共同体建立了正式关系,从而实现了同欧共体的全面建交。1984年中国总理首次访问了英国、法国、意大利、联邦德国等西欧国家。之后,中国与西欧各国领导人的互访增加,关系日益密切。政治关系的发展推动了经济技术合作。我国从西欧国家引进技术的总金额由1985年的9亿美元上升到1988年的30亿美元,1988年获得的政府优惠贷款和发展援助达到26亿美元。这个时期中国与西欧关系发展的另外一个重要成果是,中国政府本着“求同存异、相互尊重、互不干涉内政和平等互利”的精神,考虑到历史与现实,照顾各方面的合理利益,按照“一国两制”构想,自1982年、1986年起,分别与英国政府、葡萄牙政府经过多次谈判,先后于1984年、1987年达成协议,中国恢复对香港、澳门行使主权,从而洗雪了中华民族的百年耻辱,极大地推动了祖国的和平统一大业,也为国际社会通过和平手段解决历史争端提供了新的思路，标志着中国外交日臻成熟。

中日关系稳步发展。中日两国领导人频繁互访，和平友好、平等互利、长期稳定、互相信任成为指导中日关系的四原则，中日关系进入了新中国建国以来最好的时期。

2.同苏东国家的关系有了重要进展

中苏关系重返正常化轨道。70 年代，中苏僵冷对峙。1982 年，勃列日涅夫发表愿意“就改善苏中关系的措施达成协议”的塔什干讲话。自 1982 年 10 月至 1988 年 6 月，中苏进行了 12 轮政治磋商，就中方提出的中苏关系正常化的三大障碍进行讨论。中方认为，苏联支持越南入侵柬埔寨，在中苏边境和蒙古驻扎重兵，武装占领阿富汗，对中国南部、北部和西部的安全构成严重威胁，是实现中苏关系正常化的三大障碍。1985 年戈尔巴乔夫出任苏共中央总书记后，苏联才认真考虑中国的三个先决条件。1989 年 12 月，苏联制定了从阿富汗、蒙古撤军的时间表，并表示愿意帮助越南从柬埔寨撤军。1989 年 1 月，越南宣布从柬埔寨撤出全部军队。这样，中苏关系正常化的所有主要障碍得以排除。1989 年 5 月 15 日，在中苏高层往来中断数十年后，苏共中央总书记戈尔巴乔夫访问中国，16 日与邓小平等中国领导人举行了历史性会谈，并签署了具有历史意义的《中苏联合公报》。中苏两国实现了关系正常化。

中国同东欧国家关系正常化。这个时期，中国同民主德国、波兰、匈牙利、捷克斯洛伐克和保加利亚实现关系正常化。自 1982 年起，中国政府本着“独立自主、完全平等、互相尊重、互不干涉内部事务”四项原则处理党与党的关系，以“相互谅解、相互尊重、求同存异、平等互利”的原则指导国与国的关系，先后与东欧五国领导人实现了互访，推动了双边关系进入全面发展时期。

3.与发展中国家的友好关系有新的发展

发展中国家是中国外交工作的立足点。20 世纪 80 年代，中国在平等互利的基础上加强同发展中国家的关系，与西亚、非洲、拉丁美洲各国在政治、经济等领域的合作也取得长足发展。中国进一步巩固了与朝鲜、泰国、马来西亚、菲律宾、缅甸、孟加拉国、尼泊尔、斯里兰卡和马尔代夫等国的友好关系。1988 年以拉吉夫·甘地访华为标志，中印结束了长期冷漠的状态。1989 年中国恢复了与蒙古、老挝和越南的传统关系。以“平等互利、讲求实效、形式多样、共同发展”四项原则为指导，中国拓展了与非洲国家的经济合作，从战略高度切实发展同西亚北非的友好关系，与巴勒斯坦、卡塔尔、阿拉伯联合酋长国、巴林建立了外交关系。中国与拉丁美洲的关系也有了新的发展，先后与厄瓜多尔、哥伦比亚、安提瓜和巴布达、玻利维亚、乌拉圭等国建立了外交关系。1981 年 10 月，中国总理访问墨西哥，这是中国政府首脑首次访问拉美国家，1985 年中国总理访问了哥伦比亚、巴西、阿根廷、委内瑞拉等4个南美国家，中拉关系迈上了新的台阶。

4.多边外交日渐活跃

20世纪80年代，中国逐步创造和具备了积极开展多边外交的主客观条件，参加了绝大多数政府间重要的国际组织和条约，开创了前所未有的多边外交局面。

在全球和地区的许多重大问题上，中国都是重要的参与者。中国作为联合国安理会常任理事国，积极促进地区热点问题的解决。在联合国改革问题上，中国强调应充分听取广大发展中国家的意见，主张通过广泛讨论达成各方都能够接受的改革方案，赢得了绝大多数国家的赞同。中国积极参加军备控制和裁军活动，不仅提出了许多合情合理、现实可行的裁军主张，而且主动采取了许多实际裁军行动。1978年以来，中国一直主张，两个超级大国在裁军问题上负有特殊责任，应率先采取行动，得到了国际社会的一致赞同。从1986年起，中国连续5年在联合国大会提出关于核裁军和常规裁军的提案，均获一致通过。中国相继加入了一系列国际军控条约。1985年主动采取大规模裁军行动，裁减军队员额100万。

中国在多边经济领域的活动日益增多。1980年，中国恢复了在国际货币基金组织和世界银行的席位。中国参加了除关贸总协定之外的所有主要的政府间国际经济组织。在多边环境、粮食、预防犯罪、禁毒、难民、妇女等领域的工作中，我国积极参加有关国际会议和有关文件的起草与磋商，为解决人类共同面临的重大国际问题作出了应有的贡献。

80年代中国多边外交关系呈现出鲜明的特点。第一，领域广阔。中国在加强发展同联合国的关系的同时，与全球和地区性的经济、军事、社会、文教等组织和会议加强了联系。第二，在承担义务的同时也享受权利。中国的多边外交从国家利益出发，在遵守国际准则和惯例的同时，既承担义务也享受权利。第三，以维护世界和平和促进全球发展为目标。通过多边外交，中国在维护世界和平、调解地区冲突中作出了建设性的努力，为促进全球发展、加强南南合作作出了贡献。

(三)90年代“大融入”时期的中国外交

实际上，新中国自成立就开始了融入国际社会的不懈努力，取得了巨大的成就，为90年代全面融入打下了良好的基础。冷战后，中国国内要推进社会主义市场经济，在各个领域与世界接轨，在国际上面临西方国家的集体制裁，中美关系严重倒退。中国只有加速全面融入国际社会，充分利用国际规则和机制，才能免受美国等国的种种压力和限制，寻求更广阔的活动空间。

1.稳定与发展中美关系

冷战结束给中美关系带来的最大冲击，就是摧毁了支撑中美关系的战略基础。中美关系能否正常发展，取决于双方能否在战略合作被严重削弱的情况下，解决好双边关系中暴露出来的分歧，为中美关系重铸新的基础。为了稳定中美关系，中国政府提出了“增加信任，减少麻烦，发展合作，不搞对抗”的十六字方针。

中美关系主要存在三类问题。第一类包括台湾、西藏等涉及中国主权与领土的问题，其中最有代表性的是台湾问题，其导致中美关系在1995年夏季大幅倒退，并使双方在1996年春发生军事对峙。第二类是当时以人权问题为焦点的意识形态冲突，一直严重制约着中美关系的改善，在深层次上影响着中美关系的各个方面。第三类是经济贸易方面的摩擦，其中最有代表性的是知识产权问题，几次将中美推到贸易战的边缘。1997年10月，江泽民应邀对美国进行正式访问，中美共同发表的《联合声明》表示两国“致力于”建立“建设性战略伙伴关系”，从而为面向21世纪的中美关系确定了一个基础性框架。1998年6月25日至7月3日，克林顿总统对中国进行了回访。中美首脑互访意义重大，江泽民主席访美是自1979年邓小平访美以来，中国最高领导人对美国最重要的一次历史性访问，克林顿访华则是1989年以来美国总统对中国的首次访问，也是美国在位的民主党总统第一次访华。中美两国首脑的世纪性互访，标志着中美关系终于结束了近8年的困难时期。1999年5月，以美国为首的北约军队悍然轰炸中国驻南联盟大使馆，中美关系又陷入新的危机。1999年9月，江泽民与克林顿在新西兰奥克兰亚太经合组织领导人非正式会议上举行会晤，又一次推动了中美关系的发展。

2.建立大国伙伴关系

在建立对外伙伴关系方面，中国外交成绩显著。1996年俄罗斯总统叶利钦访华，中俄宣布建立平等信任、面向21世纪的战略协作伙伴关系，中俄关系发展到一个新的水平。以中俄战略协作伙伴关系的建立为起点，1997年5月中法建立全面伙伴关系，1997年10月中美致力于建设面向21世纪的建设性战略伙伴关系，1997年年底中国—东盟建立面向21世纪的睦邻互信伙伴关系。1998年3月欧盟与中国建立面向21世纪的全面合作伙伴关系，把对华关系提升到与美国、日本及俄国关系的同等地位。1998年中日建立致力于和平与发展和友好合作伙伴关系。1998年10月英国首相布莱尔访华，两国发表联合声明，正式宣布建立全面伙伴关系。这些新型的大国伙伴关系以和平、合作、不结盟为宗旨，以大国间的共同利益和对人类的共同责任为主要基础，极大地优化了中国的综合国际环境，推动了国际关系的总体缓和与良性互动。

3.进一步拓展建交国家的覆盖面

中国与一些长期对中国不理解或因种种原因尚未建交的发展中国家正式建立了外交关系。1990 年，中国恢复了与印尼中断长达 23 年的外交关系，并与新加坡、沙特阿拉伯建交，1991 年与文莱建交。1992 年 1 月，中国与以色列建交，从而扩大了对中东事务的影响力。1992 年 8 月，中国与韩国建立了大使级关系，这对于中国继续发挥在朝鲜半岛的传统影响意义重大。1998 年 1 月 1 日，中国与南部非洲最强大的国家南非共和国建立了正式的外交关系，这不但有利于中国在非洲事务中发挥更加实质性的作用，更重要的是，它沉重打击了台湾当局的“外交努力”，从此与台湾所谓“建交”的国家中再没有地区性大国了，而是仅限于中美洲、中西非和大洋洲小岛的国家。1998 年中国恢复了与几内亚比绍、中非的外交关系，并与汤加正式建交。

中国较好地解决了与苏联原加盟共和国和东欧新独立国家的关系。苏联解体后，15 个加盟共和国分别成为独立主权国家。中国政府本着不干涉别国内政和尊重各国人民选择的原则立场，适时与其建立了新的国家关系。1991 年 9 月 11 日、12 日和 14 日，中国分别与爱沙尼亚、拉脱维亚和立陶宛三国签署了建交公报，正式建立了大使级外交关系。1991 年 12 月 27 日，中俄签署《会谈纪要》，解决了由中苏关系到中俄关系的继承问题。1992 年 1 月 2 日、3 日、4 日、5 日、6 日，中国分别同乌兹别克斯坦、哈萨克斯坦、塔吉克斯坦、吉尔吉斯斯坦和土库曼斯坦签署了建交公报。1992 年 1 月白俄罗斯总理访华，两国签署了建交协议。1992 年 1 月 4 日、1 月 30 日、4 月 2 日、4 月 6 日和 6 月 9 日分别同乌克兰、摩尔多瓦、阿塞拜疆、亚美尼亚和格鲁吉亚签署了建交公报。至此，中国与独立的原苏联 15 个加盟共和国全部建立了外交关系。1992 年，南斯拉夫社会主义联邦共和国解体后，一分为五，分别成立了南斯拉夫联盟共和国、波斯尼亚和黑塞哥维那共和国、克罗地亚共和国、斯洛文尼亚共和国和马其顿共和国。中国坚持不干涉别国内政和尊重各国人民自由选择的一贯立场，先后对新独立的国家予以承认，并在 1992 年 5 月 12 日和 13 日、1993 年 10 月、1995 年 4 月分别与斯洛文尼亚和克罗地亚、马其顿、波斯尼亚和黑塞哥维那建立了正式外交关系。1993 年 1 月，中国根据和平共处五项原则分别同解体后的捷克共和国、斯洛伐克共和国建立了外交关系。

4.积极参与多边外交

加大参与国际制度的力度。1996 年中国签署并批准了《联合国海洋法公约》，不但使我国海域扩大到约 300 万平方公里，而且还为利用这个公认的国际海洋法律机制解决我国与东亚或东盟国家之间的争端，提供了某种有益的法律手段，有利于改善国际形象，提高大国地位。中国积极而有保留地加入由《核不扩散条约》《导弹技术控制制度》和《全面禁止核试验条约》等组成的国际核控制机制，并于 1996 年 7 月 29 日发表声明暂停核武器爆炸试验，促进了国际裁军事业和世界和平，提高了国际形象。至 1998 年 10 月，中国已签署了约 19 个国际人权公约，包括居于核心地位的《社会、经济、文化权利国际公约》和《公民权利与政治权利国际公约》，在坚持集体人权、经济权和发展权的基础上，尊重国际人权的普遍性原则，增加了中国与美国等西方国家开展外交的灵活性，大大提高了中国的国际形象，从此人权外交不再是西方国家的专利品。2001 年 12 月，中国正式成为世贸组织成员，这是中国全面融入国际社会的标志性成果。

积极参与并推动区域合作。自 1991 年开始，中国外长应邀参加东盟外长会议并与各外长进行磋商，使中国与东盟国家关系进入了历史上最好的时期。20 世纪 90 年代亚太经合组织（APEC）在促进本地区经济发展、协调成员间经济利益等方面发挥了重要的作用，同时也为世界经济的发展作出了一定的贡献。中国高度重视 APEC，并积极参与各项活动。中国还参与了各专业部长会议、专题工作组等具体合作活动。1996 年 6 月 24 日，中国政府与俄罗斯政府及其他中亚四国（哈、塔、吉、乌）在上海签署《中俄联合声明》和《关于在边境地区加强军事信任和裁减军力的协定》，每隔一年在 6 国轮流召开的边境安全首脑会议，成为强化地区安全和维护世界和平的一支重要力量。

中国为维护地区的和平与稳定，解决热点问题如朝鲜半岛、柬埔寨、阿富汗等问题，作出了积极和重要的贡献。

（四）21 世纪初期的中国外交

进入 21 世纪，中国的综合国力、国际地位与全球影响力达到新的高度，中国的对外关系进入持续发展的新阶段。

1.进一步加强与周边国家的友好合作关系

进入 21 世纪，中国进一步提出了“安邻、睦邻、富邻”“以邻为伴，以邻为善”的政策，使中国东南、西北、西南出现了建国以来最好的安全环境，并为东北亚地区和平与稳定作出了重大的贡献。20 世纪 90 年代以来，中国先后与尼泊尔、蒙古、巴基斯坦、阿富汗、老挝、越南、俄罗斯、哈萨克斯坦、吉尔吉斯斯坦、塔吉克斯坦等邻国妥善地解决了国家边界问题。2004 年 10 月 14 日，中俄两国签署了《中俄国界东段的补充协定》，彻底解决了 1991 年《中俄国界东段协定》没有划定的边界问题。1999 年 12 月 30 日，中越签署了《中越陆地边界条约》；2000 年 12 月25 日签署了《中越关于两国在北部湾领海、专属经济区和大陆架的划界协定》。

对于中国与东南亚等国存在的南沙群岛及海域主权的争端，中国政府建议“搁置争议，共同开发”。2002 年 11 月，中国与东盟国家签署了《南海各方行为宣言》，确定“以和平方式解决领土和管辖权争议”。2003年6月23日，中印两国总理签署了《中印关系原则和全面合作的宣言》；2005年4月，中国与印度两国达成了《解决中印边界问题政治指导原则》的协定。两国表示，在边界问题最终解决之前，严格遵守实际控制线，共同努力，保持边境地区的和平与安宁。

在东南亚地区，在政治上，中国通过参与东盟地区论坛（ARF），增加了与东盟国家之间的信任，通过东盟地区论坛（ARF）框架内的多边对话与合作，达成了一些具有具体内容的协议。其中包括2002年10月中国同东盟签署《南海各方行为宣言》和《关于非传统安全领域合作联合宣言》，以及2003年中国加入《东南亚友好合作条约》。在经济领域，通过东盟与中日韩（10＋3）和东盟与中国（10＋1）合作框架，有力地推动了中国与东盟经济贸易关系的发展。2002年，中国和东盟签署《中国与东盟全面经济合作框架协议》，提出到2010年建成中国与东盟自由贸易区。2004年签署的《中国—东盟全面经济合作框架协议货物贸易协议》规定，中国和东盟之间将从2005年7月起至2010年5年间逐步取消大部分双边贸易关税，除大约500个贸易项目外，将逐步调低7000种产品的关税，使这些产品的关税到2010年减至0～5％。这些都有力推动了中国与东南亚地区发展中国家的经济合作，使中国与东南亚发展中国家的关系成为近代以来“历史上最好的时期”。

在东北亚地区，在朝鲜半岛因为核问题而陷入危机之后，中国派出特使访问美、朝和其他相关国家，在外交史上第一次进行穿梭外交，积极斡旋推动，促成朝、美、韩、日、俄、中六方会谈，确定了朝鲜半岛无核化的目标，确认通过对话以和平方式解决核问题的途径，为和平解决朝鲜半岛核问题迈出了重要一步。在这个过程中，中国担任东道国，提供设备，主持会议，避免了朝鲜半岛核问题失控，为地区和平作出了贡献，也维护了东北亚地区的安全环境。

在西南地区，中国同南亚国家领导人，特别同印、巴之间频繁互访，不断推动中印关系的改善以及中国与巴基斯坦传统友谊的巩固。中国在这个地区的外交努力促进了中国与印度和巴基斯坦这两个具有重要影响的发展中国家的关系，缓和了西南地区的紧张局势，同时也大大改善了中国西南地区的安全环境。

在中亚地区，面临“三股势力”和复杂的民族、宗教形势等非传统安全威胁，2001年6月，中、俄、哈、吉、塔及新加入的乌兹别克斯坦6国元首再次来到上海，签署《上海合作组织成立宣言》，在“上海五国”机制的基础上成立了上海合作组织，大大改善了中国与西北地区发展中国家的关系。

2.继续发展大国伙伴关系

“9·11”事件发生后，中美在国际反恐斗争中加强了合作，两国高层交往增多，在经贸、能源、环保等领域的交流与合作不断扩大。2002年和2005年，美国小布什总统两次对中国进行访问。奥巴马总统在2009年11月对中国进行了国事访问,两国发布了具有重要意义的《中美联合声明》。文件将中美双边关系定位为“21世纪积极合作全面的中美关系”和“应对共同挑战的伙伴关系”。

进入21世纪的中俄“战略协作伙伴关系”得到进一步拓展和深化。2001年7月16日,江泽民主席访俄期间两国签署《中俄睦邻友好合作条约》。中俄两国人文交流与合作不断加强,样式多彩丰富。两国先后举办了“国家年”“语言年”和“旅游年”等重大活动,在教育、文化、卫生、体育、旅游、媒体、电影、档案、青年等领域的交流与合作都取得了显著成就。中俄在多个经济领域展开了合作,不断搭建起新的合作平台和发展框架。2009年6月,双方签署了《中俄元首莫斯科会晤联合声明》,批准了《中俄投资合作规划纲要》,为两国相互投资带来新的发展机遇。2009年9月,两国批准了《中华人民共和国东北地区与俄罗斯联邦远东及东西伯利亚地区合作规划纲要(2009～2018年)》,对推动中俄毗邻地区的合作具有重要意义,也对两国区域合作发展产生了深远的影响。中俄关系达到了前所未有的高水平。

2001年5月,欧盟委员会发表《欧盟对华战略:1998年文件实施情况及进一步加强欧盟政策的措施》,强调由于近期国际形势发生的巨大变化,欧盟要继续深化和扩大与中国在所有领域的关系。2003年中欧关系升级为全面战略伙伴关系。全面,是指中欧双方的合作全方位、宽领域、多层次,既包括经济科技,也包括政治领域;既有双边,也有多边;既有官方,也有民间。战略,是指双方的合作具有全局性、长期性和稳定性,超越意识形态和社会制度的异同,不受一时一事的干扰,也不针对第三方。伙伴,是指双方的合作是平等互利共赢的,在相互尊重、相互信任的基础上求同存异,努力扩大双方的共同利益。中欧建立全面伙伴关系之后,各个领域的合作发展迅速。政治上高层互访频繁,政治磋商不断。双方每年定期举行外长级、副外长级和地区以及专业司长级等多层次和类别的政治磋商,及时就重大国际和地区问题进行交流和沟通。经济上经济贸易扩大,技术合作深入。2003年中欧贸易首次突破1000亿美元大关,2004年双边贸易额达1772.9亿美元,欧盟超过美国和日本成为中国第一大贸易伙伴。2004年12月,欧盟在华投资企业19738家,合同金额753.8亿美元,实际投入425.2亿美元。① 在科技方面,欧方科学家与中国同行就中国“863”高科技研究发展计划和“973”基础研究规划进行了合作。中国签署了实施伽利略计划合作协议,成为参与该计划的第一个非欧盟国家。中欧在社会、文化、教育等其他领域也发展了

① 参见肖琳:《中国与欧盟外交关系的再思考——以中欧全面战略伙伴关系为例》,《太平洋学报》2014年第22期。

密切的关系，如中欧国际商学院项目和中欧高教项目。双方留学生人数大大增多。2008年中欧贸易额达4255.8亿美元。

2006年10月8～9日，日本首相安倍对中国进行正式访问。中日关系打破持续5年的政治僵局，走上正常发展轨道。2007年12月27～30日，日本首相福田康夫访华，将中日关系发展到一个新阶段。2008年5月7日，中华人民共和国国家主席胡锦涛和日本内阁总理大臣福田康夫在东京签署了《中日关于全面推进战略互惠关系的联合声明》，宣布双方决心全面推进战略互惠关系，实现和平共处、世代友好、互利合作、共同发展的崇高目标。但两国在历史问题、台湾问题、贸易、钓鱼岛等方面仍然存在矛盾与摩擦。

3.加强与发展中国家的新型互利共赢的关系

中非关系是中国外交的重要基础之一。中国是最大的发展中国家，非洲是发展中国家最集中的大陆，冷战结束后双方共同利益在扩大，平等互信的政治关系不断得到深化，高层互访和交往势头得以维持。仅21世纪初，中非领导人和外长互访就达200多起，其中中国领导人访非50多起。① 2006年中非论坛北京峰会期间，与中国有外交关系的48个非洲国家都派出了高级代表团与会，其中有42位国家元首和政府首脑。中非互利共赢的经济合作不断得到拓展。截至2006年4月，中国为非洲国家培训各类人才约1.46万人次。在2006年召开的中非合作论坛北京峰会上，胡锦涛再次宣布，到2009年使中国对非洲国家的援助规模比2006年增加1倍；随后3年内向非洲国家提供30亿美元的优惠贷款和20亿美元的优惠出口买方信贷；设立中非发展基金，基金总额逐步达到50亿美元；免除同中国有外交关系的所有非洲重债穷国和最不发达国家截至2005年年底到期的政府无息贷款债务；进一步向非洲开放市场，把同中国有外交关系的非洲最不发达国家输华商品零关税待遇受惠商品由190个税目扩大到440多个。②

中国与拉丁美洲国家的关系也不断得到加强。继江泽民2001年访问拉美6国后，胡锦涛于2004年11月再次访问拉美4国，并提出发展中拉关系的三大目标：第一，政治上相互支持，成为可信赖的全天候朋友；第二，经济上优势互补，成为在新的起点上互利共赢的合作伙伴；第三，文化上密切交流，成为不同文明积极对话的典范。中国越来越重视开发拉美地区的丰富资源，与巴西、阿根廷和智利分别签署了铁矿、石油和铜矿等资源开发投资协定，与委内瑞拉等石油出口国增加了贸易合作。中国与拉丁美洲的双边贸易额从1990年的23亿美元提高

---

① 参见许镜湖：《中国与非洲：务实机制，真诚合作》，《人民日报》2006年10月26日。

② 参见胡锦涛：《在中非合作论坛北京峰会开幕式上的讲话》，《人民日报》2006年11月5日。

到2005年的500亿美元。

此外,中国积极参与国际多边机制并发挥越来越广泛的作用。积极开展中非峰会、欧亚会议、亚太经合组织领导人峰会、G20峰会、金砖峰会等多边外交,在注重维护中国自身的发展利益和主权安全的基础上,加大了对国际义务与责任的投入。中国参与了更多重大国际规则的制定,涉及世界卫生组织、国际金融机构、联合国维和行动、世界贸易组织的上诉法庭、位于海牙的国际法院等不同领域和机制。中国在全球环境与气候变化、全球贸易新一轮谈判、全球金融改革与危机应对、全球防扩散与反恐怖、联合国安理会及联大改革中的不可或缺作用,得到日益广泛的承认。

三、新时代大国外交时期

金融危机后,特别是进入21世纪第二个十年后,面对国际形势的深刻变化,习近平总书记提出推动建立以合作共赢为核心的新型国际关系,对国际关系发展演变产生深远影响。

(一)建立全球伙伴关系网络

中国迄今已同100个左右的国家和国际组织建立了不同形式的伙伴关系,实现对大国、周边和发展中国家全覆盖。

1.推动大国关系总体稳定发展

大国对国际关系具有重要影响,对世界和平稳定负有特殊责任,更需要展现大格局、肩负大担当。中国积极探索并大力推动构建总体稳定、均衡发展的大国关系框架。

中俄新时代全面战略协作迈上新高度。中俄高层交往频密,战略互信不断深化,务实合作取得突破性进展,两国全面战略协作伙伴关系保持高水平运行。在《中俄睦邻友好合作条约》签署20周年之际,习近平主席和普京总统正式宣布条约延期,凸显了双方互为战略依托、互为发展机遇、互为全球伙伴的坚定决心。2021年中俄元首4次会晤通话,保持密切战略沟通。中俄关系经受住各种考验,焕发勃勃生机,树立了大国战略互信的典范、邻国互利合作的典范、新型国际关系的典范。

中美探索相互尊重、平等交往的新范式。2013年以来,中美元首多次会晤,推动了中美新型大国关系的发展。2017年,习近平主席同特朗普总统成功举行海湖庄园会晤和汉堡会晤。2021年,习近平主席应邀同拜登总统两次通话,举行首次视频会晤。中美关系中的合作领域越来越广泛,但并不意味着中美关系的发展越来越和谐;相反,中美关系遭遇严重困难与多重挑战。其根本原因在于美国对中国和中美关系作出了战略误判。美国不愿承认别的国家也有发展的权利，不愿接受中国不断壮大进步的事实，不愿认同中美可以实现互利共赢，试图拉帮结伙对中国进行围堵打压。美国是当今最大的发达国家，在世界舞台居于权力中心，一直通过经济、军事、外交等手段遏制中国的发展。中美两国关系决不会一帆风顺。

中欧全面战略伙伴关系在挑战中取得新进展。中国同欧盟、欧洲国家及欧盟机构合作全面深入发展。2021 年，习近平主席两度主持中、法、德领导人视频峰会，中国—中东欧国家领导人视频峰会成功召开。中欧地理标志协定正式生效，比雷埃夫斯港、匈塞铁路等“一带一路”标志性项目稳步推进，中欧经济利益融合不断加深。

2.推动周边国家共建美好家园，共护地区安宁

亚洲是全球最具活力的地区，维护区域和平、促进共同发展是地区各国普遍呼声。但树欲静而风不止，个别域外大国通过所谓“印太战略”挑拨地区对抗，制造阵营对立，正在成为地区和平稳定的最大破坏因素。中国始终秉持亲诚惠容理念，与周边国家深化合作，推动双多边关系不断走深走实。

(1)聚焦区域合作，夯实友好根基

中国与东盟关系提升为全面战略伙伴关系。中国提出中国—东盟“2＋7”合作框架，制定《落实中国—东盟面向和平与繁荣的战略伙伴关系联合宣言的行动计划(2016～2020)》，建立澜沧江—湄公河合作机制，为中国与东盟国家关系搭建更多平台。中国率先批准《区域全面经济伙伴关系协定》(RCEP)，引导“一带一路”建设同东盟印太展望的重点合作领域对接，搭建澜湄立体合作新的架构。2021 年，李克强总理出席东亚合作领导人系列会议，拓展数字经济、蓝色经济、绿色经济合作新的空间。中国与南亚国家合作显著增强。中国与印度保持外交、军事途径对话，有效管控边境地区局部摩擦，共同致力于两国关系的改善和发展。同所有中亚国家建立战略伙伴关系，双方合作迈出更加坚实步伐。上海合作组织在成立 20 周年之际接收伊朗为正式成员，“中国＋中亚五国”首次举行外长线下会晤，地区团结不断迈出坚实步伐。中国与朝鲜、韩国、蒙古等邻国的友好合作也保持良好势头，成为地区稳定的积极因素。

(2)发挥建设性作用，积极斡旋热点问题

美国及其盟友仓促撤离阿富汗，地区局势发生重大变化。作为友好近邻和负责任大国，中方主动施加正面、积极影响，推动建立阿富汗问题邻国协调合作机制，发挥邻国优势和独特作用。向阿富汗提供紧急人道援助，开启“松子空中走廊”，协助阿富汗改善民生。引导阿富汗新政权奉行包容、反恐、睦邻政策，坚决打击“东伊运”等一切恐怖组织，支持阿富汗防乱维稳、制恐止暴，走向良性发展。缅甸是中国的胞波友邻。面对缅甸国内政局变化，中国始终支持缅甸与东

盟合作，逐步落实东盟提出的“五点共识”，坚决反对外部不当介入。同时，中国开展斡旋促谈，推动局势趋稳降温，鼓励缅甸各方通过和平方式妥善解决分歧，重启民主转型进程。

3.大力开拓南南合作的广阔空间

(1)中非合作掀起新高潮

中国秉持“真实亲诚”的对非工作方针，确立中非全面战略合作伙伴关系新定位，把中非合作推向新的历史高度。

2021年，中非合作论坛第八届部长级会议成功举办，习近平主席视频出席论坛并提出“中非友好合作精神”，阐述构建新时代中非命运共同体“四点主张”，宣布对非合作“九项工程”，在中非关系史上树起新的里程碑。新冠肺炎疫情发生后，中非贸易、投资逆势上扬。中国设立“中非民间投资促进平台”、非洲农产品输华“绿色通道”，助力非洲加快疫后复苏。中国还与非方共同发起“支持非洲发展伙伴倡议”，共同制定“中非数字创新伙伴计划”，拓展了中非合作的内涵。

(2)中拉关系继续稳中有进

中国同拉美国家创立中拉论坛，共同打造中拉关系“五位一体”新格局。中拉能源电力、交通运输、通信等合作不断发展。自2018年以来，中拉贸易连续四年突破3000亿美元大关，2021年达4515.91亿美元。2021年，习近平主席同拉美多国元首或政府首脑电话沟通，向中拉论坛第三届部长会议发表视频致辞。

(3)中阿战略伙伴关系迈上更高水平

中国同阿拉伯国家致力于构建战略合作关系，同阿拉伯国家保持领导人密切沟通，实现外长交往全覆盖，提出“实现中东安全稳定五点倡议”、政治解决叙利亚问题四点主张、落实巴以“两国方案”三点思路，为中东贡献维稳促和的正能量。

中国还同太平洋岛国建立战略伙伴关系，实现同发展中国家整体合作机制全覆盖。2021年，首次中国—太平洋岛国外长会成功举办，达成共建应急物资储备库、减贫与发展合作中心、应对气候变化合作中心等重要成果，应急物资储备库已于2021年1月初正式启用。2022年4月，中国与所罗门群岛正式签署了一项平等互利的安全合作框架协议。

事实证明，中国永远是发展中国家阵营的坚定一员，秉持正确义利观和真实亲诚理念，统筹抗击新冠肺炎疫情和复苏发展，兼顾雪中送炭和授人以渔，全心全意促进发展中国家可持续发展，理直气壮支持发展中国家维护正当权益。

(二)构建全方位对外开放新格局

着眼构建全方位对外开放新格局和促进各国共同繁荣进步，2013年习近平提出“一带一路”倡议。8年多来，在共商、共建、共享原则指导下，在各参与方共同努力下，“一带一路”逐渐从倡议变为行动，从理念转化为实践，成为开放包容的国际合作平台和各方普遍欢迎的全球公共产品。在 144 个国家和 32 个国际组织积极支持参与下，一大批有影响力的标志性项目顺利落地。中国与许多国家发展战略顺利对接，2014～2016 年同“一带一路”沿线国家贸易总额超过 3 万亿美元，对“一带一路”沿线国家投资累计超过 500 亿美元。中国企业在 20 多个国家设立了 56 个经贸合作区，为有关国家创造近 11 亿美元的税收和 18 万个就业岗位。“一带一路”沿线基础设施互联互通水平快速提升。

2017 年 5 月，中国成功举办“一带一路”国际合作高峰论坛，29 位外国国家元首、政府首脑和 3 位重要国际组织负责人以及来自 140 多个国家和 80 多个国际组织的代表出席。高峰论坛达成 5 大类、76 大项、270 多项合作成果。

2019 年 4 月，第二届“一带一路”国际合作高峰论坛在北京举行，共 40 个国家和国际组织的领导人出席。论坛达成共 76 大项、270 多项具体成果，涵盖政策沟通、设施联通、贸易畅通、资金融通、民心相通 5 大类。

（三）深入参与全球治理

随着国际力量对比深刻变化和全球性问题日益突出，全球治理体系变革成为大势所趋。中国深入参与和引领全球治理。2014 年 11 月，亚太经合组织领导人第 22 次非正式会议在北京成功举办，启动了亚太自贸区进程并确定相关路线图，对亚太区域合作发挥了重要推动作用。2016 年 9 月，二十国集团（G20）领导人峰会在杭州成功举办，成功推动 G20 从危机应对向长效治理机制转型，扩大了中国新发展理念的国际影响，提升了中国改革开放的世界意义，成为 G20 发展史上的一座里程碑。2017 年 1 月，习近平出席世界经济论坛年会。在访问联合国日内瓦总部时，习近平表示中国要推动经济全球化向开放、包容、普惠、平衡、共赢方向发展，推动共建人类命运共同体，受到国际社会高度评价。2018 年 6 月，上海合作组织成员国元首理事会会议在中国青岛举行，批准《〈上合组织成员国长期睦邻友好合作条约〉实施纲要（2018～2022 年）》，强调继续共同致力于维护上合组织地区的安全与稳定，推动建设新型国际关系，确立构建人类命运共同体的共同理念，谋求共同发展，完善全球治理体系。

中国推动成立亚洲基础设施投资银行、丝路基金、金砖国家新开发银行，积极参与制定海洋、极地、网络、外空、核安全、反腐败、气候变化等新兴领域治理规则。中国支持加强联合国和世界卫生组织作用，提升监测预警和应急反应、重大疫情救治、应急物资储备和保障、打击虚假信息、向发展中国家提供支持等“五大能力”建设，在全球卫生合作中发挥了重要作用。中国为全球气候治理展现责任担当，相继出台落实“双碳”目标政策体系，宣布不再新建境外煤电项目，推动达成“格拉斯哥气候协议”，发表中美强化气候行动联合宣言，出资成立昆明生物多样性基金，坚定做生态文明的践行者、全球治理的行动派。中国还积极参与全球数字治理，继续扩大《全球数据安全倡议》影响，同阿拉伯国家联盟发表《中阿数据安全合作倡议》，提出加入《数字经济伙伴关系协定》，推动全球数字治理体系朝更加公正合理方向迈进。

(四)推动解决国际地区热点和全球性问题

习近平强调，中国始终做世界和平的建设者，致力于同各国共谋和平、共护和平、共享和平。中国致力于政治解决国际和地区热点问题，努力发挥弥合分歧、劝和促谈的建设性作用。坚持朝鲜半岛无核化目标，坚持通过对话谈判解决半岛核问题，提出“双轨并行”思路和“双暂停”倡议，为缓解半岛紧张局势、推动重启接触对话、维护地区和平安宁作出重要贡献。积极参与阿富汗、伊朗核危机、叙利亚、南苏丹等问题解决进程。建立中国—联合国和平与发展基金、中国气候变化南南合作基金，组建常备成建制维和警队及8000人规模的维和待命部队，同各国合力应对恐怖主义、网络安全、公共卫生、难民等全球性挑战，为推动达成气候变化《巴黎协定》、制定2030年可持续发展议程发挥了重要作用。中国最早承诺将新冠肺炎疫苗作为全球公共产品，支持疫苗知识产权豁免，最早同发展中国家开展疫苗生产合作，截至2022年5月，已向150多个国家和国际组织提供约22亿剂疫苗，成为对外提供疫苗最多的国家。

(五)大力开展经济外交

服务发展是外交工作的重要任务。中国外交在服务国家改革发展方面积极推出新举措。深入推进国际产能和装备制造合作，同30多个国家签署产能合作协议，打造可复制可推广的产能合作模式，初步形成覆盖亚、非、欧、美四大洲的产能合作布局。加速推进自贸区战略，同冰岛、瑞士、韩国、澳大利亚等国签署自贸协定并正式生效。同东盟完成自贸区升级谈判。2010年1月1日，中国与东盟自由贸易区正式全面启动，双方有90%、约7000种产品实现零关税，并实质性开放服务贸易市场，成为拥有19亿人口、国内生产总值接近6万亿美元、贸易总额4.5万亿美元、由发展中国家组成的世界最大自由贸易区。2022年1月，《区域全面经济伙伴关系协定》正式生效，中国—海合会自贸区谈判迎来重启契机。2021年，中国与6个海湾阿拉伯国家进出口总值达到15041.35亿元。中国还申请加入《全面与进步跨太平洋伙伴关系协定》和《数字经济伙伴关系协定》，在保护主义逆风中迈出开放合作新步伐，带来全球复苏新利好。中国在国际货币基金组织中的份额从第6位跃居第3位，人民币被纳入国际货币基金组织特别提款权货币篮子。

中国外交正站在新的历史起点上。展望未来，国际形势正经历百年未有之大变局，人类和平与发展事业面临新的机遇和挑战。中国将为推进世界和平与发展事业、打造人类命运共同体作出新的更大贡献。

第二节　当代中国对外关系的基本原则

一、独立自主是中国外交的根本原则

独立自主，是中国一贯奉行的根本原则。早在新中国建立前夕，毛泽东就指出："中国必须独立，中国必须解放，中国的事情必须由中国人民自己作主张，自己来处理，不容许任何帝国主义国家再有一丝一毫的干涉。"①邓小平在 1982 年也指出："独立自主，自力更生，无论过去、现在和将来，都是我们的立足点。中国人民珍惜同其他国家和人民的友谊和合作，更加珍惜自己经过长期奋斗而得来的独立自主权利。任何外国不要指望中国做他们的附庸，不要指望中国会吞下损害我国利益的苦果。"②独立自主，就是中国从本国人民和世界人民的根本利益出发，根据事物本身的是非曲直决定自己的态度和政策。中国判断是非的标准，就是看它是否有利于维护世界和平、发展各国友好合作和促进世界的共同繁荣。20 世纪 80 年代以来，中国又赋予独立自主原则以新的内容，即真正的不结盟。中国不依附于任何大国或国家集团，不同任何大国或国家集团结盟，也不屈服于任何大国或集团的压力，独立自主地判断事情的是非曲直。

中国奉行独立自主的原则，并不意味着自我孤立、闭关自守，而是要积极开放，与各国各方合作，在全方位对外开放中始终把国家的主权和安全放在第一位。中国强调独立自主，也决不意味着我们只顾自己的国家利益，不愿承担应尽的国际义务。我们坚决反对大国沙文主义和狭隘的民族利己主义，我们愿意为人类进步事业作出积极贡献。

中国珍惜自己的独立自主，也同样尊重别国的独立自主。中国主张国家不分大小、贫富、强弱，都有自己的主权，都应受到尊重，都要平等相待，反对以大欺小、以富压贫、恃强凌弱的强权政治。中国尊重世界的多样性，尊重各国人民的自主选择，反对以社会制度、意识形态和价值观念的不同为借口干涉别国内政。中国决不允许别国把它们的社会制度和意识形态强加于我们，也不把自己的社会制度和意识形态强加于人。中国主张和平解决国际争端，反对诉诸武力或以武力相威胁。中国不在国外建立军事基地，不在外国驻军，不干涉别国内政。中

① 《毛泽东选集》第 4 卷，人民出版社 1991 年版，第 1465 页。

② 《邓小平文选》第 3 卷，人民出版社 1993 年版，第 3 页。

国主张各国的事情要由各国人民自己做主，国际上的事情要由大家商量解决。

二、和平共处五项原则是中国处理国际关系的基本准则

和平共处五项原则，即互相尊重主权和领土完整，互不侵犯，互不干涉内政，平等互利，和平共处。和平共处五项原则是我国处理国际关系的基本准则，也是世界上公认的处理国际关系的基本原则。

和平共处五项原则，是毛泽东、周恩来继承和发展列宁关于和平共处思想的重大成果。在新中国成立前夕毛泽东就指出："任何外国政府，只要它愿意断绝对于中国反动派的关系，不再勾结或援助中国反动派，并向人民的中国采取真正的而不是虚伪的友好态度，我们就愿意同它在平等、互利和互相尊重领土主权的原则的基础之上，谈判建立外交关系的问题。"①此后，在和平共处五项原则被完整地提出之前，它的各项原则已在我国的外交文件中反复出现过。1953 年 12 月 31 日，周恩来总理代表中国政府在同印度代表谈话中首次比较完整地提出和平共处五项原则。他指出："新中国成立后就确立了处理中印两国关系的原则，那就是互相尊重领土主权、互不侵犯、互不干涉内政、平等互惠和和平共处的原则。"②1954 年 4 月 29 日，中印两国签订的《关于中国西藏地方和印度之间的通商和交通协定》的序言中全部载入了这五项原则；同年 6 月，周恩来访问印度和缅甸，在双方总理联合声明中，重申了这五项原则并将"平等互惠"改为"平等互利"，强调它应适用于一切国际关系。1954 年 8 月 11 日，周恩来在中央人民政府委员会第 33 次会议的外交报告中，首次采用了"和平共处五项原则"的简称。同年 10 月，在中苏两国政府的联合宣言中，把"互相尊重领土主权"改为"互相尊重主权和领土完整"。至此，和平共处五项原则完整的表述方式被固定了下来。

互相尊重主权和领土完整，包括两方面的内容：一是各国应互相尊重国家固有的对内最高管辖权和对外独立权；二是互相尊重国家的领土主权，不损害他国领土的完整性。互不侵犯，是指各国在相互交往中，不得以任何借口进行侵略；不得以违反国际法的任何方式，使用武力或武力威胁，侵犯他国的主权领土完整；不得以战争作为解决国际争端的手段。互不干涉内政，是指国家之间在相互关系中，不应为实现本国的目的而通过政治、军事、经济、文化等渠道，采用直接或间接的、公开或隐蔽的手段，干预他国主权范围内的事务。平等互利，是指各国应彼此尊重，在法律上享有平等地位，不以损害他国权益的方法，谋求任何特权和攫取本国的片面利益。和平共处，是指各国应该和平地同时存在，和平地交

① 《毛泽东选集》第 4 卷，人民出版社 1991 年版，第 1466 页。

② 《周恩来选集》下卷，人民出版社 1984 年版，第 118 页。

往和合作,并以和平的方法解决彼此间的各种国际争端。和平共处五项原则是互相联系、不可分割的整体。其本质内容是反对侵略和扩张,维护国家的独立和主权。主权和平等,是五项原则的核心;互不侵犯、互不干涉内政,是对主权和平等原则的保证和补充;和平共处,是互相尊重主权的延伸和体现,又是实现前四项原则的必然归宿。

和平共处五项原则,最初是中国在处理与社会制度不同的周边邻国之间的关系时提出的。它一经提出,就得到成功运用,并被扩展到中国处理同一切国家的关系上,成为中国处理对外关系的基本准则。在和平共处五项原则的基础上,中国逐步且成功地解决了与众多周边国家历史遗留的边界等问题,发展了睦邻友好关系,与发展中国家普遍建立了正常的外交关系。中国按照和平共处五项原则,先后与法国建交,实现中日、中美关系的正常化,发展同西方发达国家的关系。二战后,社会主义由一国发展到多国,而列宁提出的和平共处思想仅限于处理不同社会制度国家之间的关系,如何处理社会主义国家之间的关系,成为二战后世界政治中的新课题。中国以和平共处五项原则成功地解决了这一新课题。在和平共处五项原则的基础上,中国恢复和发展了同东欧社会主义国家的关系,推动了中苏关系的正常化。东欧剧变后,中国按照和平共处五项原则,建立或保持了与这一地区国家的关系。

和平共处五项原则,不仅是中国处理国际关系的基本准则,业已成为世界公认的处理现代国际关系的基本准则。自中国和印度、缅甸共同倡导和平共处五项原则以来,和平共处五项原则已被许多国际会议、国际文件接受和确认。实践证明,和平共处五项原则最经得住考验,具有强大的生命力。

三、和平与发展是中国外交的基本目标

维护世界和平,促进共同发展是世界各国人民的根本利益,是中国外交的基本目标。中国人民政治协商会议所通过的《共同纲领》明确规定:"新中国拥护国际的持久和平和各国人民间的友好合作,反对帝国主义的侵略政策和战争政策。"新中国成立初期,毛泽东主席庄严宣告:"我们的总任务是:团结全国人民,争取一切国际朋友的支援,为了建设一个伟大的社会主义国家而奋斗,为了保卫国际和平和发展人类进步事业而奋斗。"[①]1954 年制定的第一部宪法规定:"在国际事务中,我们坚定不移的方针是为世界和平和人类进步的崇高目标而斗争。"1982 年宪法将促进经济发展等内容补充进去,更完整地概括了和平与发展

① 转引自中共中央文献研究室编:《建国以来重要文献选编》第 5 卷,中央文献出版社 1993 年版,第 461 页。

是中国外交的基本目标。

中国把和平与发展作为外交的基本目标，是中国的国家性质、社会制度、历史遭遇、现实国情和所处的时代所决定的。第一，中国是社会主义国家，社会主义本质上是主张和平与发展的。社会主义的本质是解放生产力，发展生产力，消灭剥削，消除两极分化，最终实现共同富裕。社会主义制度在中国的建立，消灭了剥削和压迫的根源，既消除了屈从外国侵略、奴役的社会根源，又消除了我国对外侵略的社会根源。中国还处于社会主义的初级阶段，谋求发展，实现现代化，是中国的迫切任务，这更要求中国把和平与发展作为中国外交的首要目标。第二，中国近代以来，饱受帝国主义侵略之苦，深受内战之害，中国的发展受到极大的阻碍和破坏。中国人民深知和平来之不易，倍加珍惜今天难得的发展机会。第三，和平与发展是当今时代的两大主题，维护世界和平，促进共同发展，是当今时代的要求。和平与发展相互作用，紧密相连。没有和平，就难以发展。中国是世界上最大的发展中国家和联合国安理会常任理事国，维护世界和平，促进人类发展，是我们义不容辞的责任。

四、加强同发展中国家的团结与合作是中国外交的基本立场

中国是一个社会主义国家，也是一个发展中国家。中国同广大发展中国家有许多共同点，都有着长期受帝国主义奴役和掠夺的历史遭遇以及为争取国家独立和民族解放而进行长期斗争的经历，现在又都面临着发展民族经济、提高人民生活水平的共同任务。中国在争取民族独立、维护国家独立和主权的斗争中，得到发展中国家和人民的广泛同情和支持。因此，中国始终把加强同发展中国家的团结与合作作为外交的基本立足点。

（一）中国加强同发展中国家的团结合作有着坚实基础

长期以来，中国同广大发展中国家在争取民族独立、推动国家发展的事业中始终相互支持、相互帮助，同呼吸、共命运，建立了牢固的关系。中国坚定支持发展中国家反帝、反殖的正义斗争，在政治上、经济上和道义上向发展中国家提供力所能及的援助。广大发展中国家坚定支持中国维护国家主权、捍卫民族尊严，在维护发展中国家正当权益的进程中与中国并肩战斗。中国在各种国际活动中一贯站在发展中国家一边，提出许多维护发展中国家权益的重要原则和具体建议，并为实现这些原则和建议进行了不懈的斗争。

（二）中国加强同发展中国家的团结合作顺应时代潮流

当前，新兴市场国家和发展中国家整体实力增强。中国同广大发展中国家深化相互合作，有利于推动国际力量对比继续朝着相对均衡的方向发展，有利于推动国际政治经济新秩序向公正合理的方向发展。尽管中国经济社会发展取得

了长足进步，经济总量已位居世界第二，但中国是世界最大发展中国家的国际地位没有变。新形势下，中国与广大发展中国家的共同利益不仅没有削弱，而且进一步加强，双方深化合作面临更加广阔的空间。

(三)中国始终是发展中国家的可靠朋友

中国坚持同发展中国家相互尊重、平等相待，反对以大欺小、恃强凌弱、倚富压贫，充分尊重各国人民自主选择社会制度和发展道路的权利，绝不走西方殖民主义的老路，绝不把自己的意志强加于人。中国重视并不断加强同发展中国家的政治经济合作关系。在政治上，中国积极支持发展中国家，在重大国际问题如联合国改革等问题上与它们磋商，维护它们的利益。在经济上，从 20 世纪 60 年代周恩来提出的我国对发展中国家经济技术援助的八项原则，到 80 年代初奉行的与发展中国家进行经济合作的“平等互利、讲求实效、形式多样、共同发展”四项原则，再到 90 年代的加强与发展中国家关系的五点建议，中国与发展中国家的经济合作关系不断发展，从中国对发展中国家提供经济援助为主逐渐转变为“平等互利”“共同发展”“互利共赢”的新型经济关系。

五、对外开放是中国的一项基本国策

对外开放是中国对外政策的重要组成部分，是中国的一项基本国策。

早在新中国成立前夕，毛泽东主席就提出要发展对外经济贸易关系，要同各类国家做生意，并在《共同纲领》中作了相应的规定。但由于以美国为首的资本主义国家对新中国的封锁和禁运，中国只能同社会主义国家进行经贸合作。随着中苏关系的恶化和破裂，中国同苏东社会主义国家的往来与合作减少。又由于“文化大革命”极“左”思潮的影响，中国几乎处于与世隔绝的封闭、半封闭状态，社会主义建设严重受损。党的十一届三中全会以来，中国确立了对外开放的基本国策，并经历了种种考验而毫不动摇。

(一)中国的对外开放是长期的对外开放

中国的对外开放是长期的对外开放，这是由中国国内建设任务和所处的国际环境决定的。邓小平在谈到 21 世纪中叶我国社会经济发展的战略目标时指出，实现接近发达国家的水平看来要用 50～70 年的时间，这个期间政策不会变。而“到那时，更不会改变了。即使是变，也只能变得更加开放”①。中国的对外开放从逐步打开国门、结束中国相对封闭的状态到加入世贸组织、与国际体制接轨，如今已经进入全面融入世界、积极参与全球治理的新阶段。中国深度参与经济全球化进程，并成为推动世界经济增长的发动机和稳定全球经济的中流砥柱。

① 《邓小平文选》第 3 卷，人民出版社 1993 年版，第 79 页。

2012年12月5日，习近平在人民大会堂同在华工作的外国专家代表座谈时明确指出："我们的事业是向世界开放学习的事业。关起门来搞建设不可能成功。我们要坚持对外开放的基本国策不动摇，不封闭、不僵化，打开大门搞建设、办事业。"①中国要积极主动地对外开放，不断拓展中国对外开放的战略空间，还应主动承担全球经济大国的责任，为世界经济增长注入中国驱动力量，为构建公正、合理的国际新秩序贡献中国力量与智慧。

（二）中国的对外开放是全方位的对外开放

邓小平指出，"中国的发展离不开世界"，"对外开放具有重要意义"，"坚持改革开放是决定中国命运的一招"②。关起门来搞建设是不能成功的。中国的对外开放，是全方位的对外开放。"我们是三个方面的开放。一个是对西方发达国家的开放，我们吸收外资、引进技术等等主要从那里来。一个是对苏联和东欧国家的开放，这也是一个方面……还有一个是对第三世界发展中国家的开放，这些国家都有自己的特点和长处，这里有很多文章可以做。"③

中国的对外开放，既对资本主义国家开放，又对社会主义国家开放，既对发达国家开放，又对发展中国家开放，是全方位、宽领域的。除了吸收外国资金、技术、设备和不断增长的经贸往来外，中国还在文化、教育、科技、体育、艺术、政治等许多领域开展多种形式的对外交流。中国的对外开放，是坚持社会主义原则的对外开放。必须坚持社会主义道路，必须有利于社会主义经济的发展，而不能损害社会主义制度。中国的对外开放要与独立自主、自力更生的原则结合起来，既不能崇洋媚外，也不能夜郎自大；既要反对"全盘西化"，又要反对盲目排外，要维护国家主权，化解各种风险，确保经济安全。目前中国的对外开放呈现以下特点：由单向对外开放，变成互相开放与融合；开放向深层次、全方位发展；经济发展动力由出口导向向内需主导转变，进口增长率超过出口；海外投资在增量方面赶上引进外资；接受发达国家先进技术和经验，从单纯模仿吸收变成融合创造；中国的商品、货币、资本和文化走向世界；进一步参与国际游戏规则的制定；中国的发展经验为世界所重视，产生世界性影响。

（三）对外开放是坚持发展中国特色社会主义、实现中国梦的必由之路

在经济全球化不断发展的条件下，国与国之间的联系与合作越来越密切，任何一个国家的经济发展都离不开国际和国内两种资源、两个市场。对于中国而言，虽然资源总量丰富、劳动力充足、市场潜力巨大，有发展经济所必须具备的良

---

① 《习近平同外国专家代表座谈时强调：中国是合作共赢倡导者践行者》，《人民日报》2012年12月6日。

② 《邓小平文选》第3卷，人民出版社1993年版，第368页。

③ 《邓小平文选》第3卷，人民出版社1993年版，第99页。

好的自然物质基础，但是人口多、底子薄、生产力水平落后，资金短缺，缺乏先进的管理经验，成为制约我国经济发展的不利条件。改革开放后，经过40多年快速发展，中国产能已经严重过剩，综合要素成本已大幅上升，资源环境约束已接近上限，整体上看，科技实力、管理能力都还不强。要解决这些问题，必须进一步用好用活国内与国际两种资源，在全球实现资源的高效配置。所以，习近平强调："站在新的历史起点上，实现'两个一百年'奋斗目标、实现中华民族伟大复兴的中国梦，必须适应经济全球化新趋势、准确判断国际形势新变化、深刻把握国内改革发展新要求，以更加积极有为的行动，推进更高水平的对外开放。"①

同时，中国的特殊条件所形成的巨大市场不仅仅是世界经济发展的巨大推动力，而且对发达国家和那些出口占很大比重的外向型国家有着巨大的吸引力。发展中的中国本身对于世界是一个巨大的贡献，开放的世界同样离不开中国。40多年来，中国的对外开放政策内涵不断丰富，对外开放水平不断提高，对外开放再创新局面。中国与世界的联系越来越密切。

第三节 中国在世界上的地位与作用

一、中国在世界上的地位与作用

新中国成立70多年特别是改革开放以来，综合国力不断增强，国际地位日益提高。当今中国作为一支重要的国际力量活跃于世界舞台上，在国际事务中发挥着越来越大的作用。

(一)中国是推动世界政治格局多极化的重要力量

新中国作为一个人口众多的大国，自成立以来就以独立自主的姿态屹立于世界民族之林。成立初期，中国既没有因为美国和西方的孤立、封锁和威胁而动摇，也没有因为同苏联结盟而丧失独立自主。20世纪70年代后，在美苏争霸的过程中，中国作为中、美、苏"大三角"中独特的"一角"发挥着有力的制衡作用。在东欧剧变、冷战结束前后，中国顶住了各方面的压力，打破了西方国家的制裁，积极倡导建立和平、稳定、公正、合理的国际政治经济新秩序，推动多极化进程。随着两极格局的崩溃，各种力量分化组合，中国成为公认的力量中心之一。在多极化趋势进一步发展所带动的大国关系深刻调整的过程中，"中国因素"是明显的。随着中国的进一步发展，必将推动美洲、欧洲、亚洲三大中心区域和美国、欧

---

① 《习近平在中共中央政治局第十九次集体学习时强调：加快实施自由贸易区战略，加快构建开放型经济新体制》，《人民日报》2014年12月7日。

盟、日本、中国、俄罗斯和印度六大力量的均衡化，而在这三大中心区域和六大力量所形成的多个政治战略关系中，中国一角的分量必将增大。

（二）中国是维护世界和平和地区稳定的重要力量

中华民族是一个热爱和平的民族，中国是一个热爱和平的国家。长期以来，中国奉行的是独立自主的和平外交政策，坚持的是和平发展的道路，始终是维护世界和平和地区稳定的坚定力量。中国把反对霸权主义、维护世界和平作为对外政策的基本目标，长期以来同各种形式的霸权主义和强权政治进行了不懈的斗争。中国是和平共处五项原则的积极倡导者、模范执行者和坚定捍卫者。中国作为联合国安理会常任理事国，一贯支持联合国在维护世界和平、裁军、解决国际争端等方面所作的积极努力，并积极发挥自己的作用。中国一贯坚持发展睦邻友好关系，维护周边地区的稳定。中国不断加强同周边国家的友好往来和合作，积极开展安全对话。中国是东盟地区论坛的创始成员国和东盟的全面对话伙伴国，参加了旨在建立朝鲜半岛和平机制的四方会谈和六方会谈。中国还同一些周边国家建立了双边或多边安全对话和磋商机制。这些都说明，中国对世界和亚太地区的和平与稳定作出了重大贡献。

中国不参加军备竞赛，而且反对军备竞赛。中国一贯主张全面禁止和彻底销毁核武器、化学武器、生物武器等各类大规模杀伤性武器，反对这类武器的扩散。中国政府多次郑重声明，在任何时候、任何情况下都不首先使用核武器，不对无核国家和无核地区使用或威胁使用核武器。中国积极参加联合国裁军谈判，多次阐述对裁军和军控问题的原则立场和具体建议。中国军队的武器装备、军事技术与发达国家相去甚远，正在进行的国防现代化建设是保卫国家安全和维护国家领土完整的需要。因此，中国的发展和国防现代化不仅不会对别国构成威胁，而是与之相反，更有利于亚太地区力量的平衡与稳定。

（三）中国是世界经济发展的重要推动力量

中国是一个发展中国家，经济发展水平还比较低。但经过几十年的努力，尤其是改革开放以来 40 多年的发展，已经取得了举世瞩目的成就：1978 年改革开放之初，中国是世界上最贫穷的国家之一。按照世界银行的统计指标，1978 年我国人均 GDP 只有 156 美元，一般认为撒哈拉沙漠以南的非洲是世界上最贫困的地区，但 1978 年撒哈拉沙漠以南的非洲国家人均 GDP 是 490 美元。1978～2017 年，中国经济取得了连续 39 年平均每年 9.5％的增长速度，对外贸易每年增长的平均速度达到 14.5％。2009 年中国经济规模超过日本，成为世界第二大经济体。[①] 2021 年，中国经济实现了 8.1%的增长，经济总量已达 114 万亿元。按年平均汇率折算，中国经济总量达到 17.7 万亿美元。英国《经济学家》周刊指出这样一个事实：英国用了 58 年、美国用了 47 年、日本用了 34 年的时间使人均实际收入增加一倍，而中国仅用 10 年就实现了。正如邓小平所说的，中国"在不长的时间内将会成为一个经济大国"[②]。

中国为促进世界经济发展作出了贡献。在世界经济波动幅度加大的情况下，中国经济保持平稳较快发展，为世界经济的增长带来了希望和动力。世界银行公布的数据显示，2000～2004 年，中国经济增长对世界经济增长的平均贡献率为 13%。2004 年，世界经济实现了近 30 年来最快的增长，中国经济增长为 9.5%；2007 年中国经济增长 11.4%，2013 年为 7.7%，2017 年为 6.9%，2018 年为 6.6%，2021 年为 8.1%。2021 年，中国 GDP 占全球 GDP18%以上，中国经济增长对世界经济增长的贡献率达 25%左右，中国持续成为世界经济增长最大的贡献者。

(四)中国是国际秩序积极的参与者和建设者

伴随着经济的增长，中国的国际话语权日益增强，在国际问题上的议程设置能力、引领动员能力以及斡旋运筹能力等方面有长足进步，逐渐成为亚太地区乃至全球合作的倡导者和引领者。作为联合国安理会常任理事国，中国和平、合作、负责任的大国形象世所公认，中国在维护世界和平、促进共同发展方面发挥着不可或缺的作用。中国在应对经济发展不平衡问题、全球气候变暖，防范金融危机、防止生态破坏，打击国际恐怖主义、极端宗教势力、跨国犯罪、毒品走私等问题上，拥有了更大的发言权和影响力。

数十年来，中国在保持经济社会协调发展、经济体制转型、应对各种重大突发事件与危机、国际减贫等诸多方面堪称典范。中国道路蕴含的丰富经验对于发展中国家具有借鉴意义，如中国在处理改革、发展与稳定的关系、对外开放与独立自主的关系以及市场和政府的关系等问题方面提供了丰富的经验。中国的持续成功发展不仅解决了中国问题，为发展中国家提供新的发展模式，也为西方走出困境提供启示。

在 2008 年金融危机爆发后，中国在 G20 中不断发挥建设性作用，推动国际货币基金组织和世界银行治理结构改革，提高发展中国家代表性和发言权，使全球经济治理朝着更合理方向发展。中国发起实施"一带一路"倡议和创办亚洲基

---

① 参见蔡昉、林毅夫、张晓山、朱玲、吕政：《改革开放 40 年与中国经济发展》，《经济学动态》2018 年第 8 期。

② 《邓小平文选》第 3 卷，人民出版社 1993 年版，第 358 页。

础设施投资银行等新型多边金融机构，设立丝路基金，举办首届“一带一路”国际合作高峰论坛、G20领导人杭州峰会等一系列重大主场外交活动，彰显了我国深度参与全球治理的实力和能力，得到了国际社会的广泛欢迎和充分认可，向世界展现出负责任中国的担当。

随着实力的增强，中国也为世界提供了更多的公共产品。中国积极参与防灾救灾、打击跨国犯罪、维护海上安全等领域的国际合作。在联合国维和摊款中，中国目前排在发展中国家之首；在联合国安理会5个常任理事国中，中国派出的维和人员是最多的。据统计，自2008年12月26日起，中国海军在海盗肆虐的亚丁湾、索马里海域开始执行护航任务。10年间，中国海军已累计派出31批护航编队、100艘次舰艇、67架直升机、26000余名官兵，共为1191批6595艘中外船舶护航，解救、接护和救助遇险船舶60余艘，持续保持着被护船舶和编队自身“两个百分之百安全”的纪录，先后圆满完成了利比亚和也门撤侨、马航失联客机搜救、马尔代夫紧急供水、叙利亚化学武器海运护航等任务，全面提升了海军遂行多样化军事任务能力。① 中国海军帮助的船只中，有一半是外国船只。近年来，中国还努力将自身的扶贫经验分享给其他发展中国家；同时，中国医务人员在最前沿与致命的埃博拉病毒斗争，为新冠肺炎疫情最严重的地区送去援助和资源。

总之，今天的中国不再是置身于国际体系边缘的旁观者或疏离者，也不再是国际秩序被动的接受者，而是积极的参与者、建设者甚至是引领者，在当今国际任何重大问题的处理中都不难看到中国直接或间接的影响。随着在世界发展领域的话语权不断增强，中国必将继续发挥负责任大国作用，不断为人类作出更大贡献。

二、中国面临的严峻挑战

经济实力持续快速增长使得中国的国际地位日益提高，而其他主要大国实力增长的相对缓慢甚至倒退，使得中国与诸强实力对比加速朝有利于中国的方向变化，凸显了中国国际地位的上升。尽管中国综合国力和国际地位已今非昔比，但离中华民族的伟大复兴还有较长的路要走，与一些世界发达国家相比还有相当大的差距，因此，不能因为国力快速提升就忽视了中国的基本国情。

（一）中国面临的发展任务异常艰巨

作为世界上最大的发展中国家，中国现在正处于全面深化改革的历史新阶段。改革发展面临的约束条件之多、面临的现实问题之难、需要完成的历史任务

① 参见《中国海军第31批护航编队启航执行护航任务》，中华人民共和国国防部网站，2018年12月9日。

之艰巨、所处国际环境之复杂都是前所未有的。党的十九大报告指出:“我国仍处于并将长期处于社会主义初级阶段的基本国情没有变,我国是世界最大发展中国家的国际地位没有变。”中国最基本的国情“人口多、底子薄、发展不平衡”并没有发生根本变化,甚至还将长期存在,由此决定了中国作为发展中国家的总体特征没有变。一是人口多。第七次全国人口普查结果显示,中国有14.1亿人口,目前每年净增加约720万,放开单独二胎后,每年人口增长为2000万左右,相当于一个中等国家的人口。全国每年流动人口达3.76亿人。这些庞大的数字背后隐含着难以统计的需要解决的社会经济问题。二是底子薄。2021年中国人均GDP排在世界第60位左右,约为美国人均GDP的18%、日本的31%。自然资源人均占有量处于世界后列。人均社会资源与发达国家相比仍有相当大的差距。三是发展不平衡。中国还处于现代化的起飞阶段,工业化和城镇化的历史任务还未完成。东、中、西部的发展差距,沿海与内地发展差距、城乡发展差距以及区域、城乡之间基本公共服务水平的差距都非常大,社会事业的发展与发达国家相比总体还相当落后。

(二)中国的外部发展环境空前严峻

随着中国国际地位的迅速提升,外部对中国防范遏制的一面在加强。特朗普上台后在经济上压制中国,遏制中国的发展。欧盟对中国国际地位的提高也感到“不舒服”“不适应”,如责备中国在发展中非关系等问题上触犯了欧洲的势力范围;在推动中欧经济关系加深过程中,频频对中国产品发起反倾销调查等。大国因素使中国与发展中国家的关系更加复杂和微妙,部分发展中国家对华政策呈现两面性,致使中国与发展中国家合作的风险与成本增加。

(三)中国外部舆论环境存在较大压力

一方面,“中国威胁论”时常泛起。中国国际地位提高后,外部舆论环境压力也加大。西方国家认为“强国必霸”,中国亦不例外。周边国家“中国威胁论”“中国军事不透明论”“中国态度强硬论”等论调仍有市场。尽管中国极力倡导和实践“和谐世界”“共同发展”理念,倡议建立“人类命运共同体”,但中国的一举一动都会成为一些国家大肆渲染的威胁。如何消除外部对中国的意识形态偏见,创造一个客观友善的国际舆论环境,将是我国长期面临的挑战。

另一方面,外部对中国承担国际责任的期望大大高出中国实力。2008年金融危机爆发后,西方媒体就大肆鼓吹“中国救市”。欧盟还呼吁中国在贸易体系、气候变化、可持续发展方面“负起更大的责任来”。联合国气候大会上,美、欧等西方发达国家联合向中国施压,要求中国与西方发达国家承担同等责任。在伊核、巴以问题上,外界对中国介入的压力也在增加。面对形形色色的“中国责任论”,中国塑造负责任大国形象的成本正在增多。如何在实力和形象之间找到合理的平衡点，是中国面临的又一个长期考验。对此，中国要保持清醒的认识，正确定位自己的国际地位，承担与能力相称的国际责任。

中国国际作用的增强是建立在国家实力地位增强基础之上的。随着经济、政治、军事等实力的进一步提升，中国将在未来的国际舞台上发挥更加令人瞩目的作用。中国要始终以经济建设为中心，加快改革开放的步伐，加快建设中国特色社会主义，实现中华民族的伟大复兴。同时，我们也要与世界各国人民一道，为建立和平、稳定、公正、合理的国际政治经济新秩序，开创人类更加美好的未来，作出我们应有的贡献。

后　记

本教材是在2008年版《当代世界政治经济概论》的基础上修订而成的。2008年版教材修订编写分工如下。王慧媞：前言、导论、第八章、第九章、第十三章；战建华：第一章、第五章；蔺运珍：第二章、第四章；肖德武：第三章；刘现华：第六章、第七章、第十章；于光胜：第十一章、第十二章。本次修订基本保持了教材的原有框架。根据国际形势的新变化和我国对外关系的新发展，对原版的疏漏之处进行了认真的修订，对各章进行了较大的和适当的增删，补充了大量的新观点、新材料，去掉了原版第三章，使教材在体系上更加合理，内容上更加丰富，更加贴近现实。由于历史原因，原版教材中有些数据没有注明出处，现又无法补充，在此表示歉意，敬请谅解。

本次修订工作由王慧媞独立完成。在修订过程中，参考和引用了大量同行学者的最新研究成果，恕不一一列举，在此一并表示感谢。在编辑出版过程中，出版社李艳玲老师给予很多帮助，在此也表示诚挚的谢意。由于时间紧迫和能力所限，问题在所难免，恳请各位专家和读者批评指正。

编　者

2022年8月